「あなた」の起源

[著] ジェイ・ベルスキー／アヴシャロム・カスピ／テリー・E・モフィット／リッチー・ポールトン

The Origins of You: How Childhood Shapes Later Life

[監訳] 辻井正次・鈴木勝昭・土屋賢治・中村和彦

子ども時代は
その後の人生を
どう形づくるか

金子書房

THE ORIGINS OF YOU
How Childhood Shapes Later Life
by Jay Belsky, Avshalom Caspi, Terrie E. Moffitt, and Richie Poulton

Copyright© 2020 by Jay Belsky, Avshalom Caspi, Terrie E. Moffitt, and Richie Poulton
Published by arrangement with Harvard University Press
through The English Agency (Japan) Ltd.

日本語版への序文

　同じ個人を成長するまで追跡し，その個人と発達環境の多くの特徴を繰り返し測定する縦断的研究を実施することは，とても困難なことである。特に乳児とその家族，そして幼児を相手にする場合，保護者の参加を得るのは一苦労である。驚くことではないが，大人は忙しく，時間がとられることを心配したり，どんな形であれプライバシーが侵害されることを心配する。しかし，本書『「あなた」の起源』（*The Origins of You*）では，子どもたちがどのように成長し発達するのか，どのような力が子どもたちを形づくるのか，子どもたちのその後の人生にどのような影響を与えるのか，といった長年の疑問に対する実証的な答えを探し求めながら，3つの大規模で多面的な研究がどのように行われたかを紹介している。ある研究では3歳から中年期まで，別の研究では双子を5歳から20年間，そして3つめの研究では出生から15歳まで追跡した。注目すべきは，これら3つの研究プロジェクトで追跡された子どもの数が，それぞれ1000人を超えていることである。

　3つの異なる研究チームの懸命な努力の原動力となった長年の疑問はたくさんあるが，本書一冊で扱えるのはその一部だけである。そのため，長い間，未解決のままであったもの，最先端のもの，あるいは発達研究のために新たに利用可能になった技術に洞察が依存しているものを選んだ。以下はそのような質問の例である——子どもの幼少期のどのような気質の特徴が，誰が反社会的な行動様式を身につけ，誰が悲しみ，落ち込み，他者から孤立しやすいかを予測するか？　なぜ親によって別々の方法で子どもを養育するのか？　どのような要因や力が，ある子どもたちを，自分自身や家族，地域社会，さらには社会にとって手痛い結果となるような問題行動に走らせるのか？　子どものころ，仲間からいじめられることは，子どもの成長にどのような影響を与えるのか？　遺伝子構成や遺伝子型は，タバコを吸う人，児童虐待で最も被害を受ける人，大人になってから抑うつになる人を理解するのにどの程度役立つのだろうか？　エピジェネティクスとして知られるこのプロセスは，私たちが成長する過程で経験したことや暴露されたことが遺伝子に影響を及ぼすかどうかに，どの程度影響するのだろうか？　また，成人後の健康についてはどうだろうか——生物学的な老化のスピードを含め，小児期逆境体験はどのような役割を果たすのだろうか？

　本書で扱われているすべての研究の中核は，中心的な傾向よりもむしろ個人の違いに焦点を当てている。つまり，私たち全員が平均的にどうであるかということよりも，私たちが互いに**異なる**原因となっているものに焦点を当てるということであ

る。これは，問題の発生を未然に防いだり，すでに発生してしまった問題を改善したり，あるいは一般的なウェルビーイング（幸福）を育んだりする上で，特に重要なことである。原因を理解することで，私たちの発達に影響を与える戦略への洞察が得られる。例えば，いじめが敵意や攻撃性，あるいは抑うつや孤独感を助長することがわかっていれば，こうした発達的な影響を軽減するために学校は何をすべきなのか，そのヒントが得られる可能性がある。あまり明らかではないが，児童虐待やいじめのような特定の逆境体験によって，遺伝子が発達に影響を与えることでウェルビーイングを損なうことがわかっていれば，理論的には，たとえ一部の子どもたちがすでに経験した不幸な体験を変えるには手遅れであっても，エピゲノムを修正してこうした不利な影響を防ぐことができる日が来るかもしれない。

『「あなた」の起源』の焦点である3つの研究プロジェクトとその成果は，すべて英語圏の欧米諸国，具体的にはニュージーランド，英国，米国で実施されたものである。本書で報告されている研究は，発達を形成する上で発達状況が果たす役割を繰り返し強調しているため，このことを日本の読者に明確に伝えることは極めて重要である。結局のところ，本書で共有されている経験的洞察が，実際に東アジアのどの文化にも当てはまるかどうか，あるいはどの程度当てはまるのか，私たちには確信がもてないのである。そうかもしれないし，そうでないかもしれない。実際，本書で報告されているような心理学的，社会学的，生物学的研究が日本で実施されるまでは，何が日本の子どもの発達に影響を与えているのか，また，子どもの発達を研究することで得られる知見が，日本の子どもの問題に対処し，ウェルビーイングを促進するための取り組みにどのように役立つのか，本書はあまり参考にならないだろう。つまり，本書が提供するのは，日本で科学的に何ができるかを示すモデルであり，私たちが欧米で行ってきた研究で達成することができた，発達的かつ文脈的な洞察をもたらすものなのである。

このような理由から，私たち著者は本書が日本語に翻訳されることを最も楽しみにしている。最後に，監訳者の辻井先生，鈴木先生，土屋先生，中村先生，そして翻訳チームの方々の『「あなた」の起源』に対する関心と，私たちの作品を日本の読者に届けるという仕事への熱意と尽力に感謝の意を表したい。ところで，この10年間，私は米国在住数十年の非常に優秀な日本人ビジネスウーマンと結婚し，ともに何度も日本を訪れてきた。彼女が愛するこの国を，私もいつも楽しんでいる。

2024年5月25日

ジェイ・ベルスキー

＊目次

日本語版への序文　　i

序文　　v

第Ⅰ部　はじめに ……………………………………………………… 1

第 1 章　時を超えた生命　　3

第Ⅱ部　子どもは大人の父である ……………………………… 25

第 2 章　世界への反逆，世界からの逃避　　27
第 3 章　自制的であるか否か　　50
第 4 章　児童期と成人期の ADHD　　69

第Ⅲ部　家族 ……………………………………………………………… 85

第 5 章　なぜ親は自分のやり方で子育てするのか？　　87
第 6 章　問題を抱えた家庭と不良少年　　107
第 7 章　早くに成熟してしまう少女，問題のある家庭環境，
　　　　　そして不良少年　　126

第Ⅳ部　家族を超えて …………………………………………… 145

第 8 章　保育所に関する良いニュースと悪いニュース　　147
第 9 章　近隣はどうですか？　　171
第 10 章　いじめ　　190
第 11 章　大麻──早期の使用，持続的な使用　　209

第Ⅴ部　遺伝 ·· 223

第 12 章　喫煙は遺伝子によって決定されるか？　225

第 13 章　人生の成功は遺伝子によって決定されるか？　243

第 14 章　子どもの不適切養育，遺伝子型，男性の暴力的行動
258

第 15 章　ライフストレス，遺伝子型と若年者の抑うつ　273

第 16 章　エピジェネティクス，あるいは従属変数としての
遺伝子　285

第Ⅵ部　歳をとるということ ························· 305

第 17 章　小児期逆境体験と成人期の身体的健康　307

第 18 章　小児期逆境体験の生物学的影響　320

第 19 章　歳をとるのが速い人，遅い人　338

第Ⅶ部　結語 ·· 351

第 20 章　眠りにつく前に進むべき道のりがある　353

参考文献　367

監訳者あとがき　377

著者紹介　379

監訳者紹介　380

訳者一覧　382

序文
PREFACE

　私がテリー・モフィット（Terrie Moffitt）に初めて会ったのは，人間発達学の学会でフィンランド北部を訪れた 1980 年代の終わりごろである。テミ（テリーはテミと呼ばれるのを好んでいる）は，ホテルのバーでアヴシャロム・カスピ（Avshalom Caspi）と話し込んでいた。私はアヴシャロムとは旧知だったが，テミとアヴシャロムがやがて築くほどの近しい関係ではなかった。テミと話し込んでいるアヴシャロムに近づくと，二人が思春期の発達について話しているのが聞こえてきたので，遠慮のないニューヨーカーである私は，こう割り込んだ。「ねえアヴシャロム，思春期についての新しい仮説があるんだよ」。

　私は当時，「生命の**目的**は遺伝子を次の世代と未来の子孫に伝えることである」という進化生物学の議論に夢中だった。この考え方は今日，人間以外を扱うほぼすべての生物学者の考え方の中心にあるが，人間発達学の研究者，特に家族との体験と発達との関係を研究する者にとっては，なじみがなかった。そんな研究者が伝統に従い依拠するのは，健康，幸福，ウェルビーイングという枠組みであり，ここから外れるものは不健康，「最適（optimal）」でないものは不具合・機能不全として，切り分けざるをえなかった。そこには生殖の成功と不成功という視点はなかったのである。

　進化論的な考え方は魅力的である。しかし，進化論的理解が人間発達学とその研究者にとって重要だと知らしめてくれるような仮説をひねり出すことができずにいた。そうこうするうちに，私はやがてテミやアヴシャロムとともに，伝統的な考え方から外れたこんな仮説にたどり着くことになった。

　　逆境のもとで生育すると，生殖年齢に入る前に死亡したり，発達が阻害されたりするリスクが高い。したがって，小児期逆境体験（adverse childhood experience）は思春期の発達を早め，結果的に性的成熟や繁殖力を高める。

　つまり，家庭の経済的・社会的条件が，思春期の発来時期を変化させ，身体的な

v

発達に影響する。そして，身体的な発達への影響があるならば，理論上，心理的・行動的な発達にも影響するはずである。

　自分の仮説をアヴシャロムとテミに伝えてすぐ，目の前の二人，特にテミと親しくなれそうだと思った。だいたい，私のニューヨークふうの割り込みに対して「私たちの会話を邪魔する無礼な男は誰だ？」というよくある反応をしなかった。それどころか，あとからアヴシャロムの婚約者であると教えてくれた彼女は，家庭内環境が思春期の発来に影響を与えるなどというとんでもない私の提案を頭ごなしに否定することもせず，むしろ，「ぜひ調べてみましょう！」と，立ちどころの熱い反応を返してくれた。そして，私たちは実際にこの仮説を検証した。詳細は第7章に，本書の大部分で重要な役割を果たすことになるダニーデン研究（Dunedin Multidisciplinary Health and Development Study）のデータを用いて示してある。

　テミもアヴシャロムも，私自身の進化論的な視点や，そこから生まれた思春期仮説をそのまま受け入れたわけではなかった。そうではなく，二人は科学的な思考態度から，「その考えは興味深く，刺激的です。実証的に検討する必要がありますね」として賛意を示してくれた。私はもちろん，この仮説が検証されるのを見てみたいという気持ちを抱きつつも，自分が間違っていることが証明されるのではないかという不安も感じていた。とはいえ，目の前の二人も私も科学世界の住人である。実証的な試験結果はなるようにしかならないので，それはそれでよいのだ。起こりうる最悪の事態とは？　私が間違っていたとわかること。ただそれだけである。

　いずれにせよ，こんなふうにして長く続くすてきな友情が始まった。私が二人の研究をフォローするようになって感ずるのは，どんなに権威ある学術誌で注目されても，どんなに新聞や雑誌，ソーシャルメディアで記事を書かれても，人間の発達の仕組みを理解する上で彼らが果たしているたくさんの貢献（論文）の意味を本当に理解している人があまりにも少ない，ということである。ピューリッツァー賞級の科学ライターが現れて，二人の研究について売れそうな本を書いてくれるのを望んだことさえある。ベストセラー間違いなしなのに，何年経ってもそのようなプロのライターが現れることはなく，アヴシャロムとテミ（および彼らの共同研究者）の研究成果の収穫はお預けのままであった。ならばと，私は自分でやってみることを思い立った。私は優れたライターではないので，二人の仕事の，すべてといわないまでもできるだけたくさんのことを，一般の読者向けに要約した魅力的な本を書くことを二人に提案した。人間の発達を研究することで見えることと，研究に伴う喜びを伝えるとともに，二人がどうやって研究をしていたのかについても伝えたいと考えた。本書のタイトルを，当初，『人間の発達をめぐる冒険――人間はどうや

って人間になるのか』としていたのは，このような意図による。そのためには，読者が各章を順番に読まなくてもよいものにすべきだと考えた。そのほうが，書き手にとっても，個々の関心の幅が徐々に狭くかつ多様化している現代の読者にとっても，魅力的な本になるだろう。

　私は当初，テリー・モフィット，アヴシャロム・カスピ，そして彼らの友だちであり共同研究者でもある（現在は私の友だちでもある）リッチー・ポールトン（Richie Poulton）の「声」になるつもりであったが，企画が進むにつれ，当初の計画に2つの小さな変更を加えるのが妥当であるとわかってきた。第一に，私も関わりのあったニュージーランドのダニーデン研究（第5，7章に記載）に関する仕事の紹介に加えて，英国の環境リスク研究（Environmental-Risk Study: E-リスク研究；第9，10，17章に記載）を踏まえてテリー・モフィットとアヴシャロム・カスピが行った画期的な研究成果を含めるのが適切であると思われた。第二に，私が20年近くかけて多くの人々と取り組んだプロジェクトも取り上げる価値があるのではないかと思い至った。これに伴い，共著者たちの研究対象ではなかったテーマ，すなわち，第8章では保育が子どもと青年の発達に及ぼす影響，第7章では女性の思春期の発達に対する家族の影響が取り扱われている。

　この本の主たる執筆者は私だが，他の人が行った研究について執筆しているので，一人称の複数形で書くのが最も理にかなっているということで全員の合意に至った。著者である私たち全員が，深夜にアイデアを出し合いながら，この本に記されている研究のアイデアが生まれることに貢献した。そして，ダニーデン研究とE-リスク研究から生まれた，人間の発達に関するさまざまなテーマの何百もの研究報告の中から，どれを取り上げるかを決定した。

　このような状況の中で，ある日，私の妻から「なぜ時間を割いてまで仲の良い友人たちの仕事についての本を書くのか」と尋ねられた。私の最良の答えは，この取り組みが「愛の仕事」だから，である。私が伝えたかったのは，共著者たちに対する親愛感であり，彼らの科学への献身に対する私からの敬意であり，人間の発達について彼らが研究を通して導き出した深い理解であり，さらに，彼らの優れた業績を多くの人々に知ってもらい，評価してもらいたいという強い気持ちである。この本を通じて，すでに3つの目的を果たしたが，最後の1つもぜひとも果たしたいものである。

2019 年 12 月

ジェイ・ベルスキー

第Ⅰ部
はじめに

第

1

章

時を超えた生命
Lives through Time

3 歳時の子どもの気質は，その子ののちのパーソナリティを予測するだろうか？　幼児期の自己コントロールは，その後の人生にどれほど重要なのだろうか？　注意欠如多動症（ADHD）は，子どもだけのものだろうか？　青年期の非行は反社会的行動から生じているのだろうか？　なぜ親は自分のやり方で子育てをするのだろうか？　家庭内の対立は，性的な成熟を加速することによって，女性の性行動を促進するだろうか？　定期的な大麻の使用は，数十年後の心身の健康に影響するだろうか？　喫煙や人生の成功が，遺伝子に書き込まれているのだろうか？　ストレスに直面したときにレジリエンス（回復力）を示すか，小児期逆境体験に屈するかを決めるのは遺伝子なのだろうか？　中年期になると見た目や感じ方，行動が実際の年齢よりもずっと老けて見える人も，また逆に若く見える人もいるのはなぜだろうか？　児童期や青年期のストレスが中年期以降の健康を損なう生物学的仕組みとはどのようなものだろうか？

　ここにあげた疑問は，本書の中でも取り上げることになる。本書の執筆にあたり，私たちが何十年もかけて続けてきた旅に読者をいざなうことがねらいだからである。私たちの知的な旅の道標となるのは，長い間，私たちが人間の発達について問い続けてきた「なぜ，私たちは今のような自分であり，他者とは違うのか？」という中心的な問いである。この問いに対する好奇心から，私たちは長年にわたって，4000人以上の人々の人生を乳児期または幼児期から，青年期を経て，場合によっては成人期に至るまで追跡している。旅に必要な持ち物についていうと，この旅では，児童期，青年期，成人期の多くの地点で，先に紹介した質問に答えるための情報が必要だが，それだけではなく，費用や時間，労力をかけて収集した情報に対して，思い込みを疑うことも必要だ。そうすることで，「なぜ，私たちは今の私たちのありようでいるのか」について，私たちが発見していることは的確であり，真実

3

で信頼できる可能性が高いという自信を高めることができる。究極の願いは，私たちの発見の多くが，人間の発達の本質と，その結果としての人間のありように関するこれまでの疑問に挑み，解決に導くことである。

人間の心理や行動，健康に関するノンフィクションの本はたいてい，ひとつの話題に焦点を当て，掘り下げている。いじめや性行動，夫婦関係に焦点を当てた本について考えてみてほしい。そのような本と本書は異なっている。本書は，長年にわたって個人を追跡した研究に基づいているため，トピックは1つや2つにとどまらず，私たちを魅了したたくさんの話題に焦点を当てている。発達期におけるある一時期，例えば，幼児期で重要なことが，その後の時期，例えば，児童期中期や青年期で重要なことと大きく異なることはよくある。このため私たちは，幼児期の気質や保育，児童期中期のいじめやADHD，青年期のマリファナの使用や喫煙，中年期の健康などの話題を扱っている。本書は，たとえていえば，アーネスト・ヘミングウェイ（Ernest Hemingway）の『老人と海』よりも，ジュール・ヴェルヌ（Jules Verne）の古典小説，『地底旅行』のような書物に近い。『老人と海』は，貧しい漁師が巨大な一匹の魚を釣って，家に持ち帰ろうとする一日の体験が書かれているのに対し，『地底旅行』は火山に入り，溶岩洞を地球の中心部までたどった冒険家たちの挑戦的でいろいろな一連の体験が書かれている。

本書は多くの話題に焦点を当てるため，構成どおりの順序で読み進める必要はない。それは，前菜からデザートまで順に進む伝統的なレストランのディナー形式ではなく，食べたいものを食べたいときに選ぶことができるバイキング形式のようなものだと考えてほしい。本書のはじめのほうだからといって児童期を取り上げているとはかぎらず，あとのほうだからといって成人期のことばかりでもない。同様に，本書で取り上げられている研究は，何十年間にもわたって行われているが，その実施時期どおりに並んでいるわけではない。したがって前半の章では，かなり前に研究した話題を扱っていたり，最近調査したものを取り上げていたりする。あとの章も同様である。私たちは，いくつかの話題が一部の読者にとって，より興味深いものになることを念頭に置いて，本書を意図的に構成した。そのため，章を順に読むことに問題はないが，章から章へと飛ばし読みをしても知的な負担はほとんどかからないはずだ。というのも，本書が扱うのは，人間が互いにどのように異なっていて，違いを生むのは何かという発達の個人差のあれこれなので，本書の読み方が順番どおりでなければならない理由などない。読みたいように読んでいただきたい。このような柔軟な読み方に対応して，読者が他の部分で関心をもった章をたどることができるように，前後の内容に触れることもある。

第 1 章　時を超えた生命　　　5

　人間の発達を知るおもしろさ，研究のドキドキ感の共有に加えて，本書の第二の
目的は，発達に関する固定観念への挑戦である。マスコミやソーシャルメディアで
頻繁に取り上げられているにもかかわらず，人間の出生から成人期までの発達に関
する一般的な理解はパターン化されていて，その理解は一部の人が信じたいことの
追認となっていることが多い。例えば「遺伝子がすべてを決める」「児童期の家庭
での経験が私たちをつくる」「保育所は子どもにとって悪い（または良い）」「青年
期のトラブルは一時的なものにすぎない」などがこれにあたる。本書では，本書の
根本となるいくつかのテーマに関して苦労して手に入れた洞察を詳細にたどること
で，上記のような安易な考えに対する読者の誤解を解こうと努めている。第Ⅱ部か
ら第Ⅵ部に，これらの問題について詳解している。

- 子どもたちが人生のはじめの 5 年，10 年，15 年に，どのように考え，どの
  ように感じ，どう振る舞ったかということは，のちにどのような人になる
  のかということを予測するのか。
- 成長期における家族での経験は，のちにどのような人になるかを決めるの
  か，あるいは決めないのか。決めるとすると，どのように決めるのか。
- 成長期の家族を超えた経験は，のちにどのような人になるのかを決めるの
  か，あるいは決めないのか。決めるとすると，どのように決めるのか。
- 遺伝子は人間の発達に影響を与えるのか，またはどのように影響を与える
  のか。
- 成人期の健康は児童期に根ざしているのか，またはどのように根ざしてい
  るのか。

　本書で示す研究は介入や臨床，地域での支援に直接関わるものではないが，すべ
ての章で，強調された問題に取り組むことで得られた洞察が，そうした取り組みに
どのように役立つのかを明確に示している。実際，私たちは本書全体を通して，人
間の発達の基礎科学が，心身の健康を促進したり，問題が生じるのを防いだり，す
でに生じてしまった問題を解決したりするための取り組みに役立つ知識を生み出し
ていることを示そうとしている。このように，人間の発達の科学は，他の多くの科
学分野の根底にあるものと同じ論理に基づいている。つまり，どのように機能する
かを知っていれば，よい機能を維持したり，生じるかもしれない問題に対処したり
するのにかなり有利な立場になれる。

人間の発達とは？

　これまでのところで，読者は人間の発達とは実際何なのかと疑問に思うかもしれない。そもそも人間の発達とは，本章の冒頭で書かれているように，さまざまな疑問を扱っている研究領域である。これは学際的な科学であることを意味している。感情や認知，行動に関心があるとすれば，心理学である。心や脳に焦点を当てるとすると，神経科学である。家族や近隣，雇用，犯罪に注目しているのであれば，社会科学である。そして，遺伝学や生理学，健康，さらには，成長や変化の仕方に進化が担う役割にまで焦点を当てているとすると，生物学や公衆衛生学である。

　人間の発達（人間発達学）という学問領域は，気象学と最も似ているだろう。気象学は天気や気候の研究であるが，時空間を超えて複雑に影響し合う多くの要因や考慮すべきことがあるという点で，人間の発達（人間発達学）という学問領域と似ている。人には，ハリケーンや雨の日もあれば，明るく晴れた日もあり，これらすべてについて，発達科学は解明しようとしている。特に，何が原因で，何に影響しているのかについて解明しようとしている。このため私たちは，生まれと育ちの影響を考慮しながら，出生から中年期まで，健康も含む認知的，社会的，情緒的，行動的，生物学的，身体的発達に焦点を当てている。数十年後，子どもたちがどのような姿でどう振る舞うのかを予測する私たちの能力は，気象学者が天気を予測する能力にはまだ及ばないものの，人間の発達を研究する科学者や学者が進歩していることに関しては議論の余地はなく，それは私たちが示したいことでもある。

　気象学は人間の発達（人間発達学）と同様に，**決定論的**科学ではなく**確率論的**科学であり，比較するのにも適している。素粒子レベルで現象を扱う量子力学を除いて，物理学は典型的な決定論的科学である。例えば，温度が H_2O の状態（固体，液体，気体）にどのように影響するのか，容器の大きさがガス圧力にどのように影響するのか（ボイルの法則），重力は落下物の加速度にどのように影響するのか（アイザック・ニュートン［Isaac Newton］の貢献で）などを説明するために，物理学には正確な公式を含む厳密な法則がある。しかし，人間の発達に関する研究では，物理学のように現実世界で確実なものを生み出すことはめったにない。そのような理由で実際私たちは，渡ることができる橋や，住む準備までできている高層ビルを技術者が設計し，建設できることを確信しているが，子育てや教育的な指導，臨床治療の特定のやり方については，それを経験する子ども全員が同じ発達的な効

果が得られるという確信はない。

　それゆえ，厳しい体罰を受けることで子どもの攻撃性が助長されることはよくあるが，それが特定の子どもに当てはまるかどうかは他の要因次第だろう。他の要因としては，例えばその子がとても繊細な神経の持ち主かどうか，あるいはその子が受けている厳しい扱いを愛情や愛着で補ってくれるもう一人の親がいるかどうかということが含まれるだろう。もちろん，天気も同じように確率論的である。嵐がハリケーンになるかどうかは，嵐の特徴だけではなく，別の場所の気圧が，ハリケーンが上陸するまでに，海上で水蒸気を集める時間を長くするかどうかにも依存する可能性がある。言い換えれば，人間の発達（人間発達学）のような確率論的な科学の場合，H_2O の状態に対する温度の影響やガス圧力に対する容器の体積の影響のように，原因になるであろうもの（例えば，敵対的な好ましくない子育て）とその結果生じるであろうこと（例えば，子どもの攻撃性）が 1 対 1 で対応していると期待すべきではない。

　結局，生命科学に関しては，変動する部分があまりに多く，私たちは人間の発達を「単なる」社会科学ではなく，生命科学として捉えている。なぜなら，認識されているか測定されているかどうかにかかわらず，最も影響を与えている根源は他のものだからだ。これは確実性を求めている人にとっては，とても苛立たしいことかもしれないが，本書を通して明らかにしたいように，むしろかなり希望がもてる事実でもある。実際，この事実は，私たちが何度も繰り返す本書のテーマのひとつである，レジリエンスの中心となるものである。例えば，いじめは肥満を助長する（第 10 章），子どもの不適切な養育は男性の暴力を助長する（第 14 章），複数の生活ストレスが抑うつを助長する（第 15 章）としても，そのような影響が避けられないということではない。このような状況に直面すると，悪影響が生じる確率が高くなるため，ある条件ではリスクは確実に高まる。しかし，確率を低下させ，ときには完全にそれを排除する対抗力を特定することもしばしば可能である。これらによって，リスクが実現する可能性を下げる介入の道が開かれるかもしれない。本書で紹介される研究は，このような対抗力を明らかにするには理想的である。こうした洞察は人間の発達（人間発達学）が基礎科学であり，応用科学でもあることを明確にするだろう。なぜ私たちが私たちのようであるかという私たちの好奇心に応えるという点では前者であり，問題が生じるのを防ぎ，治療し，さらに一般的に言えば，ウェルビーイング（幸福）を促進するための洞察が得られるという点では後者である。

若年期を追跡する３つの研究計画

　本書を通して，私たちは，３つの異なる地域で行われた３つの異なる研究プロジェクトのひとつである，数十年間，4000人以上を調査することによって収集された研究結果から導かれた確率論的な洞察を紹介する。

　ダニーデン研究（Dunedin Multidisciplinary Health and Development Study）では，1970年代初期の12カ月間にダニーデンの町で生まれた全1000人ほどのニュージーランド人を追跡し，彼らの誕生時，児童期，青年期，最終的には成人期，年齢では3, 5, 7, 9, 11, 13, 15, 18, 21, 26, 32歳時に，彼らについて，またその発達上の経験について評価している。最終の評価時，生存している研究参加者の95％が研究に参加した。私たちが書いているとおり，この取り組みの最終段階を終わらせたところで，ダニーデン研究の参加者を再度調査した。このとき，彼らは45歳だった。この取り組みはごく最近のものであり，本書で調査結果は共有できていない。

　ダニーデン研究のデータは，第5章で報告される，研究参加者が子育て中の家を訪問して行われた調査を除いて，研究参加者がダニーデンのオタゴ大学の研究プロジェクト事務所を訪問し，さまざまな方法で長年にわたって収集されてきた。データは，研究参加者が子どものころは親へのインタビュー，そして年齢を重ねてからは子ども自身へのインタビューから得た。子どもの行動観察と能力のフォーマルアセスメントも行われ，健康診断や生物学的測定が含まれていた。研究参加者の青年期後期から成人期にかけて，彼らをよく知っている人たちにも彼らについての情報を提供してもらった。警察には犯罪行為に関する情報の共有に協力してもらい，ニュージーランド政府には電子医療記録や社会福祉記録などの管理データを支援してもらった。著者のモフィット（Moffitt），ポールトン（Poulton），カスピ（Caspi）がこの研究を指揮し，ベルスキー（Belsky）はこの研究には限定的に関与している（第5章と第7章）。第8, 9, 10, 17章を除き，ダニーデン研究には，本書のすべての章において主要で唯一無二の焦点が当てられている。当然のことながら，長期的な視点で，本書の中心となる先に強調した3つの主要な問題，すなわち，子どもの機能とその後の発達の関係，将来の発達に対する児童期と青年期の経験の影響，そして，中年期の健康への児童期の影響，これらすべてを扱っている。

　読者は，ダニーデン研究の裏話や，私たちがどのように研究に関与したのかに興

味があるかもしれない。それは 1970 年代に，複雑な出産をした母親とその赤ちゃんの数を数えることを目的とし，ひとつの病院で 1 年間に生まれたすべての赤ちゃんの調査として始まった。3 歳時のフォローアップは，出産合併症のある赤ちゃんが発達のマイルストーンを達成しているかどうかを確認するために行われた。この取り組みは，今日，縦断的研究の創始者とみなされているフィル・シルバ（Phil Silva）によって主導された。シルバは当初から，学歴やけが，歯や呼吸器，性の健康，メンタルヘルスなど，さまざまな科学的トピックについて子どもたちを追跡する上で広くデータ収集を行うために，この研究に調査員を採用した。データ収集は調査員たちが「南の果て（Down Under）」で「最低限の予算で」で行い，教会のホールで子どもたちを評価し，研究チームは週末の日曜学校のために片付けをしなければならなかった。

　1980 年代，シルバは研究のために新しいスタッフを求めて行った世界一周の旅でモフィットに出会った。シルバはモフィットにチームに加わるように説得し，研究参加者が青年期に入ったとき，非行や薬物使用などの新しいトピックにおけるデータ収集の拡大ができるようにした。モフィットは 1985 年にダニーデンに移り，企業からの支援を受け，最終的には米国の国立衛生研究所（National Institutes of Health: NIH）から助成金を獲得し，財政面で将来に向けて続けていく体制づくりに貢献した。1000 人のティーンエイジャーにインタビューするために，モフィットは，ダニーデンのオタゴ大学に通っていた若い学生のリッチー・ポールトン（Richie Poulton）を採用した。アヴシャロム・カスピ（Avshalom Caspi）の参加は，まったく異なる展開だった。彼はモフィットが会議でダニーデンのデータを提示したのを見て，「あなたがもっているデータセットはなんて美しいのでしょう」と大変失礼な口説き文句を言いながら彼女に近づいた。モフィットが 1990 年代にカスピを連れてダニーデンを訪れたときに，シルバは，調査のデータセット（cupboard）にパーソナリティと社会的関係の専門知識を追加することにした。その後まもなく，モフィットとカスピは，当時のダニーデン研究の協力者と結婚し，シルバをジェイ・ベルスキー（Jay Belsky）に紹介した。ベルスキーは 1993 年にダニーデンを訪れた（彼の 10 歳の息子ダニエル［Daniel］はその後 30 代で若い科学者として研究に参加することになった——第 12，13，19 章を参照）。研究参加者は今や自分の子を産むのに十分な年齢になった。ベルスキーの指揮の下，ダニーデン研究参加者の 3 歳児の子育てに関する研究が開始された（第 5 章を参照）。このころ，学生であったリッチー・ポールトンはオーストラリアで博士号を取得し，モフィットは彼をダニーデンに誘い，シルバは新米医師を歓迎し，彼自身の引退時にはポー

ルトンが研究責任者の役割を担えるよう彼を教育した。私たち4人の友だち間で，今までにほぼ100人年〔観察した人数と観察期間をかけたもの〕を一緒に研究に費やしてきた。

　これまでに，生後20年間で1000組以上の英国の双生児を追跡した環境リスク研究（Environmental-Risk Study: E-リスク研究）は，研究参加者が5歳，7歳，10歳，12歳，18歳時に彼ら自身と彼らが成長過程で経験していることを評価した。最終の評価時，生存していた93％の研究参加者が参加した。E-リスク研究は双子に焦点を当てていることに加えて，多くの点でダニーデン研究と対照的であるといわれている。ダニーデン研究の参加者は，実質的に，ダニーデン地域で12カ月間に生まれたすべての子どもたちであり，それゆえ一般集団を代表する子どもたちだが，一方のE-リスク研究は，イングランドとウェールズの全域に住む経済的に恵まれない家族の参加に焦点を当てた。もう一点，対照的なのは，E-リスク研究では，母親と双子一人ひとりに（別々に）インタビューやアンケートを実施し，直接観察を行い，標準化されたテストを実施した研究員が参加家族の家を訪問する過程でデータのほとんどを収集していることである。それぞれの双子の家族の地域について，近所の隣人たちも調査された。E-リスク研究は第9，10，17章で焦点が当てられている。モフィットとカスピは1990年代にこの調査を計画したが，E-リスク研究のおかげで本書の主要な目標である子ども時代の機能と経験が（ある程度）のちの発達をどのように形づくるかについての洞察を得ることができた。

　E-リスク研究を計画する中で，研究者のモフィットとカスピは本質的にはダニーデン研究を繰り返そうとしたが，E-リスク研究では双子を対象とした。彼らは2つの特徴を研究デザインに組み込んだ。それは斬新であり，因果関係を競うステークス方式のレースにおいて，遺伝を競うチャンスを環境に与えるものであった。第一に，モフィットとカスピは，双子の家を訪問してE-リスク研究のデータを収集し，ビデオ観察と家庭や地域のインタビュアーの評価を収集することを主張した。ほとんどの大規模な双生児研究は，郵便，電話，またはインターネットを介してデータを収集したため，重要な環境面の測定をしそこねている。第二に，モフィットとカスピは，E-リスク研究に参加した家族が，社会経済的に恵まれている家庭から著しく不利な家庭まであらゆる社会経済的状況を代表していることを確認した。このことを達成するために，彼らは，生殖補助医療を利用する高学歴の女性の高年齢の母親から生まれた双子は少なく採用し，貧しい傾向にある10代の母親から自然に生まれた双子を多く採用した。それまでの多くの双子のサンプルは中流階級に偏っていた。なぜなら中流階級の家族は無償で長期の研究に参加し続ける可能性が高

いからである。採用戦略の結果，サンプルは今日の人口統計学的な多重剥奪指標（Index of Multiple Deprivations）での英国の家族の分布をほぼ完全に表している。

　米国立児童保健発達研究所（National Institute of Child Health and Human Development: NICHD）と共同で実施された「NICHDによる早期の子どものケアと若者の発達研究」（NICHD Study of Early Child Care and Youth Development: NICHD研究）では，米国の10の地域で生後から15歳までの約1300人の子どもの成長を追跡した。保育所や学校での子どもの経験の評価が行われた。子どもが生後1, 6, 15, 24, 36, 54か月時，および小学校時，15歳のときに子どもとその家族が評価を受けた。このプロジェクトはいくつかの点でダニーデン研究とE-リスク研究の2つの調査研究法を統合しており，科学的研究手法としては，子どもを定期的に大学の研究所に連れて行くもの（ダニーデン研究）と，家庭を訪問するもの（E-リスク研究）に加え，子どもの保育所での保育場面や小学校の教室場面でも評価を行った。この研究は第7章と第8章で扱われており，ベルスキーは当初からこの研究に携わっていた。E-リスク研究と同様に，本書の最初の2つの目的については扱っているが，3つ目の目標（中年期の健康への児童期の影響）については取り上げていない。

　NICHD研究は，ダニーデン研究やE-リスク研究の背景とはかなり異なり，子どもの発達への保育所の影響という特定の課題を明らかにするために計画された。しかし，そのためにさまざまなデータを収集することを余儀なくされ，第7章で示すように，その主要な焦点をはるかに超えた目的に使用できるものになった。第8章では，共同の取り組みの背景と保育所の効果について明らかになったことが書かれているため，ここではこれ以上の詳細は省略する。

　本書で取り上げられている研究は，地理的に異なる場所——ニュージーランド，英国，米国——で行われ，世界の他の多くの地域の発達について扱ったわけではないことを認識するのも重要である。発達科学は，白人で，教育を受け，産業化された，豊かで，民主的な（White, Educated, Industrialized, Rich and Democratic: WEIRD）社会で育つ子どもたちの世界にほぼ独占的に焦点を当てているため批判されてきた。明らかなように，こうした調査上の罪は私たちも犯している。このことは私たちにとって2つの重要なことを意味している。第一に，研究が科学的調査のための資金を惜しみなく利用できる地域で主に行われていることは，それほど驚くべきことではない。第二に，現在も行われているように，WEIRDのような地域での研究から，新しいことを学ぶだけでなく，WEIRDの世界を研究することで生まれた苦労の末に得た知識が，非常に異なる地域でどれだけ一般化できるかを判

断することで，世界のより多様な地域での研究につながる場合には，それは本当の意味で罪にはならない。しかし，私たちがニュージーランド，英国，および米国で人間の発達を研究して学んだことの多くは，一般的に WEIRD の世界の多くに適用できるということがわかっている。その発見は，たとえ WEIRD ではないところで単純に一般化することができない，また一般化すべきではないとしても，その価値を失うものではない。本書を通して私たちが発見し，共有してきたことが，ケニア，中国，ニューギニアなどの地域においても発達を正確に描写しているかどうかについては，今後の研究によってのみ判断できる。そうなる場合もあれば，そうならない場合もあるだろう。その人がどのような人間になるかを決定する際に，その人が育つ環境条件が重要となることを本書がいかに明らかにしているか——今はまだ理解していない読者にも，きっとわかってもらえると信じている。

縦断的研究の力

　心理学，神経科学，社会学，生物学，統計学などの多様な学問分野を習得する必要がありながら，なぜ私たちは，何年にもわたって約 4000 人を追跡し，人間の発達を研究することに研究人生を捧げてきたのかと不思議に思うかもしれない。ある点においては，その疑問にたやすく答えられる。私たち一人ひとりが人間の発達の現象が魅力的だと感じているからである。なぜ私たちは私たちのようになったのか？　私たちはどうやって今の私たちになったのか？　この過程で，生まれと育ちはどのような役割を果たしているのか？　一方で，なぜこの研究をするのかという質問への答えはより複雑なので，ここでは，何が本書の焦点である研究を魅惑的で力強いものにしているのかを説明する。

観察研究 vs 介入研究

　なぜ私たちが時を超えて人生を追うのかという問いへの答えは，本書の焦点である 3 つの研究プロジェクトすべてに共通する 2 つの重要な科学的特徴と関係がある。1 つ目は，これらのプロジェクトが実験的ではない観察的な特性のものであるということだ。これは，子どもや青年，あるいは成人の発達を促進したり，または修正したりするような取り組みではないことを意味している。したがって，私たちの研究は，人間の発達の本質と過程を修正するように設計された介入を伴うものではな

い。私たちは観察者であり，介入者でも政策立案者でも歴史家でもない。したがって，3つの研究プロジェクトの中心は，研究参加者の生活の中で何が起こっているのか，そして彼らが時間とともにどのように発達し変化するのかを見守り記録すること，つまり観察することである。ダニーデン研究のある参加者は，彼の長年の研究への関与について次のように述べている。「ダニーデン研究の研究参加者になることは，ライオンがガゼルに忍び寄る自然ドキュメンタリーの中にいるようなものだ。科学者たちはガゼルを救おうとしたり，ライオンを止めようとしたりすることは決してない，彼らはただ観察しているだけだ」。ただし，もし研究に参加している人自身または他の誰かに切迫した脅威をもたらすことが明らかになった場合，私たちは関係する個人および / または家族への支援を確保するための法的および倫理的責任を果たしてきた。それ以外の場合は，ただ座って見ているだけだ。

いずれにせよ，観察的研究法を採用している主な理由は，3つのプロジェクトで扱われ，本書のすべての章でも提示されている問いのほとんどが，実際には実験的な操作や調査の対象とはなりえないからである。私たちが研究できるようにするために，誰が子どもの虐待に同意するだろうか？　あるいは，子どもとっての保育所の効果を評価するために，無作為な基準で選ばれた良質または悪質な保育所に子どもを入れることに誰が同意するだろうか？　性的な成熟が早いことと遅いことの影響を調査できるようにするために，自分の娘に薬物を投与して身体の発達を遅らせたり速めたりすることを誰が許すだろうか？　そして，ただ過酷な扱いの効果を評価するために，再び無作為に選ばれたとして，誰が子どもをわざといじめさせるだろうか？

一部の科学者，学者，市民，政策立案者は，私たちのような観察研究を軽視する傾向がある。なぜなら彼らが実験研究——しばしばランダム化臨床試験（randomized clinical trials: RCTs）の形をとる——を科学的調査の「ゴールドスタンダード」〔最も信頼性の高い手法〕であるとみなしているからである。用語が示しているように，RCT は研究プロジェクトの参加者を無作為にある治療条件または別の治療条件と，治療を受けない対照群に割り当てることで，両者を比較できるというものである。無作為な割り当ては，異なる治療を受けているグループが最初から異なるものではないことを保証するか，少なくともその可能性を高めるために行われる。その結果，この研究手法は，グループ間の治療後の違いは研究された治療の結果であるという「強い推論」を導き出すことができる。治療自体には，薬物またはプラセボの投与（例えば，食欲を減らす），ある種のトレーニングまたは別の形のものへの参加（例えば，育児の困難さを軽減する），または特定の経験への暴露（例え

ば，公園に出かけて自然について学ぶ）などが含まれているかもしれない。このような研究デザインは，一般的に，観察研究よりも因果関係が説明されているという確信は高まるが，前の段落で述べたように，実際には人間の発達を研究する者が関心をもつことがすべて実験的操作に適しているわけではない。これが，気象学，天文学，地質学が主に観察科学である理由でもある。なぜなら私たちは天気や惑星，または地球を変えられないし，その結果がどうなるかを見ることはできないからだ。言い換えれば，観察科学は科学であり，実験に重きを置くまたは実験だけに依存しているプロジェクトよりも劣った科学的プロジェクトではない。

　強調すべき最後の論点のひとつは，観察的調査としばしば対立する，ゴールドスタンダードと推定されているアプローチに関するものである。役立つと推定される治療条件または対照条件に無作為な基準で割り当てることは，RCT の有用性の重要な点であるが，このアプローチについてほとんど知られることのない事実は，誰もが無作為に対照条件に振り分けられる可能性のある立場に身を置くことを望んでいるわけではないということである──特に，ほとんどつねにそうであるように，実験的治療が有益であることを意図している場合，「もちろん。参加できてうれしい。できるだけ対照条件ではなく治療条件に無作為に割り当てられたい」と言う人もいるだろう。しかし，そのような主張があれば，RCT に登録することはできないだろう。なぜなら登録者は，割り当てられた条件が実験群であっても対照群であっても快く受け入れなければならないからである。

　対照条件に無作為に振り分けられるリスクを冒す準備ができていない人々が RCT の参加に同意することはまれなため，このことは臨床試験の結果の一般化がしばしば想定されるほど広くはないことを意味している。また，RCT から離脱する参加者の割合は驚くほど高い。このことはもちろん，ある治療が何らかの結果をもたらすことがわかったからといって，大規模な集団で治療〔臨床試験〕が行われた際に，必ずしも同じような結果になるとはかぎらないことを意味している。結局のところ，集団の中には，当初の実験的な治療に参加したがらない人たちが多くいるのだろう。したがって，実験で無作為化されることをいとわなかった参加者でうまくいったことが，無作為化されることを望まなかった参加者でもうまくいくかどうかは定かではない。このような一般化が問題にならない場合もあるが，問題になる場合もある。この観点からすると，実験的な研究を「ゴールド」と表現するのは間違っているように思える。「シルバー」と表現するほうが，正確かもしれない。しかし，ここでの私たちの目的は，大事なもの（RCT）を無用なもの（実験）と一緒に捨てることではなく，観察科学と鼻先で笑う傾向にあるかもしれない人たち

に，問題をもう少し考えてもらう意義を明らかにすることだ。

　もちろん，観察科学者は，経験的発見に基づいて結論を出すときに，調査方法の限界を厳密に認識しなくてはならない。私たちのような人間の発達を研究する研究者の場合，これは，発達経験と環境暴露，早期の機能とその後の発達との統計的な関連を示す際に，因果関係を推測することに慎重であることを意味している。例えば青年期のマリファナの使用と成人期後期の認知機能のように，あるものが別のものに及ぼす因果関係を相関関係（統計的な関連）が必ずしも実証するわけではないことを誰もが知っておく必要がある。本書の焦点であるような観察研究の原理上，強固な因果推論を引き出すことは事実上不可能であると私たちは認識しているけれども，本書全体を通して私たちが示したいことは，人間の発達に関する推論が誤った方向性へ導かれる危険性を努力によって減らすことができると信じているということだ。実際に，私たちが結果の代替的な説明を検討し，経験的に評価することによって，最初の発見とそれが導く結論に繰り返し挑戦していることに読者は気づくだろう。そうして，これらの後者の説明が不十分であるとわかって初めて，私たちは自分の提示するエビデンスを受け入れることができる。実際，本書を書いた理由のひとつは，この点を明らかにすることで，人間の発達を理解するための観察科学の有用性を文書化し，このようにして得られた知識が，発達上の問題の予防や治療，あるいはウェルビーイングを育むための介入やサービスの開発を導くためにどのように利用できるかを示すことである。

前向き研究 vs 後ろ向き研究

　観察による研究手法の特性を超えて，本書の基礎となっている3つの研究プロジェクトに共通する2番目の特徴は，すべての研究が時間を通して**前向きに人生を追う**ということである。それは正確にはどういう意味か？　重要な用語は「前向き（prospective）」であり，その反対は「後ろ向き（retrospective）」である。人間の発達に関する後ろ向き研究では，ある時点での個人の機能を研究し，その後，児童期，青年期，または成人期に観察されたものを，回想された過去の幼いときの経験，暴露体験，あるいはそれに対してどう対応したかと結びつけるようにする。この点に関して，児童虐待の被害者や麻薬中毒の親をもつ子どもなど，小児期逆境体験（adverse childhood experiences: ACEs）に関する最近の研究を検討してみる。成人期の健康と疾病の発達的起源を理解しようとする内科医たちによって行われたこの研究のほとんどは，10年前，20年前，または30年前の児童期に経験したこ

とについて成人に質問することが含まれている。このような後ろ向き研究では，のちの社会的，感情的，認知的機能，あるいは身体的健康の潜在的な原因は，それらが発生したときに測定されず，人生の早い段階で（おそらく）起こったことを「振り返って」報告することに基づいている。対照的に，本書で示されているすべての研究を特徴づける前向き研究では，経験，暴露，および早期の対応機能は，実際に起こっているとき（またはそれに近いとき）に測定され，その後，個人の成長や発達に合わせて時間的に追跡される。これにより，私たちのような研究者たちは，そのような先行的，潜在的な原因要因やプロセスを将来の「結果」と結びつけることができる。実に，このように時間をかけて研究対象者を追跡することが研究を縦断的なものにしている。

　人間の発達について研究する際，私たちが行ってきたような前向き研究にするのか，それとも，他の多くの研究者が今も行っているような後ろ向き研究にするのか，どちらが実際に重要なのか疑問に思うかもしれない。2つの例を使用して，これら2つの研究法の機能の違いを説明する——それは前向き研究者として，私たちがなぜ行うのか，何を行うのかということについての中核になるものだ。最初の例は，児童期の問題行動における幼少期の起源についてで，子どもが学業で失敗したり，仲間とうまくやっていくのに苦労したりすることはよくある。いくつかの後ろ向き研究を導く仮説では，小学生の間に攻撃的で非協力的な子どもたちが，人生のずっと早い時期に機能していたやり方を引き続き反映する形で行動しているだけだということであろう。言い換えると，私たちが描いたように，子どもが乳児期に，多くの泣き声や睡眠，食事の問題，新しい状況への適応の問題を特徴とする早期の難しい気質をもっているとき，彼または彼女は成長して，小学校の間に上述したような問題行動をとるようになる。ちなみに，このような人生の早い発達段階の機能とその後の発達段階の機能との関係は，本書の第II部の焦点となっている。そこでは，私たちの主な目的やテーマをはじめに扱っており，子どもたちが人生の最初の5年，10年，15年の間にどのように考え，感じ，行動しているかということが，のちの人生でどのようになるかを予測するのか，また，予測するのであれば，どのようになるかを判断する。

　後ろ向き研究法を用いて仮説の評価を行おうとした場合，攻撃的，非協力的，反社会的な子どもを治療するクリニックで働くサービス提供者と連携することになるかもしれない。早期の気質についての仮説を考慮すると，クリニックに通院している子どもたちの親に「このようなお子さんの困った行動はいつから始まりましたか？」という基本的な質問は必ず尋ねる。これまでの研究成果において，多くの親

は「ああ，この子は生まれたときからずっとこうだった。面倒くさがりやで，泣いて，もがいて，ただ気難しいだけで，ときにはどうしようもないこともある」と答えることが多いようだ。もしたくさんの親が子どもの問題行動が早期に出現していることを思い出せるのであれば，児童期の問題は乳児期の気質的な困難さに起因するという私たちの仮説を支持するエビデンスだと結論づけるかもしれない。

　現在，問題のある行動をしている子どもが赤ちゃんのときにどのような行動をしていたのかという後ろ向きな情報収集に基づき，この結論を自信をもって受け入れる前に，調査でどのような子どもが研究されていないかを考えてみよう。赤ちゃんのころの子どもたちは，心理クリニックで治療を必要とするようになった子どもたちと同様，気難しくて挑戦的な気質をもっていたが，**治療を必要とするような問題に発展することはなかった！**　そのような子どもたちが含まれていれば，困難で挑戦的な乳児の行動とのちの児童期の問題との間に見出された結びつきの強さは，後ろ向き研究法が示すものよりも，はるかに弱いことは間違いないだろう。気質を人生の早い段階で測定し，子どもたちを時間的に——前向きに——追跡する前向き研究を実施することによってのみ，気難しい乳児だったのが適応のよい生徒になった子どもたちを考慮しておいたことは失敗ではなかったと確信できる。その結果，前向き研究における早期の困難な気質とその後の行動問題との間に見られる関連は，バックミラーを通して発達を見た人工的な結果ではなく，正確で意味のあるものになる可能性が高いだろう。

　これは，単なる理論的，学術的，または浮世離れした問題ではない。すでに述べたように，過去数年間，ACEs に関する研究と発見があふれている。これは，後ろ向き研究の潜在的な限界と前向き研究の科学的な利点を探る 2 番目の例である。多くの刺激的な研究は，特定の病気や，より多くの病気，または病気を引き起こさせる特定の健康状態にある患者は，他の個人よりも，成長期に虐待されたり，ひどい扱いを受けたり，および / または家庭内暴力を含む危険な環境にさらされたことがあることを発見した医師によって報告されている。実際，この研究は今日，多くの医師が日常的に成人患者に，彼らの病歴だけでなく成長過程における経験をも共有することを求め，彼らがさらされた可能性のある逆境をリストにした簡単な質問票を渡しているほど，受け入れられている。これにより，医師が患者のことをよりよく理解し，おそらく，患者の健康状態の悪さを決定づける人生早期の要因について洞察を提供することができると推測されている。

　心理学者は何十年もの間，大人が児童期の記憶を正確に思い出すことができるということ——児童期の記憶をかなり正確に報告できると信じている人はあまりに

も多い——を疑問に思ってきた（そして困っていた）。そのため，心理学者たちはこのテーマについて研究を行ってきた。興味深いことに，私たちが成長過程で経験したこと，特に親が私たちをどのように扱っていたかという記憶は，児童期について報告するときの気分や精神状態によってバイアスを受けることが示された。したがって，抑うつのある人は，そうでない人よりもよりひどい児童期の経験を報告する傾向がある。しかし，これは，抑うつのある人が実際にひどい児童期を送っていたからではないだろう？　確かにそうかもしれないが，後ろ向き研究は感情的なバイアスのリスクがあるため，この問題を明らかにするのに不向きである。

　ダニーデン研究では，次のことを評価してきた。(a) **児童期**に測定された児童期の経験と**数十年後**に研究参加者によって報告された児童期の経験の類似性，(b) 児童期のそれぞれの描写が，身体的健康の客観的な測定値（例えば血圧など）や健康の主観的な評価にどのように関係しているか（例えば，「全体として，今日の健康をどのように評価しますか？　優れた，良い，どちらでもない，悪い，またはひどい？」）。そのような評価はよく一致しているのか？　彼らは同じ話をしているのか？　成人期の健康を予測することに関して，児童期の経験を後ろ向きに測定することは前向きな測定と同じくらいよいのか？　今挙げた質問の答えを見つけるためには，第16章を読まなくてはならない！　この予告的な誘惑を踏まえて，私たちがここで取り上げる概要に移らせてもらおう。

概要

　本書は5つの主要なパートから構成されており（第Ⅱ～Ⅴ部），それらはすべてこのイントロダクション（第Ⅰ部）に続き，その後の重要なパートに基づいたいくつかの結論を描く最終章（第Ⅶ部）へと進んでいく。本書で取り上げるトピックの概要を述べる前に，本書で描かれ，検討されるすべての内容は，つねに多くの同僚と協力しながら筆者らによって成し遂げられたものでもあることを明確にしておく必要がある。したがって，本書は今日の人間の発達の分野に関する総論でも調査でも知識の要約でもない。私たちはこの点に関して冒頭のコメントが明らかにしたと信じている。本書は私たちが人間の発達を研究する際に経験した科学的冒険について述べるものである。これまでも述べてきたが，読者は，他のすべての学者の仕事と同様に，私たちの仕事もこれまでの研究者が私たちを先導してくれたことによって達成された洞察や理解に基づいていることを知っておく必要がある。各章の基礎

となっている特定の研究は，学術的引用とともに巻末の参考文献に記載されている。

　本書のコンセプトを決める際の初期の重要な決定に関しては次のとおりである。まず同じ調査場所で苦労し，私たちの考え方や調査アプローチに影響を与えてきた同僚や友だちを含む他の多くの研究者たちの作業について，私たちはレビューし参照しているか？　私たち自身の仕事に焦点を当てているか？──科学的な観点から考えると，この問いは「私たちが自身の研究を紹介する前に，どの程度既存の学術的な文献を参照し検討するか？」ということである。このように人生における科学，開かれた心の思想家や著作家たちは，この問題について正直な意見の違いをもつことができる。私たちは早い段階で，多数の項目の学術的な文献報告を提示するために時間やスペースを使うのではなく，むしろ本書では概念的な問題や科学的な問いが私たちの仕事（および他の人の仕事）を導いたことを明確にし，詳細を提示することにした。

　これは，私たちにとって先行する研究が重要ではないということではない。アインシュタインの相対性理論を考えてみてほしい。非常に珍しい例を除いて，事実上すべての科学者は，彼らより前の研究者の「肩に立っている（stand on the shoulders）」状態であり，さらに先を見ることを望んでいる。私たちも違いはない（私たちはアインシュタインではない）。本書で紹介する研究はすべて，他の研究者の研究を土台としたものであり，私たちはそれをさらに発展させ，将来の研究成果に同様な要素を提供できることを望んでいる。このことは，参考文献に記載されている学術出版物を参照すれば，誰の目にも明らかであろう。どの文献もそれぞれ私たちの調査の基礎となった学術的基盤を示している。17世紀のイギリスの詩人ジョン・ダン（John Donne）が書いた有名な詩に「人はひとりで孤立している島ではない。すべての人間は大陸の一部分であり，全体の一部なのだ（No man is an island, entire of itself; every man is a piece of the continent, a part of the main）」という一節がある（Meditation XVII in *Devotions Upon Emergent Occasions*, 1624）。これは確かに現代の科学にも当てはまり，私たちは全体の一部であることを光栄に思っている。

　縦断的観察研究を実行することは，ときには果樹園を経営する果樹栽培者のようであり，ときには食事の準備をするシェフのようであり，ときには謎を解こうとしている探偵のようであり，そしてもちろん，ときには他の人がほとんどもしくはまったく行っていない場所に行こうとする冒険家のようであったり，何かを見つけることを期待しているが実際に起こるかどうか確信がもてないトレジャーハンターのようであったりさえする。果樹栽培者のように，私たちは人生の非常に早い時期に

人間の発達を研究し始めようとするが，「木」が成長して「果物」を収穫できるようになるまで何年も待たなければならない。私たちの問いの前に，解答ははるかに少ないが，多くの発達的な質問，例えば子ども時代から後年にかけて人々が変化するか変わらないままなのかどうか，人生早期における支持的または不利な経験が私たちの成長に影響を与えるかどうかなどは，幼い子どもたちが青年になり，大人になるまで私たちは待つ必要がある。私たち縦断的研究を行う者は，シェフのように多くの情報を収集し，それをデータアーカイブに保持する。これは，食料庫（パントリー）のようなものと考えてみてほしい。例えば発達に関する問題を調査したい場合，私たちは倉庫に行き，必要な「材料」を選ぶ（測定された変数を読みとる）。これにより「食料」を準備することができる。つまり，検討中の問題を経験的に明らかにするために，必要なデータ分析を実行できる。

　私たちが仕事を計画するとき，私たちはよく探偵やトレジャーハンターのように仕事するが，ときには冒険家のようにも仕事する。通常，私たちは先行研究を参考に，どこに注目し，何を期待すべきかを知る手がかりを得る。科学では，これは研究の背後にある「前提（premise）」と呼ばれる。もちろんこの手がかりは，私たちが探しているものが見つかると確信できるほど，単純なものであることはめったにない。そのため，このような場合，私たちは探偵やトレジャーハンターの帽子をかぶって，他の人から提供された「茶葉を読んで（read the tea leaves）」，知識に基づいた推測をする。これは，自分たちが何を見つけられそうかという私たちの予測である。しかし，ときに手がかりはとてもややこしく，それが利用可能な場合も，仮説を立てるのに十分でないため，私たちは答えを得ようと，ただ質問するだけになってしまう。その意味で，私たちは未知の世界を探検する冒険家のようである。

　今日，科学に関して懐疑的な見方は多いが，なかには確かに合理的なものもあり（研究結果の再現性に関わる），これは重要な問題となっている。悲しいことに，科学者は彼らが発見したいことのみを見つけると信じている人が多く，イデオロギーとアドボカシーが科学的調査を汚染している。これは確かにある程度正しいが，科学の世界では一般的に，それは理解する上での深刻な間違いを示す。私たちは本書で繰り返し明確にしているが，優れた科学は客観的な知識を冷静に追求することである。無意識の偏見がそのような客観性を損なうものではないことを 100% 確信できる科学者はいないが，おそらく特にここで取り上げるようなトピックの場合，注意深い科学者はそうならないよう懸命に取り組んでいる。

　本書の第 II 部は，「子どもは大人の父である（the child is the father of the man）」という，私たちがすでに触れた主張を扱っている。この古い格言（ロマン

派の詩人であるウィリアム・ワーズワース［William Wordsworth］が1802年の詩 “My Heart Leaps Up”［心は踊る］で創った）は，もちろん，子どもたちの心理的および行動的傾向が，大人を含め彼らが年齢を重ねたときに，どうなっていくかについての洞察を提供するという主張を指している。それは，人生の後半に子どもたちがどのように考え，感じ，行動するかが，彼らがのちの人生で誰になるかを予測するという，長年の仮説を簡潔に前進させる。したがって，この部の最初の章である第2章では，私たちは成人期早期の発達の予測因子として，彼らの3歳時の気質について焦点を当てている。調査した一部の子どもは，人生の早い段階と遅い段階で「世界への反逆（move against the world）」をしているように見えたり，「世界からの逃避（move away from the world）」をしているように見えたり，自信があって友好的で，開かれた方法で世界と関わりあう可能性がはるかに高い人がいることを発見した。第3章では，ライフスパンを中年期に進めてさらに調べ，人生の最初の10年間に現れた（または現れなかった）自己コントロールの長期の影響について尋ねている。私たちはこの章を「自制的であるか否か（To Be or Not to Be Self-Controlled）」と名づけている。第4章は第Ⅱ部の最終章であり，児童期にADHDと診断されることと中年期に同じ診断が生じることの関連性やつながりについて述べている。ここでの発達上の問いは，成人期のADHDが人生の早い段階でのADHDの継続を示したものであるかどうかである。

「子どもは大人の父である」という格言を支持して，本書の第Ⅱ部は続く4つの部の足場を用意するもので，それらはすべて，なぜ子どもや青年は自分たちのやり方で成長するのかという問いに取り組んでいる。そうすることで第Ⅰ部を基礎に置き，本書の2番目に主要なテーマと本書のゴールを扱っている。内容は，家族での経験が子どもや青年の将来の発達を形成する，または形成しないかどうか，そしてどのように形づくるかを確かめるということである。子育ては児童期と青年期の発達にかなりの影響を与えるという広範な見解を踏まえて，第5章で親の子育ての方針について尋ねることから，家族の影響についての第Ⅲ部を開始する。多くの場合，虐待的で怠慢な養育は次の世代に受け継がれるとはかぎらないことを示す広範な研究に基づいて，ダニーデン研究の中で，温かく，刺激的で，支持的な母であり父であること，つまり，多くの研究が示しているような養育が，子どもと青年のウェルビーイングを促進するか評価している。第6章では，私たちはダニーデンで育った少年の非行を助長した家庭状況を調査し，幼少期から規則破りが常態化している場合と，青年期に規則を破り始める場合を区別した。なぜなら，たとえ両方のグループの10代のころの行動が似ていても，彼らが育つ間に家族の中で経験したことに

よって，将来の発達への影響の仕方がかなり違ってくるからである。家族に関係する3番目の章である第7章では，少女に注意を向け，思春期初期の発達の原因と結果について調べている。ダニーデン研究と「NICHDによる早期の子どものケアと若者の発達研究」の両方から得られた結果が考察された。驚くべきことに，その結果は問題のある家族の力動は，思春期の女性の発達を加速し，それによって思春期の性行動が加速するように見えることを示している。後続のいくつかの章と同様に第7章では，レジリエンスを促進する要因と力，逆境を経験しても悪影響に屈することのない能力について説明する。レジリエンスを考えることによって，子どもが逆境のもとで育った際に問題が発生するのを防ぐ可能性のある条件について洞察することができる。これは本書のもうひとつのテーマまたはゴールであり，他の方法で明らかにされた環境の影響（例えば，小児期逆境体験は早期の性的行動につながる）が実現せず，そのような介入と支援の提供の意味を明らかにしている。

　本書の第Ⅳ部では，読者に向け，私たちの本の3番目のテーマとゴールである家族を超えた発達経験と暴露が将来の能力を形づくるかどうか，そしてどのように形づくるかについて述べる。私たちは，保育所（第8章）や近隣（第9章）が，子どもや青年の発達に及ぼす影響について，および仲間の影響に関する2つのトピック，子ども時代のいじめ（第10章），青年期に始まった大麻喫煙について取り上げる（第11章）。第10章は，NICHDによる研究に基づいており，子どもや青年の発達に及ぼす影響，良いニュースと悪いニュースの両方を提供している。E-リスク研究の一環として，英国の10代に実施した私たちの研究から得られた成果によるいじめに関する章では，いじめが身体的・精神的健康に与える短期・長期的な影響について強調している。一方，同じ研究成果から述べている第11章では，経済的に不利なコミュニティで育つことが，子どもの発達にどのように影響するかに焦点を当てている。興味深いことに，私たちは裕福な家族の物理的な距離の近さがより重要であることを見出した。多くの政策立案者や社会活動家が推測しているように，英国の恵まれない家庭で育つ子どもにおいてもこの物理的な距離の近接は利益をもたらすのか，それとも相対的剥奪の経験はウェルビーイングを損なうのだろうか。この部の最終章である第11章では，たいてい青年期に仲間の影響で始める大麻の使用が，とりわけ40年間続く場合には，メンタルヘルスだけでなく認知機能も損なう可能性が高いことを示している。特にこれらの章を通して，すべての子どもが危険な状況の悪影響に屈するわけではないという点で，発達の確率論的性質（本書の別のさらなるテーマ）を強調している。繰り返しになるが，レジリエンスを促進する要因についての観察は，問題を誘発する発達経験と環境暴露に直面したときに，

問題となる機能を防ぐために何ができるかを洞察するのに役に立つ。

　今日，個人が異なる方法で発達する理由を理解したいのであれば，遺伝学を考慮しなければならないことが広く認識されている。結局のところ，遺伝のない育ちはない（逆もまた同様に）。したがって，本書の第V部の最初の2つの章，第12章と第13章では，本書の4番目のテーマと目標──個人の遺伝子構成が発達を決定するかどうか，そしてどのように形づくるか──に取り組むことで，特定の遺伝子が，喫煙開始後に誰がニコチン中毒になり，誰がならないかを説明するのに役立つかどうか，また，別の遺伝子セットを使用して，人生の成功（例えば，高い地位の職業，上の階層へ向かう社会的流動性，および富の蓄積によって示される）を予測できるかどうかを評価する。この結果は，遺伝的決定論の疑いを提起することになるが，私たちが明らかにするように，発達の確率論的な性質を考えると，遺伝的影響は避けられないわけではない。これは，それらが重要ではないということではない。そうではないと主張することは，おかしいほど時代遅れであるということである。第14，15章では，遺伝学も扱っているが，私たちは遺伝型と表現型と呼ばれているものの直接的な関係を超えて，遺伝と環境の相互作用を調査している。そのような焦点は，男性の暴力（第14章）と抑うつ（第15章）の促進によって，生まれと育ちがどのように集団的かつ相互的に働き，人間の発達を弱体化させるかについての考察を含んでいる。私たちは，ストレスに直面したときのレジリエンスにも関心を広げ，遺伝子構成によって，逆境に脆弱であると証明された人とそうでない人を特定している。これまで概説してきたすべての遺伝学的関連の研究は，ダニーデン研究に基づいている。

　しかし，遺伝学を扱う最後の章では，「新しい遺伝学（new genetics）」と呼ばれるエピジェネティクスに焦点を当てたE-リスク研究に目を向ける。第16章では，現在，理論といくつかのエビデンスが示唆しているように，思春期の被害体験が，エピジェネティクスのメチル化の過程を経て，実際にいくつかの遺伝子（遺伝子発現）の影響を「オフ」にしているかどうかを評価する。もしそうであれば，遺伝子は最終的に人間の機能の特定の側面に影響を与える「第一の原因」であるだけでなく，発達経験や環境への暴露が，特定の遺伝子が発達に影響を与えるかどうかに実際に影響を与えることを示していることになる。確かにこれが事実である場合，遺伝子を他の要因の影響を受ける従属変数として考えることができる。

　ここまでの章では，人間の発達を形成する多様な影響源と「子どもは大人の父である」かどうかに焦点を当ててきたが，本書の最後の主要パートである第VI部では老化の過程に注目して，中年期の健康が幼少期に根ざしているのか，またはどのよ

うに根ざしているのかを見極める。第17章では，ダニーデン研究から，中年期の健康は小児期にその起源があるというエビデンスを提供し，前向きかつ後ろ向きに測定されたACEs（小児期逆境体験）の問題に取り組んでいる。第18章ではE-リスク研究を利用し，免疫系，ストレス生理学，遺伝学を考慮して，多様性がどのように「皮膚の下に入り込み」，さらに「生物学的に埋め込まれる」かを見ていく。最後に，中年期の老化に焦点を当てた第19章では，生物学的老化の変化を調べ，ダニーデン研究に参加した個人が時系列的に同じ年齢であるにもかかわらず，生物学的老化の速度がどのように，またなぜ異なるかを報告する。

　第Ⅶ部を構成する本書の最後の章である第20章では，これまでに取り上げてきたすべてを概観する。ここでは，本書の基礎を形成する3つの前向き縦断的研究を実施する過程で浮かび上がったテーマに焦点を当てる。これらのテーマには，以下のことが含まれる。児童期の機能が将来の発達の適切な予測因子であること。通常，単一の影響源は決定論的ではないこと。なぜなら，発達は家族内外の経験や遺伝などの複数の相互作用する要因や力によって形づくられるためであり，一部の子どもたちは，さまざまな理由（例えば，支持的な子育て，近隣の集団的有効性，個々の遺伝子構成）によって，他の子どもよりも逆境に強いことが証明されているからである。そして，これらの結論はすべて，問題を予防し，改善し，広い意味でのウェルビーイングを促進することができるという希望を与えるものであること。とはいえ，人間の発達はまだ黎明期，または少なくとも幼児期にある学問という点で，「眠りにつく前に進むべき道のり（miles to go before we sleep）」があることを明確にしている。まだまだ学ぶことが多くあるため，本書で紹介することは進捗報告といえる。人間の発達に関する理解が，特に私たちの研究のような，出生時あるいは出生間近の時期から長期にわたって人生を追跡する，大規模で有益な前向き研究によって進むことを，読者にわかっていただけるものと信じている。

第Ⅱ部

子どもは大人の父である

第

2

章

世界への反逆，世界からの逃避

Moving Against the World, Moving Away from the World

虹を見たなら心は躍る
赤子のころも　大人の今も
年経て後もそうでありたい　そうでなければ死なせてほしい
子どもは大人の父である　願わくは私の生きる毎日が
生まれながらの畏敬によって結ばれていますように
——ウィリアム・ワーズワース，『虹を見たなら心は躍る』

「子どもは大人の父である」という詩人の言葉には，私たちが大人になってからの姿には，子どもであったころの自分が大なり小なり反映されている，という意味が含まれている。この観点に立てば，子どものころの行動と機能は，成人してからのそれらの前兆となるもの，もしくはそれらを予測するものであるといえる。ある意味，これは人間の発達を非発達的に捉える見方である。つまるところ，この見方が示しているのは「私たちは時間を経ても大きく変化せず，ほとんど同じ人間のままであり，ただ幼かったころの自分よりも大きく，より複雑になるだけだ」ということである。例を挙げると，米国第45代大統領ドナルド・トランプ（Donald Trump）はこれと同じ見解を示している。彼は2016年に大統領選に出馬した際，自分は70歳になっても未就学児のころと同じ人間であると主張した。彼が選挙運動中，また世界最高権力の保持者となってからでさえ，感情に任せた衝動的な振る舞いを示してきたことを思えば，このことは信じるに難くない。だが私たち，つまり彼以外のすべての人たちについてはどうだろうか？　成人してからの私たちの行動と機能は，どの程度，子どもだったころの自分を反映しているだろうか？　そしてその反対に，子どもだったころの私たちは，成人後の私たちの姿を予

27

見するものだったといえるだろうか？

　人となりが発達を通して継続的か非継続的かというこの問題，すなわち人間は不変であるか変化するかという問題は，つねにこのような問われ方をされてきたわけではないにせよ，古くからある問いである。50年以上も前，ニューヨークの児童精神科医チェス（Stella Chess）とトーマス（Alexander Thomas）はこの問題に取り組もうと，早期の気質に関する研究の立ち上げに関わった。彼らが支持したのは継続性の立場である。この立場はのちにハーバード大学の発達心理学者ケーガン（Jerome Kagan）によって取り上げられ，さらに長年にわたって発展されていった。ケーガンはすでに退職しているが，80代になる今でも気質の問題を含めた学術論文の執筆を続けている。ケーガンのような発達研究者は，発達上の顕著な継続性，すなわち子どものころの自分がいかに思春期さらには成人期を通じて同じであり続けるかということを強調する。一方で，目を見張るような変化の遂げ方——人生最初の数十年でしばしば起こるような，驚くべき飛躍，紆余曲折，転換——に対してあらためて注意を向けている研究者たちもいる。しかしながら，それぞれの子どもが人生のごく早期からお互いにまったく異なる心理的・行動的な傾向——すなわち気質をもっている，ということに関してはほとんど誰もが同意する。逆境に直面したときに，傷つきやすく容易に動揺してしまう乳幼児もいれば，同じ年ごろの子どもであれば苦しむような事態にもまったく動じないように見えるストイックな乳幼児もいる。よちよち歩きのころ，知らない人や見慣れない場所，ものに関心を示し，ためらうことなく大胆に近づいていく子どももいれば，ためらいがちに様子を見ながらじっと待つ子どももいる。ほほえんだり笑ったりできるようになる幼児もいれば，少なくとも表面的にはそうしたポジティブな感情をなかなか表に出せない幼児もいる。こうした傾向の違いは，生後1年間を含むごく早期から見られるものである。トーマスとチェスは，早期の子どもの気質を「手がかからない（easy）気質」「手がかかる（difficult）気質」「時間がかかる（slow to warm up）気質」の3つに区別した。気質の異なる子どもたちがどのような行動上の違いを示すかは，本章が進むにつれて明らかになっていくだろう。

　今日の小児発達学を研究する研究者にとっては，生まれつきの，または早期の気質特性というのはのちの人生で見られる発達的現象——例えば攻撃性や不安などの最初の手がかりとして役立つ。しかし多くの親がそうした気質の存在を信じられるようになるのは，たいてい2人目の子どもをもってからである。これは特に，1人目の子が「手がかかる」よりは「手がかからない」赤ちゃんであった親に対して当てはまる。初めての子が「手がかからない」子であった場合，親は子育てのしや

すさを自分たちの育児スキルのおかげだと考えがちだからである。実際，よその親が子どもを寝かしつけたり新しい状況に慣れさせたりするのに悪戦苦闘しているのを目の当たりにしたとき，育てやすい子どもをもつ親が「育て方に何か問題があるためだ」と思い込むのは珍しくない。彼らは「もしあの子がうちの子だったらあんなに大変ではないだろう。問題は子どものほうじゃなくて育て方にあるんだ」と考える。しかし最初の育てやすかった子どもとはまったく異なる気質をもつ2人目の子どもが生まれると，彼らは急速に生まれつきの気質の違いという考え方を見直すようになる。そうした場合，親たちは子育ての影響を重視する「育ち」の理論から，先天的な気質を強調する「生まれ」の理論に立場を切り替え，よりニュアンスのある見方をするようになる。「問題なのは子どもをどう育てるかということだけじゃない。少なくともそれがすべてではなくて，子どもが何をもってこの世に生まれてきたかが重要なんだ」。

　本書の著者の一人は，2人の息子を育てているときにこのことに気づいた。しかし最初の子どもが手のかからない子どもで2人目が手のかかる子ども，という点に関しては実際のところは逆で，1人目の子どものほうが行動上の難しさを抱えており，なだめたり寝かしつけたりするのが大変であった。その子育てのイライラすることといったら，両親が「どうして世界の児童虐待は今程度の数ですんでいるのだろう」と考えずにいられないほどだった。しかし彼らは同時に，この忍耐を要する子どもを育てなければならないのがまさに自分たちであるということに感謝してもいた。もし，この子どもの両親がもっと心理的・経済的・教育的な資源が少ない人たちであったなら，過酷で無神経な振る舞い，おそらくは虐待へさえもたやすく駆り立てられてしまったかもしれない。そして，実際そうしたことは確かにあるのだ。

　2人目の子どもが1人目の子どもよりも圧倒的に育てやすいことに気づいたとき，今度はこの著者に次の疑問が浮かんだ。「信じられないほど育てやすい子どもをもち，子育ては意のままだと感じている両親が2人目の子どもをもって，その子が信じがたいほど大変で頑なであるという場合，いったいどのようなショックを受けるのだろう？　もし選ぶことができたとすれば，最初に手のかからない子，2番目に手のかかる子をもつか，それともその逆の順番か，どちらのほうを選ぶだろうか？」。正解など存在しないのは明らかである。

　子どもが大人の父といえるかどうか，ひいては早期の気質がのちの発達的機能を予見するかという問題を，小児発達研究者は哲学的問題ではなく経験的問題として捉える。子どもが発達早期に示す気質のような行動特性は，のちの人生でどのような行動を示すかを予見するだろうか——言い換えれば，統計的に予測するだ

ろうか？　もしくは少し違った見方をすれば，成人期のパーソナリティは早期の気質に発達的ルーツをもっているといえるだろうか？　ダニーデン研究（Dunedin Multidisciplinary Health and Development Study）は，その長期的かつ徹底的であるという特徴により，この問題に取り組む上で絶好の条件を備えている。本章はまず，3歳時に測定された気質が15年後の18歳時に測定されたパーソナリティと関係するか，もし関係するのであればどのように関係するのかを考えることから始める。その後，研究参加者が21歳になったときに，そうした早期の気質が実人生における個人間の──友人や家族，パートナーとの人間関係を予測するか，もしするのであればどのようにかを検討する。最後に，3歳のときの気質は約30年後の32歳時点におけるギャンブル行動の問題と関係するかどうかを検討する。

早期の気質と若年成人におけるパーソナリティ

　早期の気質について考える場合，発達研究者の取りうる道は少なくとも2つある。これらを理解し区別するには，「ある人々は他の人々よりも活発である」という観察と，「ある人々は活発であり，ある人々は活発でない」という観察を対比してみるとよい。最初の観察では，活発さを高い低いという幅を持った**次元**として扱っている。これに対し，後者の観察では人々が互いに区別可能なカテゴリーへと分類されることで，人々の**タイプ（類型）**が強調されている──ちょうどチェスとトーマスが，子どもたちを手がかからない気質，手がかかる気質，時間がかかる気質の3つに分類したのと同様である。人々が互いにどのように異なるかに関して，これら2つの考え方のどちらかが本質的により優れているということはなく，それぞれ役に立つことがある。例えばお風呂に入ろうとしているときは，お湯の温度を次元的に扱って「お湯は十分温まっているだろうか，それとももう少し熱い湯を足すべきだろうか」などと頭の中で問いかける。しかしパスタを茹でようというときであれば，問題となるのはお湯が熱すぎるとかぬるすぎるとかではなく，沸騰しているかどうかである。子どもの気質を研究する上でも，次元とカテゴリーは両方とも有効に活用することができる。

　早期の気質がよりあとになってからの機能に関係するということ，すなわち早期の気質の発達的レガシー（遺産）を調査しようという計画において，私たちはチェスとトーマスにしたがって類型論的なアプローチを採用し，3歳の子どもたちを彼らのもっている気質のタイプによって分類した。この点についてはまたあとで簡潔

に説明する。この方法を採用することに決めたのは，一度にひとつずつの気質に焦点を当てていくのでなく，気質の複数の側面について同時に検討したかったからである。例えば「内気で，活発で，**かつ**なだめにくい子がストレスにさらされたとき，活発で，社交性が高く，**かつ**なだめやすい子とは異なる発達を示すだろうか？」といった問いが立てられる。内気さ，活発さの度合い，なだめやすさといった特性の発達的レガシーを個別に調べるのではなく，複数の特性をまとまりとして，あるいはそれらが織り成すモザイクとして考えることによって，単なる構成要素や特性ではなく総体としての一個人を特徴づけられるようにした。

私たちのアプローチは「個人中心的」アプローチとでもいうべきものだが，これがもうひとつの「変数中心的」アプローチ，すなわち内気さや活発さといった単一の次元に着目するアプローチよりも優れていると主張するものではない，という点は明確にしておきたい。どちらかのアプローチがもう一方より適切であることはありうるが，それはどのような発達的な結果因子を予測したいかに依存する。例えば運動能力を予測したいのであれば，個人の活発さの度合いに着目し，「発達早期に他の子どもよりも活発な子どもは，他の子どもと比べて，のちに運動選手になりやすい」という仮説を検証することは大いに意味を成すかもしれない。しかし，ある人の恋愛上のパートナーや配偶者としての資質を予測したいなら，より見込みがあるやり方は身体的な外見，知的能力，友好性などに同時に着目することだろう。気質の研究は，物理学者が光の性質を調べる上で学んできたやり方に似ている。光は波として扱うのがよいときもあれば，粒子（つまり光子）として扱うほうがよい場合もある。

気質に対する多面的で個人中心的なアプローチに立つと，いくつもの別々な特性がどのように組み合わされるのか，ということに興味が湧いてくる。A，B，Cという3つの異なる気質の特性があると想像してみてほしい。子どもはこれらのそれぞれについて，高い得点か低い得点のどちらかを取る。これが意味するところは，少なくとも理論的には，子どもは8つの異なるタイプに分けられるということだ。特性Aのパターンには高得点と低得点の2通りがありうるが，これに特性Bの2通りのパターンが掛け合わされると4通りになる。さらに特性Cも2通りに分けられるので，合計で特性の組み合わせは8通りとなり，すなわち8つの個人のタイプがあることになる。もし各特性の子どもの得点を高，中，低に分けたとすれば，理論的に分けられる気質のタイプは27（$3 \times 3 \times 3 = 27$）通りになる。もし5つの気質の側面に関して高得点か低得点かを測定したとすれば，異なる気質のタイプは32（$2 \times 2 \times 2 \times 2 \times 2 = 32$）通りである！

しかし，本当にこんなにもたくさんのタイプが実際に現れるだろうか？　ここで理解しておく必要があるのは，8通り，27通り，32通りといった気質のタイプが**理論的**に考えられるからといって，ダニーデン研究や他の研究において必ずしもそれらがすべて現れるとはかぎらない，ということである。ありうる気質のタイプは気質の理論的な「デザイン空間」に表現されるが，この空間が完全に「満たされている」必要はない。言い換えれば，この空間は，現実に存在する複数の個人的特性の組み合わせに対して必ずしも「写像して」いなくともよい。これは動物の進化とそれらの形質の話とよく似ている。例えば大きくて攻撃的であるとか，小さくてすばしこい（より大きく攻撃的な捕食者から逃げるために）とかといったいくつかの形質の組み合わせは多様な動物種にしばしば現れるが，自然界には見られない（2つ以上の）形質の組み合わせもある。例えば，象くらい大きくて，かつ攻撃的な鳥といったものは存在しない（その理由は明らかである）。ここで早期の気質の発達的レガシーに関する話に戻ると，私たちが最初に取り組んだのは，3歳時点で収集した情報を用い，気質に関連する情報に基づいて子どもたちの異なるタイプを同定する，ということであった。

気質のタイプ

さまざまな冒険と同じで，私たちの冒険もいざ始めるに当たってまず準備が必要であり，最初にいくつかの予備的なステップが踏まれた。そしてミッションの第1段階において，3歳の子どもたちがどのようなタイプに分けられるのかが特定された。これは15年後，次の第2段階に進んだときに，パーソナリティがどのように変わってくるかを調べられるようにするためである。まず，3歳の子どもたちがオタゴ大学の研究室に到着すると，検査者はそれぞれの子どもと90分にわたる検査を行い，子どもたちの行動に関する22の異なる評価を実施した。これらの検査は，ある子どもがいくつかの状況を通じてどのように振る舞うかに基づき，認知，言語，運動の能力を評価するものだった。これらの評価を行う上で，子どもたちは片足で立つ，問題を解く，はめ込みボードの正しい位置にピースを置く（例えば四角い物体を四角いスペースに，三角の物体を三角のスペースに収める），といったように特定の行動をとるよう指示された。検査者の評価では，子どもたちの心理的・行動的機能における複数の側面が捉えられた。そこには子どもたちがどのくらい多くの感情を表現するかといったことや，どのくらいそわそわしているか，衝動的か，自

分勝手か，といったことが含まれる。さらに検査中，子どもたちがどれだけ積極的に課題に取り組んだかまたは取り組めなかったか，および注意がどれだけ持続したか，または逸れてしまったかといった点も評価された。その子どもがどのくらいネガティブか，自己批判的か，慎重か，友好的か，自分に自信があるか，自立的か，内気か，どのくらい言葉で意思疎通するか，おびえてみえるか，なども同様に検討された。

　検査者は検査および観察のすべての段階を通して子どもと一緒におり，90分の時間が終わるまでは評定せずに待つようにした。各特性は多元的に評定され，それぞれの子どもは各特性に対して点数をつけられた。例えば，とても衝動的だが怖がりではない子どもは，衝動性に対しては高い点数，恐怖心に対しては低い点数になる。別の子どもは両方の特性で高い点数がつくかもしれないし，また別の子どもは両方低いかもしれない。最初の例とは逆に，衝動性が低く恐怖心が高いという子どももいるかもしれない。ダニーデン研究の縦断的な性質を踏まえると，これらの評定が1975年の時点でなされていたことの意義は大いに認められるべきである——これらを使って成人期の機能を予測するためには，15年が経過するのを待たねばならなかった。この種の前向き研究は個人の発達を追跡するため，当然ながら時間がかかる。第1章で使ったたとえを思い出してほしい。発達を研究することは，果樹を植えることといかに似ていることか。果樹栽培者は果実が実るまで待たなければならない。

　1975年からかなり経ったあと，いよいよ児童期早期の気質の発達的レガシーを調査しようという段階になったとき，私たちはデータアーカイブからおのおのの子どもの22の評定値を取り出してきて，ある洗練された多変量統計手法を利用し，子どもたちの中に異なるタイプが識別されるかを明らかにしようとした。この場合，**多変量**とはそれぞれの子どもに対する22の評定値のこと——つまり，これら複数の変数，それぞれ個別の測定項目のことを指す。この統計手法は，本質的には**複数の特性を通じて**互いに似た点数を示し，他の子どもたちと区別される子どもたちを同じグループとしてまとめ上げるというものである。この手続きにより，個人中心的な方法で子どもたちの中に5つのタイプを同定することができた。

　制御されていない（undercontrolled）子どもたちはダニーデン研究サンプルの10%を占め，苛立ちやすく注意散漫であり，3歳時の大学の研究室での体験を楽しんでいないように見えた。じっと座っていることを含め，完了するよう求められた課題の時間に集中することが困難であった。また，要求されたことをじっくり考えるというよりは，むしろ衝動的に振る舞った。これらの子どもたちは，つまりチェ

スとトーマスの「手がかかる」子どもにもよく似ていることが示された。

抑制された（inhibited）子どもたちはサンプルの8％を占め，内気かつ怖がりであり，意思疎通は（少なくとも言語的には）かろうじて行う程度で，よく知らない検査者を相手にするときには動揺を見せた。制御されていない子どもたちと同様，気が散りやすく注意を持続するのが難しかったが，しかし衝動的ではなかった。この子たちはチェスとトーマスの「時間がかかる」子どもとよく似ていた。

自信家の（confident）子どもたちは，サンプルの27％で，求められた活動に対して特に熱心に，かつ積極的に取り組んだり探求したりした。いくつかのテストでは親と離れていることが要求されたが，そのことについてはほとんど，またはまったく懸念を示さなかった。対人関係についていえば，彼らは検査者に対して非常によい反応を示した。言い換えれば，研究室の文脈，およびそこで求められたことに対して非常に早く順応したように思われた。これらの子どもたちはチェスとトーマスの「手がかからない」子と類似していることが示された。

控えめな（reserved）子どもたちはサンプルの15％で，検査場面では居心地悪そうにしており，内気で，怖がりで，自己批判的だった。しかし抑制された子どもたちとは異なり，検査者とやりとりするときは無理なく反応し，また要求されたことを行う上で居心地悪さが妨げになることはなかった。そのため，おずおずしたところはあっても，この子どもたちは直面している課題に集中して取り組むことはできた。

非常に順応的な（well-adjusted）子どもたちはサンプルの40％で，必要に応じて控えめに振る舞ったり，行動を制御したりする能力をもっていた。適度に自分に対する自信をもち，難しい課題にも立ち向かおうと試みたが，課題（例えばパズルの完成）が自分にとっては難しすぎるとなったときにも過度に動揺することはなかった。検査の最初にはためらいを示したが，しばらくしたらウォームアップができて友好的になった。

もし私たちと同じような研究がニュージーランドのダニーデン以外のどこかで行われたとしたら，はたして私たちが同定したのと同じタイプの子たちが見つかるのだろうか，という正当な疑問を抱く向きがあるかもしれない。この疑問は私たちの仕事に対していつもお決まりのように提起されるが，実際にはより一般的な問題である。私たちの研究が行われている土地は，多くの人が遠くに感じ，それゆえに見知らぬ，一般的ではないような場所とみなされがちであるが，実のところニュージーランドは多くの近代化され工業化された西洋国家，特に米国のような英語圏の国々と非常に似通っているのだ。したがって，この章や本書を通じて紹介する知見

が，WEIRD〔p.11 を参照〕の世界の他の多くの場所で，子どもや青年，成人の発達研究の知見と極めて似通っていても驚くには当たらない。実際，気質のタイプの問題に戻ると，私たちが別の研究で米国北東部の主要都市で育った貧しいアフリカ系アメリカ人の子どもたちを対象とした場合でも，ダニーデンと同じ気質グループが見つかったことは特筆すべきことに思われる。また他の研究者たちからも私たちと似た結果が報告されてきている。

成人期早期におけるパーソナリティ

　研究参加者は 3 歳のときに研究室に来てから 15 年後，標準的な質問紙に答えることで自分自身について評価するように求められ，そのパーソナリティが測定された。私たちの冒険におけるこの第 2 段階においては，変数レベルではパーソナリティについて 10 の次元があり，それらに基づいて子どもたちの 5 つのグループを比較した。18 歳になった時点では，あるグループと他を区別する特性は，10 の次元の中のいくつかだけであった。早期の気質がのちのパーソナリティを予測するかどうか，すなわち子どもが大人の父といえるかどうかに関する私たちの発見を記述する際は，これらの次元のみを考慮したものである。

　全体として，子どもたちの 5 つのグループは，18 歳時点では個別に測定されたパーソナリティの次元の半分で異なっていた。しかし高校卒業もしくは卒業しているはずの年齢の若い成人たちの中で，15 年前の自分自身と最もよく似ていることが示されたのは，幼児のころに「制御されていない」または「抑制された」のどちらかに分類されていた人たちだった。制御されていない子どもたちにおいて見られた発達の継続性についてまず考え，それから早期の抑制された気質が発達的に引き継がれるという話に進もう。

制御されていない気質の継続性

　若い成人になると，かつて制御されていない気質だった幼児たちは，行動の自制や制御に限界を示した。18 歳時点では，彼らは危険を求め衝動的であるというふうに自らを評価しており，有害でエキサイティングかつ危険な状況を避けたり，反省的に，慎重に，あるいは注意深く計画的に——つまり事前によく思案した上で——振る舞ったりということを，あらゆる若い成人の中で最も行わない傾向があ

った。この人たちはまた，日常の多くの出来事に対してネガティブに，かつ強く反応しがちであるという点で，非常に多くのネガティブな感情を経験したり表出したりしていた。そのため，もし彼らがゲームに負けたり，助けを求めているときに友だちが協力的でなかったりすると，これらの若い成人は非常に動揺しやすく，また怒り出してしまいやすくもあった。加えて，彼らは自分が不当な扱いを受けて苦しめられてきたと考えており，他人に騙されやすく，さらに誤った噂のターゲットになりやすいというふうに自らを特徴づけた。

　かつての制御されていない幼児たちが若い成人の中で最も攻撃的になった原因は，こうしたパラノイア（被害妄想）なのだろうか？　結局，今18歳となった彼らは，自分の利益のために他の人々を傷つけたり，結果として他者を怖がらせたり不快にさせたりすることをいとわない，と素直に自認しているのだ。もしくは，その反対に，彼らの攻撃的な傾向が，他者からの不当な扱いを誘発してきたということはありうるだろうか？　おそらく，対人関係の扉というものはそれら両方のやり方で開くようになっていて，両方の間を揺れ動いているのだ。制御されていない気質だった子どもたちの攻撃性がそもそもの原因であることもあれば，成人期早期やそれよりも前に他者との間に抱えていた問題に対する反応として攻撃的になったということもありうるのである。これらの観察と省察を踏まえ，私たちはこれらの研究参加者を，幼児としても若い成人としても，「世界に反逆する」ものと特徴づけた。

抑制された気質の継続性

　以前に抑制された気質であった子どもたちの場合，制御されていない気質の子どもたちとは発達の様子が明らかに異なっていたが，幼児期と18歳時の機能の関係には継続性があった。この研究参加者は3歳のころ，内気で恐怖心が強く，大学の研究室を訪問した際には課題に集中することが難しかったことを思い出してほしい。大人になると，彼らは過剰に制御され，行動が制限され，消極的な対人志向を示すようになった。彼らはあらゆる他の18歳の若い成人と比べ，危険な活動よりも安全な活動のほうを好む傾向がより強かった。また，彼らは最も用心深く，最も注意深く，最も衝動的ではなかった。例えば，大きな岩から湖に飛び込むような怖いことを友人から挑まれた場合，危険を冒すかどうかという質問には，たとえ仲間に見下されたとしてもそのような活動をするほどの動機づけにはならないと答えた。もっと肯定的に捉えられる点についていえば，これら幼児期に抑制された気質であった人たちは，他人を利用することを差し控える傾向は最も高く，一方で他人に対し

て攻撃的になる傾向は最も低かった。しかし，注目すべきことに，彼らは18歳の若い成人たちの中で最も強引でなく決断的でないという点で，社会的な権勢を欠いていた。クラスでも，チームでも，友だちと出かけるときでさえも，他者に影響を与えたり，リーダーシップをとったりということに関心を示さなかった。3歳のころに制御されていなかった若い成人たちの場合と同様に，このような抑制された子どもたちもまた，「子どものころを見れば大人になってからがわかる」という主張を支持した。まさしく，私たちは彼らを幼児期と成人期早期の両方において，**「世界から逃避する」**人たちと見るようになった。

他の気質の継続性

3歳のときに他の3つのより極端ではない気質のグループのいずれかに分類された若い成人は，世界に反逆したり，世界から逃避したりする若者ほど，早期に見せた気質と現時点でのパーソナリティの一致は顕著ではなかった。それにもかかわらず，幼児期の機能というレンズを通して18歳の彼らを見ようとする私たちの努力により，早期の気質からより後期のパーソナリティへの継続性を示すいくつかのエビデンスが得られた。自信家だった幼い子どもたちのグループは，大学の研究室での新奇なテストに対し，熱心に取り組んでいたことを思い出してほしい。大人になると彼らは，幼児期に制御されておらず，のちに世界に反逆すると判断されたグループを除き，他のすべての気質グループよりも衝動的であることが判明した。一方，3歳のときに同じような新奇なテストの状況で不安を示していた控えめな幼児たちは，幼児期に抑制された気質で，のちに世界から逃避していると判断された者を除くと，成人になったあとの強引さや決断力が最も低かった。最後に，3歳の時点で自分の年齢や状況に合った感情や振る舞いをしており，非常に順応的であると考えられた子どもたちは，18歳になると普通の健康的な青年としか言いようのない成長を遂げていた。彼らは，極端に計画的でもなく，臆病でもなく，攻撃的でもなく，衝動的でもないことがわかった。

早期の気質がのちのパーソナリティとどのように関係するようになるか

3歳時の気質と18歳時のパーソナリティを結びつける継続性という私たちの発

見を思うと，いったいこれは何によって説明されるのかという疑問が当然生じてくる。人生の早期における制御の欠如や抑制は，どのように15年後のパーソナリティを予測し，どのようにそれに寄与するのだろうか。ひとつの可能性としては，私たちが扱っている気質やパーソナリティのスタイルが遺伝的に受け継がれるものであり，早期の気質に寄与するのと同じ遺伝子群がよりのちのパーソナリティにも影響しているということが考えられる。このことから子どものときの気質と大人になってからのパーソナリティが関連している理由を説明することができ，またこの主張と一致する他の研究からのエビデンスは確かにある。私たちがどういう人間になるかに影響を及ぼすという点で，育ちだけでなく生まれが非常に重要であるということをはっきりさせるためにも，第12章と第13章では直接，思春期および成人期の機能に対する遺伝子構成の影響を論じる。

　遺伝要因にかなりの役割を与えたとしても，早期の気質で観察された違いが**どのように**保たれ，15年後に測定されたパーソナリティ特性として開花するのかという疑問に答えることはできない。ここでは，継続性を担う発達的プロセスの問題を扱っていく。この問題を明らかにするためには，「文脈の中の発達（development in context）」，つまり成長する子どもと環境，特にその子たちを取り巻く環境との相互作用について考えることが有用である。私たちは発達研究者であるので，「文脈の中の発達」が私たちの研究を形づくる中心的な原理であるのは当然といえる。著者であるベルスキー（Belsky）とカスピ（Caspi）の二人は，ほぼ10年の時を挟んでそれぞれコーネル大学の大学院で研究生活のスタートを切ったのだが，どちらも「人間発達の生態学」の文脈モデルで有名なブロンフェンブレンナー（Urie Bronfenbrenner）の考え方や著作に影響を受けた。ブロンフェンブレンナーは，彼の先駆者たちと同様，水から外に出してしまっては魚の生態がわからないように，子どもや大人を文脈から切り離してしまってはその発達を理解することはできないと考えていた。発達的プロセスにおける人間と環境の相互作用の重要性ということに関して，ブロンフェンブレンナーが私たちの理解に付け加えたことは，人間が埋め込まれている複数の生態学的な層を明確化したことである。それは，子どもが直接経験する身近な環境（例えば，家族，保育園，学校）から，より広範な社会的・歴史的文脈（例えば，民主主義と全体主義の対立，奴隷制度の歴史など）にまで及ぶ。人形の中に人形がぴったり収められているロシアのマトリョーシカ人形のように，後者の文脈の中にはより身近な文脈が埋め込まれている。

人間と環境との３つの発達的プロセス

　ダニーデン研究では，パーソナリティが継続するように促す３つの発達的プロセスを区別することが有用であると判明した。私たちは，制御されていない子どもたちと抑制された子どもたちの場合には，これらのすべてが機能しており，それによって彼らの発達における顕著な継続性が説明されるのではないかと考えた。

　第一のプロセスは**喚起的な**プロセスである。このプロセスでは子どもの気質が他の人からの反応を喚起し，それが子どもの早期の気質を**維持したり**，場合によっては**増幅させたり**することに寄与する。例えば，制御されていない気質をもった子どもが親や教師，仲間を非常にわずらわせてしまうことで相手の敵意をもった反応を呼び込み，それによってさらに将来の攻撃性が助長されてしまうという例を考えてみよう。この第一のメカニズムにより，たとえ他の人が発達的プロセスに寄与しているときでさえ，子どもは「自分自身の発達のプロデューサー」であるといえる。

　第二の考慮すべき発達的プロセスは，人間と環境の**反応的な**プロセスという観点から考える必要がある。このような視点に立ったときに注意が向くのは，ちょうどダニーデン研究の参加者が３歳時に大学で検査を受けたときに見せたように，心理的・行動的傾向の異なる個人が同じ状況を異なる形で経験し，解釈し，反応する可能性があるか──というより，どのくらいの確率でそうしたことが起きるか──ということである。授業中に先生が質問をしたのに対し，自信家の子どもが手を挙げ，その一方で控えめな子どもが答えを知っていても尻込みしている様子を想像してみてほしい。このようなプロセスがさまざまな人とさまざまな文脈の下で繰り返されることを考えると，かつて自信家だった子どもと，かつて控えめだった子どもが，若い成人になってもこんなにもお互いに違って見え，そして相変わらず幼いころの自分たちにそっくりであっても不思議ではない。ここでもまた私たちは，意図的ではないにしても，子どもが自分自身の成長を巧みに作り上げているのを目の当たりにすることができる。

　最後に，気質からパーソナリティへ至る第三のプロセスを考えてみよう。これは，個人が自ら経験を選択したり，生み出したりすることによって，彼らの早期の傾向が維持，または増幅されるという人間と環境の**主体的な**プロセスである。このような「適性選択（ニッチ・ピッキング）」のために，例えば非常に順応的な子どもは中学校へ進学するのを楽しみに思うかもしれない。この子どもは進学後に新しい友だちができると思っており，また実際にそうなるので，自分が世界をコントロール

できるという感覚は高まるばかりである。対照的に，抑制された子どもは，同じ進学というイベントによって不安にさせられる。その結果，彼は新しい人々に会って仲良くなる機会を逃してしまい，最終的には他者に影響を与えたり，リーダーシップを発揮したりする能力を欠いてしまう。そのため適性選択（ニッチ・ピッキング）は，早期の気質が成人期のパーソナリティに発展し，子どもを大人の父となす第三のプロセスであるといえる。

　この解釈的分析は，子どもを湿った粘土のようなものと捉え，他者から生み出される経験によってのみ形づくられていくという考え方に異議を唱えるものであり，非常に重要である。喚起的，反応的，主体的な発達的プロセスのいずれからいっても，子どもはもはや，他者のニーズや理想に合わせて形づくられていくような受動的な存在と考えることはできないのである。ここでさらに比喩を加えてみよう。とりあえず湿った粘土の比喩を，石板を使った比喩に変えてみると，子どもは単に他人が書き込んでいくための空白の石板ではない。むしろ，少なくともある程度は，子どもはすでに何かが書かれている石板であり，また書き込むためのチョークであり，さらにはそのチョークで書き込んでいく人そのものとしての役割も担っているのだ。

　子ども自らが自分独自の世界を形づくっていく上で重要な役割を果たし，自らの成長と発達に影響していくことを強調するのは，何も環境を重視する発達論者ばかりではない。遺伝に関しては第12章から第16章まで論じられないので，人間発達研究における**遺伝と環境の相関**と呼ばれる現象についてはここで述べておくべきであろう。この現象は，個人間の遺伝的差異を考慮していない研究——私たちの研究の一部も（遺伝子を測定することが可能になる前に行われていたものもあるため）含まれるが——にとって難しい問題を投げかける。遺伝と環境の相関とは，個人間の遺伝的差異によって，発達中に経験する環境にも個人的な差異が生まれることをいう。例えば，遺伝的により活発に活動する傾向のある子どもは，他の子どもたちより体育の授業を楽しんだり，スポーツ活動をしたりする傾向が強いのに対し，遺伝的に逆の傾向をもつ子どもはスポーツをすることが少なく，コンピュータゲームをする傾向が強いかもしれない。これが事実であれば，一見育ちの効果を支持するような特定の環境と発達の統計的な関連が見出された場合でも，実際には同じ程度に子どもの個人間における遺伝的差異が関係していて，生まれの効果が反映されているという可能性もあるのだ。

早期の気質と対人関係

これまで見てきた発達の継続性に寄与する人間と環境の3つのプロセスをさらに検討した結果，子どもは自分自身の発達を生み出す積極的な主体であるという考えに基づいて，私たちは次に21歳になった研究参加者と会ったときにも早期の気質が引き継がれているのかもう一度調べてみることにした。これは早期気質の発達的レガシーを調査する冒険の第3段階である。ここでは個々のパーソナリティ特性よりも，他者との関係性に焦点が置かれた。なぜなら，他人とうまくやっていけるか，またどうすればそうできるかは，私たちが自分自身を見出す環境の中核となるからである。他者との関係性を作り出すのには私たち自身が間違いなく関わっている面もあるが，一方で他者との関係性が私たちという人間を形成し続けるという面もある。もし早期の気質がのちの対人関係の機能に関連するとしよう。それはつまり，早期の気質が人生の重要な推進力であるのは，人生を推進する別の重要な力を形成するためだ，ということを示唆する。早期の気質が発達に影響するということを比喩的に考えてみると，それは別の機械を設計する機械のようなもので，そうすることによって早期の気質は発達に影響を及ぼし続けるのである。

早期気質の発達的レガシーが，成人期早期における他者との関係の質にまで及んでいるかどうかを調査するために，私たちは対人関係に関する情報を収集・分析しようとダニーデンの「データ・パントリー」（データの「保管庫」，すなわちアーカイブ）に立ち返った。言うなれば別のケーキを焼くときが来た，というわけだ。その際，私たちにとって重要だったのは，アンケートや対面での面接による研究参加者からの自己報告にとどまらず情報を得るということであった。そこで私たちはこれらの測定アプローチを補完するため，研究参加者が自らのことをよく知っていると認めた友人，血縁者，パートナーといった，いわゆるインフォ゠マント（情報提供者）からの報告による測定も行った。このようなケーキの「材料」を入手するのは，非常にお金と時間のかかるプロセスであり，他の長期的な研究ではほとんど実施されていなかった。研究参加者の人生におけるこうした重要な人物にコンタクトを取るため，郵送によるアンケート調査を用いて，研究参加者との関係や研究参加者の典型的な行動の印象について質問を行った。このように，研究参加者自身からの報告と彼らをよく知っている人からの報告という二重のアプローチをとることで，研究参加者の対人関係について「内部」からと「外部」からの両方の視点が得られ

ることとなった。

20代の開始時点において，研究参加者の対人関係における多くの側面と早期の気質との関連を調べたところ，機能の特徴的なパターンがいくつか浮かび上がってきた。こうした早期の気質とのちの生活との関連性は，世界に反逆しているまたは世界から逃避していると私たちが表現してきた人たちにおいて，最も顕著であることがわかった。実際，幼児のころに非常に順応的，控えめ，または平均的と分類されていた人たちの社会的な関係性では，ほとんど違いが見られなかった。これらの3つのグループは，より若い年齢のときと同様，異なるというよりは互いに類似していた。

21歳時の対人関係という点で，3歳のときに「制御されていない」または「抑制された」に分類されていた人たちが同じような特徴を見せたという印象を与えてしまっては間違いである。というのも，この2つのグループの子どもたちは互いに大きく異なっており，それはむしろ他の3つの気質グループとの違いよりも大きかったからだ。一般的に，以前に抑制された気質とされた子どもは，他の子どもたちに比べて，若い成人になってから得られる社会的なサポートが少なかった。これはおそらく彼らの社交的ネットワークがより小さかったため——つまり，一緒に過ごしたり遊んだりする友だちがより少なかったためである。彼らをよく知っている人たちによると，これらの研究参加者は，他の人と比べて社交的でなく，社会における主体性や物事を実現する力に限りがあり，世界に対する生き生きとした興味や関わりを欠いているように見えたということだった。つまり，やはり彼らは世界から逃避しようとしているように見えた。しかし，注目すべきことに，これらの人たちは恋愛関係を築くことに関しては適度な機能を示し，また反社会的な行動は最も少ないと報告された。さらに職場における社会経験はかなり良好であった。明らかに，幼児期に抑制された気質をもつことは，あらゆる関係性や対人関係の経験を損なうわけではないようだった。

18年前に制御されていない気質と特徴づけられた21歳の研究参加者に関しては，事態はこれ以上ないほど異なっていた。実際，彼らは世界に対して反逆しているという証拠をさらに示していた。最も注目すべきは，おそらく，私たちが調査した4つの異なる社会的文脈，すなわち，友人や知人の社会的ネットワーク，家族，恋愛関係，そして職場を通して，彼らが非常に対立的な関係をもっていたということであろう。その一例として，21歳という若い年齢までにおいてさえ，彼らのグループは他の研究参加者のグループよりも仕事を解雇されていることが多かった。間違いなく，これは彼らが他者に向けて最も反社会的な行動を行っていることと関係が

あった。また，彼らは他人から被害を受けることも最も多く，彼らをよく知っている人たちからはとても信頼できないと思われていた。

　要約すると，先に検討した喚起的，反応的，適性選択（ニッチ・ピッキング）的な発達的プロセスのために，早期の気質は18歳で測定されたパーソナリティの側面だけでなく，21歳で測定された対人関係とも関連しており，20年近く前に「制御されていない」または「抑制されている」に分類された研究参加者の場合は特にそうであることが判明した。この結果を受けて，ある特定の問題行動にははたして早期の気質的起源があるといえるだろうか，という疑問が私たちの内に生じてきた。

早期の気質とギャンブル

　18歳と21歳の成人の少なくとも一部の人たちは，3歳時に見られたのと非常に一致した行動をすることがわかったため，私たちはさらに研究参加者が10年経過したのちにも発達の継続性の問題を調査することにした。これは，早期の気質の発達的レガシーを調査する冒険の第4段階であり，最終段階であった。私たちは研究参加者だけでなく，その家族にとってもかなり問題となる行動を研究したいと考え，調査対象としてギャンブル行動を選んだ。中年期に差し掛かった32歳時でのダニーデン研究のコホートによる再調査において，ギャンブル行動の測定が実施された。

　歴史家の観察によれば，世界中のほぼあらゆる歴史においてギャンブルは何らかの形で存在してきた。しかしギャンブルは長い間一般的に行われてきた習慣であるとはいえ，ギャンブル障害を発症するまでに賭け行動をコントロールできなくなってしまう人は，ギャンブルをする人の中でもごく一部にすぎない。週ごとのポーカーゲームや，スポーツくじ，ラスベガスへの旅行など，何らかの形でギャンブルをする人は多いが，その中でギャンブル障害を発症する人はごく一部にすぎないことを考えると，ギャンブルに過度にのめり込む人とそうでない人の間には重要な違いがあるのではないかと考えるのは自然である。他グループの研究により，ギャンブルの問題と私たちが18歳時に調査したようなパーソナリティ特性とが関連づけられていたことを踏まえると，3歳での気質評価から32歳でのギャンブル行動の問題を予測できるかもしれないと考えたのは理に適っているだろう。特に私たちは，30年後の潜在的な危険が最も高いのは3歳のときに制御されていない気質をもち，世界に反逆する傾向のあった成人ではないかと予測した。

第1章で明らかにしたように，ダニーデン研究の調査は後ろ向きではないため，私たちはギャンブル行動の問題に対する決定因について理解を深めることができた。つまり，深刻なギャンブル障害をもつ成人が回想する人生経験や，発達の履歴を振り返って調べるというデザインではなく，時間をかけて子どもたちを前向きに追跡し，のちにギャンブル障害に苦しむようになるのはどういう人なのかを知ることができる。このアプローチによってギャンブル行動の問題が発生する前にその潜在的な決定因を調査できるが，その大きな利点は，第1章で強調した後ろ向き研究に固有の根本的な問題を考えると明らかである。つまり，後ろ向き研究では，行動の仕方を含む発達早期の在り方がギャンブル問題を抱える人々と非常に似通っているが，のちにギャンブル問題を示さない成人のことをほとんど考慮することができない。したがって，例えば後ろ向きアプローチの結果によってギャンブル問題を抱える人々は学校を中退している可能性が高いということが示唆されたとしても，前向きに見た場合には中退経験のある人の多くはギャンブル行動の問題を呈さず，結果として学校を中退していることはのちのギャンブル問題をまったく予測しないかもしれないのである。

この私たちの最初の冒険における最終段階では，これまでに検討してきた気質の測定に加え，32歳時の研究参加者に対するギャンブル行動についての面接からの情報が利用された。研究参加者がギャンブル障害をもっているかどうかは，ギャンブル行動の2つの尺度に対する反応に基づいて特徴づけられた。これらの尺度では，ギャンブル行動をコントロールできないこと，ギャンブルを止められないこと，ギャンブルが原因の多額の借金といった弊害の深刻さ，および治療の必要性が認められるかどうかが評価された。32歳の研究参加者のおよそ80％が過去1年間にギャンブルをしたと報告したが，深刻なギャンブル問題の診断基準を満たしていたのはわずか4％強であった。

3歳の気質と32歳のギャンブルとの関連性を明らかにする上で私たちは慎重かつ保守的でありたいと考えたため，研究参加者の子どものころのIQと，研究参加者が養育されていたころの家族の社会階級を考慮に入れた上で，この2つが関連するかという問題に取り組んだ。つまり，32歳の早期の気質とギャンブルとの関連性を統計的に調べる前に，他の潜在的な影響源による効果を「割り引いて」調べた。これは統計的にいえば，すべての人のギャンブルに関する点数を「調整」し，もしすべての人が同じIQをもち，少なくとも社会経済的状況（SES）を指標としたときに同じ条件で育ったといえる場合にどうなるかを反映させることである。これにより，子どもと成人の機能の間に検出された関連が，これらの潜在的な「交絡」因

子のいずれかによって引き起こされたものではないことを確認することができた。交絡因子とは，科学的な用語で，調査対象となる結果因子——この場合はギャンブル障害——をよく説明することのできる別の因子のことである。私たちを含めて観察研究を行う科学者は，問題としている結果因子が調査中の主要因によって説明されると結論づける前に，こうした別の説明要因を評価してその影響を除外するか，少なくとも割り引くことができるように努める義務がある。

　私たちのギャンブル研究の文脈では，貧しく育った子どもやそこまで知能の高くない子どもがギャンブルに惹かれやすく，そしてそうした子どもたちは制御されていない気質をもっている傾向がある，という可能性を考えてみたい。早期の気質とのちのギャンブルを結びつける前に，ギャンブル行動に対するこれら別の因子からの影響を除外したり，考慮したりしなかったとしたら，ギャンブル問題の原因を早期の気質に誤って帰属してしまう危険を冒すことになる。これから本書で明らかにされていくが，私たちのすべての仕事では，何らかの形でこの方略が取られている。具体的にいえば，この方略には2つの形がある。ひとつは多くの章で使用してい

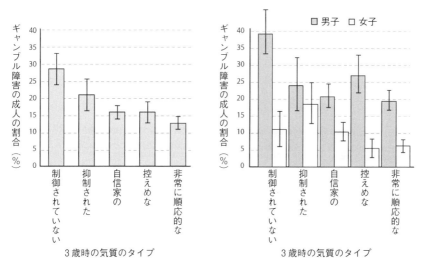

図2.1.　32歳時にギャンブル障害の基準を満たした成人の割合を，3歳時の気質のタイプごとに，全サンプル（左図）および男女それぞれ（右図）に対して示したもの。以下より改変。Slutske, W.S., Moffitt, T.E., Poulton, R., & Caspi, A. (2012). Undercontrolled temperament at age 3 predicts disordered gambling at age 32. *Psychological Science 23*, 510–516, figure 1. © 2012 The Authors. SAGE Publications, Inc. より許可を得て転載。

るもので，まず，早期気質とギャンブルとの関連性など，関心のある主な関連性を
評価し，その後の第2段階で，別の説明因子を考慮に入れた場合（つまり，統計的
に割り引いた場合）にも関連性が頑健であるかどうかを判断するという方法である。
もうひとつは，ギャンブル研究や自己コントロールに関する第3章で実施されてい
るもので，これら2つのステップを1つのステップに統合し，関心のある主要な
関連性（早期の気質がギャンブルを予測するか）を評価しつつ，別の説明要因を割
り引くという方法である。

　予測どおり，3歳の時点で制御されていない気質と特徴づけられた研究参加者は，
32歳で最もギャンブル障害になりやすかった（図2.1を参照）。実際，この人たち
は，他の研究参加者と比べて3倍，ギャンブル障害の基準を満たす確率が高かった。
しかし，データをさらに詳しく調べてみると，この影響は主に男性に見られること
が明らかになった。3歳時に制御されていない気質だった女児は，同様の気質をも
つ男児に比べ，のちにギャンブル問題を示す確率は1/3でしかなかった。私たちの
研究でも他の研究でも，男性は女性よりもギャンブル問題を抱えやすいため，ある
意味，これはそこまで驚くべきことではない。

結論

　早期気質の発達的レガシーを調査し，本書の最初のテーマと目標——つまり，
子どもの特性がのちの人生の機能を（どのように）予測するか——に取り組もう
とする冒険を通して，私たちは発達の継続性に対するエビデンスを発見した。これ
は，少なくともある程度は，子どもが大人の父であるという主張を裏付けるもので
あった。この見解と合致して，早期の気質は18歳で測定されたパーソナリティ特
性，21歳で評価された生活の複数の領域における対人関係，そして32歳で評価さ
れたギャンブル障害と関連することが見出された。また継続性のエビデンスは，3
歳のときに制御されていない気質，または抑制された気質とされた2つのグループ
において最も強いことがわかった。

　こうした発達の継続性が促されるのは，子ども自身が自らの発達において積極的
な役割を果たしているためではないか，というのが，これらの結果から示唆される
ことである。一方では，制御されていない気質の子どもたちが反社会的行動をとる
ことで他者からのネガティブな反応を誘発し，それが高度に社会化された世の中で
うまくやっていく能力をさらに低下させた，ということが考えられる。もう一方で

は，抑制された気質の子どもたちが社会生活から身を引いて孤立しがちであることによって，結果として社会的なネットワークが制限されるということがありそうである。前者の例では個人が他者に何をするかによって，後者の例では個人が自分自身に何をするかによって，継続性が後押しされている。制御されていない気質の子どもたちを「世界に反逆する」ようだと言い，抑制された気質の子どもたちを「世界から逃避する」ようだと表現するのが適切に思われるのは，このような喚起的な，あるいは適性選択（ニッチ・ピッキング）的な発達的プロセスのためである。

　私たちのように人生のある期間にわたって調査を行う発達研究者は，測定しなかったこと，測定したくともできなかったことを嘆いているのがつねである。彼らはきっと一人ではない。ダーウィンが遺伝子について知っていたなら推測したであろうことや，ガリレオがもっと強力な望遠鏡を持っていたなら発見したであろうことを想像してみてほしい。この章でまとめた作業を終えたあと，私たちの前には2つの謎が残されていた。1つの謎は，私たちの気質の評価が3歳まで行われなかったために，測定したくてもできなかったものに基づいている。もう1つの謎は，私たちが見つけたことと，そして見つけなかったことがどういう意味をもつのか，という点に基づく。

　3歳という年齢が若いことは間違いないが，出生前から，あるいは出生から3年目の終わりまでの間に多くのことが発達的に進行していることも確かである。今日では，生後数か月や数年での気質を確実に測定できることがわかっているが，私たちの研究参加者が生まれてダニーデン研究が立ち上げられた1972年には，まだそのことは知られていなかった。そのため，私たちが取り組まなければならないけれどもダニーデン研究からは答えられない問題点のひとつは，非常に順応的な，控えめな，制御されていない，抑制された，そして自信家の3歳児たちが，生後1年目と2年目にはどのように見えていたかということである。彼らはどのように行動しただろうか？　どのような経験をしただろうか？　そして，3歳のときに大学の研究室で測定された行動のスタイルは，何によって説明されるだろうか？　私たちが3歳の時点で特定した気質は，それ以前から明らかに，あるいは多少なりとも認められ，遺伝的影響の重要性を強調する結果になっただろうか？　あるいは，胎児の発育期を含め，極めて早期における経験が3歳のときに測定した気質に影響を与え，生まれというより育ちの役割を示唆しただろうか？　もちろん，これら一見すると二者択一的な2つの可能性は，実際には互いに排他的ではないことを理解しなければならない。第14章と第15章で私たちは遺伝と環境の相互作用を取り扱い，この問題に立ち返る。

私たちの友人であり同僚であるキングス・カレッジ・ロンドンの行動遺伝学者，プロミン（Robert Plomin）による仕事がおそらく最も顕著であるが，過去40年間に収集されたエビデンスにより，乳幼児の気質を形成する上で子どもの遺伝子構成が重要な役割を果たすことが示されている。しかしまた，乳幼児の個人間の違いがすべて遺伝によって説明されるわけでないこともわかっている。したがって私たちにできることは，私たちが研究室で会った3歳時点の研究参加者を形成する上で，生まれ，育ち，およびそれらの相互作用がどの程度寄与したのかを考察することだけである。ダニーデン研究が乳幼児期の気質に関して有用な情報をもっていないことに，研究者が不満を抱える理由がおそらくおわかりいただけるだろう。

私たちに残された第二の謎は，測定されなかったことではなく，むしろ私たちが見つけられなかったことに関係している。子どもが大人の父であるという明確なエビデンスを発見したにもかかわらず，早期の気質と18歳時点のパーソナリティ，そして21歳時点の対人関係の経験との関連性がすべての子どもに等しく適用されるという印象を残すのは，発達的に見て誤りであるといえよう。同じことは3歳時の制御されていない気質と32歳時点のギャンブル障害の関連についてもいえる。私たちは，発達における完全な継続性，あるいはそれに近いものを見出せなかったのである。早期の気質とその後の発達との間には顕著な関連性が見られたが，それは確率論的なものであった（第1章を参照）。簡単にいうと，制御されていない気質の子どもや抑制された気質の子どもが，人生のよりあとの段階で，すべて発達早期の自分自身に非常によく似ていたというわけではないのである。ありがたい！しかしこのことが意味しているのは私たちの発見が特筆に値しなかったということではなくて，研究参加者の発達が継続性だけでなく変化によっても特徴づけられていたということだ。

完璧な予測ができないということは，希望と楽観の源である。3歳のときに世界に反逆したり，世界から逃避したりしていた子たちが，数十年後にも同様であるとはかぎらないということは，非常によいことのように思われる。しかしながら，制御されていない気質や抑制された気質だった子どもたちのうち，どうして**ある**子どもたちは時間の経過とともにそうでなくなっていったのだろうか。あるいは逆に，3歳のときに控えめだったり，自信家だったり，非常に順応的だったりした中から，どうして18年後の機能において相対的に平均から外れてしまう子どもがいたのだろうか。悲しいことに，こうしたことを説明しようとなると，私たちはいまだ暗闇の中である。

もちろん，早期の気質がのちのパーソナリティ，対人関係の機能，ギャンブル障

害を完全に予測するものではなかったことを踏まえて，時間の経過に伴う変化を説明するものが何か考えることはできる。さらに重要なことに，私たちの研究後に行われた他グループの研究に基づけばいくつかの推論を立てることもできる。例えば，いくつかの研究が示唆するところによれば，パートナーや配偶者と支持的で親密な関係をもつことは「修正的な感情経験」として機能し，早期に問題のあった機能パターンがそのまま持ち越されないように弱める働きをする。親友や影響力のある指導者との経験にも，同様の作用があるかもしれない。一方，トラウマ，喪失，失望，その他の逆境体験が順調に発達していた人の発達軌跡を変えてしまい，本来は予想されていなかった機能的問題を将来になって引き起こす可能性があるということもまた事実である。つまり，早期の気質の発達的レガシーを調べようという私たちの冒険から得られる教訓は，人生の最初の20年間の発達を特徴づけるのは継続性だけだ，ということではない。とりわけ幼児期に制御されていない気質だったり抑制された気質だったりした場合に，ある個人の行動や機能における継続性や同一性が数十年にわたって見られるのは驚くべきことだが，私たちの研究はまた，このような時間を隔てた同一性がすべての人に等しく適用されるわけでないことも示している。

第
3
章

自制的であるか否か
To Be or Not to Be Self-Controlled

ずは，当たり前のことから話を始めてみよう。人の身長が違うように，子どもたちは，大人と同様に，自己コントロールに大きな違いがある。この点についてダニーデン研究（Dunedin Study）を実施する中で，私たちが目撃したいくつかのバリエーションについて考えてみたい。ある子どもに，他の子どもにカッときて喧嘩を始めたことがあるかどうかを聞いたところ，「カトリックの奴らだけだよ。奴らは数には入らないだろ？」と答えた。13歳の別の子どもに，警察に厄介になったことがあるかと尋ねると，「おばさん，まだないけど，大丈夫，そのうちそうなるさ」と返事をした。そして，検査者から盗んだゲームを自分のセーターの下に隠して私たちの研究室からこっそり抜け出した大胆な女の子もいる。一方で，発達評価の一部として簡単な絵を描く課題を完成させようと悪戦苦闘する重度の障害をもつ女の子が見せてくれた多大な努力と献身的な態度，また，掛け算の表を面白半分に暗唱していた無口な少年は，長時間集中してそれを覚えたに違いないことを考えてみてほしい。すでに述べたように，明らかに，子どもは，大人と同じように自己コントロールに大きな違いがある。

先ほど述べたように自己コントロールの違いを説明するのはひとつの手であるが，それを定義し，測定し，研究できるように運用するのは別の話である。これらの問題に取り組む上で，私たちは，言論の自由に関わる事件で，ポルノを定義するように求められたとき，定義するのは難しいが，「見ればわかる」と付け加えた有名な最高裁判事を超えるような対応が必要となる。では，児童期の自己コントロールの将来的な結果を調査する発達の冒険を共有しながら，さらによい対応ができるか見ていこう。

自己コントロールへの関心は，事実上すべての社会科学と行動科学を統合していることがわかる。ただし，その概念と測定値は分野によって異なる場合がある。衝

動性の観点から概念化する人もいれば，誠実性，自主規制，満足の遅れ，不注意－多動，実行機能，意志の強さの観点から概念化する人もいる。神経科学者は，脳の前頭皮質が担う「実行機能」としての自己コントロール（自己制御）を研究し，研究参加者が自己コントロールを発揮したときに関与する脳の構造とシステムを明らかにする。行動遺伝学者は，自己コントロールが遺伝的影響と環境的影響の両方にあることを示し，自己コントロールの違いに関連する特定の遺伝子を探してきた。心理学者は，幼い子どもがどのようにして自己コントロールを身につけていくかを説明し，私たちのように，生涯を通じた自己コントロールの安定性と変化のパターンを研究してきた。健康科学の研究者は，死亡率，精神疾患，過食，喫煙，安全でないセックス，飲酒運転，医療計画の不遵守などの不健康な行動に対する自己コントロールの発達的レガシー（または欠如）に焦点を当ててきた。社会学者は，失業や犯罪性の決定要因としての自己コントロールの低さに着目してきた。

　自己コントロールは，異なる科学分野からの概念や測定値の架け橋となる包括的な構成要素であるにもかかわらず，**衝動性や欲望によって管理されたり調節されたりせずに，むしろ社会的に適切な方法でそれらを管理，調節する能力**として便利に定義できる。したがって，自己コントロールの欠如は次のようなさまざまな形で現れる。それは，感情の不安定さ，行動調整の困難さ，欲求不満に対する耐性の低さ，粘り強さの欠如，注意の短さ（それやすさ），注意散漫性の高さ，活動から活動への頻繁な移行，落ち着きのなさ，過活動，考える前に行動する，楽しみを先延ばしにすることができない，交代が難しいなどである。とはいえ，これらの例が自己コントロールの欠如を示す無数の姿を網羅しているわけではないことは明らかである。

　近年，自己コントロールの発達と，それがのちの人生の成功に与える影響に関心が高まっているが，そこにはいくつかの理由がある。思考や行動をコントロールする能力は，人間の基本的な能力であるが，その能力を生かせないことは，特に今日のように無限の可能性，気晴らし，誘惑に満ち，目まぐるしく，ファストフードやソーシャルメディアにとりつかれた世界では，最大の失敗となりうるからである。

　自己コントロールが生涯に与える影響を考えると，人々がこれまで以上に長生きしていることを認識することも重要である。障害，家族への依存，国の給付金への依存，貧困を回避するために，人々は長期的な健康と富に注意を払う必要がある。退職後の貯蓄を管理するためには，信じられないほどの先見性が求められると同時に，抵抗するのは難しい魅惑的な広告に襲われる。今日，仕事では指先と頭以外はほとんど動かさないという人が多いなか，おいしくて高カロリーな食品がいたるところで簡単に手に入る。では，現代社会で西洋人が肥満の蔓延に直面していること

は，多かれ少なかれ，自己コントロールの問題が影響していると考えても不思議ではないだろう。

　また，多くの市民が教育を受ける年数が増えるにつれ，もはや知的能力だけではよい仕事を得るための競争に勝てなくなってきているという事実も考えてみよう。雇用主は現在，新卒者が誠実さや忍耐強さを備えているか，あるいはそれらが欠如しているか，ときにはFacebookのページで監視したりもして，彼らを選別する。飲み過ぎや，クレジットカードの支払いの遅れ，仕事での遅刻，学校の論文を提出できなかった，などの自慢話を，ソーシャルメディア上で友人と共有したことがあるだろうか？　私たちが経験している目覚ましい歴史的変化は，ウェルビーイング（幸福）のためだけでなく，生存のためにも，個人の自己コントロールの価値を高めている。

　私たちの家庭生活に大きな違いはない。共働きの親や，外で働くひとり親が増え，つねに変化する役割，責任，優先順位の微妙なバランスが求められてきている。家庭内で困難な状況に陥った際には，離婚は今や社会的に受け入れられる選択肢となっており，それは，さまざまな依存性物質〔薬物〕，処方箋なども同様である。家族を健康で無傷に保つためには，途方もない意志が必要となる。熟練した親は，子どもたちにABCを教えるのと一緒に，自分自身をコントロールし，感情や衝動を調整するように教えている。

　自己コントロールの利点と，この重要なスキルの欠如に関連するコストを強調する現代社会の現実に加え，50年以上も前に経済的に恵まれない環境で育つ幼い子どもたちの成長を促進するため開始された有名なヘッドスタートプログラムの効果を学んだことで，私たちは自己コントロールの発達の研究に興味を惹かれた。このプログラムは，初期の段階では，知能を高めることは長期的には成功しなかったと評価されてきたが，その一方でヘッドスタートが「失敗した」という考えに異議を唱える研究も多くあった。これは，ヘッドスタートに関連したと思われる知能指数（IQ）以外の他の発達を調査したいくつかの研究が，この国家的プログラムの重要な長期的，肯定的な効果を明らかにしたからである。児童期にヘッドスタートプログラムに参加しなかった子どもたちとは対照的に，参加した子どもたちでは，10代で親になる可能性が低く，学校を中退し，非行に走り，さらには成人しても欠勤する可能性が低いことがわかったのである。ここではっきりしたことは，単に知能が持続的に向上しなかったからといって，ヘッドスタートが「失敗した」と結論づけることは，児童期の経験がもたらす潜在的な恩恵のひとつだけにあまりにも狭く焦点を絞りすぎて的外れだということである。

シカゴ大学のノーベル経済学賞受賞者ヘックマン（James Heckman）は，ヘッドスタートの発達的レガシーのより最新かつ長期的な評価による発見を受けて，権威ある学術誌『サイエンス』に掲載された重要な論文の中で，その原因となったのはヘッドスタートが自己コントロールに及ぼした影響ではないかと述べた。ヘックマンは，知能の向上が，よりよい生活への道であるというよりも，ヘッドスタートが衝動を制御し，計画的に行動する能力を養ったものであると推測し，その長期的な利益について，経済学の観点から説明したのである。したがって，ヘックマンは，私たち研究者がダニーデン研究の「データ・パントリー（保管庫）」に人生の早い段階からの多くの潜在的な自己コントロールの尺度を保有していることを見つけると，それらのデータを利用して，研究に参加した人としなかった人の成人期の結果を予測できるのではないかと考えた。彼の視点からすると，このデータを使って検証すれば，ヘッドスタートによる教育は，児童期には測定されていなかった自己コントロールの発達に影響し，数十年後にはこれを受けた人に利益をもたらしたという彼の仮説をさらに評価する方法になる。

正直に言うと，私たちは彼のこの検証に懐疑的であった。それは，私たちの考えでは，子どもの背景となる家庭の社会経済的な状況と子どもの知能は自己コントロールよりも長期的な影響力をもち，のちの人生の多くの側面に影響を与えるだろうと考えていたからである。私たちは，自分たちの生み出すであろう調査結果によって，自己コントロールがヘックマンの思うような魔法の弾丸ではないことを明らかにし，この著名な学者に恥をかかせることになるのではないかと心配したため，彼の仮説検証の問題に対処することを丁重に避けようとした。しかし，彼は食い下がり，最終的に私たちは，どんな結果となろうとも，ヘックマンが仮説を立てたように，ダニーデン研究において児童期の自己コントロールがのちの発達の強力な予測因子であるかどうかを見極めるために，研究を行うことに決めたのである。そこで私たちは，3歳から11歳までの間に実施された無数の評価の中から，より高いレベルの自己コントロールを示した研究参加者が，32歳になったときに，児童期に低いレベルの自己コントロールを示した参加者と違いがあるかを明らかにしようとした。現実世界における成人期の機能に関心をもつ私たちは，この実証的研究の冒険で，児童期の自己コントロールが健康，富，犯罪行動を予測するかどうかに焦点を当てた。そうすることで，私たちの研究は3歳時の気質の予測力に焦点を当てた研究にとどまらず，児童期の性質と関連する可能性がある成人期発達の影響の範囲を広げてみることができたのである。

この研究を実施するにあたり，私たちが縦断的研究から非実験的データを得る際

にいつも行っていたように，自分たちが生み出すかもしれない知見について，代わりとなる他の説明を検討する必要があることを認識していた。ヘックマンの仮説を検証する際に，「第三の変数」，つまり代替説明要因が，人生の最初の10年間の自己コントロールと30代での成人期の機能との関連性を説明しうるという事実を認識していたことを意味する。これら代替説明要因は「第三の変数」と呼ばれる。なぜなら，予測因子（この場合は，児童期の自己コントロール）が「第一の変数」とみなされ，予測される結果因子，例えば犯罪行動は「第二の変数」とみなされるからである。第一の変数（予測因子）と第二の変数（結果因子）の間の関連を説明するものはすべて，第三の変数である可能性がある。例えば，人が泳ぎに行く（予測因子）と，アイスクリームを食べる（結果因子）と予測する。すると，第三の変数は気温の高さである可能性がある。これは，予測因子と結果因子の両方を説明し，それらの間の関係を説明できるからである。

　ヘックマンが予測したように，児童期の自己コントロールのレベルが高いほど，大人になってからの健康と豊かさを予測することがわかったとしても，この関連性は偽りである可能性があるということを理解するのはそれほど難しくなかった。それはすでに述べたように，実際にはいくつかの他の要因（特に，すでに述べたように，社会経済的に恵まれた家庭で育ったことや，単に知能がより高いこと）が関係している可能性があるためである。前者の場合には，早期の自己コントロールが成人期の健康と裕福さに関連しているのは，単に家族の社会経済的資源が私たちの予測因子である早期の自己コントロールと結果因子の両方に関与しているためだとわかるかもしれない。もしそうであれば，自己コントロールの予測因子と私たちの結果因子との間に見られた関連というのは，家族の社会経済的優位さが予測因子と結果因子の両方に影響を与えたという理由にすぎないかもしれない。同様の考え方は，知能についても当てはまる。結局のところ，他の子どもよりも自己コントロールの高い子どももいるかもしれないが，それは単に彼らが他の子どもよりも知的に高いからであり，そのような子どもたちは，同じ理由で成人期により健康で裕福となるのかもしれない。

　これらの可能性を理解するためには，児童期の自己コントロールが成人期の発達に与える影響を評価する前に，家族の社会経済的状況や児童期の知能などの潜在的な交絡因子を考慮に入れる必要がある。私たちは，これから共有する発見で，まさにこうしたことを行った。第2章で概説した統合的な2段階のプロセスにより，第1段階でこれらの代替説明要因の効果を割り引いてから，第2段階で児童期の自己コントロールと成人の発達との間に見られる予測的な関連性を評価する方法が適用

された。したがって，私たちの自己コントロールの影響を検証する冒険の中心となる疑問は，ヘックマン（自己コントロールの影響を支持した）または私たちのグループ（家族の社会階級と子どもの知能を考慮すると，児童期の自己コントロールは，ほとんど予測力がないのではないかと考えていた）のどちらがより洞察力があるのかを証明するであろう。この章で進む発達の旅は，単なる科学的な冒険ではなく，競合するアイデアの競争でもあったのである。

必要な材料を集めること

　繰り返しになるが，私たちが自己コントロールの発達的レガシーを調査する冒険を始める前に，「準備」を整える必要があった。したがって，家族の社会経済的状況と子どもの知能の影響を割り引いたあと，成人期の健康，富，犯罪率を予測するための児童期の自己コントロールを評価する前に，統計解析で用いることのできるようこれら構成要素の尺度を作成しなければならなかった。ダニーデン研究の優れた点のひとつは，データ・パントリーがいかに豊富な「材料」をもっているかということで，重要な構成要素である確固たる測定値を必要に応じて食器棚から選択できることである。確かに，私たちのような長期的な研究の魅力のひとつは，発達上の質問に答えるために測定値を使用することができるということである──つまり，最終的に「食事」に含まれる「具材」を準備するために，当初，「買い物」をしたときには考えもしなかった，発達の冒険ができるという点である。これはおそらく，子どもの行動の評価がいくつか得られたとき，私たちの誰もが，数十年後に犯罪を予測するためにそれが使われるとは考えていなかったということの，あまりにも複雑な言い方である（前向き研究のデータの付加的な利点は，研究者の正直さを保つことである。それは，何十年も経ってから作られた仮説に有利になるような方法で，測定値を収集することができないからである）。同様に，成人の健康や富の測定尺度の妥当性が保証されたとき，これらが児童期の自己コントロールに関係しているかどうかを調べる研究に着手するとは，誰もが想定していなかった。それは，充実したデータ・パントリーが必要なものを備えていたからこそ，私たちは自己コントロールの影響を探る冒険を始め，ヘックマンの考えを検討することができたのだ。

　成人期の機能を予測するのに使用する児童期の自己コントロールの多元的尺度を作成するために，私たちは，さまざまな年齢，およびさまざまな方法で得られた評

価を組み合わせ，自己コントロールのスコアが高い子どもと低い子どもについての自己コントロールの複合尺度を作成した。これにより，私たちの自己コントロールの尺度は，人生の最初の10年間に得られた子どもたちの多様な測定値をもとに構成することができた。これには，3歳と5歳の子どもたちがテストのためにオタゴ大学のオフィスを訪れたときの研究スタッフによる観察に基づく子どもの行動評価と，5歳，7歳，9歳，11歳の保護者による子どもの行動評価，および同じ年齢のときにとった4人の学校教師による同様の行動評価が含まれている。このように，私たちの複合的な自己コントロールスコア（実際には自己コントロールの欠如を捉えたもの）は，3歳と5歳で観察した，子どもの欲求不満への耐性の低さ，遠慮のなさ，落ち着きのなさ，衝動性，限られた注意力，および目標達成への持続性の欠如の程度を反映していた。のちに保護者や教師から得られた情報を利用して，私たちの複合指標は，衝動的な攻撃性を「急に飛び出したり，他者と喧嘩する」という質問で指標化し，多動性を，以下の項目——頻繁に走ったり飛び跳ねたりすること，一連の指示に従えないこと，注意の持続時間が短いこと，「モーターに駆り立てられているかのように」活動すること，じっとしていられないこと——により評価した。粘り強さの欠如は，課題を終わらせられないこと，気が散りやすいこと，活動に集中するのが困難であることにより評価し，衝動性は，考える前に行動すること，順番を待つのが難しいこと，ひとつの活動に集中できないことを反映している。特筆すべきことは，私たちは自己コントロールの（欠如を示す）指標を作成する際に，他者の報告だけに頼っていなかったことである。それは，私たちが11歳の時点で，子どもの自己評価として，そわそわして落ち着きがない，不注意である（課題に集中できないなど），衝動的な行動をとる（順番を待つのが難しい，他の人がまだ話しているときに話してしまうなど）といった評価も含めたからだ。

　最終的には，観察者，保護者，教師，そして子ども自身からの情報を組み合わせることで，研究室，家庭や学校などさまざまな場面で顕在化している自己コントロールを評価できるしっかりした尺度を確保することになった。数十年前の発達学者は，私たちが複合化した自己コントロールの測定値——すなわち，指標——の予測力を，それぞれ別々に検討する傾向にあったかもしれない。今でも同じ方法で研究している人もいる。しかし，広範な研究により，個々の測定値には一般的に何らかの制限があるため，概念的に関連している多くの測定値を組み合わせるほうが，よりよい方法であることが明らかになってきた。

　児童期の自己コントロールをもとに予測する発達の結果因子に関する複数の指標をどのように扱うかについても，「分割する」のではなく「ひとまとめにする」と

いう同じ戦略を取った。身体的な健康に関しては，研究参加者が32歳の時点で研究所を訪れた際に収集した一連のバイオマーカーを組み合わせた。これらは，心血管系，呼吸器系，歯科系，性的健康，および炎症の状態を反映していた。測定は，身体検査および代謝異常を評価するための臨床検査に基づいて行われ，それらには，肥満，気流閉塞，歯周病，性感染症，炎症の指標であるC反応性蛋白レベルを含んでいた。これらの臨床的測定値を合計して身体的健康状態の悪さの指標を作成すると，32歳の時点で43％の研究参加者がバイオマーカーのいずれももたず，37％がこれらの1つをもっており，20％が2つ以上をもっていることがわかった。

　私たちは心理的・行動的健康にも興味があったため，32歳の時点で実施した標準化された精神医学的面接を利用した。これらの結果から，児童期の自己コントロールが抑うつや物質依存（タバコ，アルコール，大麻，その他の違法薬物や処方薬への依存を含む）に及ぼす影響を検討することができた。重要なことは，研究参加者をよく知っている人々から，この参加者のウェルビーイング度に対する評価も得られたことである。これにより，第2章でも述べたように，私たちが何十年も研究してきた32歳になった子どもたちの「内側」と「外側」の視点を確保することができたのである。

　32歳時点における経済的豊かさの測定に関しては，教育レベル，職業の地位や名誉（例えば，教師よりも医者，ゴミ収集人よりも秘書），収入に基づいて，成人としての社会階級や社会経済的状況を測定することができた。また，貯蓄家なのか浪費家なのか，家を持っているか，退職の計画をしているか，その他の投資をしているかなどといった将来に向けた金融資産を獲得しているかどうかを基準にして，経済的な計画性について評価した。研究対象者には，お金の管理が難しいか，信用や借金の問題があるかどうかについても質問した。繰り返しになるが，これらの複数の尺度を組み合わせて，経済的豊かさを反映したひとつのスコアを作成したのである。

　私たちがどのようにして研究参加者の信用と負債の測定の基礎となる信用格付けに興味をもつようになったのか，ひとつ魅力的な話をご紹介しよう。モフィット（Terrie Moffitt）はある日，飛行機の中で隣に座っているのが保険会社の幹部だとわかり，保険会社が誰かに生命保険や健康保険を販売するかどうかを決める方法についての話をした。その幹部は，「お金を大切にしない人は健康を大切にしない」と主張した。この主張は，私たちが検証できる仮説のように思えた。そこで，飛行機の中で起こったこの偶然のめぐり合わせから，データ・パントリーに追加する許可を得た上で，研究参加者の信用格付けを確保することにしたのである。これが，

児童期の自己コントロールの発達的レガシーを評価する冒険のための準備をした際に，32歳のときの経済的豊かさの複合尺度に信用情報を含めるようにした理由である。

最後に，犯罪行為に関しては，ニュージーランドとオーストラリアでのすべての研究参加者の裁判所の有罪判決の記録を確保した。これは，ニュージーランド警察の中央コンピュータシステムを検索することによって実現した。事実上4人に1人が32歳までに犯罪で有罪判決を受けていた。この率は高いように見えるかもしれないが，実際には他の先進国の率と一致している。

児童期の自己コントロールの影響

さて，このような準備が整ったところで，私たちは発達を明らかにする冒険を始めることになった。たとえるならば，これは，児童期の自己コントロール，健康，経済的豊かさ，犯罪など，自分がもっているすべての材料を，さまざまな料理に取り入れて食事を提供するようなもので，最終的な目標は，それがどれだけ栄養価が高いか，どれだけおいしいかを判断することである。結局のところ，私たちの料理は，少なくとも児童期の自己コントロールが高得点だった人たちにとっては，おいしいことが証明された。これから説明するように，ヘックマンは結局，5つ星の食事を味わうことになったのに対し，私たちは屈辱を味わうことになったのである。これは，私たちの研究によって，児童期の自己コントロールの力（あるいは自己コントロールの欠如）が，数十年後の現実世界の機能を予測する力になることが，説得力をもって明らかになったからである。健康に関して言えば，第三の変数である児童期の社会経済的状況と知能の影響を割り引いたあとでも，児童期の自己コントロールが低いと，より多くの健康問題が予測されることがわかった。このように，児童期に自己コントロールの低い人は，大人になって心血管系，呼吸器系，歯科系，性的な健康問題や炎症をより多く抱えるようになったのである。そして，これは単に子どものころに利用できる社会的・経済的資源や，測定された知能が原因ではなかったのである。

メンタルヘルスに関しては，児童期の自己コントロールのばらつきは抑うつの予測に失敗したものの，児童期に自己コントロールの低かった研究参加者は，第三の変数の影響を差し引いても，物質依存になる可能性が高くなっていた。実際，研究参加者からよく知っている人として指名された人に，この参加者の物質依存につい

て尋ねたところ，これらの友人，パートナー，および血縁者からの報告では，児童期に自己コントロールの点数が低かった人は，32歳でアルコールや物質（薬物）依存の問題をより多く抱えていることが明らかになった。

30代までに蓄積された社会的・経済的な豊かさもまた，児童期の自己コントロールと関連していることが証明された。実際，児童期の社会階級を考慮に入れた場合でも，児童期に自己コントロールが低かった研究参加者は，児童期に自己コントロールが高かった同世代の対象者に比べて，大人になってからの社会階級が低いことが判明した。このような観点から考えると，子どものころに自己コントロールの乏しかった32歳の人たちは，貯蓄額が少なく，家の所有や投資などの金融資産の獲得が少ないことは，驚くべきことではないだろう。彼らはまた，金銭的にも人一倍苦労しており，より多くの資金管理の問題と信用の問題を報告していた。これは，研究参加者の経済状況や行動についての情報提供者からの報告でも，ほぼ同じことがわかった。余談であるが，前述の保険会社の幹部が言っていたことが正しかった，ということも伝えておかなければならない。私たちのその後の研究では，32歳での信用度の低さが，その時点での心臓の健康状態の悪さと関連しているだけでなく，この関連性自体が児童期の自己コントロールの乏しさによって説明されることが明らかになった。

また，犯罪を研究した際にも，児童期の自己コントロールの発達的レガシーが浮かび上がってきた。自己コントロールの低い子どもたちは，30代までに，より多くの刑事上の有罪判決を受けた大人に成長した。事実，実際に投獄された研究参加者の5%のうち，これらの80%以上が児童期の自己コントロールが低く，ダニーデンのサンプルの下位40%に含まれていたのである。

特に重要なことは，私たちの知見が，高いレベルから低いレベルまでの自己コントロールの勾配を明らかにし，用量反応関係のエビデンスを提供したことである（図3.1を参照）。つまり，単に発達の軌跡が異なる2つのグループが存在し，一方が低いレベルの自己コントロールと成人期に低い機能をもっていた群，もう一方が高いレベルの群というだけではなかったのである。つまり，自己コントロールが少し高ければ，わずかによい結果が，自己コントロールが中程度に高ければ，中程度によい結果が，自己コントロールがさらに高ければさらによい結果が予測されたのだ。

このような一貫した観察にもかかわらず，私たちの研究結果には疑問の余地があった。第一に，これらの結果は，衝動の制御が損なわれた精神疾患である注意欠如多動症（ADHD；第4章で詳しく述べている）と診断された少数の子どもたちによ

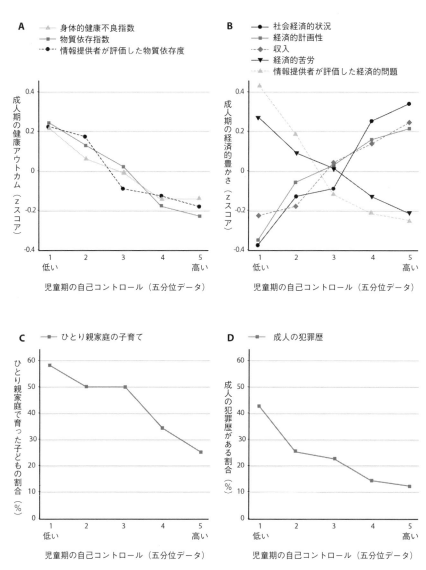

図 3.1. 児童期の自己コントロールの関数としての，成人期の健康（A）および経済的豊かさ（B）の平均レベルと，ひとり親家庭で育てられた子どもをもつ（C）および成人の犯罪歴をもつ（D）研究参加者の割合。以下より改変。Moffitt, T.E., Arseneault, L., Belsky, D., Dickson, N., Hancox, R.J., Harrington, H., Houts, R., Poulton, R., Roberts, B.W., Ross, S., Sears, M.R., Thomson, W.M., & Caspi, A. (2011). A gradient of childhood self-control predicts healthy, wealth and public safety. *PNAS, 108*, 2693–2698, figure 2.

って「引きよせられた」のかもしれない。この懸念に対処するために，私たちはADHDと診断されていた研究参加者のサンプル61名を削除し，児童期の自己コントロールが健康，経済的豊かさ，犯罪に及ぼす影響を再検討した。結果は依然変わらなかった。低い自己コントロールが成人期の問題を予測するのは，明らかに，精神疾患に起因した自己コントロールの低さを含む場合だけではなかったのである。

　しかし，児童期の自己コントロールが成人期の発達をむしばむのは，主に児童期の自己コントロールが極端に低い場合だけなのではないか？　この最も合理的な疑問に対処するために，私たちはデータを再度分析し，今度は私たちの児童期の複合尺度で自己コントロールのスコアが**最も低かった**研究参加者の20%をサンプルから除外した。これもまた，調査結果に影響を与えなかった。実際，児童期に自己コントロールの得点が**上位**20%に入っていた研究参加者をさらに除外しても，結果は変わらなかった。これにより，中等度の自己コントロールをもつ60%の研究参加者だけが残された。明らかに，児童期の自己コントロールと成人の機能を結びつけるエビデンスは，単に自己コントロールが非常に低いことによる悪影響や，自己コントロールが非常に高いことによる実質的な利益を反映したものではなかった。中程度のレベルの自己コントロールでさえも，発達に影響をもたらしたのである。

　データ・パントリーの中には，26歳時の自己コントロールの指標もあったので，私たちは，発達の不連続性，つまり時間の経過による機能の変化の影響という，もうひとつの興味深い発達上の問題に取り組むことができる立場にあった。第2章の終わりで，3歳時に抑制された気質をもっていながら，この行動様式により予測される発達の軌跡に従わなかった子どもたちを簡潔に取り上げたことを思い出してほしい。そこで私たちは，ある研究参加者の自己コントロールが児童期から青年期にかけて**向上した**場合，何が起こったのかを知りたいと考えた。こうした人たちは，同じく児童期に自己コントロールのスコアが低く，かつ20歳代の半ばまでに前向きな発達を示さなかった他の人よりも，成人期によりうまく機能していくのであろうか？　この疑問に答えるために，私たちは26歳で測定した自己コントロールの2つの指標を組み合わせ，測定値を補足した。1つは，研究参加者によって完成されたより広範なパーソナリティ評価の一部である自己コントロールを利用する指標であり，もう1つは，友人，パートナー，または血縁者から得られた研究参加者についての関連指標であった。今回も再び，私たちは内部と外部の両方の視点を取り入れた。

　児童期の自己コントロールを考慮した結果，児童期から青年期にかけて自己コントロールが高くなった研究参加者は，自己コントロールが低いままであった参加者

よりも，32歳時により機能的に優れていることがわかったのである。これは，子どもが必ずしも「大人の父」である必要がないことを証明するものであり，発達の確率論的な性質を強調する，非常に重要な結果である。この後者の視点では，児童期の自己コントロールの低さが，その後の生活の機能を完全に決定づけるものではないという事実が反映されている。これは，発達的レガシーが将来のさらなる発達に依存していたためであり，この場合は時間の経過とともに自己コントロールが高まったためである。私たちは，児童期における自己コントロールのレベルが数十年後の機能の多様な側面を予測したという明確なエビデンスを発見したが，このような結果は，児童期の自己コントロールの低さが，必ず32歳までの発達をむしばむということを意味するものではない。確かに，これが確率論的には一般的に正しいとしても，児童期の機能は運命である必要がないことも事実である。発達は，20代に至ってもまだ，継続されるプロセスなのである。

児童期の自己コントロールはいかにして
成人期の機能に影響するのか？

　ヘックマンの仮説のように，人生の最初の段階の自己コントロールに関連した行動が，数十年後の機能を予測していることは重要なポイントのひとつであったが，もうひとつ明らかにされなければならないのは，なぜそうなるのか，という原因である。私たちは次にこの問題に取り組み，児童期の機能が成人期の機能を予測するかどうかを判断するために研究を拡大した。このように，児童期の機能が成人期の機能に影響を与えるようになった発達過程や経路，メカニズムを掘り下げていくために，「顕微鏡の倍率を上げていく」ことにした。ここで私たちが指摘する点は，今述べたことと関連している。それは発達とはダイナミックで継続的なプロセスであり，子ども自身の内面に起こっていること，および／または，子どもが成長する環境の中で起こったことが，児童期の機能から成人期の機能をどのように予測できるかを説明する経路として働くということである。発達学者は概して，このような介在する現象を，前兆と将来の結果を結びつける「媒介変数」として概念化している。

　児童期の自己コントロールがどのように成人の発達に影響を与えるようになったのかを説明する可能性のある媒介変数，経路，または発達過程について考えたとき，私たちはモフィットによる仮説に興味をそそられた。これは，人生の最初の10年

間の低い自己コントロールと 30 代の機能の問題を結びつける上で，特に 10 代の青年期の間に犯された過ちが影響力をもつのかという問いである。私たちは 13 歳，15 歳，18 歳，21 歳の時点で関連する情報を収集していたので，児童期の自己コントロールが低い研究参加者は，青年期に過ちを犯す可能性が高く，モフィットが好んで言うところの「罠」にはまって，有害なライフスタイルに巻き込まれたり囚われていたことを検討することができ，実際にも影響されることを発見した。この点について，自己コントロールが低い子どもは，他の子どもよりも，15 歳までに喫煙を始め，教育を受ける資格があるにもかかわらず学校を早期に退学し，予期せぬ妊娠のために 10 代で親になる可能性が高かったことを考えてみてほしい。実際，児童期の自己コントロールが低ければ低いほど，10 代のうちにそのような罠に遭遇することが多くなるのである。

　しかし，それは単に人生の早い時期の自己コントロールの欠如が青年期の「罠」を予測していたというだけではない。さらに注目すべきは，これらの罠は，児童期の自己コントロールの弱さが，そもそもなぜ成人期の発達の悪さを予測するのかを説明するのに役立ったということである。青年期に経験した罠の数を統計的に考慮した（割り引いた）場合，前に識別されていた幼少期の自己コントロールと多くの成人との結果因子との関連性の強さは大幅に減少した。健康や社会階級と児童期の自己コントロールの関連について，予測力は約 1/3 に減少した。物質依存と経済的な計画性に対する予測の場合には，減少の度合いはその約 2 倍で約 2/3 となり，犯罪を予測した場合には 40% 以上の減少となった。児童期の自己コントロールが 32 歳までののちの発達に及ぼす影響を媒介するこれらの発見についての分析と解釈を理解しやすくするために，限られたスペースだけで区切られた 3 つのドミノが順番に並んでいると想像してみよう。ドミノ 1 は児童期の自己コントロールの低さを表し，ドミノ 2 は青年期に遭遇した罠の数を表し，ドミノ 3 は成人期の機能の低下を表しているとする。ドミノ 1 を倒すと，まずドミノ 2 が倒れてしまい，そしてドミノ 3 も倒れてしまう。しかし，もしドミノ 2 を順番から外してしまうと，テーブルをゆらすような他の何らかの影響があるにせよ，私たちの再分析の統計的な結果がそうであったように，ドミノ 1 がドミノ 3 を倒す力は減少する。このポイントは，青年期の罠が，児童期の低い自己コントロールと成人期の発達を危うくすることをつなぐ重要な結び目であるように見えるということである。児童期に自己コントロールが弱かった青年が青年期の罠に巻き込まれる可能性を減らす手段があったとしたら，それは成人期の発達にどのような結果をもたらす可能性があるのかを考えてみてほしい。

結論

　健康と経済的豊かさの向上と犯罪行動の減少は，児童期のIQと家族の社会階級を考慮に入れても，より高い児童期の自己コントロールと関連しているという私たちの発見は，高いレベルの自己コントロールがもたらす利点と低いレベルの自己コントロールがもたらす代償は，これらの他の要因（交絡因子と思われる）に起因するものではないということを意味している。実際，私たちの研究では，自己コントロールはIQや児童期の社会階級と同じ程度に健康，経済的豊かさ，犯罪活動を予測していた。繰り返すが，ヘックマンは正しく，私たちは間違っていた。ノーベル賞受賞者に負けたことは，恥ずべきことではないだけでなく，偉大な先輩であるマイケル・ラター（Michael Rutter）の格言を思い起こした。「データが期待に沿うものであれば，それは退屈なだけだが，データからあなたが間違っていることが証明されれば，本当に何かを学ぶことができる」。この主張の最初の部分に関しては，マイケル卿は少し誇張が過ぎたのではないかと思う。ヘックマンは私たちの調査結果に退屈することはなかった。

　私たちが最初に自己コントロールの効果を説明するだろうと推測した子どもの発達における他の2つの「強い力」——すなわち家庭の社会階級と子どものIQ——に影響を与えることよりも，自己コントロールを育てるほうがはるかに簡単であるという公算を考慮すると，私たちが記録してきた自己コントロールの明確な影響は特に重要とみなされるべきである。IQの場合，それはまさにヘッドスタートの長期的な評価から明らかになったものであることを思い出してほしい。この幼児期のプログラムへ参加したことは，測定された知能の持続的な向上にはつながらなかったものの，それは自己コントロールに依存する成人の発達の側面には影響を与えた。これらは実際，10代の妊娠，学校中退，非行行動といった，まさしくダニーデン研究で児童期の自己コントロールと関連していることが示されたものなのである。

　ヘッドスタートは乳幼児向けではないにせよ，幼い子ども向けのプログラムなので，その年代の自己コントロールの影響は，学童期よりさらに早期に現れていたと考えられる。この推測の根拠は，私たちがまだ公表していない以下の発見から来ている。3歳と5歳のとき，ダニーデン研究の評価の際に90分間だけ子どもを観察したことに基づいて得られた自己コントロールの評価値（第2章を参照）のみを含む予測分析を再実行した際，**これらの測定値だけで**，人生のごく早期の段階から約

30 年後の成人期の機能が予測されたのである。しかし，このような知見は，幼児期，あるいは乳児期に介入を開始した場合にのみ，自己コントロールを高めることに成功する，ということを意味するものではない。これら幼い年齢での取り組みが，それ以降の年齢に影響を受けるものよりも費用がかからず，実施が容易で，なおかつより効果的であることが証明されたとしても（これは理論や信念ではなくエビデンスの問題である），示された他の結果から，青年期も介入を行う有望な時期である可能性を示唆している。

　人生初めの 10 年間に低い自己コントロールを示した子どもたちが，10 代のころにより多くの青年期の「罠」にはまってしまったことを思い出してほしい。彼らは，同じ年齢でより高い自己コントロールをもつ研究参加者よりも，15 歳までに喫煙を始め，高校を卒業する前に中退し，10 代で親になっていることが多いことがわかった。これらの知見は，32 歳までのより低い健康状態，より少ない財産，およびより多い警察とのトラブルが，低い社会的な自己コントロールに起因するという原因の説明に，完全にではないにしろ，かなり役立った。これは，10 代の若者たちがこれらの方法で罠にはまるのを未然に防ぐことは，児童期の低い自己コントロールが原因とされる成人期の悪影響を大幅に改善する可能性があることを強く示唆する。また，児童期に自己コントロールが低かったものの，20 代半ばまでに自己コントロールが向上した人が，自己コントロールが改善しなかった人よりも，32 歳のときによりよい生活をしていたことを示す私たちの調査結果も思い出してほしい。

　親，教師，政策立案者，さらには発達学者でさえも，広い意味でのウェルビーイングを促すための介入を考える際にしばしば犯してしまう間違いのひとつは，すべての子どもたちが健康で，裕福で，賢く育つようにする「銀の弾丸」の観点から考え，それを特定しようとすること，あるいは，少なくとも彼らの潜在能力を発揮できるようにしようとする点である。この見解には，修正する必要があるいくつかの問題点がある。第一の点は，私たちがどのように発達するのかについて，この見解はあまりにも決定論的だということである。第二に，関連する問題は，発達は，3歳，7 歳，あるいは 17 歳で終わるものではなく生涯にわたるもので，のちの年齢で早い年齢のように効果的な介入が簡単にできるわけではないということである。しかし，介入が 10 代のような遅い時期で実施されるよりも早い時期，例えばヘッドスタートが始まったころやそれよりも早い時期のほうがより効果があることがわかったとしても，早期の介入が生涯にわたる有益な効果をもたらすというわけではない。繰り返しになるが，これは発達には確率論的な性質があるためである。また，

遅い年齢になってから介入しても，時間とお金と労力の無駄になるという意味でもない。発達の話における真の教訓は，人生早期および成長する過程でのすべての経験の影響は決定論的なものではなく，確立された発達軌道を維持または偏向させるためのさまざまな媒介変数の役割によって確率論的な方法で発揮される可能性が高いため，将来のウェルビーイングを促進する方法を考える際，いかなる時点であれ1回のみの介入努力で発達の過程のすべてが決定されるのだと期待すべきではない，というものである。言い換えれば，1回のワクチン投与によって特定の病気を生涯にわたって予防するという例は，人間の発達の多くの側面に影響を与えることに対しては適当なモデルやたとえにはならないのだ。

　要は，人生最初の5年間のある時期に介入が行われたために，他の場合よりも，子どもが自己コントロールを発達させることができたとしても，それはのちの，青年期の罠を含む逆境の負の影響から逃れられることを保証するものではない。さらに，早期介入を受けた人たちは，喫煙，薬物使用，不登校などの将来の逆境に屈する危険性が，早期介入の恩恵を経験していない同年齢の人よりも低いかもしれない。しかしそれは，のちの逆境が早期介入の経験をもつ子どもの発達をむしばむことがまったくない，という意味ではない。結局のところ，レジリエンス（回復力）というのは，あるか，ないかで決まるものではない。たとえるならば，トレーニングのおかげで調子のよいあるランナーは，トレーニングをしない別のランナーが完走できなかった5マイルのレースを完走できるかもしれないが，前者は必ずしも26マイルのマラソンも完走できるとはかぎらない。26マイルのマラソンを完走するためには，5マイルのレースに必要なトレーニングとは異なる，より多くのトレーニングが必要になることは間違いないからである。

　言い換えると，健康で，適度な豊かさがあり，犯罪行為をしないといった将来の成功を育むためには，児童期から青年期，さらには成人期に至るまで，自己コントロールを育む努力をしなければならない。そうすれば，ある特定の介入戦略を特定の発達時期に行うよりも，間違いなくより成功できることが証明されるであろう。少なくとも前述の主張の最初の部分を裏付けるエビデンスが，私たちの研究からわかったが，この情報についてはまだ共有していなかった。それは，**幼児期**にだけ測定した自己コントロールが成人期の発達を予測したとしても，それが**人生の最初の10年**にわたって測定された自己コントロールほどの効果はないということである。つまり，児童期早期の自己コントロールは重要であるが，それがすべてではないのである。人生の最初の10年から30代までの自己コントロールの増加はまた，健康と経済的豊かさを，さらに，犯罪行為を減らすことによって公共の安全を向上

させることを再度思い出してほしい。

　私たちの発見と発達の視点から導かれる子どもの成長における責務は，早期に，頻繁に，そして継続的に自己コントロールを高めるように努めることである。それを行うための「臨界期」があるとは考えにくい。つまり，それ以外の時期に自己コントロールを促す試みが必ず失敗するわけでもなく，また，それを行うための唯一の戦略のみが効果的であるということもありそうにない。また，3歳の子どもに自己コントロールを促すための戦略が，7歳や13歳の子どもに効果があるとは考えにくいことも理解しておく必要がある。介入の努力は，その子の年齢と，その子が直面している発達上の課題に応じて適切に行われなければならない。

　私たちの知見で注目に値するもうひとつの問題は，誰を介入の対象とするのかということである。ひとつの見解としては，自己コントロールを高める努力は，自己コントロールが最も欠けている子どもたちを対象とすべきだと考えられる。もうひとつの見解は，すべての子どもたちを対象とするように努力するということである。この対比は，介入とサービス提供における核心的な問題を強調するものである。つまり，すべての人にサービスを提供するのか，それとも最も必要としている人を対象とするのか，ということである。「すべての人にサービスを提供する」という考え方は，公平性の概念に基づいている。すべての人を同じように扱うことはやり方として，唯一公平な方法である。これとは対照的に，「ターゲティング」の視点（問題のある子どもだけを対象とする考え）は，公平性よりも有効性を重視していて，最も利益を得られそうな人にサービスを提供し，それによって，そもそも問題の発生を防ぐことや，すでに明らかになっている問題を改善することに費やされる資源の効率を最大にできる。もし私たちの結果が，ADHDをもつ子どもたち，または子どものころに自己コントロールが特に低かった人によって「もたらされた」，または引き起こされている，ということがわかった場合，これらのエビデンスは，ターゲットを絞ったアプローチを支持するものであるかもしれない。しかし，まさにこれは私たちが見つけられなかった結果である。これら2つのサブグループ，および児童期の自己コントロールが最も高かった人たちをサンプルから除外しても，児童期の自己コントロールと成人期の発達が関連するという結果に，ほとんど影響を与えなかった。このように，私たちの知見は，児童期の自己コントロールのスキルが平均をやや上回っている層に入る人たちであっても，成人期の発達を向上させる余地があることを示唆している。したがって，自己コントロールを高めるように設計された普遍的な介入は，自己コントロールの低い特定の子どもたちへの汚名を避けると同時に，すべての人に利益をもたらす可能性がある。これはまた，広く

人々の支持を集める可能性の高いアプローチでもある。

　大人になっても自己コントロールを高めるにはどうしたらよいのかについては，もうひとつ考えてみよう。私たちは，ヘッドスタートのような長期的で複雑で費用のかかる介入だけを考える必要はない。いわゆるナッジ〔正しい行動をとらせようとする戦略〕も有効だといえる。ナッジというのは，ほとんど苦労せずに付き合っていけるようなミニ介入である。従業員が退職に向けて，仕事で稼いだ収入の一部を「〔退職金として〕受け取る（opt-in）」のではなく「〔退職金としては〕受け取らない（opt-out）」こともできる退職口座について考えてみたい。自己コントロールの低い人は，もし選択肢が与えられたら，退職金として取っておくことに失敗する可能性があるが，「私は今日のお金が欲しいから，受け取りを延期して退職金を増やすつもりはない」と，わざわざ言いはしないかもしれない。

　ここで，児童期に効果があるかもしれない，ある種のナッジを考えてみよう。ファストフードは特に自己コントロールの弱い人には魅力的なので，子どもたちにもっと健康的な食事をさせたいと思ったら，店の一番手の届きやすい棚に健康的な食品を並べるのだ。このような他の多くのミニ介入が提案されており，親であろうと政策立案者であろうと，検討する価値は確かにある。**ナッジ**でググってみて，何が出てくるか見てみよう。

第
4
章

児童期と成人期の ADHD
ADHD in Childhood and Adulthood

注意欠如多動症（ADHD）は，年齢相応でない注意，過剰な活動，または行動コントロールの困難という問題を特徴とする精神疾患である。男児は女児よりも ADHD と診断される可能性がはるかに高い。これは，女児が示す症状と男児が示す症状が異なること，あるいは行動についての文化的な信念が性別で異なることによる可能性がある。いずれにしても，事実上すべての専門家が，ADHD は女児ではまれであることに同意している。ADHD を他の障害と区別することは難しく，精神保健の専門家でさえ，ときとして活動レベルの高さや注意持続時間の短さが正常範囲内であるかどうかを決定するのは困難である。それにもかかわらず，この障害の正式な診断に用いられている基準に基づくと，児童期 ADHD の全体的な有病率の世界的な推定値は人口の約 5％前後である。このことは，2013 年の世界保健機関（WHO）の推定によると，ADHD が世界中で約 4000 万人に影響を与えていることを意味する！

　著者の一人であるジェイ・ベルスキー（Jay Belsky）は，間違いなく早期から症状が現れたケースに初めて遭遇したことを思い出す。それは，家庭生活と子どもの発達に関する研究の一環として，生後 15 か月の男の子（ここではショーンと呼ぶ）を自宅で観察していたときであった。研究プロトコルは，行動を 10 秒間観察し，その内容をあとで分析するために 5 秒間記録し，このプロセスを 10 分間繰り返すことでひとつの観察時間とするものであった。それぞれの観察時間の区切りとして，5 分間は観察のみで行動の記録は行われなかった。このプロセスは観察者にとって多くの注意を必要としたが，十分に訓練された研究者にとって観察と記録はそれほど困難なタスクではなかった──ショーンの場合を除いて。今，数十年が経って，ベルスキーはショーンの絶え間ない動きや，木馬に飛び乗って，馬が後ろにひっくり返るかと思えるほど非常に速く揺り動かしたことを鮮明に思い出す。その後，シ

69

ョーンは走り回り，ソファやコーヒーテーブルによじ登り，木馬のレースに戻って，再び命に危険を及ぼすかと思えるほどの乗り方で木馬を揺り動かした。90分の家庭訪問と観察が終わるころには，ベルスキーは疲れ果てていた。彼は，この子どもの両親が日頃経験せざるをえないことを想像することしかできなかった。そしてどうやら，ショーンはあまり睡眠を必要としていないようであった。

　この博士研究が行われてから長い年月が経っており，ADHDの原因や，その生涯にわたる発達過程はよく理解されるようになり，治療についても明確なコンセンサスが得られるようになったと思われるかもしれない。しかしそれはまるで見当違いである。リタリンは一方では覚醒と活動を増加させるとされている刺激剤であるが，ADHDをもつ子どもや若者に対しては，活動を抑えつつ注意力を高める明らかな効果をもつため，ADHDの治療薬として用いられてきた。今，ADHDと診断されたことのない，多くの高校生や大学生が，集中力を高め，勉強や受験に役立つことを期待して，この「処方箋薬」を入手している。

　しかし，ADHDと診断された人に処方される場合であっても，一般的に処方されているこの薬の効果を疑う余地がないというわけではない。子どもたちの行動の問題を治療するために，強い精神科の薬を投与することが広く行われていることに批判的な人にとって，問題は子どもたちにあるのではなく，現代社会における子どもたちの立ち位置と，子どもたちに対してもっている不適切な期待にある。これまでにないほど，幼い子どもたちに長時間静かに座るよう求めることは見当違いであると，ADHDの診断とリタリンの使用に批判的な人の多くが主張している。

　リタリン投与のように薬物療法がよいのか，あるいは子どもが注意を向けたり活動を抑えたりできるようにごほうびを使う行動療法がよいのか，治療法についてはいまだに議論がなされている。そのひとつの理由は，おそらく，ADHDの原因自体がまだ大きな論争のテーマになっているからである。先ほど述べたように，今日の子どもたちには非現実的な要求が課せられているために，ADHDは現代社会が生みだした障害であると信じる人もいるが，双生児研究からは，ADHDが遺伝的な要素をもっているというエビデンスもある。その知見とは，双子の片方が障害をもっていると，もう片方も障害をもつ可能性は，遺伝子の100％を共有する一卵性双生児の場合，遺伝子の50％しか共有しない二卵性双生児の場合よりも大幅に高いということである。しかし，このような双子の比較以上に，特定の遺伝子がこの障害に関連するというエビデンスも存在する。数多くの環境要因についても，ADHDの病因への関与が示されてきた。例えば，妊娠中の強いストレスへの暴露，殺虫剤や合成着色料といった家庭内での有毒物質への暴露，児童虐待やネグレクト

といった問題のある育児などが含まれ，挙げればきりがない。

　この章では，ADHD の原因や治療ではなく，第 2 章や第 3 章のように，発達的レガシーの問題に焦点を当てている。ここで再び，児童期の機能がのちの人生の機能を予測するかどうか，そしてどの程度予測するのかを取りあげる。現在の研究は，ADHD は児童期のみの障害ではないことを示しており，多くの成人がこの精神医学的診断を受けている。そのため，成人におけるそのような機能が児童期に現れる行動上の問題を引き継いだものなのか，あるいは成人期になって現れたものなのかは，発達的観点からは重要な疑問である。実際，成人の ADHD 診断に対する正当性の多くは，それが児童期の ADHD と同じ障害であり，同じ神経発達の病因をもち，一人の人の児童期と青年期に影響を与えるものであるという仮定に基づいている。神経発達という言葉の中の「神経」とは，ADHD の中核的な指標である，学習，記憶，注意などの認知機能の低さに言及したものである。神経発達の中の「発達」は，ADHD とされるためには症状が児童期に現れる必要があるという一般通念に言及したものである。

　しかし，ADHD をもつ成人が認知的な障害と児童期からの症状をもつというエビデンスがあるのか，考えれば考えるほど，それを支持する既存の知識について懸念するようになった。児童期と成人期の ADHD の関連について報告していると思われるエビデンスは極めて限られており，深刻な弱点をもつ 2 つの研究ストラテジーに依存していたためである。1 つのアプローチは，児童期に ADHD と診断された人が，その障害を継続してもつかどうかを調べるために，成人期にも追跡調査するというものである。児童期 ADHD，あるいは児童期の何らかの状態の発達的レガシーを調べるこのアプローチには，2 つのやっかいな問題がある。第一に，ADHD 診断の基準を満たすであろうすべての子どもが診断を受けるわけではないため，診断を受けた子どものみに頼るこの最初のストラテジーは，「紹介バイアス」による不利益がある。そのため，児童期にも ADHD をもっていたが診断されず，のちに ADHD と診断された成人は，成人になってはじめて ADHD をもつようになったと，まちがって判断されることになる。このことは，実際よりも，児童期 ADHD と成人期 ADHD の関連が**小さい**という結論を導くことになる。児童期に ADHD と診断された子どものみを追跡調査することの第二の問題は，児童期には ADHD をもたなかったが，成人期にもつようになった人を研究対象にすることができないことである。それゆえ，この問題は先述の問題の逆，すなわち，実際よりも，児童期 ADHD は成人期 ADHD と関連が**大きい**という結論を導く。

　私たちが非常に限定的であるとみなしている，児童期から成人期までの ADHD

の連続性を研究するための第二のアプローチは，成人期に診断された人が児童期に
も障害をもっていたかどうかを調べるために，子どものころの彼らの行動を回想し
てもらい，質問するというものである。これは後ろ向き研究と呼ばれるものであり，
第1章で前向き縦断的研究（ある人を児童期から調査し，その後，年齢を重ねるご
とに調査を継続するもの）のロジックと利点を紹介した際に述べたものである。先
述の「紹介バイアス」に対する後ろ向き研究の強みは，ADHDと診断されなかっ
た成人を比較群として設け，2つの群で児童期の経験に関する報告が異なるかどう
かを調べることである。一方でこの研究の主な弱みは，後ろ向きの回想に依存して
いることである。第1章で明らかになったように，悲しい事実として，記憶は驚く
ほど不確かなものであり，回想には問題が起こりうる。もし疑うようであれば，あ
なたと友人，きょうだい，またはパートナーが，あなたがた両方に起こったこと，
またはあなたがた両方が目撃したことについて異なる記憶をもっていたときのこと
を考えてみてほしい。

　例えば，二人の人が，実際には正式な精神医学的診断を受けてはいないものの，
児童期にADHDと診断されるには十分な症状をもっており，大人になってから
ADHDと診断されたという状況を考えてみよう。一人は子どものときにどうだっ
たかを正確に覚えているのに対し，もう一人はそうではなかったとする。二人とも
継続してADHD症状を経験していたにもかかわらず，収集されたデータは二人の
うちの片方のみがそうであることを示すことになる。この問題がかなりの頻度で発
生した場合，研究者は，実際にはそれ以上のものがあったとしても，児童期から成
人期までのADHD診断の連続性は最小限であると結論づける可能性がある。無関
係ではない問題として，ADHDのない成人が，実際にそうではないのに，あるい
は少なくとも正式な精神医学的診断を受けるほどではないのに，子どものころに多
動であり，集中するのに困難をもっていたと回想することも可能である。特に，こ
の問題は単なる仮説ではない。ダニーデン研究（Dunedin Study）は，1990年代に，
ADHDの誤った記憶が生じる可能性があり，実際に生じているというエビデンス
を示した。

　ADHDが児童期から成人期まで連続的かどうかを調査することの発達的・臨床
的意義と，児童期と成人期のADHDの関連を評価した既存の研究に本質的な限界
があることを考えると，ダニーデン研究はここでも理解を深めるために理想的であ
った。私たちが実施したような徹底した人口ベースの研究では，児童期，青年期，
成人期にわたって非常に多くの測定が行われており，多くの既存の研究を悩ませて
きたすべての限界を克服することができる。私たちは，正式な精神疾患の基準を満

たす成人と満たさない成人を区別することができるだけでなく，彼らが子どものころにどのように機能していたかを確認するために「データ・パントリー（保管庫）」に戻ることもできる。そのようなエビデンスと，成人が子ども時代を思い出したこととを比較することで，私たちが疑いをもつような，回想が正確であると証明されるかどうかを判断することもできる。ダニーデンのサンプルは出生コホート全体のものであるため，研究参加者は所属する母集団の完全な代表であり，「紹介バイアス」，すなわち選ばれた人のみが研究対象になっているという問題はない。彼らは出生時に登録されており，したがって誰もが ADHD と診断される前である。これらすべてのことは，児童期と成人期の ADHD の関連を調べることを可能にするだけでなく，データ・パントリーの多くの情報を利用して，これらの診断を受けた人が成人期にどのように機能したかを調べることも可能にする。

　児童期と青年期の ADHD の関連について前向き研究を行うことの科学的な有用性はともかく，この章の焦点である発達の冒険を動機づける個人的な経験があった。しかしそれは障害自体に関連したものではない。多くの読者が知っているように，『精神疾患の診断・統計マニュアル』（*Diagnostic and Statistical Manual of Mental Disorders: DSM*）は多くの改訂を経ている。最新は第 5 版，*DSM-5* である。改訂前の版と同様に，多くの精神疾患について定義上の境界を規定しており，少なくとも米国では，保険会社が精神保健サービスの費用を負担するかどうかを決定するための基礎となっている。以前のバージョンと同様，*DSM-5* は作成に数年を要し，出版されると多くの議論を呼んだ。著者の一人であるテリー・モフィット（Terrie Moffitt）は，診断基準のレビューと改訂を担当した数多くの分科会のひとつに 3 年を費やした。成人期の ADHD とは何で，何がそうでないのか，自称専門家による果てしない議論に耳を傾け，彼女は耳にたこができていた。これは理論的，思想的，主観的な問題ではなく，経験的な問題であるべきだと彼女は推論した。このことが，これから紹介する科学的な旅につながった。第 2 章と第 3 章に続く第三の取り組みは，多くの人が信じているように，そして私たちのエビデンスのいくつかがすでに明確に示しているように，「子どもは大人の父である」かどうかという問題に対処するため，3 歳の気質と児童期の自己コントロールに焦点を当てた。

必要な情報の収集

　児童期の ADHD の正式な精神医学的診断が成人期の診断と関連していたかを調

べるため，私たちは，標準的な精神医学的面接を参考にした。この面談は研究参加者について他の情報をもたない，訓練されたインタビュアーによって，11歳，13歳，15歳，38歳時に実施された。標準的な精神医学的面接では，標準的な質問（例えば，今までに……と感じたことはありますか？）と，特定の回答があった場合の標準的な掘り下げ質問（例えば，それはどのくらい続きましたか？　それはあなたの家庭生活や仕事の妨げになりましたか？）で構成された。すべての回答は，正式な精神医学的診断に到達するように，標準的な方法でまとめて判断される。私たちのADHDをめぐる冒険のためにこれらの準備が利用できることで，微妙なバイアスも，微妙でないバイアスも，精神医学的評価に悪影響を及ぼさないことが保証された。精神医学的評価を実施した人が，両親が離婚しているとか，子どもが留年する必要があるなど，研究参加者について他のことを知っていたとしたら，精神医学的評価の客観性が損なわれることは想像に難くない。インタビュアーが子どものADHDの状態に気づいていたとしたら，このリスクは確実に高まる。このことはもちろん，成人に対するインタビュアーが研究参加者の児童期の情報に対して「ブラインド」であるようにしていた理由でもある。

　インタビューで教えてもらったことの補足のため，私たちは，5歳，7歳，11歳，13歳，15歳のときに使用した子どもの行動チェックリストを親や教師につけてもらい，子どもの行動に関する情報も取得していた。親の報告については，以前の報告がのちのものに影響を与えたり，偏ったりする可能性はあるが，教師の評価がそうであるとは考えにくい。つまり，11歳の子どもに関する親の報告は，2年前に経験したことや報告したことに影響されたかもしれないが，この制限は通常，教師の報告に影響を及ぼすことはないだろう。このことは，私たちが子どもの多動や不注意について複数の情報源に焦点を当てた理由のひとつである。

　児童期のADHDの症状は，行動の特徴として「非常に落ち着きがなく，よく走り回ったり飛び跳ねたりして，ほとんどじっとしていない」「もじもじしたり，そわそわしたりしている」「集中力が低く，短い間しか注意を向けられない」などがある。しかし，正式なADHDの診断を受けるためには，これらの症状の多くがみられる必要がある。たとえて言えば，春のある日に一度や二度くしゃみをしただけでは花粉症のアレルギーとはいえないが，特に目のかゆみや涙目などの他の症状が明らかに見られる場合は別である。

　38歳時点での成人期のADHD診断において，関連する症状には次のようなことが含まれる——すぐに飽きてしまう，集中することができない，だらしなくきちんとしていない，気が散りやすい，そわそわして落ち着きがない，またはもじもじ

している，しゃべりすぎる，待つことが難しい，将来の結果を考えずに行動する。しかし，成人期に正式に障害と診断されるには，これらの行動が個人の生活に支障をきたしており，家族や仕事，友人，あるいはまた他の大人との間で問題が生じているというエビデンスも必要である。

　また，私たちは，38歳の時点で，研究参加者が自分の人生にどれほど満足しているか，成績不振など人生の中で特定の問題を経験しているか，彼らが一緒にいると疲れたかどうか（筆者の友人がそのような人を特徴づけるのに「ハードワーク」と表現していた），事故やけがをしているか，危険な運転をしているかなどの情報も取得した。注意深いインタビューと，研究参加者の既往歴に関する情報収集により，彼らがメンタルヘルスの問題で治療を求めていたか，あるいは受けていたか，不安や抑うつなどの特定の心理的な問題のため薬を服用していたのかを判断することができた。私たちが調理するADHDの連続性という「食事」の「材料」として機能するデータは，研究参加者の学歴，収入，お金を使うよりも節約する傾向，借金やお金のトラブル，クレジットスコア（財政面での信用度），成人期に生活保護を受けているか，けがに対する保険請求を出しているか，前科があるか（ニュージーランド警察の中央コンピュータシステムより収集）にも対応していた。成人のADHDも神経発達症であるという主張の「神経」の部分をテストするために，記憶と注意を含む神経認知機能について幅広く測定するテストバッテリーを実施した。同様に，児童期または成人期のADHDに関連する可能性のある，児童期の神経認知機能についての情報を得るために，私たちは，子どもが7歳，9歳，11歳のときにテストされた知能と読みの達成度について，記録されたデータを利用した。

児童期のADHDが発達に与える影響

　私たちのADHDをめぐる冒険を通して最初に学んだことは，児童と成人の診断評価により，児童（15歳まで）の6％と，38歳の3％がADHDの精神医学的基準を満たすと明らかになったことであった。これらの有病率は，ニュージーランド以外で実施された他の研究の有病率と一致していたことは重要である。このことからも明らかなように，ほとんどの読者が住んでいる場所から遠く離れた英語圏の国で私たちの調査が行われたとしても，他の多くの場所では当てはまらないということはない。児童期の症例は主に男児であり，男児はADHD症例の80％弱を占めていた。この観察も，他の地域で行われた以前の調査と一致する。しかし成人では多少

変化しており，成人の ADHD 症例の 60% のみが男性であった。つまり，成人期に ADHD と診断された女性の数（ダニーデンの ADHD 症例の 40%）は，児童期に診断された女性の数（ADHD 症例の 20%）の 2 倍であった。このことは，多くの精神科医，心理学者，臨床研究者が疑うように，児童期の ADHD と成人期の ADHD は強く関連するものではないことを示す最初のエビデンスであった。より正式で直接的な方法でこの問題に対処することになり，私たちは 3 つのアプローチを採用した。それぞれについて順番に考察する。

児童期および成人期における正式な ADHD 診断

　最初の正式で直接的な連続性の検証では，児童期と成人期との ADHD の正式な精神医学的診断の関連を求めたが，エビデンスは何も示されなかった。つまり，ある人が児童期に ADHD と**正式に診断された**ことと，数十年後に ADHD の診断を受けることとは統計的に無関係であるとわかったのである。児童期に診断された 61 名の研究参加者のうち，38 歳でも診断基準を満たしていたのはわずか 3 名（5%）であった！　そして，両方の発達期に診断された 3 名は，38 歳時点での 31 名の成人 ADHD 症例のわずか 10% であった。実際，ADHD をもつ成人の 10 名中 9 名は，**児童期に何度もインタビューされていた**親や教師によると，児童期全体を通して ADHD ではなかった。そのため，明らかに，**正式な診断基準**という点では，児童期の ADHD は，成人期の ADHD についてほとんど連続性を示さなかった。診断された人は，児童期に正式な診断を受けるだけの十分な症状をその時点ではもっていなかったのであるから，この点に関するエビデンスは，成人の ADHD は「発達」的なものではないことを示している。

　この発見以上に，児童期の ADHD の発達的レガシーの有無を研究する私たちの冒険から，より多くの洞察がもたらされた。まず，成人の ADHD が「神経」的な基盤をもたないようにみえるということである。ADHD をもつダニーデンの子どもたちが，児童期に実施された検査では，理論的に予測されたとおり，診断に必要とされる記憶の問題と注意欠如を示すスコアがみられたにもかかわらず，ADHD をもつダニーデンの成人は，38 歳時点の検査ではそのようなスコアの低さを示さなかった。特に，多くの科学者や市民が科学の「再現性（の欠如）の危機」（他の研究者が同じ科学的問題に取り組むと経験的知見が異なることが証明されること）を当たり前のように懸念している今日，英国で実施されている E-リスク研究（第 9 章，第 10 章，第 16 章，第 18 章で焦点を当てている）でも，今回のような結果

第 4 章　児童期と成人期の ADHD

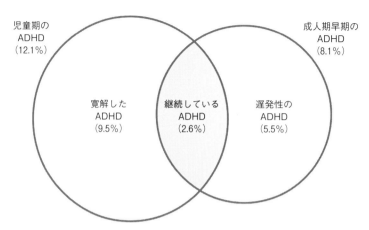

図 4.1. 児童期の ADHD のみ，成人期の ADHD のみ，および児童期と成人期の ADHD の両方の診断基準を満たした研究参加者の割合（網かけ部分）。以下より改変。Agnew-Blais, J.C., Polanczyk, G.V., Danese, A., Wertz, J., Moffitt, T.E., & Arseneault, L. (2016). Evaluation of the persistence, remission, and emergence of attention-deficit / hyperactivity disorder in young adulthood. *JAMA Psychiatry*, 73, 713–720, figure 1. American Medical Asssociation より許可を得て転載。

が出てきたことは注目に値する。ただし，英国のケースでは，5 〜 12 歳の間の任意の時点での ADHD の診断と，その後の成人期早期である 18 歳での診断との関連を調べている（図 4.1 を参照）。このように，ニュージーランドと英国の両方で，遅発性の ADHD グループが特定されたにもかかわらず，それは早期の児童期における ADHD 診断とは無関係であることが証明された。両方の研究で，遅い年齢で ADHD 診断を受けた人では明らかな認知の障害がみられなかったことも重要である。このような発見の再現により，ADHD という用語を児童期と成人期の障害の両方に適用する必要があるかどうか，疑問が生じる。確かに，これまでに考えられた結果に基づくと，そうではないように思えるだろう。結局，ダニーデンでの発見は，児童期と成人期には正式な診断の連続性は事実上ないということ，ADHD の性差と ADHD の神経心理学的関連について，児童期と成人期では結果が異なることを明らかにした。

児童期における ADHD の多元的評価と成人期における正式な診断

　ダニーデンでの調査結果はさておき，私たちは，児童期と成人期の障害はいずれも ADHD と呼ばれるべきかどうかについて何らかの結論に至る前に，私たちの ADHD をめぐる冒険の一環としてさらに旅を続ける必要があると感じた。実際，ニュージーランドと英国で私たちの調査結果が再現されてはいるものの，児童期から成人期にかけて記録された行動に一貫性がみられなかったことは，私たちが正式な**カテゴリ診断**，すなわち ADHD か非 ADHD かに結びつけていたという事実によるのかもしれない。そのような類型論的アプローチをとるのではなく，多元的なアプローチをとるとしたらどうだろうか。第 2 章で気質についての考え方を論じたときに，発達現象を概念化するためのこのような二者択一的なアプローチに対して，それぞれが有用であることを明らかにしたことを思い出してほしい。疑問は次のようなものである——「ほとんどの子どもが 11, 13, 15 歳で ADHD と正式に診断される前の 5, 7, 9, 11 歳に行った，親や教師による行動評価だけを考慮したとするとどうだろうか」。カテゴリ分類とは対照的な，そのような多元的（ディメンジョナル）な測定は，成人期の正式な（かつ類型論的な）ADHD の診断に関連しているだろうか？　おそらく私たちは，発達の連続性を検出できなかっただろう。なぜなら，どちらの測定時期においても，正式な，そしてカテゴリ的な精神医学的診断（つまり，もっているかもっていないか）に頼っていたからである。

　児童期の ADHD 症状の多元的な測定を用いて ADHD の連続性の問題を検討したところ，**成人期に** ADHD と診断された研究参加者は，親と教師が児童期に多元的に評価した不注意と多動性に関して，診断されていない成人よりも高いスコアではないことがわかった。言い換えれば，成人期に診断された人たちは，当時の彼らをよく知る人たちによると，児童期には特に多動性，不注意，衝動性はみられなかったということである。「子どもは大人の父である」という発達の連続性を示す強力なエビデンスは得られなかった。そして，これは私たちがどのように児童と成人の ADHD の関連を調査したかということとは無関係だった。成人期の正式な ADHD 診断を，児童期の正式な，（イエスかノーかの）カテゴリ診断に結びつけるとしても，あるいは児童期の ADHD 症状を多元的に扱うとしても，目下の疑問に対する答えは同じだった。

　最初の検討では，これらの結果は，児童期の ADHD と成人期の ADHD は無関係であり，独立して機能しているため，児童期からのちの人生までの連続性を暗示

する危険性があるような同じラベルを両者に対して用いるべきではないということを示しているように思われた。ADHDの発達的レガシーに関しては，「子どもは大人の父」ではないのかもしれない。発達が決定論的性質（この場合は，成人期のADHDイコール小児期ADHDの発達的レガシーということ）をもつものではなく，むしろ確率論的性質をもつと，本の中でこれまでに言われてきたすべてのことを考えると，ある意味でこれは驚くことではない。しかし，この結論を確実に受け入れる前に，少なくとも私たちが考えるべきもうひとつの可能性があった。

児童期および成人期における正式な診断と成人の行動的症状

　ここまで共有されたすべての所見において，最初の分析では児童期・成人期両方の正式なADHDの精神医学的診断に，その後の分析では成人期のみの診断に焦点を当ててきた。後者では，**成人のADHD診断を，児童期にのみ多元的に測定された行動学的症状**に結びつけた。反対に，児童のADHDまたは成人のADHDを成人期に**多元的に**測定された行動学的症状に結びつけるとどうだろうか。正式にADHDと診断された子ども，または大人は，成人期に多元的に（つまり，低いほうから高いほうへ）測定された行動や症状を考慮したとき，診断されなかった人とは機能が異なるのだろうか。彼らは診断されなかった人とは異なることが判明し，その結果，この時点までの私たちの予備的な結論とはまったく異なる，発達の連続性へと話が展開していく。

　この点について，まず，成人期をよく知る友人や血縁者から提供された研究対象者についての報告を検討してみよう。児童期にADHDと診断された研究参加者は，児童期にADHDであるとは診断されなかった研究参加者より，不注意で多動かつ衝動的であるとみられていることが明らかになった。さらに，児童期に診断された研究参加者は，児童期に診断されなかった同世代の人たちと比較して，自身の成人期の生活に対する満足度が低いことが明らかになった。これはおそらく，彼らが大学の学位を取得している可能性が低く，有意に収入が低く，借金を背負っていることが多く，社会福祉給付を受けている期間が長く，傷害関連の保険金請求が多く，犯罪で有罪判決を多く受けているからであろう。このことはもちろん，ADHDの正式な精神医学的診断を受けた子どもが，成人期に再び同じ障害の診断を正式に受けなかったとしても，児童期に診断を受けていない同年代の大人とは機能的に異なり，より問題が多かったことを意味する。正式な児童期の診断が数十年後の同じ正式な診断を予測することはできないにもかかわらず，明らかに，児童期のADHD

の発達的レガシーは厄介なようである。

しかし，38歳時点の成人のADHD診断はどうだろうか。再び多元的に測定されたとき，それは成人の現実世界における機能とどのように関連していただろう。ここでもまた，成人期にADHDと診断された人では，事態は悪化しているように思われた。成人期にADHDの精神医学的診断を受けた研究参加者は，その他の研究参加者よりアルコール，大麻，その他の薬物やタバコに長期間依存している可能性が高かった。そのような明らかな「自己投薬（セルフメディケーション）」傾向に加え，ADHDをもつこれらの成人は21歳から38歳までにメンタルヘルス上の問題のために専門家にコンタクトをとる可能性も高く，彼らの70%にものぼった。そしてその約半数は，抑うつ，不安，心的外傷，薬物依存，摂食障害を含むADHD以外の問題のために薬を服用していた。ここでもまた，成人の機能に関していうと，児童期と成人期のADHDはともに，すべてではないが多くの生活分野で問題や障害に関連しているように思われる。

結論

児童期ADHDの発達的レガシーに関して共有してきた対照的な調査結果は，混乱を招く可能性があることが想像できる。一方では，児童期の正式なADHD診断は成人期の正式なADHD診断を予測しなかったが，他方では，成人後の友人や家族が評価する多動，不注意，衝動性のレベルが高いことを予測した。ADHDと診断された子どもについて，情報提供者がよく肯定したひとつの項目は，「その人の周りにいると疲れる」であった。研究参加者自身によって報告された生活上の問題もいくつかあった。一見矛盾しているように見えるこれらの結果については，2つの考え方がある。

最初の結果を考える際には，次のような類推の観点から考えると有益かもしれない。仮に，児童期の肥満を測定し，肥満だった子どもが肥満の大人に成長するか，児童期に肥満ではなかった大人よりも機能の低下があるかどうかを調べたいとしよう。児童期に肥満であることが成人期の肥満を予測しなかったとしても，以前に肥満の子どもだった場合は，大人の肥満の基準は満たさないものの，なお，他の大人よりも平均して体重が多いという可能性がある。彼らはまた，子どものころに肥満ではなかった人よりも，人生の成功体験が少ないということもありうる。

ここでもポイントは，カテゴリ診断的な表現，つまりADHD診断があるかどう

か，肥満かどうかで現象を評価することは，次の段階へ進めるために有用な方法ではあるが，個人間のばらつきを覆い隠すため，有用な方法でないこともあるということである。このことは，児童期の ADHD 診断が成人期の正式な ADHD 診断を予測することはできなかったが，中年期にカテゴリ診断的ではなく，多元的に測定された多動や不注意を予測した理由である。もし，成人期の研究参加者をよく知る人々から提供された，研究参加者の不注意や多動に関する報告を調べず，正式な精神医学的評価だけに頼っていたら，私たちはまったく異なる，誤解を招くような話をすることになっていただろう。私たちは，児童期の ADHD が成人期の ADHD と無関係であるという結論ではなく，児童期の ADHD は数十年後の不注意や多動により多く関連すること，のちの人生における機能が低下すること，成人期に ADHD と診断された人ではこれらがより当てはまることを発見した。この観察は，正式な精神医学的評価を超えて，研究参加者の家族，友人，彼らをよく知るその他の人，そして自分自身によって提供された多元的な行動的・心理学的評価を考慮するという，測定と評価に対する私たちのアプローチの有用性を強調している。そのなかで，最初にみられた発見が実際に起こっていることを反映しているかどうかを確認することが，それらに挑戦することの科学的な有用性，さらには必要性にもエビデンスを与えている。

　この話には，より幅広い科学的なモラルもある。ADHD のような障害であれ，感情的知性のような能力であれ，私たちが関心をもつほとんどのものは連続的な性質である。そのため，関心のある現象のほとんどは，もっているかもっていないかといったように，真にカテゴリ診断的なものではないということが，精神医学と行動科学の世界ではますます評価されてきている。したがって，単に多動な人とそうでない人がいるということではなく，肥満な人とそうでない人がいるということでもない。むしろ，非常に活動性が高い人や体重が多い人もいれば，中程度に多い人もおり，ほとんどない人もいるということである。ADHD にしても肥満にしても，診断する際，カテゴリ診断的な評価が，広く合意されているいくつかの便宜上のカットオフポイントに基づいていることを見落としがちである。しかし，それらは基本的に恣意的なものであり，自然な境界線を反映したものではない。肥満とされるにはボディ・マス指標（BMI）が 30 以上である必要があるが，思慮深い人は，例えば，BMI が 29 の人は正式には肥満ではないが，正式には肥満である BMI が 31 の人より必ずしも健康なわけではないと予測するだろう。

　結局のところ，行動や心理の機能は，物理学のように，連続的な測定値の変化に伴って真に質的な「状態変化」があるものではない。誰もが知っているように，水

が華氏33度から華氏31度まで冷やされ，32度の凍結の閾値を超えると，液体から氷へと質的に変化する。しかし，私たちの知るかぎりでは，このような質的な状態変化は，行動現象や心理現象では起こらない。このように，カテゴリ診断的な呼び方に過剰に頼ることは，それが照らし出すものと同じくらいのものを覆い隠してしまうことになる。しかし，ここでの私たちの意図は，不要なカテゴリと一緒に大切なカテゴリまで捨ててしまうことではない。私たちは，人間の発達に関する実証的な問題に取り組む際に，さまざまなアプローチを採用することの利点を指摘したいだけである。結局のところ，児童期のADHD診断は，成人期のADHD診断を予測しなかったにもかかわらず，連続的に評価される成人期のADHD様の行動を予測した。結果として，最初のカテゴリ診断的なアプローチのみに頼っていたとしたら，児童期のADHDとのちの機能は互いに関連していないという誤った結論になっていただろう。

　人間の発達をめぐる私たちの冒険は，発達は決定論的ではなく，確率論的であることを繰り返し教えてくれた。私たちの研究の多くでは，特定の危険因子（例えば，自制的でない気質）や条件（例えば，10代の母親）が，数年後に予想される結果をあまりうまく予測できなかったため，発達は確率論的なものであると結論づけている。例えば，児童期のADHDは，その人が大人になった数十年後にまだADHDをもっているということを予測しなかったが，成人に達したあとに，診断可能なADHDが彼らの生活の中で一見青天の霹靂のように現れるという，私たちの縦断的研究の多くの従事者にとって，驚くべき確率論的な状況を発見した。これらの人々は，ADHDの問題がなく，認知検査でも異常な神経発達の危険信号を検出されず，子どものころから安全に年齢を重ねてきたと信じていた。それにもかかわらず，過活動性，衝動性，不注意が遅れてやってきて，この症状が仕事や家庭生活に支障をきたすほどになっていた。このような研究参加者の一部が，「ADHDは子どものものではないのですか？」と尋ねたのも無理はない。

　他の研究者も驚いていた。何人かの精神医学の専門家が，成人の症状は単に依存症の副作用であると推測したが，成人期発症のADHDをもつほとんどの研究参加者は，物質乱用者ではなかった。他の専門家は，成人期発症のADHD症状は，将来のアルツハイマーの最も初期の兆候かもしれないと推測した！　しかし，成人期発症のADHDをもつ研究参加者のほとんどは，認知症には若すぎる。児童期の神経発達症候群がない遅発性ADHDに関する2015年の報告で，私たちは新たな領域を切り開いた。現在，研究者たちは，遅発性ADHDの原因を明らかにすべく多くの仮説を検証し，最適な治療法を模索している。

私たちが発見したように，児童期の ADHD と成人期の機能との間には何らかの関係があったとしても，成人期の ADHD は，児童期の ADHD よりも成人期の機能により強く関連していた。成人型の ADHD は神経発達症ではないかもしれないが，明らかに深刻な状態であり，治療の必要性がある。私たちが共有した最後の調査結果は，この点を最も明確にした。成人の ADHD がアルコール，薬物，タバコ依存，精神保健福祉の必要性，および他の心理的・行動的問題のための薬の服用と関連していたことを思い出してほしい。これらの知見を考えると，私たちのほとんどは，選択肢があるのであれば，おそらく中年期ではなく，児童期に ADHD と診断されることを選択するだろう。

これらの観察は，何が成人期の ADHD の発症を促進したのか，疑問に思わせるだろう。なぜなら，児童期は明らかに正式な診断を受けるほど多動であったり，不注意であったりしたわけではないからである。また，成人の ADHD をもつ人は，児童期にも成人期にも，学習，記憶，集中，注意に問題を示さなかった。このことは，今なお，児童期と成人期の状態に同じ診断ラベルを与えないことへのエビデンスとなるように思われる。幸い，私たちは児童期にたくさんの測定を行っているので，成人の ADHD の発達的起源の問題に対処できる位置にある。ADHD と診断された成人は，児童期に評価された認知能力という点で，診断されなかった人との間に違いはなかったが，人生の早い時期にメンタルヘルスに関連する問題をもっていた。成人期に ADHD と診断された研究参加者は，成人期に診断されなかった参加者に比べて，他の子どもよりも攻撃的で不従順であるなど，児童期の行動に関連した困難さをもっていた。特筆すべきことに，私たちは遺伝子が成人の ADHD の起源の一翼を担っている可能性を探るという位置にもあった。これは，他の調査が ADHD に結びつけた特定の「候補」遺伝子を測定していたためである。しかし，ダニーデン研究では，成人期に正式な ADHD 診断をもつ人ともたない人を区別することはできなかった。当然，成人期の ADHD の神経発達的起源が完全に特定されるには多くの手間がかかるだろう。

児童期と成人期の ADHD の関連を調べた私たちの研究で，最後に伝えたいポイントは，この問題に対処するには十分な位置づけにない研究から強い結論を導き出すことのリスクに関する懸念である。児童期の ADHD について，回想に基づいていた以前の研究とは対照的に，ダニーデン研究の結果は，成人期に ADHD と診断されることは単に児童期や青年期の診断の延長ではないこと，それゆえ児童期と同じラベルを用いて特徴づけられるべきではないことを明確に示している。記憶と回想に基づいて大人になってから振り返るのではなく，年齢を重ねるごとに前方視

的（前向き）に個人を追跡するという，私たちのような研究を行うことの重要性を示す最高のエビデンスは，私たちがまだ共有していないエビデンスにあるのかもしれない。ADHD と診断された成人の多くは，彼ら自身の記憶ではなく，両親から提供された情報に基づいて，数十年前の児童期に自分らがどのように行動していたのかについての彼らの理解を伝えてくれるが，親自身が記憶の不正確さの影響を受けないわけではない。実際，児童期に ADHD と診断された研究参加者の両親の約3/4 は，対象者が 38 歳のときに，自分の子どもが児童期に診断されていたか，あるいはその症状をもっていたかということさえ覚えていないことがわかったのである！　したがって，児童期 ADHD として記録されているケースのほとんどは，20 年後には親によって忘れられていた。このことは，40 歳以上の人が知っておくべきことを示しているにすぎない。記憶は驚くほど誤りやすいものである。

第Ⅲ部

家族

第5章

なぜ親は自分のやり方で子育てするのか？

Why Parents Parent the Way They Do

人間の発達において生まれと育ちが果たす役割を考えるとき，子育てとそれが子どもの発達に与える影響について長い間注目されてきた。子どもを叩くことは，攻撃的な行動を促進するのか？　なぜ叱られるのかを子どもに説明することで，子どもは親の価値観を内在化し，将来の不適切な行動を回避することができるのか？　子どもへの定期的な本の読み聞かせは，読み書きの能力を育むのか？　私たちの多くは，子育てが重要であると考えているが，この見解に問題がないわけではない。多くのベストセラー書籍，例えば，故デビッド・ロウ（David Rowe）の 1993 年の著書 *Limits of Family Influence*（家族の影響力の限界），ハーバード大学の心理学者スティーブン・ピンカー（Steven Pinker）の 1998 年の著書 *The Blank Slate*（白紙），ピューリッツァー賞を受賞した故ジュディス・ハリス（Judith Harris）著の *The Nurture Assumption*〔邦訳あり：『子育ての大誤解』〕などが，異論を唱えている。

　おそらく親の子育てが子どもの実際の発達に与える影響についての最良のエビデンスは，実験的介入研究から得られるものであろう。このような取り組みでは，通常，親を実験群と対照群に割り当て，実験群の親には子育てを向上させるためのガイダンスが提供され，対照群の親には提供されない。このようなガイダンスにはさまざまな形式がある。例えば，子どもに本の読み聞かせをするための資料を親に提供するとともに，どのように読み聞かせをしたらよいかを指示する。そして，最終的には子どもの読み書きの能力を評価することで，読み聞かせへの介入が子どもの発達を促進するのに有効であることが証明されたかどうかを判断する。あるいは，しつけがあまり厳しすぎないようにしながらも，行き当たりばったりでいい加減にするのではなく，一貫性をもってしつけられるよう親を励ます場合もあれば，タイムアウトを強調すること，子どもの行動に問題がある理由を説明すること，よい行

動に対してごほうびを与えたりすることなどをガイダンスするような場合もある。親が子どもと対話する様子をビデオに撮り，親と一緒にビデオを見ながら，子どもの要求にもっと敏感になる方法について実験群にフィードバックを提供した例もある。このような介入の結果として，子育てが改善され，それによって子どもの機能が向上した場合には，子育ての因果関係の影響を示す説得力のあるエビデンスとなる。

　このような研究から得られるエビデンスと関連する発達理論が，この章の焦点でありタイトルでもある「なぜ親は自分のやり方で子育てするのか？」という疑問を提起している。結局のところ，子どもの要求に敏感で反応がよく，温かく受容的な親もいれば，そうでない親もいる。敵対的で拒否的な親もいれば，ネグレクト的で無関心な親もいる。もちろん，親の子どもへの接し方の違いを特徴づける方法は他にもあるが，要するにすべての親が同じように子育てをしているわけではない。

　研究参加者のファイルに記録された逸話によって，この観察が現実味を帯びてくる。ダニーデン研究の初期，子どもたちが5歳になったある日，2組の母親と男の子がプロジェクトの受付で待っていた。そこには，おもちゃや雑誌があった。ウィリアムとハーパー（仮名。本書で紹介するすべての研究参加者は仮名に変更している）という2人の男の子は，はじめはそれぞれの母親の近くにいたものの，さほど時間が経たないうちに互いに関わりあうようになった。そして，それぞれが同じおもちゃのダンプカーに興味をもつと，ハーパーはとっさにウィリアムの手からダンプカーを引き離した。すぐに両者の間での取りあいとなり，その結果，ハーパーはそのおもちゃが欲しいと訴えながら，ウィリアムを床に押しつけた。ハーパーの母親は，読んでいた雑誌からすぐに顔を上げて，厳しい口調で「それを返しなさい」と言ったが，そのあとすぐに自分の興味のある雑誌を再び読み始めた——自分の子どもが母親のことをまったく気にせず，トラックを取り上げたままであるにもかかわらずである。

　対照的にウィリアムの母親は，このけんかを解決する方法を考えていた。彼女は「あの子があなたにしたことをどう思う，ウィリアム？」と尋ねると，子どもは「あのトラックが欲しい，ぼくのほうが先に持っていたんだ」と，答えた。すると，ウィリアムの母親は，「そのことをあの子に知らせてみたらどう？　自分の言葉を使って。それと，『ぼくがちょっと遊んだら，今度はきみが使っていいよ』っていうことも，あの子に提案してみたらどうかな」とたずねた。それがきっかけで，ウィリアムは母親の提案どおりの行動をとった。驚いたことに，ハーパーはトラックをウィリアムに手渡したのだが，その協力的な行為にハーパーの母親はまったく

気づかなかった。数分後，ウィリアムの母親は，「そろそろおともだちの番じゃない？」と声をかけた。すると，ウィリアムは満面の笑みで応じ，トラックをハーパーに手渡した。この観察は，2人の子どものけんかを目の当たりにした2人の母親の反応が，なぜこんなにも違っていたのか，という問いを投げかけている。発達についての次の冒険では，なぜ親は自分のやり方で子育てするのかという問いについて考える。この問いを考えるにあたり，私たちはこの章の第二の目的とテーマとして，家族の中での子どもの経験が，子どもたちの将来の成長，つまり親になったときの子育てをどのように形成するのか，あるいは形成しないのかを明らかにしていく。

児童虐待からの学び？

　おそらく子育ての決定要因の問いについての最も伝統的な考え方は，親自身が自分の幼少期に経験した子育てを参考にするということであろう。幼少期に経験した子育てが，やがて自分の子どもの子育てに潜在的な影響を与えることを「子育ての世代間伝達」という。ハーパーの母親が子どもの不適切な行動をほとんど無視していたことと，子どもに「それを返しなさい」という指示に従わせることに失敗したことは，彼女がどのように育てられたかを反映していたのだろうか？　彼女の実の両親が子育てに無関心で，ネグレクト的で，一貫性がなく，子どもを指示に従わせるのに失敗していたのだろうか？　そして，ウィリアムの母親の巧みな子育ては，少なくとも部分的には，彼女が子どものころに受けていたかもしれない，子どもの要求に敏感で，反応がよく，支持的なケアの結果だったのだろうか？

　人間の発達に関する多様な理論は，親が自分の子どもの世話をする際に，自分が成長過程に経験した子育てと似たような方法で子どもを世話するということを予測させるような根拠を提供している。英国の精神科医ジョン・ボウルビー（John Bowlby）と米国の発達心理学者メアリー・エインスワース（Mary Ainsworth）とL・アラン・スルーフ（L. Alan Sroufe）によって提唱された愛着理論などいくつかの理論は，子育てが情緒的発達にいかに影響し，そしてそれが将来の子育てにいかに影響するかということを重視している。また，オレゴン州の社会学習研究所のジェリー・パターソン（Jerry Patterson）の子育て研究と介入の努力を導いた社会学習理論などの他の理論では，子どもたちがほめられる行動を繰り返し，叱られる行動を控えることによる行動発達を重視している。もちろん，これらの視点が互い

に相反するということではない。

　子育ての世代間伝達について明記していると思われる最も一貫したエビデンスのいくつかは，児童虐待とネグレクトの原因に関する研究から導かれており，この視点は，最初に子どもの不適切養育（マルトリートメント）の病因を理解する試みの中で浮上してきた。臨床医や学者は，子どもを虐待した親は，成長過程で自分自身も虐待を受けていた可能性が高く，この虐待が彼らの情緒的発達（例えば，共感力の欠如）や行動的発達（例えば，攻撃性）に影響を与えることを何度も観察していた。

　しかし，この子育ての世代間伝達の見解を支持しているように見える研究には，しばしばさまざまな手法的な限界がある。それについては，3歳における気質の発達的レガシー（第2章）と児童期 ADHD の発達的レガシー（第3章）を検討したときにすでに論じた。最も重要なこととして，これらの研究の多くは，虐待を受けた親が子どもとしてどのように扱われていたかについての回想に基づく後ろ向きの研究デザインであることを考えてほしい。このような研究では，虐待的な親が子どものころに自分が受けたと報告したのと同じような扱いを自分の子どもにしていることがわかるのは珍しくない。実際，虐待をしている親は，「私はこうやって扱われていたし，私は平気だった！」と主張することで，自分の子育ての仕方を擁護することも珍しくはない。

　しかし，自分の子どもを虐待している大人に，子どものころにどのように扱われたかを思い出してもらうというアプローチには，先に強調したような根本的な欠陥が存在することがよくある。これには，自分は子どものときに虐待されたが，成長して自分の子どもを虐待するようなことはなかった親，つまり，児童虐待とネグレクトの「（世代間の）サイクルを断ち切る」ことができた個人は含まれない。もしそのような人たちが含まれていれば，子どもの不適切養育は，多くの人が想定しているほど，ある世代から次の世代へと確実に受け継がれているわけではないことが，エビデンスにより明らかになるだろう。ただし，これは通常の範囲内での一般的な子育てスタイルの世代間伝達がないということではない。

　自分の子ども時代の経験を報告してもらう後ろ向き研究に，子どもを虐待しない親が含まれている場合でも，さらなる問題が生じる。それは，記憶は誤りやすいものであり，特にトラウマになるような情緒的な経験に関する記憶には，誤りが生じるからである。そのため，幼少期に両親から深刻な虐待を受けた大人の中には，そのような子育て経験を思い出すことができず，自分がどのように育てられたかを正確に報告することができない人がいる。これはいささか想像しにくいことかもしれ

ないが，実際にはありうる話でもある。実際，子ども時代に虐待された大人の中には，悲しいながらも間違って両親を「理想化」し，完全に愛情のこもった方法で養育されていたと主張する人もいる。しかし，そのような彼らの主張を立証するために，例えば「あなたが助けを必要とする場面で，あなたのお母さんがそばにいてくれたときのことを教えてください」というように，詳細な情報の提供を求めると，彼らは実際の例を思いつかないことがよくある。

　成長過程で経験した子育てを評価する際，幼少期の経験を後ろ向きに遡った報告を扱うことのもうひとつの問題点として，親から粗雑に扱われたことを思い出したうちの何人かは，実はそうでもなかったということがある。これは，大人に成長したときに，児童期の経験を質問して後ろ向きに遡って報告されたことと，彼らの児童期の記録をもとに実際に起こったこととを比較する研究（つまり前向きに）からわかっている。私たちは，この研究の一部をダニーデン研究の一環として実施した。私たちや他の研究者が発見したように，子どもが養育されているときに子育てに関する前向きなデータを収集し，その後，子どもが大人になったときに子育ての履歴を尋ねると，しばしば顕著な不一致が明らかになることがある。これについては，第16章で詳しく触れる。ここでは，大人が子どものころに経験した子育てを記憶に頼って捉えて子育ての世代間伝達を調べるということには重大な問題があることを理解しておく必要がある。

後ろ向き研究を超えて

　児童虐待とネグレクトの原因に関する研究には，先ほど提起したような懸念があるため，多くの発達学者たちは，幼少期に経験した子育ての実際の評価と，やがて子どもが成人したときの自身の子どもへの子育てとを結びつけた前向きなエビデンスをはるかに信頼するようになっている。このようなアプローチにより，生まれ育った家庭で虐待を受けている子どもと虐待を受けていない子どもが，自分の子育て経験と似たような方法，あるいは違う方法で子育てをしているかどうかを，より自信をもって評価することができるようになる。もちろん，このような作業は，子どもが成長して親になるのを待たなければならず，また，子どもが親になることを研究者がスケジュールとしてコントロールできないため，長い期間を要する。私たちのような縦断的な研究者と，第1章で述べたように木を植えてから果実を収穫するまでに何年も待たなければならない果樹栽培者との比較を思い出していただきたい。

子育ての世代間伝達を調査するまでに要する待機時間を短縮するひとつの方法は，児童期ではなく青年期の子どもが受けている子育てについてはじめに調査し，次に彼らが大人になったときに自分の子どもをどのように養育しているかを確認することである。場合によっては，15歳で調査した青年が18歳や20歳で親になるというように，この2時点間にはそれほど長い時間がかからないこともある。

　青年期から始まるこのような前向き研究でさえ，子育ての世代間伝達について明らかにできることは限られていることが多い。これは，青年期に始まる子育ての世代間伝達を明らかにしようとする研究の多くが，ダニーデン研究のようなコホート研究——つまりコミュニティ内のほぼすべての子どもたちを誕生から追跡する研究——ではないためである。代わりに，危険で不利な環境（例えば，虐待的な両親や暴力的な地域など）のもとで育ったり，攻撃性，非行，薬物乱用などの発達上の問題をすでに示したりしている「ハイリスク」な青年の調査として始められることがよくある。これは，このような特殊な環境の青年が自分の子どもをもったあと，どのように子育てするか——彼らはしばしば同年代の他の人よりも先に，そして上手にやっているが——ということの発達的な起源について私たちが学ぶことは，必ずしも一般化されるわけではなく，つまり，なぜそれ以外の多くの人が自分のやり方で子育てするのかということを明らかにするわけではないことを意味している。リスクのある青年期に始められた子育ての世代間伝達についての研究から得られた洞察が，10代の間に逆境的な環境を経験しなかった親や，深刻な心理的・行動的問題を抱えていなかった多くの親にも適用されると推測することはできない。

問題のある子育てを超えて

　このような状態を認識することで，私たちは，家族の中での幼少期の経験が大人の機能——この場合は子育て——を予測するか，そしてどのように予測するかという新たな冒険に向かうのに，ダニーデン研究が絶好の立場にあることに気づいた。私たちは，研究参加者とその家族の中での経験を児童期から追跡してきたので，そもそも青年期から研究を始める必要はなかった。つまり，私たちは，研究参加者が3歳，5歳，7歳，9歳，11歳，13歳，15歳のときに前向きに収集されていた子育て，親子関係，家族の情緒的な雰囲気，およびそれらに関連する評価項目について，すでにデータ・パントリーにデータをもっていた。これにより，これまで他の研究ではできなかったこと，つまり，就学前（3歳と5歳），児童期（7歳，9歳，11歳），

青年期（13歳，15歳）という3つの発達期に特有の子育て経験の基準値を作成することが可能となった。その結果として，私たちは，ある特定の発達期における家庭内での子育て経験が，他の時期よりも将来の子育てを予測する上で重要であることが証明されているかどうかを判断するという唯一の立場にあった。親としても含めて，私たちがどのような大人になるかを形づくるのは，児童期の後半ではなく早い段階で起こることだと，多くの人が信じているということを鑑みてほしい。

　私たちの評価においてまさに貴重であったのは，子どもの不適切養育の世代間伝達の調査以上のことを行う機会を得たことである。ダニーデン研究は，十分に機能していない子育てや問題のある子育てのみに焦点を当てるのではなく，有能な子育ての発達的なルーツを検証するためにも位置づけられていた。これを検証するために，私たちは3歳児の親である研究参加者が，子どもに対してネグレクト的で放っておいたり，押しつけがましく過度にコントロールしたりする程度ではなく，子どもの要求に敏感で，反応がよく，支持的で，認知的に刺激するような子育てを提供する程度に焦点を当てた。そうすることで，親がなぜ自分のやり方で子育てをするのかを明らかにすることができるだろう。それは，児童虐待やネグレクトのリスクがある家庭だけでなく，多くの家庭にも適用できるはずである。ジェイ・ベルスキー（Jay Belsky）が子育ての専門知識を携えてダニーデン研究に参加してくれたとき，私たちは時間を無駄にしてはいけないと気づいた。10代の研究参加者の中には，すでに赤ちゃんを産んでいた人もいたのである。

子育てを学ぶ方法

　人々がどのように子育てをしているかを研究し，測定するには，多くのアプローチを用いることができる。例えば，親がどのように子育てをしているのかをインタビューしたり，子育ての実践についてアンケートに答えてもらったり，子どもとの関わり方を観察したりすることなどである。これらのアプローチはすべて，研究参加者の成長過程でダニーデン研究が使用したもので，すべてに長所と短所がある。研究参加者自身が親になったときにもいくつかのアプローチを用いたが，私たちは研究参加者の親について観察する機会に恵まれた。最終的には，親の自己報告よりも，私たちが観察した子育て行動に信頼を置いていた。

　たとえ観察が評価者によるバイアスを含んでいなかったとしても，親が自分たちの子育てをごまかして，評価者が望むと思うような行動をしているように見せかけ

ている場合には，観察はそれほど簡単なものではない。私たちが子育てを観察するために家庭に入っていることや，大学の研究室に親に来てもらって観察していることを，学生やさまざまな人たちに話すと，私たちの観察が子どもの生活の中で日々行われていることを正確に反映していると信じてもらえないことがよくある。しかし，それこそが私たちの最も関心のあることなのである。この懸念は実に理にかなったものであるが，実際のところ，熟練した方法で収集すれば，有益な行動データを収集することができる。これを行うための最良の方法は，「ねぇ，私たちはあなたがどのような親なのか見てみたいから，あなたがお子さんとお話ししている様子を観察しますね」と言うのを避けることである。その代わりに，「私たちは，あなたのお子さんの行動や経験に興味があります。だから，一緒に過ごしながらお子さんを観察してみたらいいかなと思いました。私たちがお子さんの動きを観察している間，日常の活動をしていただけませんか？」というように，子どものことを強調するのが有効である。これは，特に自宅で親子を観察する場合の「非構造化」された方法のひとつである。家庭でも大学の研究室でも実施できるもうひとつの方法は，研究参加者の自宅を訪問したときと同じように，親子に標準的な道具セットを用意しておいて，それを使って親が子どもとやりとりする時間を過ごしてもらうというものである。

　先ほど説明したような状況で起こりうる興味深いことのひとつは，すでに示唆されているように，親は自分が観察されていることを感じているということである。なぜなら，「私たちはあなたたちを観察しているわけではない」とは言わないからである。そこで，親は「良い」親になろうとしてショーを行う。しかし，実際のところ「良い」ショーをするのは難しいのである。それは演技のようなものであり，ほとんどの人はそれをうまく行うことができず，演技をしていることがはっきりとわかることがある。あるケースでは，母親は私たちが見ている間におもちゃ箱を空にし，すべてのおもちゃを子どもに見せて，自分がいかに知的で活発であるかを披露するのに忙しかったが，その母親は独特なやり方で自分自身を誇示することに懸命だったので，子どもにあまり注意を払っていないことがはっきりとわかった。

　また，多くのケース，というかほとんどのケースでは，親はただ日常的な行動をしているだけということもある。私たちが今でも思い出すのは，ある父親が家の中に駆け込んできて，私たちが母子を観察しているのをちらりと見ると，妻に向かって「僕が君に話したことは，他の誰にも絶対に言わないと誓ってくれ！」と言ったことである。その観察者であったジェイ・ベルスキーは，まるで皇帝の側室たちを守るしもべのように感じずにはいられなかった。他のケースでは，親は何も気にせ

ず，子どもに厳しいことを言ったり，せかしたり，無視したりすることもあった。つまり，親の子育てを観察することは，確実な評価の仕方とは言えないものの，子どもの世界を知るための意外とよい方法なのである。

　そこで，研究参加者の親としての行動を観察するにあたり，次のような判断をした。まず，第1子が3歳になるまで待つということである。3歳になると言語的能力と社会的能力がそれぞれ，そしてともに急速に発達し，子どもはますます自分の欲求を主張できるようになるため——これは親にとってまさに腕の見せどころでもある——子どもの生活が潜在的に明らかになる時期であろうと判断されたからである。また，1970年代に遡って，研究参加者自身が子どもとして初めて観察されたのが3歳のときであったことも重要な意味をもっている。研究参加者自身が成長する間に経験した子育ては，1970年代と1980年代に繰り返し測定されており，これは研究参加者が自分の子どもをもつようになる数十年前のことである。

　夕食の時間やスーパーマーケット，遊び場など，さまざまな状況や文脈によって親の行動が異なる可能性のあることがわかったため，私たちは3段階の半構造化された状況を作成し，それぞれの状況での親子のやりとりをビデオに撮影した。まず，はじめに5分間の「自由遊び」から始めた。この設定では，親子には魅力的なおもちゃがいくつか用意され，床に座って遊んでいる間，ただ楽しむように指示される。次の5分間では，親にはよくある状況を反映した設定として，子どものこと以外の用事で忙しいのにもかかわらず，子どもの様子を監視する必要があるというより困難な状況を作り出すことを目指した。そこで，私たちは，先ほどの「自由遊び」の時間の魅力的なおもちゃをすべて取り上げ，親の近くに置いた透明の袋に入れ，親には椅子に座って偽のアンケート（親を忙しくさせるためだけに提供されたもの）に取り組むように指示した。それと同時に，子どもにはごく普通の小さな青い象という退屈なおもちゃをひとつだけ与え，母親にはアンケートに答えるよう指示し，さらに母親のそばにある子どもの興味をそそるような魅力的なおもちゃが入った袋には，子どもが触らないようにと指示した。あまり感じのよいやり方ではなかったが。

　このように親子に要求したのち，3段階目の5分間の「ティーチング・タスク」に進んだ。この設定では，とても複雑な配置で接着された色とりどりのブロックのセットと，ばらばらになっているブロックのセットを親子に渡した。親は，子どもがばらばらのブロックを使って，接着されたモデルと同じ「建物」を作れるようにし，1セットを完成させたら次のセットへと移るように指示された。接着されたモデルは，簡単なものから難しいものへと移行していく。例えば，最初のモデルは，

床に水平に配置された赤いブロックと，床の中央に垂直に配置された青いブロックの2つのブロックで構成されたシンプルな逆T字型であった。次のモデルは3つのブロック，その次のモデルは4つのブロックというように続いていく。もちろん，ブロックが増えれば増えるほど，モデルを再現するのは難しくなっていく。これにより，先ほどの5分間の状況での経験に加えて，さらに親子のストレスは増大するのではないかと推測した。

　15分間の流れの全体がビデオに撮影されたため，後日，親子についての調査と，多元的尺度を用いた親子の行動の評価をすることができた。親については，言語または非言語の表現にかかわらず，感情がどのくらいネガティブであったか，またはポジティブであったかを別々に評価した。また，親の行動が認知的に刺激していたかという程度についても評価した。この認知的に刺激していくという子育ての側面で高得点をあげた親は，子どもが理解しやすいような方法で説明したり，子どもがうまくいく方法でできるように自ら考えさせる質問を投げかけたりしていた（例えば，「この青いブロックはどこにくっつける？　この建物を見てみて」など）。感情や刺激以外にも，子育てのスタイルについても測定した。例えば，親の関与が子どもの要求に即したものなのか，押しつけがましいのか，それとも無関心なのかを評価した。敏感な親は，子どもがブロックの建物を倒さずに次のブロックを正しく配置できるように固定したり，子どもがどうやって進めればよいかわからないようであれば，例えば「上のブロックは何色かな？」とか「同じ色のブロックがもうひとつあるかな？」と尋ねることによって，子どもが次に何をすればよいかわかるように手助けをしたりすることがある。退屈なおもちゃの状況では，敏感な親は象に食べ物に見立てたものを食べさせるふりをしてゲームをするように子どもに提案したり，親がアンケートの記入で忙しい中で子どもがひとつだけのおもちゃで遊ぶのは難しいことを認めて，子どもを少しなぐさめたりすることもある。対照的に押しつけがましい親は，自由遊びの間にどうやって遊ぶのか，例えば子どもがやってみたいと思う方法でおもちゃのティーポットを使わせるというよりもむしろ，ティーポットからティーカップにお茶を注ぐのは**こうするべき**ということを見せるために，子どもからおもちゃを横取りすることもある。押しつけがましい親のもうひとつの例に，子どもの腕をもって，必要な場所に動かすこともある。これは，子どもが自分の力で成し遂げる可能性を損なう方法である。最後に，無関心な子育てでは，子どもが助けを求めて親を見ても応答しなかったり，または子どもが何をすべきかわからなかったり，ミスをしたりしているのに何の指示もフィードバックも与えなかったりするなど，必要とされても何の援助も提供しないということもある。この章

の冒頭で説明したハーパーの母親のことを思い起こしていただきたい。

親子のやりとりの3つの過程で子どもの行動を測定した背景には，2つの理由がある。1つ目は，子育ては，親自身の成長過程で経験した子育てによって形成されたとしても，子どもの振る舞いにも影響されるという認識である。数十年前，この見解は，マイケル・ルイス（Michael Lewis）の1974年の編著 *The Effect of the Infant on its Caregiver*（養育者に対する乳児の影響）や，リチャード・Q・ベル（Richard Q. Bell）とローレンス・V・ハーパー（Lawrence V. Harper）の1977年の著書 *Child Effects on Adults*（大人に対する子どもの影響）の中心となっていた。この考え方は，第2章で子どもがまわりの人々の**心をゆさぶる**効果を論じたときに提起された考えとも関連しており，その結果として，親，教師，または友だちは，子どもの行動に応じた特定の方法で行動することになる。確かに，それは子どもが自分自身の発達のプロデューサーになりうるという私たちの主張の基礎を形成している。したがって，家庭の中で培われた経験が，研究参加者の子育ての行動にどのような影響を与えたかを評価したいのであれば，研究参加者自身の養育経験が，観察された彼らの子育てに与える効果を評価する前に，直接の観察状況での親の行動に対する子どもの行動の潜在的な影響を調整するか，割り引くのがよいだろう。私たちは，子どもが親の言うことをよくきいていたという理由だけで，ある親が敏感なように見えたり，一方で，子どもがとても活動的で気が散っていたという理由だけで，ある親がでしゃばりに見えたりするということを避けたかった。子どもの行動を測定し，統計解析を用いて子どもの行動の違いを説明することにより，設定した状況での子どもの行動の影響を受けない「より純粋な」子育ての測定を確保しようとした。そこで私たちは，子どもたちがどれだけポジティブな感情をもっているか，ネガティブな感情をもっているか，どれだけ積極的で気配りができるかを測定した。言うまでもなく，子どもたちはこの点で大きく異なっていた。

「ビデオ録画されたわずか3つの5分間のセッションで，子育ての重要な側面をどのように捉えることができるのか？」という疑問を読者がもつことは容易に想像できるので，子育てを評価するための私たちのアプローチについてもう少し言及する。このアプローチは確かに不完全ではあるが，子育てを録画するために親が気づかないまま家庭内にカメラを配置することができないということを考慮すると，このアプローチにはメリットがあると理解してくれることを期待して，次のたとえ話を参考にしていただきたい。循環器内科医が患者の心臓の状態を把握したい場合，正しい方法のひとつとして，心血管ストレステストがある。これは，患者にルームランナーに乗って呼吸チューブを口にくわえてもらい，息が切れてこれ以上歩けな

くなるまでどんどん速く歩かせるというものである。まさにこの手順は人為的なものであり，人々が日々経験している状況とはまったく異なっているが，そのような「生態学的非妥当性」は問題ではない。重要なのは，この奇妙な手順から得られる循環器系についての知見が，患者の心臓の状態について有益なものであるかどうかということである。もしそうであるならば，この手順が実際の生活とはまったく違うものであったとしてもまったく問題ではない。

　子育てを測定するという私たちのアプローチも同様である。それが日常生活のようであるかどうかではなく，むしろそれが日常の子育てへの洞察を得るために使用できるかどうかを問うてほしい。多くの研究で得られた豊富なエビデンスは，それが可能であることを明確に示している。例えば，私たちが使用したアプローチでは，抑うつ状態にある親とそうでない親，幸せな結婚生活を送っている親と葛藤のある結婚生活を送っている親，学校で，あるいは友だちとうまくやっている子どもの親とそうでない子どもの親の子育て行動を区別できることが示されている。したがって，私たちのアプローチは人為的に「見える」ために不十分だと思われるかもしれないが，研究参加者が成長過程に受けた子育ての経験が，何年もあとに自分の3歳児の子育てを予測しているかどうかを調べるというやり方は，私たちの目的にとって有用ではなく効果的でもないということはない。

親としての養育の予測

　私たちが，子育てが世代間を超えて伝達されるかを評価するために最初に行ったこと——つまり，ビデオで撮影した子育て行動を，研究参加者の成長期に得られた測定値を用いて予測できるかどうかということ——は，子育てに対するさまざまな評価を統計的根拠に基づいて組み合わせて，より頑強な複合尺度を作成できるかどうかを判断することであった。ここでの戦略は，ADHDのような行動の複数の指標の組み合わせについて説明した第4章で説明したものとまったく同じであることに気づいてほしい。異なる測定値を合成すること，つまり「併合型」であることは，それぞれを別々に扱う「細分型」よりも，より安定していて信頼性が高く，有効な測定値を作成できると指摘したことを思い出してほしい。しかし明確にしておきたいのは，複数の指標を組み合わせるというこの方略は，特に子育ての質を測定するという今回のような場合，何よりも研究者の感覚や好みの問題であることが多い。

複数の評価を組み合わせるという私たちの計画は，効率的で合理的であることがわかった。その理由は，子育てにおいて認知的に刺激していく親は——男性も女性も——子どもとのやりとりにおいても，より敏感でポジティブで，しかもあまり押しつけがましくなく，無関心でもなく，ネガティブでもない傾向があったため，私たちは子育てについての温かさ，敏感さ，刺激性についてとても低い範囲からとても高い範囲までを評価する確かな評価尺度を作成することができたためである。私たちの指標でスコアが低かった親は，子育て行動がとても押しつけがましく無関心で，あるいはネガティブで感情的になる傾向があったが，スコアが高かった親は，敏感で，ポジティブで，刺激的な傾向があった。少なくともこの予備段階で明らかになったのは，親はビデオ撮影されているということを知っていたとしても，すべての人がまるで主人公のように演技をするわけでもないし，できるわけでもないということだった。

　私たちの疑問の核心である支持的な子育て——虐待的な子育てではない——の世代間の伝達について答えようとするとき，結果は明確で一貫性があり，私たちが予想していたとおりであったが，しかしそれはある程度までであった。簡単に言えば，3歳児をもつ母親の子どもに対する振る舞いは，母親が成長過程で家族の中の子どもとして経験したことと系統的に関連していたが，父親である研究参加者の場合，やや驚くべきことに，世代間の伝達を示すようなエビデンスはなかった。その正確な理由は明らかではないが，次から見ていくように，私たちはこの予想外の発見を理解しようと努めた。

　これらの知見について詳しく述べる前に，本章の焦点となっている研究は，「遺伝情報に基づいた」ものではなかったことを認めなければならない。私たちの研究は遺伝子を測定していないばかりか，一卵性双生児と二卵性双生児，あるいは生物学的親と養子縁組をした親の子育ての類似点と相違点を比較する構造にもなっていなかった。その結果，彼らの出自の家庭での育てられ方と彼らの子どもへの子育てとが，因果関係のある結果として，何らかの関連があるかどうかを確実に判断する方法はなかった。別の可能性としては，このような関連性は，研究参加者の親と研究参加者自身が，各世代の子育てを形成した遺伝子（「第三の変数」）を共有していることによって引き起こされているかもしれないということである。これは確かに私たちの研究の限界ではあるが，致命的な欠陥とは考えていない。私たちが行ったように，温かく敏感で刺激的な子育ての世代間伝達の研究の基礎を築くことは，遺伝的情報に基づく将来の研究の基礎を提供している。

　本書が出版される直前に，私たちは実際のDNAを測定して，子育ての遺伝学と，

それによる子育ての効果について研究することが可能になった。DNA は本章で報告した研究が実施されたあとに収集され，遺伝に特化した第Ｖ部（第 12 ～ 16 章）で議論されている。私たちは，研究参加者の遺伝子が親の接し方にどのように影響するか（つまり，子どもの親に対する影響）を割り引いたあとでも，子育てが子どもの発達に及ぼす影響が残っていることを発見した。これは，子どもの発達に子育ての影響が検出されたのは，親子で共有する遺伝子の単なる産物ではないことを意味している。したがって，本章の子育ての世代間伝達に関する知見は，児童期の経験が成人期の機能に与える実際の影響を反映している可能性が高いと考えるに足る十分な理由がある。

　もうひとつのポイントについても，考えてみる価値がある。私たちの考え方では——誤っている可能性もあるが——共有する遺伝子が私たちの知見を後押ししている場合，それらは女性の場合にのみ有効であり，男性の研究参加者には有効ではないと推定する理由はほとんどないと思われる。確かに子育て行動がいくらか遺伝的であることを示すエビデンスはあるが，これが母親の子育てには当てはまるが，父親の子育てには当てはまらないことを示すような研究はない。言うまでもなく，これは，成長過程の経験がのちの人生での子育てに影響を与えるという観点から結果を解釈しようとする私たちの傾向に対する絶対的な防御ではないことを理解している。したがって，私たちのここでの目的は，遺伝的ではない方法での子育ての世代間の伝達を疑う余地なく記述することではなく，私たちの解釈の偏りについて読者に注意を喚起させることである。私たちの視点を明確にした上で，私たちが子育ての世代間伝達を調査する冒険の中で発見したことをより詳細に共有してみたい。

子育て経験の予測可能性は発達段階によって異なるのか？

　なぜ親は自分のやり方で子育てするのかという疑問に取り組む際に，発達の 3 つの時期（研究参加者が 3 歳と 5 歳のときに行われた測定に基づく幼児期，7 歳と 9 歳のときに行われた測定に基づく児童期中期，13 歳と 15 歳のときに行われた測定に基づく青年期）の成長過程での経験の効果を思い出してほしい。女性の研究参加者の子育ては，自身の児童期に母親が服従を強調しすぎず，厳格なしつけを重視せず，幼い子どもがどのように振る舞うべきかについて柔軟性に欠けた命令を出すことは賢明だとは思わない場合に，より敏感で，支持的，ポジティブであり，ネガティブでなく，押しつけがましくなく，あるいは無関心でもなかった。言い換えれば，これらの敏感で支持的で活動的な 3 歳児の母親たちは，幼い子どものニーズや欲求

に寛容で，子どもに対処する際には柔軟性と理解を示し，発達途上の子どもは見て
もらえる存在であって，聞いてもらえる存在でなく，言うことを聞くのが子どもの
仕事だという当時としては珍しくない見解を，多かれ少なかれ拒否していた親に育
てられていた。

　なぜ親は自分のやり方で子育てするのかを考えるとき，研究参加者の児童期中期
から青年期にかけての出身家庭での経験から考えてみると，子育ての世代間伝達の
エビデンスがさらに浮かび上がってきた。小学校時代，家庭の情緒的な環境が，結
束力が強く，ポジティブな感情表現が多く，対立が少なかった場合，女の子は成長
して自分の幼い子どもに対して温かく，敏感で，刺激的になり，押しつけがましく，
ネガティブで，過度に支配的な行動パターンを示す親にはならなかった。青年期に，
娘たちが信頼し，率直にコミュニケーションをとり，疎外感を感じさせない関係，
すなわち，両親への積極的な愛着を報告した場合も同様であった。

　実際，就学前，学童期と青年期の母親自身の生活を特徴づける発達経験が多いほ
ど，幼い子どもとの関わりにおいて，敏感で，反応がよく，活動的である可能性が
高いことが示された。言い換えれば，幼児期，学童期，青年期にまたがって，出身
家庭での子どもの発達経験を知ることは，単一の発達期に成長している間の経験を
知ることよりも，彼らがどのように親になるかについて多くの洞察を与えてくれた
のである。重要なのは，その後，成長していく経験が親としての将来にとってすべ
て重要であることを証明する「敏感期」がなかったように思われたことである。人
生最初の 15 年間にわたる経験は重要なようである。

　読者は，第 4 章で報告されているように，私たちが児童期の自己コントロールと
その発達的レガシーを研究したときに，多かれ少なかれ同じ結論が出たことを思い
出していただきたい。就学前の自己コントロールは，それ自体がのちの成人の発達
を予測したが，就学前と児童期中期の自己コントロールを考慮した場合，その予測
力はかなり大きかったことを思い出してほしい。この観察結果は，発達はダイナミ
ックで進行中のプロセスであるという先に強調されたテーマをあらためて強調して
いる。発達は人生の 1 年目，5 年目，10 年目のそれぞれの時期に終わるものではない。
人生の早期に起こった出来事が発達の形成に重要であったとしても，その後に起こ
ることがのちの発達に影響力をもたないということを意味するわけではない。

父となることの理解を求めて

　父親に関する調査結果がない——実際にはまったくない——というのは驚くべきことであるが，私たちが収集したデータをさらに調査しようとするきっかけとなったのは，2つの考えからであった。その理由のひとつは，「エビデンスがないことは，ないことのエビデンスではない」という科学的に重要なルールにある。言い換えれば，私たちが調査から何も見つけられなかったからといって——今回のケースでは男性の子育ての世代間伝達のエビデンスを見つけられなかったからといって——男の子が自分の子どもを育てることになったときに，彼らがどのように育てられたかによる影響を受けていないということを意味するわけではない。単に，この効果を示すエビデンスが見つからなかったというだけである。

　そこで，男性の父親的行動の起源をさらに研究するにあたって，私たちが最初に行ったのは，恋愛関係の質（つまり研究参加者の結婚やパートナーシップ）が子育ての世代間伝達に役割を果たしているかどうかを確認することであった。私たちがこの問題に取り組んだのは，厳しい子育てや児童虐待の起源に関する研究によると，恋愛関係での機能的で支持的で親密な関係が「修正的な感情的経験」として機能し，子ども時代に経験した虐待が大人になってからの自身の子どもへの虐待につながるというサイクルを断ち切るのに役立つことを示唆していたからである。他の研究では，虐待を受けた子どもがやがて自分の子どもを虐待するのを防ぐと思われるひとつのこととして，うまく機能している親密な関係にあることを明らかにしていた。

　その結果，ダニーデン研究では，特に男性の場合において，研究参加者の恋愛関係の質が，子育ての世代間伝達を明らかにする可能性があるかどうかを評価しようとした。私たちは当初，男性の父親的行動を予測することができなかったため，この可能性を検証することに意欲的であったが，母親についても同様の問題を検討することは理にかなっていたので，そのような評価をした。最終的には，子どもの不適切養育に関する研究から得られた考察が支持的な子育てに一般化されるかどうかを知りたかったのである。その答えは，少なくともダニーデン研究ではノーであることが判明した。私たちは，恋愛関係の質が子育ての世代間伝達のプロセスに何らかの役割を果たしているというエビデンスを発見しなかった。最も注目すべきことは，研究参加者の生育経験に問題があった場合，良好なパートナーとの関係が不適切な子育て経験の世代間伝達を防いだり，保護したりするのではないかという私た

ちの仮説どおりにはいかなかったということである。このことは，研究参加者の男性と女性の双方にあてはまることが証明された。

　評価しようとしたアイデアが魅力的だったので，これらの結果は残念ではあったが，またしても結論づけることができるのは，探していたものが検出されなかったということだけである。何の効果も検出されなかったという今回の結果は，私たちが立証しようとしていた現象は機能していなかったという結論を導くものではなく，この考え方と一致するエビデンスが見つからなかったということである。それと同時に，私たちが何も見つけられなかったことを釈明するのに時間を割く気はなかった。発達学の研究者として，いかなる結果も必要であると私たちは強く信じていた。自分たちが思うような答えを得られなかったからといって，答えを見つけられなかったと確信する理由にはならなかった。

　しかし，私たちは，なぜ父親たちが自分のやり方で子育てをしたのかを明らかにするという期待をこめて，他の視点にも目を向け続けた。私たちの調査から得られた知見——そしてその不足——は，当初，成人期のかなり早い時期に親になった研究参加者の子育てしか観察できなかったという事実に影響されたのではないかということも考えた。研究参加者がいつ親になるかは私たちにはコントロールできないので，彼らが親になるのを待ってからでないと，彼らの家を訪問できなかったのである。そしてもちろん，他の人よりも先に親になった人もいる。ある人にとっては，親になるのは偶然の出来事であり，遅い年齢で親になった人にとっては，計画的な出来事であることが多い。遅い年齢で親になる人たちは，適切なパートナーを見つけるまでだけでなく，おそらく教育を終えて就業するまで待つのである。ダニーデン研究で子育ての世代間伝達の問題に取り組むために，私たちが調査した最初の親は，遅い年齢ではなく，若くして親になった研究参加者であった。

　それなら，特に男性が高齢になって親になったときに，彼ら自身の子育ての発達的レガシーが浮かび上がるのかもしれず，最初の研究で世代間伝達のエビデンスを発見できなかったのは，私たちが高齢で初めての父親になった男性よりもむしろ，若い父親のみを研究していたからではないだろうか？　私たちがすでに得た知見を考慮すると，おそらく父親よりも母親に関係があるという，もうひとつの可能性が頭の中に浮かんできた。それは，年齢が高くなって初めて親になった研究参加者は，幼少期の経験と子育てとの間に「距離」があるため，子育ての方法については，成長過程でどのように育てられたかの影響を受けにくくなるのではないかということである。このような可能性に対処するために，私たちは，年齢が高くなって初めて親になった研究参加者のデータを継続的に収集した。これは，親が親となり，3歳

の子どもと一緒に家庭で観察された年齢が，子育ての世代間伝達に何らかの役割を果たしているかどうかを調べるための2回目の調査を実施することを可能にしたが，この調査でも子育ての世代間伝達は認められなかった。20代で親になった研究対象者と30代で親になった研究者対象者のどちらも，3歳の子どもをどのように育てるかを予測する際に，母親の場合は自分がどのように育てられたかによる影響を受け，父親の場合は影響を受けなかった。

結論

　なぜ親は自分のやり方で子育てするのかについての研究から明らかにすべきことのひとつは，人はつねに期待したり，望んだりした結果を見つけられるとはかぎらないということである。それは，私たちのように，経験的な世界で生き，自分の直感や信念，理論ではなく，データを信頼することに委ねたときに起こることである。しかし，そうは言っても，科学者が何も発見しなかったことに意味を吹き込むように，「成果なしを受け入れる」という問題を見失うわけにはいかない。なぜなら，人が探しているものを発見できない理由は，つねに多く存在するからである。父親に関して何も発見できなかったことを説明するために，次のような可能性を考えてみてほしい。ある冒険家が，価値のある，しかし隠されたものを探している間に，間違った道を下ってしまったとわかったときのようなものだと考えてほしい。

　おそらく父親の場合には，育児中に家族で経験したことについて手元にある情報のほとんどを提供したのは男性自身の母親であり，父親ではなかったため，世代間の子育ての伝達のエビデンスが検出されなかったのかもしれない。研究参加者の父親から幼少期の子どもをどのように育てたかについての報告を収集していたら，もっと成功していたかもしれないのではないか？　もうひとつの可能性としては，私たちが子育てを研究するために用いた手順が，父親としての行動よりも母親としての行動の違いを明らかにするのに適していたということが考えられる。もし，私たちが使ったような難しい課題ではなく，両親に子どもと競争のゲームをさせていたら，男性の子育てについてより多くの洞察を得ることができたかもしれないし，彼らの子育ての世代間伝達のエビデンスを見出すことができたかもしれない。確かにその可能性がある。繰り返しになるが，これが「エビデンスがないことは，ないことのエビデンスではない」ことの理由である。

　また，私たちは，厳しく虐待的な子育てよりも，ポジティブで支持的な子育てに

焦点を当てていたため，恋愛関係の役割を示すエビデンスを見つけることができなかったのかもしれない。考えられることとして，私たちは40代以降まで親になるのを遅らせた親を研究する状況にはならなかったため，親の年齢は重要ではないことが判明したのかもしれない。また，父親の場合，恋愛関係の役割，親の年齢などで世代間伝達のエビデンスを発見できなかったのは，3歳児の親の育て方を研究していたからではないかという可能性もある。もしかすると，私たち研究者は，比喩的に言えば，間違った時期に間違った「場所」にいただけなのかもしれない（あるいは，間違った時期に正しい場所にいただけなのかもしれない）。8歳児や青年期の子育てに焦点を当てていたら，結果は違ったものになっていたのだろうか。現在でも，幼い子どもの世話は母親に任せて，子どもが大きくなるにつれて子どもの生活に関わるようになる父親が多いのは事実である。

　これらの観察が意味することは，敏感で，支持的で，活動的な子育ての世代間伝達に関する私たちの研究が，このテーマに関する最終的な結論ではなかったし，現在でもそうではないということである。科学的な知見は，エビデンスの積み重ねによって時間をかけて蓄積されていく。私たちは，この基本的な科学的プロセスにいくつかの方法で貢献してきた。すなわち，子育ての世代間伝達を後ろ向きに研究するのではなく，前向きに研究すること，危険にさらされている子どもやすでに青年期に入っている子どもだけでなく，幼少期からの子どものコミュニティ全体に焦点を当てること，3つの異なる発達時期における家族の経験の影響を調査すること，発達のウェルビーイング（幸福）を損なうことが知られている子育てではなく，健全な発達を育むことが知られている子育てに焦点を当てることである。

　そうすることで，私たちの長期的な研究は――あるいは子育ての決定要因を追求する冒険とも言うべきかもしれないが――女の子の成長過程（幼児期，児童期中期，青年期）で得た経験が，彼女たちの3歳児の子育ての方法に影響を与えるように見えたことを示していた。また，女の子の子育て環境が発達的に支持的であればあるほど，他のエビデンスが示すように，敏感で，活動的で，反応の速いやり方で子どもと接する可能性が高いことが示された。

　しかし，子育ての世代間伝達に関する私たちの研究結果や他の研究結果がどのようなものであったとしても，子育ては多面的に決定されるものであることを理解しておく必要がある。親自身の子育て歴に加えて，親の健康状態やウェルビーイング度，職業経験，親密な関係の質，友人，隣人，血縁者，同僚からの社会的支援なども親の子育ての仕方に影響を及ぼす可能性がある。また，なぜ親は自分のやり方で子育てするのかを考える際には，子ども自身がどのように行動するかが重要である

ことを思い出してほしい。このように，子育ての世代間伝達を明らかにするための努力をしてきたにもかかわらず，私たちは，子どもが経験する子育てを形づくるダイナミックなプロセスの一側面を調査していたにすぎないということを認識しておく必要がある。

第
6
章

問題を抱えた家庭と不良少年
Troubled Families and Bad Boys

本書の読者の少なからぬ方々，特に男性の方には，他人には決して勧めないし，わが子には絶対にまねさせたくないような行為を，自身が青年期にやらかした覚えがあるだろう。ここでいうその行為とは，例えば万引きする，友人が飲酒運転する車に自分も飲酒して同乗する，知り合ったばかりの誰かと無防備なセックスをする，などである。

このような青年期における問題行動の何が興味深いかといえば，とりわけ男性の場合，いかにありふれているか，という点である。確かに，私たちはウェストポイント陸軍士官学校への入学を熱望していた友人のことを思い出すことができる。彼は青年期を通じて学業とスポーツに励みつつ生徒会役員となり，議会議員からの推薦を受けてこのエリート校に入学するために必要な項目をすべてクリアしたいと考えていた。このような強いモチベーションにもかかわらず，この「優等生」は志のない友人たちとつまらない万引きや飲酒に興じるのをがまんできなかった。

本章で取り上げる発達的現象——青年期の非行——の第二の興味深い特徴は，ある人々にとってのそれは大人に許されているが子どもにはそうでない行為への欲求に伴った一時的なルール違反のように見えるが，他の人々にとってはそれ以外の何かである点である。この点に関していえば，高校時代に喫煙し，授業をサボり，近所の子どもと喧嘩する「不良」たちとつるんでいた兄をもつ友人のことが思い出される。当時 15 歳だったその兄は，あるときは両親の車で街中をドライブしているところを目撃され，また別のときには友人たちと酔っ払って，家族の所有する小型ボートを持ち出しドックに衝突させた。しかし，これらの判断ミスは彼が自身の道を見直すきっかけにはならなかった。その後，彼は，寮で乱射事件を起こし，小さな大学を退学処分になった。乱射は「名誉」を守るためだったと，彼は数年後に認めている。

しかし，ここに興味深い事実がある。この兄の10代の「悪ふざけ」をともにしていた友人たちの中には，高校を卒業後は二度と問題を起こさなかった人々がいる。実は，そのうちの一人はある高校の校長になり，彼が少年時代には破ろうとしていた規則を守らせる責任を負う立場となった。私たち発達学研究者にとっては，10代の非行に走る少年の中で，なぜ「成長」する人々とそうでない人々がいるのか？という疑問が湧いてくる。本書の著者の一人であるテリー・モフィット（Terrie Moffitt）は，この問題について考えるようになり，2つの異なるタイプの非行少年がいるとする独自の理論を着想した。本章では，青年期のルール違反には複数の異なる発達過程があるとするモフィットの理論と，その根拠について検討する。本書の第一のテーマ「児童期の機能がその後の発達をどのように予測するか（第1～3章）」を，第二のテーマ「家庭内外での経験が発達にどのような影響を及ぼすのか（第5章）」と統合することにもなるだろう。

青年期の非行の2つのタイプ：理論

モフィットは，深刻な非行に及ぶ人々の2つの異なる類型を特徴づけるため，彼らの問題行動が始まった時期と，それが終了した時期に注目し分類した。1つは「児童期発症・生涯持続型（life-course persistent: LCP）」であり，もう1つは「青年期発症・青年期限局型（adolescent-limited: AL）」である。モフィットは，LCPのティーンエイジャーには言語，記憶，自己コントロールの定型的発達を妨げる微細な神経心理学的問題があり，その結果として反社会的経過が児童期早期から始まると考えた（第3章で詳しく説明されている）。この神経心理学的問題はまた，幼児期の認知機能の発達を遅れさせ，気難しく養育困難な特性をもたらす（第2章で詳しく説明されている）。さらに，これらの不利な特性は経済的に恵まれない家庭や機能不全の家庭で育った場合に生じやすく，いずれこのような家庭は——人生の非常に早い段階で——反社会的行動を生じさせ，そして多かれ少なかれ持続させてしまうだろう，とモフィットは考えた。この点は，第5章で行った効果的でない養育法についての考察や，第2章での「個人が自分自身の発達をプロデュースする」過程についての議論を思い出してほしい。仲間から何かを奪うなど，問題ある状況に自らを追い込むかたちで，あるいは，給食の列で誤ってぶつかってきた相手に殴り返すなど，曖昧な状況に対し反社会的な態度で対応するかたちで，初期の問題行動は子ども自身の行動の結果として持続し，発達していくのである。

第 6 章　問題を抱えた家庭と不良少年　　109

　LCP の反社会的行動の発達過程においてまさに重要なのは，これも第 3 章で議論された青年期の「罠」である。認知と行動に問題を抱えつつリスクの高い家庭に育った結果，早期に反社会的行動を開始した者は青年期の「罠」にはまる機会が増える。そして，その誘惑にかかると，10 代の若者がよい状態で成人期を迎える可能性はさらに低くなるとモフィットは考えた。青年期の「罠」には飲酒，運転，違法薬物の使用にとどまらず，家族からの疎外や断絶，退学，そして，10 代で親になること等も含まれていることを思い出してほしい。したがって，LCP の子どもが社会環境と関わっていくと，似たような少年らとつるみ，他の子どもたちの多くから社会的に拒絶され，学校では落第するなど，彼の反社会的姿勢は悪化する様相を積み重ねていく。ついには，反社会的なパーソナリティが時間と場所を超えて永続するようになる。モフィットは，このような発達の軌跡または経路をたどる子どもは少数派であろうと予測した。そして，ダニーデン研究で彼女の理論の中心となるこれらの考え方を検討したところ，男子が女子の 10 倍もの確率で LCP の経路をたどる可能性があることが示された。本章で私たちが少年に焦点をあてる理由はここにある。

　モフィットは，LCP よりも AL の非行が少年犯罪者の大多数を占めており，彼らの反社会的行動は基本的に 10 代の時期に限定されていると考えた。モフィットによれば，そのような非行は思春期のころに初めて現れ，成人期早期には終息──反社会的行動から脱却──する。AL 児の非行は，幼児期の心理的障害や家庭環境の問題に起因するものではなく，青年期の仲間関係に由来するものである。モフィットの理論では，標準的な発達を遂げる子どもたちは，児童でも成人でもない発達上の不確定な時期で立ち往生し，役割を失ったことによって，青年期に入ると問題行為を起こすよう動機づけられるようになる。そして，喫煙，飲酒，運転，セックスなどの大人に与えられた特権が法律や家族，そして，社会的慣習によって彼らには禁止されていることに対して憤りを感じるようになる。しかし，LCP の反社会的な仲間が大人になってから許される「禁断の果実」に手を出さぬよう求める懇願を無視するのをみて，AL の若者は LCP の仲間の非行を模倣することによって自律性を主張するようになる。やがて成熟し，大人の特権を得られるようになると，AL の若者は簡単に違法行為をやめ，青年期に入る前に身につけた自己コントロールや粘り強さなどのポジティブなスキルを代わりに用いるようになる。実際に，AL の若者は，児童期からの健全なパーソナリティと認知機能の発達により，LCP に比べ，誤った青年期の行動から脱却する能力が高い。彼らの家族や友人への愛着の強さもまた，これに大きく影響する。

青年期の非行に関するモフィットの類型化理論を評価するうえで特に重要なことは，それが児童期の心理的・行動的機能と，家庭内外での経験の両方の重要性を強調しているだけでなく，もともと仮説を立てたときには，それが単なる理論にすぎなかったという点にある。それは，刑事が事件の多様な手がかりを集め，それらがどのように組み合わさるのかを考えるのと同じように，モフィットが，「経験的な無秩序から秩序を作り出す」ことを目指し，さまざまな研究の結果をつなぎ合わせ，模索することによって生まれた。言い換えれば，私たちがダニーデン研究のデータを使って検討に着手するまでは，ここまで述べてきた青年期の規則違反者の2つの類型については，ほとんど実証的に評価されていなかったのである。

モフィットの考えは未検証の理論であることから，私たちは，青年期の非行に関する多様な発達の軌跡を実証的に調査する冒険の一環として，2つの研究に着手することになった。1つ目の研究では，主に2つの型の若者の発達的起源と青年期前と青年期の間の行動的特徴の問題に焦点が当てられた。もう一方の研究では，1つ目の研究のあとに考慮しなければならない，学校を離れたあとのこれらの若者の心理的・行動的機能が検討された。前者は研究参加者が18歳になるまで待てばよかったが，後者の調査はさらに何年も経たなければ実施できなかった。それは，2つのグループの若者が大人になってからどのように機能するのかに焦点を当てていたからである。発達には時間がかかる。そのため，私たちのような冒険者は忍耐強くなければならない。

青年期の非行の世界に足を踏み入れ，何をし，そして，何を発見したのかを説明する前に，私たちはモフィットの理論を評価する取り組みを，人間の発達についての理解を深めるための単なる基礎科学的な演習にとどまらない，それ以上のものと考えていたことを明確にしておきたい。確かに，応用科学の観点から，モフィットの仮説が実証的に支持されれば，この知見は反社会的行動の予防と治療のための取り組みに示唆を与えるだろうと考えていた。人生の早い段階から心理的・行動的な負債を抱え，LCPに陥るリスクが特に高い子どもたちを，青年期にさしかかる前に特定し治療を開始するために重要であるのみならず，青年期の反社会的行動をすべて同じであると画一的に捉えないためにもまた重要である。事実，モフィットの理論の観点からすると，ほとんどの青年のこのような非行は，何らかの永続的な発達上の機能不全の反映というよりは，むしろ多かれ少なかれ正常範囲の，したがって起こりうるものとみなすべきものである。しかし，児童期において特定の生育歴を有する他のケースでは，別の見方をする必要があるということだろう。

青年期の非行の2つのタイプとそれらの発達的な起源の同定

　モフィットの理論を検証する最初の研究では，3つの基本的な問題に注目した。1つは，青年期の非行の2つのグループの行動と態度に関するもので，もう1つは，健全な長期的発達を損なう可能性のある罠への関与に焦点を当てたもの，そして，3つ目は，2つのグループの青年期の少年の児童期に関するものである。1つ目の問題については，2つのグループの少年は反社会的行動のほとんどの面で差がないが，LCP少年はAL少年に比べて暴力行為が多く，より深刻な犯罪者になるものと予測した。さらに，LCP少年のパーソナリティは，友人や家族との持続的な関係を築く能力が低いことや，他人を敵視したり不信感を抱いたりする一方で，攻撃的に支配しようとするなど，サイコパス的な特徴が見られるだろうと予測した。罠に関しては，AL少年はLCP少年よりもそのような経験に伴う発達上のリスクに巻き込まれる可能性が低いために，よりよく発達する可能性があるだろうと予測した。

　予測の最後のセットは，LCPとALの少年の児童期に関するものである。モフィットが，人生の早い段階における神経心理学的な欠陥を重要視していたことを思えば（子どもは大人の父である），私たちは，初めてこれを測定する3歳の時点で，LCP少年はAL少年よりも児童期の認知機能が制限され，気難しい気質をもっている可能性が高いという仮説を立てた（第2章で述べたとおり）。しかし，モフィットの理論ではまた，問題のある家庭で育つことにより児童期の負債はさらに深刻な青年期の負債に変わるとされていたため（児童期の経験の発達的影響），LCP少年の児童期はAL少年に比べて支持的な子育てが少なく，LCPの親はメンタルヘルスの問題を抱えている可能性や，ひとり親として息子を育てている可能性が高いだろうと予測した。

　先ほど並べた仮説を検証する前に，私たちは，あらためて，青年期の非行を調査する冒険のための準備をしなければならなかった。そのためにはまず，3歳から15歳までの期間に2年ごとに，そして18歳時に得られた多様な情報をデータ・パントリーから集め，12年間の反社会的行動の軌跡を明らかにする必要があった。以下では，パントリーから得られた測定結果を一般的な言葉でのみ説明し，概説した仮説に関連する調査結果を紹介する際に，より詳細な情報を提供する。

　基本的な調査方法は，年齢によって多少異なるものの，原則として各研究参加者

を誕生日から60日以内に研究ユニットに招き，複数のトピックについて最大6時間のデータ収集を行った。重要なのは，各研究の「モジュール」——メンタルヘルスに関わる面接，非行に関わる面接，性行動評価，パーソナリティ評価，標準化された知能検査，および，他の認知的評価（記憶力など）——が，それぞれ個別に熟練した検査者によって実施されたという点である。これは，発達のある側面に関する知識が別の側面に関する情報収集に混入したり，バイアスを生じさせたりしないためである。このような手法をとることで，研究プロジェクトの中で機能の客観的な評価が損なわれるような評判が子どもたちの中で広がらないことが確保された。

これまでの各章で述べたように，5歳から18歳までの8つの評価段階ごとに，研究参加者から直接収集するデータを補完するためのアンケート用紙が保護者と教師に郵送された。このように「第三者」が評価することで，研究参加者のパーソナリティ，態度，行動に関して，その子どもをよく知る大人からの深い洞察を得ることができた。特に，3歳と5歳の時点の最も早い時期に子どもの行動を評価していた検査者からの情報を用いて，気質の難しさ（第2章を参照）に関わる指標を作成した。さらに，警察署や裁判所との連絡も取られ，研究参加者の犯罪行為に関する情報が収集された。

研究参加者の児童・青年期における認知，社会性，行動の発達に関する情報収集に加えて，家庭環境に関する情報収集も実施した。具体的には，保護者は，社会経済的状況，親自身のメンタルヘルス，そして，子育てに関する態度，価値観，行動に関する情報を提供した（その一部は第5章で考察した）。

これらすべての測定の「材料」を得て，私たちは，2つのグループの非行少年の生まれと発達について，先にあげた3つの一般的な問題それぞれについて，3つの異なる「料理」を作ることに着手した。第一は，3歳から18歳までの問題行動に基づいてLCPグループとALグループを識別すること。第二は，少年たちの青年期の行動を明らかにすること。最後に，これら2グループの発達過程の違いの原因となる先行要因を明らかにすることを目的に両グループの児童期の違いを調べた。

LCPグループとALグループの少年

LCPグループまたはALグループ，各々に含まれる基準を満たす研究参加者を区別するために，5歳から18歳までの間に収集されたデータを用いた。第一のステップとして，親や教師の報告に基づき，児童期に反社会的な行動があった少年たちと，そのような行動がなかった少年たちとを区別した。ここでは，5歳，7歳，

9歳，11歳の**すべての期間にわたって**，家庭や学校を問わず**すべての状況**において反社会的な行動がみられた子どもを，児童期に反社会的な行動があったと特定した。このような子どもたちは喧嘩する，いじめる，嘘をつく，大人に反抗する，盗む，物を壊す，および，短気に反応するなどの行為に頻繁に及んでいた。第二に，研究参加者が15歳と18歳のときに実施された機密の面接で報告した内容に基づき，**10代の時期に**反社会的行為を多く行っていた者とそうでない者とを区別した。15歳の時点で9回以上，18歳の時点で12回以上の反社会的行為を行った場合，反社会的と特定された。反社会的行為には破壊行為，万引き，盗難品の売買，大麻の使用または販売，飲酒運転，および，家族や他の人への暴力が含まれた。問題行動についての質問に対する研究参加者の回答については，彼らを研究してきた経験から，それらが非常に信頼できるものであったという点を記しておかなければならない。

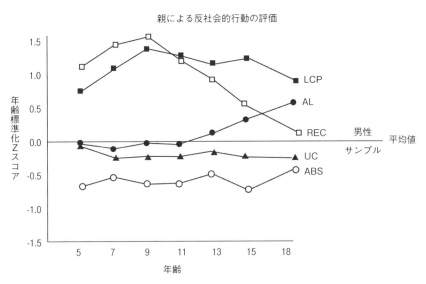

図6.1. 母親の報告に基づく男性の反社会的行動：7つの年齢における反社会的行動スコアの平均を，以下のグループごとに示した。
LCP：児童期発症・生涯持続型の反社会的行動グループ；AL：青年期発症・青年期限局型の反社会的行動グループ；REC：回復者グループ；ABS：禁欲者グループ；UC：他のいずれにも分類されなかったグループ。以下より改変。Moffitt, T. E., Caspi, A., Dickson, N., Silva, P., & Stanton, W. (1996). Childhood-onset versus adolescent-onset antisocial conduct problems in males: Natural history from ages 3–18. *Development and Psychopathology, 8,* 399–424, figure 1. 許可を得て転載。

彼らが青年期になるころには，彼らは私たちに話した内容が親や学校関係者，その他の機関には共有されないということを知っていた。

　児童期と青年期の反社会的行動に関する情報をまとめると，研究参加男子の 7％が LCP グループの基準を満たし，23.6％が AL グループの基準を満たすことがわかった。本章では，ほぼこの 2 つのグループの少年に焦点を当てていく。しかし，研究参加者の 6％弱が，児童期には反社会的な行動がみられたが，青年期にはそのような傾向がみられなくなった「回復者グループ」であったという点も指摘しておきたい。さらに 5.5％は，母親と教師の報告では 5 歳，7 歳，9 歳，11 歳のときに一度も反社会的な行為をせず，そのうえ，15 歳と 18 歳のときの自己報告でも一度も反社会的行為をしていない「禁欲者グループ」であった。残りの研究参加者の約58％は，上記 4 グループのいずれにも属さず，平均的または標準的なレベルの反社会的行動があった。図 6.1 に，分類されない少数を含む，5 歳から 18 歳までの研究参加男子の各グループについて，年齢別に標準化した反社会的行動得点を示した。

青年期における LCP グループと AL グループ

　この 2 つのグループをどのように定義したかを考えれば，LCP グループの少年は 3 歳から 18 歳まで継続的に極端な反社会的行動を示し，その生涯にわたる反社会的行動が親，教師，および，少年自身による報告で明らかになったことは驚くべきことではない。図 6.2 をみると，LCP と AL の少年が 15 歳までに報告した非行回数はほぼ同等であり，他の少年グループよりもはるかに多いが，AL 少年が LCP少年に「追いつく」には時間がかかっている。この 2 つの非行少年のグループの違いは，これだけではない。破壊行為，万引き，薬物使用など，反社会的行動の多くの面で両グループに差はなかったが，モフィットが予想したとおり，LCP の少年はより暴力的であった。LCP 少年が 18 歳までに暴力犯罪で有罪判決を受けた回数が，他のグループの少年たちよりも多かったという点が何よりの証拠である。実際，LCP 少年たちの 25％近くがそうであった。

　このような行動は，LCP 少年自身が語る自分の性格についての記述と一致していた。一連の質問への回答によれば，彼らには他の少年と比べると思慮深く計画的な生き方よりも，衝動的で突発的な生き方を好む特徴があった。また，他者に対して攻撃的，敵対的，疎外的，猜疑的，悲観的な志向をもち，人に対して独特の無神経さと冷淡さを感じていた。このような世界観と心理的姿勢が，家族との関わりを

第6章 問題を抱えた家庭と不良少年　　115

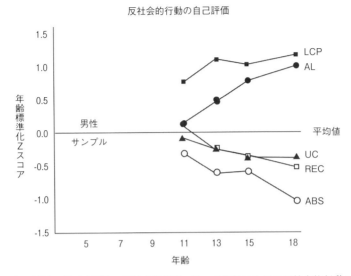

図6.2. 自己評価に基づく男性の反社会的行動：7つの年齢における反社会的行動スコアの平均を，以下の診断グループごとに示した。
LCP：児童期発症・生涯持続型の反社会的行動グループ；AL：青年期発症・青年期限局型の反社会的行動グループ；REC：回復者グループ；ABS：禁欲者グループ；UC：他のいずれにも分類されなかったグループ。以下より改変。Moffitt, T.E., Caspi, A., Dickson, N., Silva, P., & Stanton, W. (1996). Childhood-onset versus adolescent-onset antisocial conduct problems in males: Natural history from ages 3–18. *Development and Psychopathology, 8*, 399–424 figure 3. 許可を得て転載。

制限し，感情的な結びつきを弱め，青年期特有の罠にはまることに貢献したことは確かである。

　AL少年に目を向けると，この研究参加者たちは反社会的行動については比較的新参者のグループであった。AL少年の中には，児童期に一時的な，または，状況的な問題を示したことがある者もいたが，児童期の問題行動において一貫した，もしくは，広汎性のある素行不良を示した者はいなかった。しかし，彼らの自己報告，親による報告，さらには，公的な記録によると，青年期の半ばごろまでに反社会的行動のレベルが全体的に高まり，暴力性の高さという点を除けば，LCP少年と見分けがつかないことが確認された。とはいえ，18歳までに暴力犯罪で有罪判決を受けたAL少年も8％いた（LCP少年は25％）。

　また，パーソナリティ特性や罠への関与においてもまた，AL少年は，LCP少年

とは異なっていた。AL 少年は攻撃的な態度を示すが，それは LCP 少年ほど極端なものではなかった。彼ら自身の報告によれば，自分が優位になるために必要となれば，他者を支配したり，威嚇したりすることもいとわないという内容が述べられていた。このような傾向と同様に，彼らにはリーダーシップの資質がみられ，教育修了レベルの高さと相まって，結果として，AL 少年は，将来の雇用について楽観的であったと考えられる。しかし，AL 少年たちは LCP 少年たちとは，もうひとつ別の重要な，社会的な違いがあった。18 歳ごろになると家族との結びつきを強く感じられるようになり，それによって少なくとも重要な罠のひとつを避けることができたためか，AL 少年は LCP 少年たちよりも親密な人間関係を望んでいた。にもかかわらず，彼らは反抗的な兆候を示していた。第一に，寛容な子育てを支持し，伝統的な地位階層を避け，厳格な宗教観をもたないなど，型破りな価値観をもっていた。第二に，薬物，タバコ，アルコールを多用し，危険なセックスや危険な運転など，広範囲にわたる実験に及んでいた。彼らは，LCP 少年よりも多くの罠を避けていたが，それらの罠から完全に免れていたわけではなかった。

児童期における起源

　10 代の反社会的な 2 つの少年グループの共通点と相違点を特徴づけることができたあと，問題を抱えた少年を調査する私たちの冒険の第 3 段階では，なぜ両グループの少年が発達的にも機能的にも異なるのかについてのモフィットの考えを検証した。モフィットの理論では，LCP 少年は AL 少年に比べて子どものころから反社会性が強いという予測がすでに確認されていることに加え，LCP 少年の家庭環境は問題が多く，児童期から心理的・行動的な機能にも障害がみられるとされていたことを思い出してほしい。調査結果は，これらの予想をおおむね裏付けるものであった。まず，家庭環境について考察していこう。

　AL 少年と比較して，LCP 少年の母親たちは，より若くして第一子を出産し，子どもが生まれてからの 11 年間において，ひとり親だった期間が長く，そして，彼女らの社会階級が低かったことから示されるように経済的にも社会的にも，より恵まれていなかった。LCP 少年の母親たちはまた，研究参加者が 7 歳，9 歳，11 歳のときに実施された評価当時，メンタルヘルス上の問題をより多く抱えていた。このような母親や家族の状況から，おそらく，LCP 少年の母親たちは AL 少年の母親たちに比べて，子育ての面での養護性が不十分であった。確かに，3 歳時に母親が息子と一緒に行動している様子を観察した記録から，LCP 少年の母親たちは AL

少年の母親たちに比べ，子育てにおいてより支持的でなく思いやりが少なかった。自分の息子をより厳しく扱っていたのに，子どもが7歳時と9歳時においては一貫性に乏しいしつけをしていた。最終的に，これらの年齢において，LCP少年の家族はAL少年の家族に比べ，より多くの家庭内葛藤を経験していた。

LCP少年がAL少年とは異なる発達を遂げる理由には，社会的・経済的な事情がひとつの役割を果たしているだろうが，モフィットの理論ではLCP少年の場合，児童期に始まる発達上の問題が関係しているとされていたことを思い出そう。この仮説に準じて，私たちは2歳という発達の早期において，両グループ間に気質的，認知的，行動的な違いがあるかどうかを観察した。この低年齢の時期から，LCP少年の母親は自分の子どもをより「育てにくい」と評価し，3歳時には彼らが行動を制御できない状況が観察され（第2章を参照），5歳から11歳までの時期には子どもの行動に関する親や教師の報告によってLCP少年のほうがAL少年よりも多動であることが明らかになった（第4章を参照）。

認知的な問題もまた，特に児童期において，LCP少年の場合には顕著であった。彼らは，5歳の時点で，年齢に応じた標準的な知能検査の得点がAL少年よりも低く，7歳，9歳，11歳の各時点で知能検査を再実施すると，その差はさらに開いていた。これらの結果をふまえると，AL少年に比べてLCP少年の7歳時から11歳時における読解力がより限られていたことや，13歳時の記憶の検査の得点が低かったことは，驚くべきことではなかった。

まとめると，これらの心理的な欠陥は，問題のある家庭環境とともに，5歳から11歳までの間に出現した2つの少年グループの行動の違いの一因であった。青年期に先立つ児童期中期のこの時期には，LCP少年はAL少年に比べて喧嘩がより多く，その結果，おそらく同級生から拒絶されることが多かったことが，親や教師の報告により示された。

予備的な結論

青年期の反社会的行動に至る複数の異なる発達経路についてのモフィットの理論は，おおむね実証的に支持された。まず，児童期に初めて問題行動が顕在化し，青年期になってもその状態が続いている子どもと，青年期になって初めて深刻な問題行動が現れた子どもとの2つのグループが区別できることは明らかであった。このように対照的な，反社会的行動の軌跡にもかかわらず，2つのグループの少年たちは，青年期には異なるというよりは，むしろ似ていることが証明された。両者と

もに，薬物使用や破壊行為などの罠を経験しており，ほとんどの反社会的行動の種類によってはほぼ区別することができなかった。しかし，反社会的行動が児童期から始まった LCP 少年は，青年期に反社会的行動を開始した AL 少年に比べて，青年期になってからのほうがより暴力的であるという点だけではなく，LCP 少年は，他者に対して敵対的で，疎外感があり，疑い深く，悲観的な志向があるのに対し，AL 少年はそうではなかったという点を思い出してほしい。つまり，これら 2 つの非行少年グループは，多くの点で似ているが，注目すべき点では互いに大きく異なる。問題を抱えた少年を研究する冒険の第二部では，これらの共通点や相違点が大人になってからどのような形で出現するのかを検討しよう。

　反社会的行動の特徴的な発達過程の起源について，モフィットは，LCP 少年の家族に大きな問題があるだけではなく，少年の早期の発達においても，大きな問題の兆候があるだろうと考えた。これはまさに私たちが発見したとおりのことである。LCP 少年は，幼児期から児童期中期にかけて，社会階級の低さ，家族間での大きな対立，乏しい養育，認知機能の制約，育てにくい気質，そして，多動性など，背景的なリスク要因において恵まれない状況にあった。実際に，2 つのグループの少年が 3 歳から 11 歳になるにつれて，これらの機能の差は大きくなっていった。すなわち，LCP 少年と AL 少年との違いは，扱いにくいという点では 2 歳の時点ではわずかな差であったが，制御が難しいという点では 3 歳でその差は大きくなり，多動性という点では 5 歳から 11 歳でさらに大きくなっていた。このような発達パターンは，LCP 少年の反社会的パーソナリティが時間の経過とともに継続的に発達していくことを前提としたモフィットの理論に沿ったものである。ここでも，子ども自身の行動や他者への反応が，「自分自身の発達をプロデュースする」という観点から捉えることができる。

　LCP 少年と AL 少年の将来の発達に目を向ける前に，最後にひとつ，これまで私たちが取り上げてこなかった少女に関する見解を述べておく。本章では，少年に限定して考察することにした。なぜなら，少年は LCP の発達過程をたどる可能性が非常に高く，それは少女の 10 倍の確率にあたるからである。しかし，LCP の子どもになる絶対的なリスクや確率に大きな差があるにもかかわらず，私たちは，少年で観察した LCP と AL の違いのほとんどすべてが，AL と LCP の少女にも当てはまることを発見した。したがって，モフィットの LCP と AL の犯罪に関する理論は，単にひとつの性に適用される理論ではないように思われる。このように，LCP の反社会的行動は，男女を問わず，先天的または後天的な発達上の脆弱性（認知機能の制限や育てにくい気質など）が児童期の早い段階で存在し，不十分な養育，家

族の絆の崩壊，貧困などのハイリスクな環境の中で育つことによって悪化し，最終的には家族以外の他者，特に同級生や教師との関係性が悪くなることによって顕在化する。LCP の少女が比較的少ないのは，少年に比べて幼児期に認知機能の問題，気質の制御の難しさ，多動性が生じる可能性が低いことに起因していると考えられる。しかし，男性であっても女性であっても，子どもの心理的・行動的特性と，子どもが成長する家庭環境との両方が，その後の発達に重要である。

成人期における LCP グループと AL グループ

本書を通して明らかにしているように，おそらくダニーデン研究が与えた最大の好機は，人生が時間とともにどのように展開していくのか，つまり，人間の発達過程を特徴づける，連続性と不連続性を明らかにできる点にあるだろう。これまで LCP 少年と AL 少年の 18 歳までについてわかってきたところで，彼らが学校を卒業し，大人への移行を経験したのちに，どのように成長していくのかを私たちは考えずにはいられなかった。「10 代の子どもは大人の父である」ことが証明されるのだろうか？　この疑問は，問題を抱えた少年に焦点を当てた冒険の次の段階へと私たちを導いた。26 歳と 32 歳において LCP グループと AL グループの発達を再調査し，彼らがどのような状態にあるのかを調べるために，さまざまな発達的属性を検証した。モフィットの理論の中核にある前提条件のひとつは，AL グループは青年期に初めて行った反社会的行動をやめることができるだろうが，LCP グループは幼児期からの問題行動を継続するだろうという点である。結果的に，後者の仮説は確認されたが，前者は完全に確認されたわけではなかった。LCP 少年が大人では最も機能的に問題があったのに対し，AL 少年の青年期の行動のレガシーもまた，発達において継続することを示すエビデンスもいくつか見られた。32 歳での結果に注目する前に，まず 26 歳での結果について考察しよう。

26 歳時点における LCP グループと AL グループ

高校卒業後の約 8 年が経過した時点で，研究参加者の自己申告に基づけば，LCP 男性は，AL 男性に比べて，重大な犯罪に関与している割合が有意に高かった。成人後に犯罪で有罪判決を受けた割合は，AL 男性の 2 〜 3 倍であった。また，AL 男性は，5 ドル以下の窃盗，公共の場での酩酊，コンピュータソフトの海賊版など，重大ではない犯罪に特化しているのに対し，LCP 男性は武器の携帯，暴行，強盗，

裁判所命令の違反などの重度の犯罪に特化している傾向があった。このような行動は，友人や家族などの情報提供者による LCP 男性の報告や，公式の精神医学的評価で明らかになったことと一致していた。LCP 男性は AL 男性に比べて，彼らをよく知る人々からの報告によれば，反社会性パーソナリティ障害の症状が著しく，正式な精神医学的評価では，彼らがサイコパス的なパーソナリティプロファイルをもっていることが明らかとなった（これは 18 歳の時点でもその兆候があることが認められている）。特に注目すべきは，LCP 男性は暴力的な特徴が持続していることで，これは彼ら自身が認めており，情報提供者の報告や，警察や裁判所の記録からも裏付けられている。特に気になる点は，暴力の対象がいまや子どもやパートナーになっていたことである。これは，LCP 男性は彼ら自身が父親となった数多くの子どもたちの養育に関わりそうもないという事実にもかかわらず見られた。むしろ，関わらないほうがよいということもあるかもしれない。

　LCP 男性が問題を起こしているのは，家族内や法律に関することだけではない。26 歳の時点で，彼らは，ステータスが低く，スキルのいらない単純な労働に就いており，職歴が乏しく，よい仕事に就くために必要な最低限の教育を受けておらず，私たちが実施した面接のような状況では印象が悪く，これまで見てきたとおり雇用主らが雇うことを躊躇するような犯罪歴をもっていた。LCP 男性は，薬物依存症の割合が高く，職場での衝突が多いことから，低いスキルの仕事に就けたとしても，昇進の可能性は低かったことは言うまでもない。

　AL 男性は LCP 男性よりも機能的に優れていたが，児童期の能力を活かすことはできていたものの（モフィットの理論で推定されていたように）反社会的な方法を完全に放棄したわけではないという明確なエビデンスが得られた。まずは，よいニュースからみてみよう。AL 男性は，その 80％ が高校を卒業しており，LCP 男性よりも職歴が豊富で，高度なスキルを必要とする仕事に就いていた。彼らは，面接のような状況では，目立った印象はないにせよ，それなりのよい印象を与え，LCP 男性に比べて前科のある人は少なかった。彼らの成功は，LCP 男性のように無愛想でなく，感じのよいパーソナリティで，適度に外向的であり，両親に対して親密な愛着をもっており，10 代のころに仲間から拒絶されることもなかったという事実に起因するだろう。

　このような強みがあるにもかかわらず，AL 男性は，ダニーデン研究で AL にも LCP にも分類されなかった研究参加者よりはうまくいっていなかった。18 歳から 26 歳までの間に，窃盗や薬物犯罪において有罪判決を受けた AL 男性の数は，全体のサンプル数から予測される数の 2 倍の割合でみられた。また，26 歳の時点で

の面接では，過去1年間に窃盗・薬物関連の犯罪を数多く犯していることが示された。このような行動は，AL男性の衝動性によるものであると考えられる。おそらく，AL男性が悪い習慣から抜け出すには，かなりの時間が必要となるだろう。これは，私たちが6年後に，青年期の非行の本質，起源，結果を研究する冒険の一環として，反社会的な青年の発達を再検討した大きな理由のひとつであった。

32歳時点におけるLCPグループとALグループ

30代のLCP男性については，まず，犯罪から脱却する兆しが見られなかったという点をあげることができる。これらの男性の1/3弱は，26歳から32歳までの間に暴力的な犯罪で有罪判決を受けていた。実際に，この間に刑務所に入ったことがある人は，AL男性では，その数が20人に1人であったのに対して，LCP男性ではほぼ5人に1人であった。家庭内暴力もまた，LCP男性の行動の一部として継続されたが，注目すべきは，AL男性もLCP男性と同様に，子どもを段ったり，パートナーに対して支配的な虐待を行ったりする傾向があったという点である。

メンタルヘルスの評価では，LCP男性の深刻な問題がさらに明らかになった。LCP男性は不安を感じることが多く，抑うつの発症率が高く，AL男性よりも大麻への依存度が高く，他の違法薬物への依存度も高いことが明らかになった。また，LCP男性は自殺未遂の回数も多かった。しかし，LCP男性もAL男性も，32歳の時点でアルコール依存症になる確率は同程度であった。

しかし，LCP男性の思わしくない状況は，行動や心理的な面だけにとどまらない。彼らはまた，健康状態も悪かった。彼らは，心血管疾患のリスクが非常に高く，炎症の兆候が最も多くみられた。また，2型ヘルペスの性感染症や，ニコチン依存症に罹患している傾向が非常に高かった。慢性気管支炎の症状，歯周病，未治療の虫歯などが多かったのは，言うまでもなくニコチン依存症の影響によるものであった。

経済的には，依然として厳しい状況が続いていた。LCP男性の職業は，研究参加者の中でも最も低い社会階級に位置していた。雇用がある場合にも，男性研究参加者の中でも，過去6年間で最も多くの月数を無職で過ごしていた。家族や友人の情報提供者は，彼らが請求に対して支払うお金がない，借金をしているなど，深刻な経済的問題を抱えていると評価していた。その結果，彼らは食費も生活費もなくホームレスになる可能性さえあった。

続いて，AL男性についてみてみると，モフィットの当初の理論に反して，彼らが依然として問題を抱えていることがわかる。32歳になっても，彼らは反社会的

な行動を行ってはいたが、予想どおり、LCP 男性よりもうまく成人期に移行していた。とはいえ、多くの人が違法薬物を使用し、経済的な問題、健康状態の悪さを抱えていたのも事実である。

　青年期の反社会的行動の成人期での継続に関する調査結果のまとめを終える前に、本章の主要な興味ではないが、LCP と AL の女性について、あらためて簡単に触れることにする。児童期から問題を抱えていた LCP 女性は、32 歳になっても発達のさまざまな面でうまくいっていないことが続いていた。彼女たちは、反社会的な行動をとり続け、重大な心理的問題を抱え、健康状態も悪く、経済的にも大きな困難を経験していた。言うまでもなく、この結果は、LCP 男性の結果とあまりにも類似しており、モフィットの理論は、LCP に陥る可能性が低いとはいえ、女性にも当てはまることをあらためて示唆している。

　幸いなことに、AL 男性よりも AL 女性のほうが状況はよいようであった。これらの AL 女性の研究参加者は、AL 男性よりもモフィットの理論によく合致しているように思われる。AL 女性では、成人になると反社会的行動の継続性がほとんどみられなかったからである。AL 女性の中には、大麻以外の薬物使用の罠にはまった人も少なからずいたが、他の精神疾患の診断基準を満たす可能性は、他の研究参加者に比べて高くはなかった。実際、経済状態が、AL 女性が 30 代前半で著しい困難さを示した唯一の領域であり、この点については LCP 女性との差はみられなかった。まとめると、LCP 女性の 32 歳時点での全体的な予後は悪く、経済状況を考えると AL 女性も同様のことが言えたが、LCP 女性に比べてはるかにその程度は軽いものであった。

　この冒険は続く。ダニーデン研究の研究参加者の警察の記録を調べたところ、LCP グループのメンバーは今も犯罪を重ね続けていることが明らかとなった。30代では平均 5 回の有罪判決を受け、そのうちの 2 回は凶悪犯罪での有罪判決であった。AL グループのメンバーは、30 代の間に有罪判決を受けたのは平均 1 回だけで、それらは凶悪犯罪ではなかった。

含意

　著者のうちの 2 人の大学院時代の教授であるユーリ・ブロンフェンブレンナー（Dr. Urie Bronfenbrenner, 第 2 章で触れている）は、故人となった有名な社会科学者クルト・レヴィン（Kurt Lewin）の「優れた理論ほど実用的なものはない」と

いう言葉を好んで引用していた。レヴィンは具体的に何を言いたかったのだろうか？ すでに明らかになったと思うが，モフィットの理論は，私たちの発達をめぐる冒険を進めるための**ロードマップ**を提供してくれた。まず，その理論は私たちを反社会的行動の特徴的な複数の発達過程を特定するための探求に導いた。特に，彼女が存在すると仮定した2つの発達過程，LCP と AL に，である。あわせて，児童期の認知的・気質的な脆弱性，家庭の経済的不利や機能不全，そして，青年期の罠が，LCP 青年と AL 青年とを区別することを含め，発達を阻害する役割を果たしていることを警告した。最後に，それら発達過程が成人期においてどのような影響を与えるのかを調べるという研究へ私たちを導いた。その結果，私たちが行った実証実験のほとんどが，この理論を支持する結果となった。これまで述べてきたように，これは特に LCP の少年少女に当てはまり，AL 男性にも，そしておそらく AL 女性によりよく当てはまっていた。

　多くの人にとって，自分の考えが完全に的を射ていないことを認めるのは難しい。間違ったり，見当違いであることを楽しむ人はほとんどいない。そして私たち人間は，社会心理学者が「確証バイアス」と呼んでいるように，自分がすでに考えたり信じたりしていることを裏付けるように情報をフィルタリングする傾向があることが知られている。そのため，私たちは自分の期待に反した観察結果やエビデンスよりも，自分の期待と一致しているそれらのほうにしばしば注目し，よく覚えているものだ。

　私たちの考えでは，科学者と思想家を区別するのは，そのような人間の認知的欠陥を認識し，それを克服しようとする努力，つまり，献身的な取り組みがあるかどうかである。これがデータが何より重要であることの純粋で単純な理由である。オープンマインドな研究者は，ときにはデータが自分の考えと一致することを期待しながらも，そうでないこともありうるということを理解した上で，実証的なデータに身を任せる必要がある。科学の世界では，多少，あるいは，ときにそれがまったくの見当違いであったとしても罪にはならない。唯一の罪は，反対のエビデンスがあるにもかかわらず，ある見解に固執することである。特に，そのエビデンスがよく設計された研究から得られたものであればなおさらのことである。アインシュタインでさえ，すべてを正しく理解していたのではないことを忘れてはならない。そう，モフィットの理論が AL 男性の成人期の発達に関して一部的中しなかったという事実は，決して恥じるようなことではない。アインシュタインと同列で何が悪いのか？

　さて，私たちの研究成果がもつ科学的な意義を強調したところで，それがサービ

スや治療に与える影響を考えてみよう。これは比較的単純なことであり，優れた理論の実用性を物語っている。児童期に発症する非行と青年期に発症するそれへの対処には，おそらく，それぞれ異なる戦略が必要であろう。これは，問題行動の発生を未然に防ぐことと，発生してしまった問題行動に対処することの両方について言えることである。LCP経路の予防に関しては，人生の早い時期からの取り組みが必要であることは言うまでもない。結局のところ，LCP少年たちは，2歳の時点でALや他のすべての少年たちとは違っており，もしかすると私たちがその違いを検出できなかっただけで，より早期からその兆候はあったかもしれない。慢性的な反社会的行動に関する早期のエビデンスを目の当たりにしながらも，「そうはいっても彼らはまだ少年である」とか「彼らはそこからきっと成長するだろう」と推定するのは，明らかに間違いである。

　認知や気質など，子どもの発達のあらゆる側面だけでなく，家庭，保育園，学校など，さまざまな状況を対象とした多面的な予防が必要となる。児童期に高いレベルの問題行動を示していた子どものうち，少なくとも一部の子ども——「回復者グループ」——が，青年期までにそれをやめたという事実は，LCPの道を歩み始めたからといって，必ずしもその道を歩み続けるわけではないということを示している。ここでもまた，青年期の非行に対する児童期の機能の影響は，決定論的ではなく，確率論的であることがわかる。明らかに，希望の根拠がある。

　とはいえ，児童期に始まる反社会的行動を改善するための取り組みは，特に子どもが成長するに伴い，容易ではなくなっていくことを明確にしておく必要がある。臨床家は，手ごわい敵との長期にわたる激しい戦いに備える必要がある。その敵とは，長年蓄積された問題行動の発達の結果として形成された，反社会的なパーソナリティ構造である。この点に関する大きな課題のひとつは，問題を抱えた10代の若者を治療に専念させることであるが，これは非常に難しく，困難であることを示すエビデンスが数多く存在する。

　ALの少年たちは，間違いなく介入の有望な候補者となるだろう。AL少年には，LCP少年のように変化を制限するような，問題のある発達の累積的な生活歴がない。実際，AL少年のパーソナリティ傾向には，強い主体性や社会的効力感，対人関係の親密さを好むといった適応的な属性が含まれていた。だからこそ親，医師，学校，警察，裁判所は，罪を犯した青少年の犯罪内容だけでなく，その発達歴にも真剣に目を向けることが非常に重要である。青年期に問題行動が始まった人を，児童期から問題行動が続いている人と同じように扱うことは，たとえ同じ罪を犯している場合であっても，発達的な観点から考えれば，それは賢明ではなく，不公平な

こととなるだろう。だからこそ，ダニーデン研究で行われたような長期的な発達研究が重要なのである。私たちは，AL 型犯罪者を有罪にして投獄することは，事態を改善するのではなく，悪化させることになるのではないかと考えている。また，これらの特定の青少年が自分の行動を正す努力に反応するのであれば，投獄すること自体が罪となるだろう。特に AL の道を歩んでいる人たちには，飲酒がアルコール依存症にならないように，性体験が無計画に望まぬ親になるような体験にならないように，自動車運転の楽しさが事故により障害を負うような体験にならないように，不登校が退学や失業にならないように，努力をしてもらいたい。

第
7
章

早くに成熟してしまう少女，
問題のある家庭環境，そして不良少年
Early-Maturing Girls, Troubled Families, and Bad Boys

11歳になったステファニーは，2年前にダニーデン研究ユニットを訪れたときのファイルに記録されていた「明るく親しみやすく，そばかす顔で赤毛のカーリーヘアをした少女」とは似ても似つかぬ様子になっていた。とても背伸びをしているように見えたのである。研究スタッフが友だちについて聞くと，ステファニーは以前に楽しんでいたボードゲームについて語ることもなく，すでに「元」友だちとなってしまった子どもと喧嘩した話をし，ともに過ごす女友だちが少なくなっていることがうかがえた。ステファニーは，元友だちに対して「あんな子どもっぽい子たち」「勉強ばっかりしている」と不満を表していた。さらに記録によると，ステファニーはより多くの時間を多くの年上の男友だちと過ごすようになっていた。たびたび飲酒したことや大麻を試したこともほのめかしていた。スタッフは，ステファニーが性行為に興味を示し始めたか，すでに性体験を済ませたのではないかと疑った。ステファニーは同世代の子どもたちより発育がよかったのみならず，避妊に関し質問をしてくるほどだった。しかし，ニュージーランドの法律により11歳のステファニーに性的な話題について聞くことは禁じられており，実際のところはわからない。

記録をさらにたどると，ステファニーの父親はステファニーが幼いうちに家族を捨てて家族の元を去り，その後，ステファニーの母親は多くの男性と関係をもつようになっていた。ステファニーの母親は厳しい，しかし一貫性のないしつけをする人で，ステファニーがルールを破ったとして罰を与えるときもあれば，気づかないふりをするときもあった。これらの生育歴を因果関係として捉え，ステファニーの家族背景が彼女の友だちとの関係性に影響を及ぼしたと結論づけたスタッフがいたが，同じ記録をもとにこの解釈に異を唱えるスタッフもいた。彼らは，ステファニーの母親の厳しく，一貫性がなく，ネグレクトのような育児も，ステファニー自

126

身の非行も，彼女たちが共有する遺伝子に起因するものであると推測した。残念ながら当時のダニーデン研究に遺伝子解析は含まれていなかったので，これらの論点（いわゆる「生まれか育ちか」）について実際に検証することはできなかった。

　このような限界がありながらも，序文でベルスキー（Jay Belsky）が述べたように，彼が触発された新たな理論的着想を検証すべく，発達をめぐる新たな冒険に進むことになった。恵まれない幼少期の環境がどのように人間の発達に影響を及ぼすのかについての社会科学あるいはメンタルヘルス領域で一般的な概念に対し，この新たな着想が革新的な代替仮説であることに，特に私たちは興味があった。この仮説が進化生物学（すべての生命科学の中心となる研究分野）の大前提，生命の**目的**は次の世代へと遺伝子を受け継いでいくことにある，ということを基盤としているからである。生命に対するこのような視点は，児童期の体験の発達に及ぼす影響の解明に直接関係している。「生殖の成功」や「生殖の適合」が生命にとって最優先であり，健康，経済的豊かさ，ウェルビーイング（幸福）など他のすべての人生の目標には「意味」がない，という進化生物学の視点が新たな理論構築を刺激し，それをベルスキーが発展させ，そして本章で焦点が当てられる。つまり，父親不在の衝突の多い家庭，あるいは過酷な養育環境で育つことが少女の性成熟を促進させ，身体的発達のみが促される結果，思春期のリスクを伴う行動につながるということである。

生殖戦略——早く発達する場合と，ゆっくり発達する場合

　生殖の成功の概念は人間以外を対象とするほぼすべての生物学者にとって主流のものだが，人間の発達について研究する研究者のほとんどにはあまりなじみがない。特に，家庭内の体験が子どもの発達に及ぼす影響について研究する研究者たちにとってはまさにそうである。ほとんどの心理学者，社会学者，経済学者，教育者，政治家，そして親にとって，人生とは健康，経済的豊かさ，ウェルビーイングを意味する。多くの人にとって，発達とは健康か不健康か，「最適」か「適切とはいえない」か，といった視点で捉えられる。だからこそ，適切な養育環境で育てば，安定した，好奇心旺盛で友好的で，達成意欲がある生産的な大人，つまりフロイト（Freud）が言うところの「愛することと働くこと（love and work）を重視する」大人になることを期待される。これが健康な発達が描く経過と成果である。対照的に，いわゆる適切とはいえない発達につながるような，支えてもらえない家庭

環境下であれば，不安定で好奇心がなく，感情や行動をコントロールすることが難しい子どもに育ってしまう。そのような子どもたちは，学業や職業上の成功を収めることがままならないどころか，親しい人間関係を築き，相手との関係性を保つことも難しい。この社会科学の人生に対する標準的な視点の基本には，第一にあるべき「自然な」発達があり，次いで機能不全や障害によってそうはならなかった発達があるという仮定がある。

養育環境がいかにして発達を形づくるかに関する，この従来の視点と極めて対照的に，進化生物学の世界では「最適な」，あるいは，最高（ベスト）の発達という視点はない。遺伝子を次世代に伝えることに成功することがベストであり，それは生命体が置かれている状況や環境に決定的に依存している。例えば，ある種の巻き貝は幼生期において水中に外敵がいると察知すると，そうでない場合に比べ殻がより厚く発達する。これは極めて理にかなっている。同時に，明らかな必要がなければ殻を厚くするために資源を費やさないほうが理にかなっている。生物が置かれたいずれの環境においても，最終的に生殖の成功を促進させて次の世代へ遺伝子を受け継げる方法であれば，いかなる「戦略」も最適なのである。

したがって，進化生物学的視点からすれば，子ども，青年，そして大人でさえも，個人が発達するための最良の道筋というのは，メンタルヘルスの専門家や教員や，ましてや政策立案者から評価される必要はない。なぜなら，次世代へ遺伝子を引き継ぐことにおいて最大の成功を保証する戦略は，環境によって異なるからである。例えば，正しく機能している和やかな家庭で役立つ戦略が，家族間の衝突が多く子どもに適切なケアが提供されないような家庭で役立つとは，必ずしもいえないだろう。この進化生物学の生命に対する見方は，ダーウィンのいう自然淘汰の力が私たちの種へ経験に順応する力を与え，発達期の子どもが生き残り，成熟し，子孫を残す機会を増加させる方向へ育つようにしたことを意味している——先に述べた巻き貝がそうであるように。

このような視点で考えると，「適切とはいえない」発達のエビデンスと長くみなされてきたことが，実はそうではなかったかもしれない。確かに，逆境的な環境下で育った結果だと記述されてきた多くのこともまた，生物学的かもしれない——それらは祖先が遺伝子を次世代に受け継ぐことに寄与したのだから。結果として，今日一般に適切とはいえない，トラブルの多い，問題のある発達とみなされていることも，実は逆境に対する戦略的な反応としての進化の結果なのかもしれない。例えば，もし世界が安心安全でなかったら，攻撃的になって他者を利用し，おそらく最初に攻撃して，話し合いはその後にするほうが生殖的に有利であろうことは想像

第 7 章　早くに成熟してしまう少女，問題のある家庭環境，そして不良少年　　129

に難くない。

　ここで進められている議論は，ヒトの祖先の歴史の過程において，私たち人類も他の多くの生物と同様に人生早期の経験や環境によって自らの発達を変化させる能力を進化させてきたということだ。批判的に言えば，このような人生早期のさまざまな文脈での状態に応じた特徴的な発達的反応が，すべての生命体の究極の目的である生殖の成功のため，人間を心理生物学的に形づくる元となったのである。私たちは大昔に生まれた環境への発達的な可塑性や反応性をいまだに有しているかのようである。しかし，この分析から，人間が進化の過程で得た異なる環境に適応するための戦略が，現代においても大昔のように生殖に寄与するとは必ずしもいえない。なぜなら今日の社会は昔とはまったく異なっているからである（例えば，現代には産児制限や人工妊娠中絶，そして種々の社会保障がある）。そして，進化には膨大な時間を要するため，いまやかつてのような生殖への有益性がないにもかかわらず，長年をかけて組み込まれた反応性を私たちが持ち続けているということでもある。

　進化生物学者たちは，育つ環境に個々が適応するための発達のありよう，つまり，特有の「生殖戦略」について説く。わかりやすいところで言えば，彼らは発達を「早い」か「ゆっくり」かに区別する。もし恵まれた環境下で育っていれば，急いで発達する必要はない。生物として戦略的に反応するならば，栄養学的にも心理学的にも経済的にも恵まれた環境をすべて活かし，ゆっくりと発達することができる。そうすることでたくましくなり，困難に立ち向かうこともでき，親密な関係性を築いて自分が育ってきたのと同様に自分の子どもを育てることにエネルギーを注げるようになる。そしてその子どもたちも同じように育ち，さらなる子孫繁栄のために先祖，両親，そして自分自身の遺伝子を受け継いでいく。

　対照的に，他者は信頼できないこと，世界は脅威に満ちていること，そして，健康的に長生きする可能性が限られていることを児童期の経験から学んだ場合は，生命が危機的状況に陥ったり終わりを迎えてしまったりする前に，生殖戦略として急いで成熟する必要がある。この戦略は，今日の中流社会では進化の結果などとは思われず不自然な機能不全とみなされ歓迎されないだろうが，長い年月の中では生殖の成功に報いなかったとはいえない。上記のような特別な環境下においては早く成熟するしかなかったということである。確かに理論的には，このような一見問題のある発達の仕方が逆境に戦略的に対応できるよう進化する遺伝子を次世代に送るために極めて有効であった，と考えるべきではなく，単に逆境のなかで適応することにおいて，その戦略が他のより問題のない発達の仕方に比べ，より有効であったことが言えるにすぎない。このように考えよう——問題のある発達の場合，遺伝子

を継承できたのがわずか30％であったが，発達の環境を考慮すると，他の発達の成功率22％よりは高かったのだと。

　急いで発達する戦略が，成長に限界が伴う，何かしら健康上の問題が生じる，よい仲間との親密な関係を築きにくいなどの代償を伴うだろうことは想像に難くない。しかし，進化生物学の理論に従えば，生殖の成功が病や死によって妨げられる前に成熟し子孫を残す機会が増えることで，それらの代償は補われる。早く成熟する人たちは，子どもをよく育てたり親密な関係性を保ったりする能力も意欲もないと推測されるので，そこに割けるエネルギーや時間的・経済的余裕がなかったとしても，子どもをたくさんつくらなければならない。ゆっくり発達する人は子孫を守りケアすることができるが，早く成熟する人はゆっくり成熟する人に負けない数の孫を残すために，より多くの子どもをつくる必要があるのだ。早く成熟する人が経済的，身体的，社会的状況に恵まれていない環境にあり，子孫を安全に保護できない場合にはとりわけそうである。しかし，繰り返しになるが，大昔には子どもを多くつくっておきながらまともに世話をしないことが生殖に有利であったかもしれないが，現代ではもはやそうでないことを私たちは認識している。結局，生物学的進化よりも，私たちが身をおく文化の変わりようのほうが早かったのである。

　重要なのは，私たちが意識的に早く発達するかゆっくり発達するかを選択できる立場にはない，ということである。暗い部屋から明るい外に出たとき，意識せずとも私たちの瞳孔は自然と狭まる。瞳孔が開くか狭まるかを私たちは意識的に変えることができない。同様に，子どもたちにとってどのように発達することが正しいのかは，彼ら自身にわかるはずもない。

物語はそれだけ？

　どれだけこの生殖戦略の観点が興味をそそるものであり説得力があろうとも，社会学者たちや発達研究者たちには反証するエビデンスがある。多くの社会学的，心理学的，さらには経済学的な調査研究から，貧困，母子家庭，厳しいしつけや虐待といった幼少期の逆境が，しばしば発達上の問題につながることが示唆されている。攻撃的な言動，病弱さ，友人の少なさ，不適切な性的活動，不安定な異性関係，そして幼少期から十分にケアされない子どもたちを多く産む，といったことである。では，なぜ，恵まれない環境下で成長することが特定の人生上の結果につながるという一見こじつけのような，狩猟採集時代の私たちの祖先に関する進化の話を受け

入れる必要性があるのか。

　科学哲学において節約の法則（オッカムの剃刀としても知られる）は，現象について説明する際——ここでは人生早期の逆境がその後の発達に与える影響——にはよりシンプルに説明できるほうを選ぶべしと説く。それを踏まえると，そのトリックは単純な学習理論で説明されそうであるのに，なぜ進化の話を考慮する必要があるのか？　父親不在の家庭を例に考えてみよう。父親がいない家庭で育つ少女は，他の少女たちよりも早く性的に活発になるリスクが高いのであり，狩猟採集時代の祖先と何か関係があるからではない。母親が彼女たちにこう教えるからである——男なんて体が目当てなうちは家にいるが，すぐに去っていくのだから信用してはならないと。

　この節約の法則には説得力があるかもしれないが，科学哲学の条件が満たされれば，複雑でない理論よりも複雑な理論——ここでは進化と生殖戦略の関係性——が受け入れられることにつながるはずである。新たな理論や説明がすでに確立された説よりも優先されるためには，３つの条件を満たす必要がある。第一に，その新たな視点がすでに私たちの知る現象を説明できること。ここで言うならば幼少期の逆境が「適切とはいえない」発達につながることである。生殖戦略の視点はこの条件を満たしている。第二に，新しい仮説，すなわち従来の視点からはまったく提唱も検討もされていない現象の検証可能な予測を生み出せること。最後に，予想だにしなかった結果につながるであろう新しい仮説を検証するには，従来の理論では不十分であること。これら３つの条件がすべてそろった場合にのみ，より節約的ではない新しい理論が成立する。

斬新な予測

　ジェイ・ベルスキーは，進化論的生殖戦略の観点から児童期の逆境に関係すると考えられる，しかし社会科学やメンタルヘルス領域ではまったく考慮してこなかった発達的な「アウトカム」の少なくともひとつが，思春期が訪れるタイミングであると気づいた。彼は，逆境下で育ち——子孫を残すために——急いで成熟しようとする少女たちは，ぬくぬくと育つ少女たちよりも早く身体的に大人になる必要があると考えた。思春期を早くに迎えれば，それだけ他の少女たちより先に繁殖可能になるからである。もちろん，過酷な環境によって早く成熟することが，繁殖のために必要な性的活動を促進させることは言うまでもない。人生早期の逆境が思春期

の到来や性的早熟に影響を与えることを生理学的にどのように説明できるかはさておき，この「思春期仮説」を支持するデータが得られたとすれば，今までの社会科学や人間発達学の視点では説明できないことはわかっていた。だからこそベルスキーは，本章で概説するもうひとつの新しい視点を「斬新」とみなすのである。本章では，家族関係や育児のありようがいかに思春期の発達に影響を与えるかを考える。さらには，早く発達する少女とそうでない少女が性的活動を始める時期が違うのかどうかを例に，幼少期の経験がのちの発達に与える影響について説明する。

　ベルスキーが児童期の逆境が思春期の成熟を促進するという理論を立てたとき，ダニーデン研究では，その仮説を検証するに十分な準備ができていた。ベルスキーが立てた予測に私たちがとりかかった当時，「幼少時の逆境が思春期の成熟を促進する」という仮説に関するエビデンスはなかったため，私たちはこの冒険に興奮した。蓄積された家族構成に関するデータを用いれば，子どもが7歳になるまでの父親の存在の有無が，少女の成熟時期を予測しうるか判断できる。母親から聴取した内容に基づき，どれだけ家庭内衝突が起きていたか知ることも同様に役立った。私たちはすでに初潮に関するデータも有していたので，父親の存在や家庭内の葛藤が，少女の成熟を促進するだろうという仮説を検証することができた。本書の元となる，縦断的研究の強みのひとつが活かされたといえよう。このようなデータの蓄積があれば，つねに何かを得ることができる。言い換えれば，積み重ねられたデータを用い，もともとは想定されていなかった仮説を検証することもできる。まさに，ベルスキーが考えついた思春期仮説のように。それはまるで，新しいメニューを試す際，何も買わずとも，パントリー（保管庫）にすべての材料がそろっているような状況といえる。

　結果として，7歳までの家族背景と初潮のタイミングを結びつけた思春期成熟仮説は，生殖戦略の観点とも一致する2つの分析結果から支持されると判明した。1つ目の分析結果は，父親不在の家庭で育った少女たちは，両親がそろっている家庭で育った子どもたちよりも，早く性的に成熟していたことである。2つ目の分析結果は，衝突が多い家庭で育った少女たちは，そうでない家庭で育った子たちよりも，早くに成熟したことである。これらの結果は，それまで論文化されたことのないエビデンスである。なぜならば，人生早期の逆境が性的成熟を促進するなど，伝統的な考え方では決して思いつくことすらないからである。科学哲学の観点からも同様に重要であるが，私たちが得た研究結果は，家族という環境要因が人間の発達に与える影響について，従来の理論では説明がつかない意義深いものである。

　これまで見てきたように，研究結果が期待どおりだったとしても，別の説明も検

討する必要がある。女性の思春期の場合は，重要な要因として体脂肪が挙げられる。少女が性的に成熟するには，ある程度の体脂肪が必要とされる。実際，「最低限必要とされる脂肪（critical-fat）」説は，概してバレリーナや女性の体操選手の性的成熟が遅れる理由を説明している。彼女たちの過酷な練習メニューは，彼女たちの体から事実上すべての脂肪をそぎ落としてしまう。さすれば，初潮の年齢に影響を与えたのは，私たちが焦点を当てた特定の逆境，つまり，父親の不在や家族間の葛藤ではなく，体脂肪である可能性を示唆する。偶然にも，ダニーデン研究には，このもうひとつの仮説を検証するために抽出できる身体的発達の測定値も含まれていた。これにより，少女の体重を考慮したあとでも，父親の不在と家族内の対立が，より早く訪れる初潮を推測できると判明した。しかしこれは，体脂肪を考慮しないという意味ではない。単に，仮説検証している家族要因が，少女たちの体重差以上に，初潮の年齢を予測したという意味である。発達に与える影響がひとつだけといったことはありえず，つねに多くの要因の影響を考慮する必要がある。今回の，人生早期の逆境に焦点を当てた仮説についても，決して他の要因の影響も忘れてはいけない。

　私たちが考慮しなければならなかったのは体脂肪だけではなかった。それは，前章で取り上げられていた遺伝子による影響である。初潮の年齢は遺伝性であり，早期に成熟する母親には早期に成熟する娘がいる可能性が高いことは十分に理解されているため，人生早期の逆境と思春期の早い成熟にも，親子が共有する遺伝子が影響しているかもしれない。早くに成熟した母親は，若すぎる年齢で親になったかもしれず，そのために関係性の葛藤や関係解消につながり，その結果，生まれた娘の父親が不在になり，その娘は早期に成熟する，といった背景には，遺伝的要因が存在していた可能性がある。おそらく，親の行動に影響を及ぼし，したがって父親の不在や家族の対立に影響を与える同じ遺伝子が娘に受け継がれ，娘の早期の性的成熟に寄与したかもしれないのである。幸いなことに私たちは，知られざる思春期の成熟に関しさらなる検証が必要となる遺伝的背景について，一部言及することができたといえよう。

思春期を越えて

　心理的，行動的，加えて身体的な発達も，育つ過程に順応しながら遺伝子を次世代に引き継ぐために進化したという概念は，人間の生殖戦略そのものである。実際，

私たちの研究を導いたジェイ・ベルスキーの進化論的思考は，早々と成熟すること
は，早くに，さらには無分別な性行動へと続く発達の道筋にあると規定する。思春
期の発達を促進する生物学的な理由は，子孫を残せないまま亡くなってしまう前に，
生殖の可能性を高めることであった。したがって，問題を抱えた家庭で育った少女
の生殖戦略に関する研究をさらに進めるために，私たちは，恵まれていない家庭環
境で育つことが思春期の発達を促進するだけではなく，そうすることで性的活動に
も影響を与えるかどうかを判断したかった。

　これらの目的を念頭に置きつつ，2つの理由から，第1章で強調され，第8章で
より詳細に検討される「早期の子どものケアと若者の発達研究」〔米国立児童保健
発達研究所［NICHD］〕に目を向けた。そうすることで，まず，早期の逆境が少女
の思春期の発達に明らかな促進効果をもたらしていたかどうか，再度確認すること
ができた。さらに重要なことに，早くに思春期を迎えること自体が，青年期の性的
リスクと関連しているかどうかを判断する機会を与えてくれた。10チームが関与
するこの共同研究プロジェクトが開始されたとき，思春期の発達を評価したり，進
化論に関したアイデアについて検討したりする計画はなかったのだが──しかし，
明らかとなってきた生殖戦略という仮説を検証するために，思春期の発達について
必要な情報を収集することにした。

　事実，私たちは性行動に焦点を当てるだけではなく，遺伝に関連する重要な研究
へと進むことができた。ダニーデン研究では，過酷な家族背景に着目しすぎるがゆ
えに，共有遺伝子の影響が「過小評価」されている可能性があるという懸念から，
母親の初潮年齢に関する情報も確保した。家族背景と少女の思春期発達との関連を
評価する前に，母親が初潮を迎えた年齢を考慮に入れることで，少なくともいくつ
かの潜在的な遺伝的影響を割り引いて検討することができた。しかし残念ながら，
こと父親に関しては困難である。女性は初潮の年齢を驚くほど正確に，40年後で
すら思い出すことができるが，ほとんどの男性は思春期の発達のタイミングについ
てははっきりと覚えていない。いったい何人の男性が，最初に陰毛が生えてきたの
はいつだったか，何歳ごろに声変わりしたのか，または，最初に射精した時期を正
確に思い出せるだろう。

　最終的に，母親が初潮を迎えた年齢のように，少なくともいくつかの潜在的な遺
伝的影響を考慮に入れるほうが，何も考慮しないよりもよいと私たちは考えた。意
外にも，私たちの研究に対して少なくとも1人の専門家は，母と娘が同じころに初
潮を迎えたことを遺伝的影響のエビデンスとして扱うことにより，むしろ環境要因
への注意を怠るリスクがあると考えていた。結局のところ，他の女性よりも早く成

熟した娘の母親も同じ理由で早く成熟したのかもしれない——母親もまた，成長中に逆境にさらされ，それによって彼女自身の思春期の到来が促進された可能性があった。この結果は，第5章で説明した，子育てのありようも世代を超えて継承されるという話題に関連する。その専門家が提起した懸念に感謝しつつも，私たちはもともとの考えを重視し，母と娘が初潮を迎えた年齢の相関関係には，類似した育児環境というよりも，共有遺伝子が反映されていると推測した。したがって共有遺伝子の影響は解析上統制する（割り引く）ことにした。

　少女が思春期を迎えるタイミングに，家族背景がどの程度影響するかを評価したところ，思春期を迎えるタイミングに関しては，厳しい子育てのありようが影響していた。厳しいと特徴づけられた親は，子どもが何か間違ったことをすると叩き，異論の余地も与えずに自分たちに従えと要求し，静かにし，大人を敬うよう求めていた。このような親は，親を含む大人を敬うということが，子どもが学ぶべき最も重要なことだとみなしていた。さらには，褒めると子どもは駄目になると信じており，子どもを抱きしめたり，キスしたりすることはほとんどなかった。私たちは，4歳半のころに親を敬えと教わった娘ほど，より早く初潮を迎えていたことを

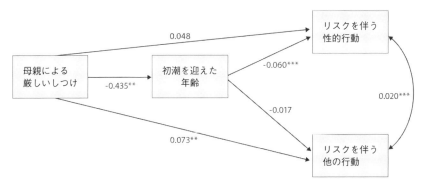

図7.1．子どもが4歳半のときの母親の厳しさが，娘が早期に初潮を迎えることを予測するパスモデル（母親が初潮を迎えた年齢を調整したあと）。母親の厳しさ自体は，娘がより大きな性的リスクを取ることを予測したが，他のタイプのリスクには影響しなかった。他のタイプのリスクテイクは，より明白な母親の厳しさによって直接予測されたが，これは性的リスクをとることを直接予測しなかった。＊は，相関関係の統計的有意性を反映している（**$p,>01$，***$p,>001$）。以下より改変。Belsky, J., Steinberg, L., Houts, R.M.,Halpern-Felsher, B.L. & The NICHD Early Child Care Research Newtork (2010). The Development of Reproductive Strategy in Females: Early Maternal Harshness → Earlier Menarche→Increased Sexual Risk Taking. *Developmental Psychology, 46,* 120–128, figure 1. American Psychological Association より許可を得て転載。

発見した。これは，母親自身が初潮を迎えた年齢とは関係なかった。生殖戦略について さらに検討するにあたり，逆境が娘の思春期の到来に与える影響を評価する前に，母親が初潮を迎えた年齢の影響を割り引く予定であったが，家庭環境に影響すると思われる他の要因についても実証する必要性が生じた。

　研究を進める2番目の目的は，思春期の発達を促進させること自体が性行動を予測するかどうかを検証することであった。結果は仮説を支持するものだった。15歳までにより早く成熟した少女は，そうでない少女より多くの性的リスクをもっていた。厳しくしつけられていた早熟の少女は，他の少女よりも早く初潮を迎えていただけではなく，15歳までにより多くのオーラルセックスと性交を経験し，より性的に活発になっていたのである。しかし，飲酒や薬物摂取など他のリスクを冒す傾向は見られなかった。図7.1は，これらの調査結果を図示している。

青年期を越えて

　以上の発見は，ここまで説明してきた進化論的な視点に関し，新たな疑問を私たちの心に提起した。早期に成熟することが少女たちの性行動に与える影響は，思春期中期を越えても続くのだろうかと。生殖を戦略的な営みだと捉える視点からは，そうであろうと予測できる。具体的には，より問題のある家庭生活の中で育つがために早く成熟する少女たちは，安定性の低いペアボンド（pair bonds），つまり異性との良好な関係性をもちにくいであろうと。

　私たちは再度ダニーデン研究に目を向けて，早熟な少女の長期的な性的行動と他者との関係性について検討した。研究参加者が21歳のときは過去3年間，26歳のときは過去5年間，そして32歳のときは過去6年間において何人の異性と性交したか質問したのである。これについては，他の調査において，正直に報告されやすいと示されている方法──対面インタビューではなくコンピュータ──を利用して回答をしてもらった。男性ならば性的魅力を誇張し武勇伝を示すのではないかと疑う人もいるかもしれないが，女性が同じことをするとは考えにくかった。

　こうして得た情報をさらに分析したところ，生殖戦略における次の段階ともいえる成人期の性行動において，早い時期に成熟した少女たちは，30代になるまで，他の少女たちよりも多くのセックスパートナーをもっていた。そのような行動は飲酒を含む物質使用にも関連していた。確かに，酔っているときにセックスをすることが多いため，これは理にかなっている。薬物乱用に関する発見が生殖戦略的思考

によって予期されていなかったとしても，早期の性的成熟と，より多くの性的パートナーとの関連性は明白である。早期に成熟することは，不安定な異性関係に関連していた。私たちが行ってきたすべての研究に基づくと，父親の不在，家族間の葛藤，厳しい子育てによって示される幼少期の逆境が，思春期の発達を促進していたのは間違いない。そのような早期の性的成熟自体が，母親が初潮を迎えた年齢，つまり，娘の身体の発達に対する遺伝的要因の一部を考慮したあとでも，青年期におけるより多くの性的リスクを予測した。さらに，早く成熟した少女たちには，20代，30代，40代になってもセックスパートナーが多かったのである。

リスクに直面したときのレジリエンス

しかしながら，逆境にさらされた，または，早く成熟した少女たちのすべてが，これまで説明したように成長すると結論づけるのはひどい誤りである。第1章で説明した確率論的 vs 決定論的の話に戻るわけである。私たちは一般的な傾向を示しているにすぎず，すべての個人に，さらには子ども時代に逆境にさらされたすべての早熟な少女たちに当てはまるという意味ではない。たとえとして，ニューヨーク市では平均して4月よりも7月のほうが確実に暑いが，これは7月の毎日が4月の毎日よりもつねに暑いことを意味するわけではない。

本書を通して，私たちは人間の発達が複雑なプロセスであることを明確にするよう努めている。すでに述べたように，単一の要因が，ある個人の発達には影響するが別の人の発達には違ったかたちで影響する，といった事象はまれである。この複雑さを理解することで，逆境や早期の成熟が女性の発達に与える明らかな影響を防ぐ可能性に関し疑問が湧き上がる。1つ目には幼少期の逆境と早期の性的成熟，および，2つ目として初潮の年齢とその後の性的活動とを結びつける関係性である。これら2つの関係性を減じる，もしくは消失させるのは何なのか，私たちは調査することにした。幼少期の逆境と早期の性的成熟に関しては，NICHDによる「早期の子どものケアと若者の発達研究」に頼り，2番目の問いである初潮の年齢とその後の性的活動については，ダニーデン研究のデータを活用した。どちらにおいても，私たちはレジリエンスに着目していた——問題のある家族背景のために早くに初潮を迎えるリスクがある少女が，早くに訪れる初潮を回避できるようになる理由と，それに関連して，早く性的に成熟してしまうがために，早期に，かつ，誰彼構わず性的な活動に至る少女たちが，この落とし穴を避けるために必要な要因として。

早く成熟してしまうことを避けるには

　幼少期の逆境と少女の性的成熟のタイミングの関連性にどのような生理学的メカニズムが関与しているのか正確には不明だが，何が初潮を迎える年齢を促進させないかについて，まったく手がかりがないわけではなかった。一部の発達学者たちは，厳しすぎるしつけの意義やその影響は，家庭内のさまざまな背景要因に依拠すると強く主張している。例えば，研究参加者であった2人の親を例に挙げて説明しよう。マリリンは娘に対して非常に厳しい傾向があり，ことわざを用いて「ムチを惜しむと，子どもはダメになる」と言っていた。しばしば怒りに任せて問題児であった娘のケイティをしつけていた。「あんたはまるであんたの父親のようだよ」「そんなんじゃ何の価値もない人間になるわ」「誰がおまえなんかと結婚するか」といった辛辣な言葉を投げかけていたのである。一方，経済的に恵まれていた別の親，シャロンも同じようなことを娘に対して言ってはいたが，対応はより一貫しており，怒りに任せて娘のキャロラインを叱るということはなく，娘への体罰も抑え気味であった。ケイティとキャロライン，2人の少女は，自分への体罰について異なる見方をするだろうか？　結果はそうであった。ケイティは，母親は意地悪で，自分のことをあまり好きではないのだろうと言っていたが，キャロラインは，自分の母親のことを，思いやりがあり，自分のために叱ってくれているとみなしていたのである。

　2組の親子の観察を通し，もし乳児期に母親との愛着関係がしっかりと築かれていれば，就学前での厳しいしつけはどのような影響を及ぼすのか，という疑問が湧いてきた。愛着形成がなされている子どもたちは，自分が愛されているという自信をもつからこそ，世界は善意とはいわないまでも慈愛ある場所であり，他者は親切で思いやりがあり，信頼するに値すると認知する。安心できるという感覚が，人生早期に受けるケアの質から生み出されるということは，すでに実証的研究によって支持され理論立てられている。親が乳児の気持ちに敏感に反応し適切に受け入れ，乳児がしばしば経験する恐れや苦痛を迅速かつ快適に処理してくれるならば，親子の間には安定した愛着形成がなされる。しかし，乳児の反応への敏感さが低く，乳児への応答が鈍く思いやりがない親の場合，乳児は不安を感じるとともに，楽観的でなくなり，人生に対する不信感が強まっていく。

　であるならば，乳児期にしっかりとした愛着形成がなされている場合，就学前の厳しいしつけがあったとしても，少女たちの思春期到来を促進する可能性は低いのではないかと私たちは考えた。つまり，母子の間に愛着形成がなされているならば，

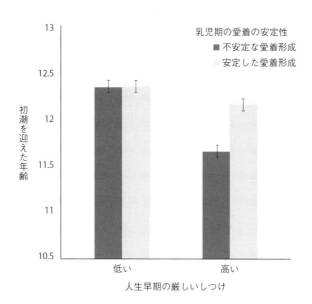

図 7.2. 生後 15 か月時点における愛着形成が不安定であった少女と，安定していた少女とにおける平均初潮年齢と発達早期の過酷な家庭環境の有無との関連性。以下より改変。Sung, S., Simpson, J.A., Griskevicius, V., Kuo, S.I., Schlomer, G.L. & Belsky, J. (2016). Secure infant-mother attachment buffers the effect of early-life stress on age of menarche. *Psychological Science, 27*, 667–674, figure 1. SAGE Publications, Inc. より許可を得て転載。

娘が早く成熟するのを防ぐはずである。私たちは，乳児期に愛着形成がなされていれば，なされなかった場合よりも，厳しいしつけが自分のためだと思うようになると理論づけ，結果はまさにそのとおりであった。4 歳半時点で過酷な家庭環境にあった女児の思春期が早期に到来するという発見は，娘が生後 15 か月時点で母親との間にしっかりとした愛着形成がなされていた場合には当てはまらなかったのである。娘の早期成熟が認められたのは，娘が乳児期に，母親との間に安定した愛着形成がなされていなかった場合のみであった。これらの結果が図 7.2 にグラフで示されている。4 歳半の時点で厳しいしつけを受けていれば早期成熟してしまうという現象に対して，安定した愛着形成はレジリエンス，つまり，保護要因として機能していたのである。このレジリエンスに関する結果は，厳しいしつけが思春期の発達を促進してしまうことが，決して避けられないわけではないと示唆している――もちろん確率論的なことであり，決定論的ではないけれども。愛着形成が，レジリエンス要因として機能する。人間の発達とは，なんと複雑なことか！

青年期における問題行動を避けるには

　4歳半のころに厳しくしつけられていた少女が早くに成熟してしまうことを避ける要因のひとつは特定したが（すなわち，乳児期の愛着形成），早期に成熟してしまう少女が非行に走ることを防ぐ可能性のある要因はあるだろうか。ニュージーランドの法律では，10代の若者に，性行動に関して質問することは禁じられている。しかし，これは大した問題ではなかった。というのも，リチャード・ジェサーとシャーリー・ジェサー（Richard and Shirley Jessor）が書いた1977年の著書 *Problem Behavior and Psychosocial Development*（問題行動と心理社会的発達）によって，飲酒，薬物使用，権威に逆らうといった規則を破る傾向がある10代の少女は，早期に性行為に至るということが明らかにされていたからである。

　早くに成熟してしまう少女が非行に走ることを防ぐ可能性のある条件について考えたとき，少年，おそらく特に年上の「悪い（非行）」少年たちが大きな役割を果たすのではないかと疑うのはたやすい。早くに成熟する少女を好きになるような少年というのは，見た目は格好よいが，中身はまだ子どもである。この憶測をどう確認すればよいか。ダニーデン研究では，少女が誰と一緒に過ごしているか確認するために，彼女たちが通っている学校に行ったり，近所で観察したりすることはない。私たち自身の子育てを含む自分たちの経験から想定可能ではあったが，年上の少年たちには，早くに成熟する少女たちのほうが，ゆっくりと成熟する少女たちより魅力的に映るのかどうかを調べるために，少女たちにわざわざ彼らを紹介するわけにはいかない。

　しかし，その後，私たちはわざわざ実験せずとも，日常生活のなかでわかることがあると気づいた。ダニーデン研究の一部の少女は女子校に通っていたが，他の少女たちは男女共学の学校に在籍していた。ニュージーランドでは，男女別の学校に通うという選択は，子どもが宗教系の学校や軍の学校に通うことを家族が望んだ結果というよりも，生徒が徒歩で通いやすいという理由による。よって，もし不良少年たちが少女の非行行動を促進するという私たちの推論が正しい場合，少女たちの早期成熟と問題行動との関連は，男女別の学校ではなく，共学校で顕著にみられるはずである。結果はまさにそのとおりであった。

　図7.3は，早くに成熟した13歳の少女では，女子校に在籍している子に比べ共学校に在籍している子はルール違反，つまり，お金を盗む，R指定〔18歳未満入場禁止〕の映画を観にいく，飲酒といった軽犯罪なみの行動におよぶ可能性が有意

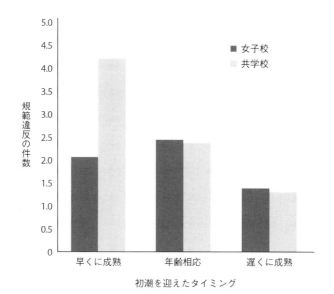

図7.3. 初潮を迎えたタイミング（早い，年齢相応，遅い）と学校種（女子校か共学校か）別にみた青年期初期における規範に反した行為。以下より改変。Caspi, A., Lynam, D., Moffitt, T.E., & Silva, P. (1993). Unraveling girls' delinquency: Biological dispositional, and contextual contributions to adolescent misbehavior. *Developmental Psychology, 29*, 19–30, figure 1. American Psychological Association より許可を得て転載。

に高いことを示している。他の大多数の少女たち，もしくは，遅く成熟した少女の場合には在籍校によるこのような差はみられなかった。さらに，少女たちの15歳時点での自己申告によれば，非行（万引き，マリファナの摂取，ハードドラッグといわれる薬物の使用など）についても同様の結果が得られた。言い換えれば，性的リスクを冒す可能性が高いと予測可能な，早くに成熟する少女たちは，少年のいない学校環境であれば，さまざまな問題行動を示さずにすむのである。少女たちが誘惑に負けてしまうのは，周りに，特に年上を含む非行少年たちがいるからである。非行少年たちは，幼い身体をした同級生と成熟した同級生とをまったく異なる目で見ているといえよう。

　これらの結果が特に重要となるひとつの理由は，性行動を含む非行のリスクが高まるのは，少女たちが早く成熟することだけではないと明らかにしていることである。言い換えれば，ホルモンの急増といった生物学的プロセスによって早期に成熟することだけが，少女たちの問題行動に関連するわけではない。環境が発達に与え

る影響は絶大なのである。男女共学校に通っていた早くに成熟した少女を女子校に入れれば，早期成熟に関連するリスクは現実のものとならないように思われる。つまり，少なくとも女子校に通う少女たちにとっては，早くに初潮を迎えたとしても特に厄介なことにはなりにくい。私たちの調査結果は，女子生徒が問題行動に手を染め非行少女になっていくには，思春期と少年という，少なくとも2つの要因が必要だと示唆しているのだ。

結論——不良少年のどこがよいのか？

　親であれば誰しも，自分の娘が将来性のなさそうな少年と付き合っていると知れば，やるせない気持ちになる。サンドラもそのうちの一人であり，娘のソフィもダニーデン研究に参加していた。ソフィは，適度に良好な環境下で育ったにもかかわらず，親の離婚で傷ついたのか，4歳年上の少年と付き合うようになってしまった。彼氏のオリバーの唯一の自慢といえば，ギネスビールを4パイント〔約2リットル〕飲んだあとでも，車を安全に運転できると豪語するくらいであった。サンドラがどれだけソフィとオリバーを別れさせようといろいろ試みても，恋は盲目状態であるソフィと，オリバーを別れさせることはできなかった。外出禁止にしてもソフィはこっそり家を抜け出し，あるときは，サンドラが勤務中に，オリバーが家に忍び込んでくるほどであった。サンドラの唯一の慰めは，彼女の妹がソフィと同年代のころに同じような状況にあったが，最終的には素敵な男性と結婚することができた，という事実だけであった。

　思春期の到来は，自分を「解放」し，他者を刺激する時期の始まりを意味する。これまで経験したこともない，大人のような行動をするよう自分の「背中を押してくれる」時期である。社会において，実年齢にそぐわない不安定な立ち位置にいる，青年期特有の状況から起因するともいえよう。第6章で，青年期特有の問題行動について検討した際にも説明しているが，昔の生物学的な成熟は，現在よりも遅い年齢で達成されていた。実際，過去200年間，西洋の近代化社会で起きた大きな変化のひとつが，かつてよりも何年も早く思春期が到来することである。これは一般に栄養と衛生面の改善がよりよい健康につながったためだとされている。

　思春期の発達が加速した結果のひとつとして，今日の少女と少年は，大人として社会的に認めてもらえないにもかかわらず，身体だけが先に大人になってしまうことが挙げられる。昔は，身体の成熟と大人として求められる役割は一致していたが，

第 7 章　早くに成熟してしまう少女，問題のある家庭環境，そして不良少年　　143

現代ではそれらは切り離されている。その結果，青年期となり生物学的には成熟しているが，運転，飲酒，セックスができる成人としての責任と特権が与えられるようになるまで，（場合によっては）5 ～ 10 年もの時間差が生じてしまう。思春期が早くに到来しても，社会的に成熟するには程遠いという状況が明らかとなり，それが 10 代の若者にとってつらいところである。早くに成熟したティーンエイジャーであっても，経済的および社会的には家族に依存し続けており，重要な場面において自分で決断する，といったことはほとんど許されていない。それでも，彼らはしばしば異性との親密な関係性を構築し，自ら決定を下し，そして（ほとんどの）大人がするように，自分で好きなものを買いたがるのである。

　早期に成熟していながらも，社会的には認められていない，という時期に共学校に進学する場合，そこには多くの年上の少年がいる。少女の観点からは，年上の少年たちは先述した「成熟度のギャップ」に苦しんでいるようには見えない。年上の少年たちは，車，衣服，ドラッグといった所持品を盗難や悪行によって入手する。他者への影響力がある不良少年たちは，しばしば家族と深い関わりをもつことなく距離をおき，自由に，好きなように過ごしているようにみえる。彼らは，喫煙，運転，飲酒，麻薬の使用などをするかどうか，自分で決めることができる。同時に，彼らはより性的に経験があり，異性に対する自信をもっているように見える。要するに，非行は子どもから脱却するための効果的な手段を提供し，年上の非行少年たちは，そうするための理想的なモデルとみなされ，特に，早くに成熟してしまう少女たちを魅了しかねない。

　厳しい養育環境のなかで少女が育つと思春期の発達が促進され，身体的な成熟が，早期の性行動，非行，および安定しない親密な関係性を助長する可能性が示唆された。厳しい養育環境がもたらす影響は決して避けられない。しかし，親子の関係性が安定した愛着関係の元に築かれているならば，厳しい子育ての効果は緩衝され，むしろレジリエンスとして機能することもありえる。たとえ少女が早く成熟したとしても，非行や性的活動は避けられないことではなくなる。つまり，2 つの要因が同時に存在する状況が問題なのである。早くに成熟するだけでも，学校に少年たちがいるというだけでも十分ではない。しかし，この 2 つが重なれば，非行と性的行動といったトラブルのリスクが劇的に高まるのである。

第IV部

家族を超えて

第
8
章

保育所に関する
良いニュースと悪いニュース
Good News and Bad News about Day Care

人間の発達についての研究は，頭の固い人々は言うまでもなく，偏見なく新しいものを取り入れる人々でも意見が一致しないと思われるような多くのテーマに触れているという事実から，人間がどのように発達するかについての研究が論争の的になりうるというのは驚くべきことではない。マリファナの使用がメンタルヘルスに及ぼす影響（第11章）や，心理的・行動的発達の形成における遺伝の影響（第12・13章）など，本書で取り上げられているトピックのいくつかをよく考えてみよう。このようなトピックに関して多くの人がもっている大きな誤解のひとつは，報告された結果は，身近な問題を冷静かつ正直に調査したものではなく，調査員が自分の信念と信条の結果として見つけたいことを反映しているという，明白ではないにしても暗黙の思い込みである。したがって，例えば，大麻の使用がメンタルヘルスのリスクにつながることを調査結果が示している場合，それはそもそもこの信念が研究の動機となったからとなる。言い換えれば，研究は，問題への対処や仮説の検証ではなく，主張を証明するために設計し実行されたものなのであった。

これまでの経験から，この誤った科学的企ての見方に異議を唱えるひとつの方法は，実証的に示されるものと，個人的に世界と発達にどうあってほしいかとの区別を劇的に表現することであることがわかった。これは，単に次のように質問をするだけで達成できる——「気象予報士が，もちろん高度な気象観測に基づいて，明日雨が降ると報告した場合，それは彼が晴天に反対していることを意味するだろうか？」。ここでのポイントは，人間発達の研究者は世界がどのように機能し，私たちがどのように発達するかについて「ルールをつくる」ことはないので，彼ら，そして私たちの発見は，これが事実であると仮定したレンズを通して解釈されるべきではないということである。もちろん，私たちが研究することは私たちの興味や関心を反映しているが，私たちが誠意をもって活動し，科学的に健全な方法で研究を

遂行する場合，その結果は，私たちが発達や世界がどのように機能してほしいかに左右されるものであってはならない。むしろ，それがどのように行われているかをシンプルに反映したものでなければいけない。そして，誠実な研究者として，私たちはつねに，そうでなければよかったと思うような発見を受け入れる準備ができているべきである。

そうは言っても，発達（あるいは世界）がどのように影響を及ぼすかについて研究が明らかにしたことは，それがどのように影響を及ぼすべきかを示すものではまったくないと理解することも同様に重要である。あるものが何であるかが，どのようにあるべきかを示すと仮定することは，哲学では「自然主義的誤謬」として知られている。悲しいことに，非常に多くの科学情報を消費するだけの人は，科学者の目的は何らかの生き方や行動の仕方，または発達の方法を確認し奨励することであると推測して，学者のした発見に対して学者自身を非難する。これについての明白なエビデンスは，エイズが，少なくとも当初はゲイのコミュニティで蔓延し，拡大していったことを示す初期の知見に対するいくつかの反応にみられる。これにより，この発見をした学者は同性愛嫌悪者であるという非難が起こったが，それは決して事実ではなかった。彼は単なる HIV の「気象予報士」だった。しかし，科学的動機についてのこのような誤った原因づけのエビデンスを見るために，1980 年代初頭まで遡る必要はない。今日，気候変動を研究し，報告している研究者をどのようにみなしているかを考えてみよう。

これらのコメントは，保育所が児童期と青年期の発達に及ぼす影響を調査することによって私たちが共有する，次の発達の冒険への重要な前奏であり，それによって本書の 3 番目の目標とテーマである，家族を超えた子ども時代の経験がのちの発達に及ぼす影響に取り組むことになる。この分野の研究は，人間発達の分野で最も議論の的となっているものの一部である。多くの人は，特に幼い子どもをもち，働いているために子どもの世話を他人に頼る母親と，子どもの世話をするために家に留まる母親との終わりのないような「ママ論争」についてよく知っているだろう。多くの専業主婦，そして彼女らの選択を支持する人々にとって，幼い子どもが献身的な親，たいていは母親によって世話を受けたときに最も健康に育つことはしばしば「常識」とみなされている。しかし他の人にとっては，親が子どもを保育所に預けたり，しばしば他の子どもたちと一緒に近所の人に面倒を見てもらう「家庭的保育」と呼ばれるサービスを利用した場合と同じように，子どもが家族ではない他者の世話でも健康に育つことは常識である。母親，家族，子どもにとって何が最善かについてのこれらの対照的な見解の結果として，ある見解と一致しているように見

えるエビデンスが，世界を異なる視点で見る人々には本質的に偏っているとみなされることは珍しくない。

今日の保育所

保育所の効果の問題に関して多くの人が十分に理解していないと思われるのは，過去30年から40年で米国における子育てがどれほど変化したかということである。それ以前から，5歳前後で就学するか，3・4歳前後で就園するまで，実に多くの母親が妊娠後の復職を待っていた時代があった。もちろん，家庭が貧しかった場合には，母親は子どもがさらに幼いときでさえ日常的に仕事を探していた。しかし，過去数十年の間に，多くの子どもたちの経験が変化してきた。一般的にはその家族が2つの収入を必要としているため，あるいはひとり親家庭の場合は収入が1つだけであるため，母親が（子どもと一緒に家にいる間に孤立するよりむしろ）日常的に他の大人と関わってキャリアを追求したい，または将来起こりうる離婚の経済的なマイナス面から身を守りたいという願望にさえ応えているためである。

実際，米国国勢調査局はかつて5歳未満の子どもの母親の就業率のみを報告していたが，時間の経過とともに，最初は3歳未満の子どもをもつ母親，次に1歳未満の子どもの母親，そして最終的には6か月未満の子どもの母親についてさえ報告するようになったのは興味深い。これは，米国の子育てに起こっていた劇的な変化に対応したものであった。現在，連邦レベルでの有給の育児休暇の政策がないことから，ほとんどの母親は乳児が生後6か月になる前，そして確実に子どもの最初の誕生日前には仕事に復帰するのが現状である。実際，5歳未満と6か月未満の子どもの母親の就業率は事実上同じで，50%を超えている。それゆえ，米国では，子どもたちが何らかの「早期に，長時間の，継続的な」保育を経験することが現在では一般的である。ここで，「早期」とは，生後1年のある時期に開始される保育を指し，「長時間」とは，週に20〜30時間以上の保育を意味し，「継続的」とは，義務教育が始まるまで保育が続くことを意味している。しかしながら，この全期間にわたって同じ保育サービスが利用されていると推測するべきではない。確かに，たいていは子どもの発達能力の変化あるいは現在の保育サービスの破綻によって，保育サービスが何度も変更されることが一般的である。これは，子どもの初期の保育がベビーシッター（nanny）か，家庭的保育の家，または保育所で提供されるかにかかわらず真実である。

保育所に関する論争

先に述べた大きな社会変化，すなわち社会実験が1980年代半ばに行われていたとき，保育所の効果に関する学術論文で大きな論争が勃発した。それは大衆紙に波及し，議会の公聴会にまで持ち込まれ，そして最終的にはここで説明する研究につながった。このテーマに関する専門知識をもつ大学の学者たちの主流かつ進歩的な見方に異議が唱えられたとき，この論争は起こった。異議の内容は，保育所が質のよい，すなわち提供される保育が，思いやりがあり，子どもの要求にすぐ反応し，愛情深く，よい刺激を与えるものであれば，子どもたちが健康に育つことができる，育つだろうという広く受け入れられた主張を含んでいた。保育が開始されたときの子どもの年齢と，子どもが毎週保育所で過ごした時間数は，乳幼児期の発達の専門知識をもつ学者のほとんどに，多かれ少なかれ無関係であるとみなされた。この後者の主張が疑問視されたのである。

反論はエビデンスに基づいたものでもあるが，保育所の効果に関して重要なのは保育の質だけの要因ではないというものであった。数日，数週間，数カ月，数年にわたり保育所で過ごした量または累積時間もまた重要であった。そしてさらに重要なことに，この改革論者の見解は，長い間，母親だけが上手に乳幼児を世話することができるという信条的な論拠に基づいていたのでなく，むしろ人生の非常に早い時期に開始された保育所の長時間利用が，親子の不安定な愛着のリスクを高め，子どもが3～8歳のときの攻撃性と反抗性のレベルをやや高めたという新たなエビデンスに基づいていた。

ある観察者がこの論争を的確に特徴づけたように，「保育所に関する論争」の開始には少なくとも2つの理由があった。1つは，すでに示されているように，保育所の効果に関する意見は，客観的なエビデンスと同じくらい信条的な信念と願望に基づいているということであった。そのため，母親だけが幼児の世話をすることができるという見解に対抗することは，このような見方を，女性を「裸足でキッチンの中で妊娠したまま」にさせながら女性のキャリアへの権利を否定することが，長年にわたる家父長制の成果でしかないとみなすことであった。保育所の効果についての白熱した議論につながる2つ目の要因は，エビデンスが限定的であり，完全に決定的なものではなかったため，研究のエビデンスから代わりとなる見解を支持するものが見出される可能性があるということであった。このように，保育の質が良

好であるかぎり，他に何も問題はないという一般的な見解に異議を唱えた学者によって示されているとおり，偏見なく新しいものを取り入れる学者はデータを異なる方法で見ることができ，見ようとし，そして見るべきであると主張した。悲しいことに，知的寛容さは論争の勝者にはならなかった。人生の最初の1年を保育に長時間費やされることへの懸念を，科学に見せかけた女性蔑視にすぎないと考える人もいたが，保育の質，しかも質のみへの強迫的な懸念が，願望充足やポリティカル・コレクトネス〔political correctness: 差別・偏見を防ぐ目的で，政治的・社会的に公正・中立とされる言葉や表現を使用すること〕にすぎないと考える人もいた。今日よく知られている後者の用語は，保育所戦争の勃発時には造られてさえいなかった。

　発生した学術論争の大きなメリットのひとつは，米国立衛生研究所（NIH）の一部門である米国立児童保健発達研究所（NICHD）の関心を引きつけ，その結果，これまでに実施された保育所の効果に関する最大かつ最も包括的な研究である「NICHDによる早期の子どものケアと若者の発達研究（NICHD Study of Early Child Care and Youth Development: NICHD研究）」への資金が提供されたことである。この研究が保育所の効果について明らかにしたことが，この章のテーマである。この本の著者の一人であるジェイ・ベルスキー（Jay Belsky）は，この1億5000万ドルのプロジェクトを指揮した多くの研究者の一人であるだけでなく，少なくとも米国の子どもたちが経験した保育所の世界において，保育の質だけでなく量が子どもの発達に影響を与えると主張することで，一般的な定説に異議を唱えた改革論者でもあった。

NICHD による研究

　NICHD研究は論争から生まれたとはいえ，衝突やトラブルもなく進められたというのは控えめな表現だろう。それは，非常に多くの大学から，何をまたはどのように研究を実施すべきかについて見解が一致しない発達学者を共同で研究させるために集めたからである。これは，ほとんどどのような調査を実施する場合でも，ましてや生まれてから15年間にわたり，10の異なる場所で育った1000人以上の子どもを追跡する調査であれば，偏見なく新しいことを取り入れる研究者にとって，まったく異なる考え方をしたり，強い感情を抱いたりしながら，非常に多くの決断を伴う問題であった！　例として，次のジレンマを考えてみよう。考えうる年齢す

べての子どもを研究することはできないとして，生後6か月，9か月，または12か月の子どもを研究すべきだろうか？　家族以外の経験が発達に及ぼす影響について最も明らかになるのは何歳だろうか？　私たちが実験環境を厳密にコントロールすることができる大学の実験室に彼らを連れて行くべきか，あるいは彼らの日常生活を見るために私たちが家に行くべきだろうか？　家族環境の違いが大きいため，発達的影響のわずかなシグナルとなりうるものを見つけるには，実験室はあまりにも人工的で，または家はあまりにも「騒々しい」だろうか？　子どもの行動について親および／または教師の報告に頼るべきか，それとも実際に子どもの行動を観察して記録するべきか？　親は間違いなく教師よりも自分の子どもをよく知っているが，教師は，長年の教育で観察してきた同年齢の子どもが多数いることを考慮すると，子どもの行動を評価する際に，よりよい「比較のポイント・類似点」をもっていると思われる。保育所の子どもたちに限定するべきか，それとも家庭的保育として知られる，友人や近所の人に世話を受けている子ども，あるいは両親が働いている間に自宅のベビーシッターに世話を受けている子どもさえも含めるべきか？　結局のところ，特に乳幼児期には，保育所は一般的でなく，むしろ両親が働いているときに乳児が世話を受ける場合の例外である。父親や祖父母が行う母親以外の保育をどのように考えるべきだろうか？　これは一種の保育所なのか，それともまったく別のものか？　このように，データを統計的に分析する際には，こうした家庭で行われる母親以外の保育を，保育所で提供されるような他の種類の保育と同じように扱うべきだろうか？　正直なところ，縦断的観察研究における意思決定は終わりがなく，たいてい真に「正しい」答えはないものである。言うまでもなく，個人が強く，しばしば対立する見解をもっているグループでは，衝突の可能性は事実上際限がない。

　多くの共同研究者は，集団的な意思決定について終わりのないように見えるプロセスが極めてストレスフルだと感じたが，最終的には非常に有益なものとなった。研究に貢献した特定のサブサンプルの子どもたちについて厳密に同じ科学的プロトコル（つまり，方法と手続き）を実行する，全国の10の大学を中心とする研究チームによる，真に共同の取り組みが構築された。ときには，これから見ていくように，各チームが研究で興味がある，あるいはないかもしれないことを，そして最も適切か，そうでないと思われるような方法で，測定し調査することが求められた。言い換えれば，コラボレーションは妥協を意味した。昔ながらのやり方は，グループの決定に合わせるよりもむしろ，自分たちが最善と考えた方法で各自の研究を実行するものであったため，私たちの大多数にとってこれは根本的に新しい進め方で

あった。1364 人の子どもたちが生まれてから 15 歳になるまで，真に共同的な研究を構築しようと奮闘したことは，少なくとも科学的な見地からは価値があったことを，これまでの過程が証明してくれたと，私たちは信じている。私たちが示すように，共同研究が生み出した対立の短期的なコストは，科学的な疑問と回答に関して長期的な利益をもたらした。

　とりわけ，NICHD 研究の中心的な目標は，1992 年のビル・クリントン（Bill Clinton）大統領選挙の中心的な焦点を彷彿とさせるような，かなりシンプルかつ劇的な言い方で提示されうる命題を評価することであった。ただしそれは「経済こそが重要なのだ，愚か者」の代わりに「質こそが重要なのだ，愚か者」となった。つまり，少なくとも一部の研究者の中心的な仮説は，すでに明記されているように，米国では決して日常的なことではないと誰もが理解していたが，保育所の質が高いかぎり，子どもたちは保育所で健康に育ち，それによって入所年齢と毎週の保育所で過ごす時間数を意味する保育の量は問題ではない，というものであった。しかし，研究に携わった 20 人以上の学者のうち，非常に限られた数人が提唱した別の仮説は，保育の質は重要であるが，重要なのはそれだけではなく，特に子どもの社会的・情緒的発達に関しては，保育の量も重要であるというものであった。

　共同研究者がこれらの問題についてどのように感じていたとしても，すべての研究者は，保育所の影響について何十年にもわたって多くの学術的，一般的な論説を形成してきた，保育所は子どもたちにとって良いものか悪いものかという単純な考え方を超えていく必要性は認識していた。NICHD 研究の共同研究者は，保育所の経験は多面的であり，少なくとも保育の質と量の両面から研究する必要があることを理解していた。栄養学者が，食物摂取量が成長に及ぼす影響を研究する際に，人が食べている量のみよりも，たんぱく質と炭水化物の摂取量を区別する必要性を認めているのと同じように，私たち発達科学者は，保育所の経験を分解して，その構成要素の影響を調査する必要があることを知っていた。

　おそらく驚くべきことに，これまでこのようなことは行われてこなかったのではないだろうか。少なくとも，保護者に保育の質を「良い」「どちらでもない」「悪い」と評価してもらうだけの回答よりさらに，子どもがどのくらいの時間を保育所で過ごしたかを報告してもらいたい場合には，NICHD 研究で実証されたように，非常に費用がかかるからである。実際，NICHD 研究がとてもユニークで高価なものであった要因は，子どもの保育所経験を観察するためその子が受けていたいずれかの保育サービスに，高度な訓練を受けた観察者を派遣して，保育の質を慎重に測定したからである。決定的なこととして，これらの観察は，2 日間それぞれで数時

間かけて，保育者たちが，思いやりがあり敏感で，応答的で刺激のある，愛情の込もった方法で子どもと関わり合う程度に焦点を当てた。これは，子どもの人生のある時点ではなく，子どもが生後 6 か月，15 か月，24 か月，36 か月，54 か月のときに行われた。さらに，子どもが児童期になったときにも同様の方法がとられたが，現在は小学 1 年生，3 年生，5 年生の教室で観察が行われている。これは，就園時以降の保育所の長期的な効果を調べる際に，発達にもたらす学校教育の経験の違いによる影響を除外するために必要と判断されたものである。さらに，どの年齢においても，子どもの家族について，両親に質問紙に記入してもらったり，面接に参加してもらったり，子どもとのやりとりをビデオで撮影してもらったりと，非常に多くの方法で慎重に調査した。これは学校教育と同様に，保育所の効果を評価する前に，家族の経験の違いの影響を割り引くことができるように，繰り返し行われた。認知的，社会的，情緒的，行動的といった子どもの発達のさまざまな側面についても，子どもの年齢に応じて繰り返し測定した。これは，質と量の違いが発達の異なる領域に影響を与えるかどうかを判断するために行われた。これらによって，研究チームは，少なくとも非実験的な観察研究という文脈の中で，保育所の質と量が児童期と青年期の発達に影響しているか，どのように影響を与えているかを評価することが可能となった。明らかに，これが唯一の方法であった。結局のところ，第 1 章に記したように，私たちが保育で予想される有害な影響を調査できるように，どのような親が自分の子どもを生後 3 か月から長時間，ほったらかしの保育サービスに入所させることを申し出るだろうか？　同様に重要なのは，どのような研究者がそのような非倫理的な研究に参加するだろうか？

　NICHD 研究から明らかになった数多くの学術報告から得られた主な知見を共有する前に，この研究が実証的課題にどのようにアプローチしたかと，本書の他のすべての章の焦点となっているダニーデン研究や E-リスク研究との違いを指摘しておこう。前の章で明らかになったように，またその後の章でも明らかになるように，マリファナの使用や少女における早期の身体的成熟のように，ある種の発達上の経験や暴露の影響を評価する際には，一連の段階を踏むのがひとつの進め方である。はじめに，問題となっている経験や暴露が，関心のある結果と系統的に関連しているかどうかを判断する。次に，もしそうであれば，家族の社会階級や子どもの IQ といった代替説明要因を考慮に入れても問題の関連性が残っているかどうかを，通常はそれらを統計的に統制する（つまり，割り引く）ことによって確認する。

　NICHD 研究では，このような完全に健全な 2 段階の方法では進めなかった。その代わりに，私たちは，保育経験が無作為に割り振られていないことを正しく認識

することから始めた。自宅で親に養育されていた子ども，質の低い保育を受けていた子ども，中程度または高いレベルの保育を受けていた子どもは，収入，親の教育歴，養育の質など，そもそもの特徴が異なる家庭から来ていたのである。このように，保育の質や量が子どもの発達にどのような影響を与えるかを評価することを検討する前に，子どもがどのような保育を経験するかに影響を与える多くの要因や力，特に保育の影響とは別に子どもの発達に影響を与える可能性の高い要因や力の効果を評価し，割り引く必要があった。このように，2段階での進行ではなく，保育の影響を評価するためのすべての取り組みは，保育の影響を評価した同じ多変量解析の中で，こうした統計的な統制を統合した。この結果，多かれ少なかれ，すでに説明した2段階のアプローチを統合した1段階のプロセスとなった。

　統制された要因や力，すなわち保育の効果を評価する前に割り引かれたものは，世帯構成員の数に応じた世帯収入，家族が二人親かひとり親か，子どもが白人かマイノリティか，子どもが男児か女児か，そして幼児期の気質が「手がかからない子（easy child）」か「手がかかる子（difficult child）」か，母親が一定程度の抑うつを患っていたか，母親自身の子どもとの関わり方の敏感さや反応のよさ，刺激が少ないよりむしろ多かったか，などが挙げられる。これらの力や要因は，子どもの年齢に応じて繰り返し測定されたため，児童期早期とその後の両方で，それらの潜在的な影響を割り引いた。特筆すべきこととしては，子どもたちが学校に通うようになるころには，すでに述べたように，子どもたちが1年生，3年生，5年生で経験した指導援助と情緒的サポートを測定するために教室での観察を行って，彼らの学校教育の質についてわかったことをもとに統制した。繰り返しになるが，これは家庭での経験と同じように，学校教育の経験によるあらゆる影響と区別して，保育の長期的な効果を評価したかったからである。

　おそらく強調しておくのがいっそう重要なのは，前段で述べた他のすべての要因や力に加えて，保育の質の効果を評価する際には保育の量の効果を割り引き，また保育の量の効果を評価する際には，質の効果を割り引いた（つまり，一定にした）ということである。これにより，保育経験の質や量のいずれかの影響が検出されても，それが保育の他の側面の結果ではないことが保証された。こうした方法で進めていくことで，「質こそが重要なのだ，愚か者」，すなわち質がよければ保育時間の長さは子どもの発達に関して重要ではない，という主張を直接評価することができた。同様に重要なのは，質の高い保育環境や質の低い保育環境でより多くの時間を過ごすことが，質の高い保育で見込まれる有益な効果と，質の低い保育で見込まれる子どもの発達への悪影響を増幅させるかどうかを評価することができるというこ

とである。

乳幼児と親との関係性の発達

　英国の児童精神科医ジョン・ボウルビィ（John Bowlby）によって最初に提唱された愛着理論に基づいた幼児発達の視点は，おそらく特に人生の最初の時期に関して，保育所が親子関係の発達を弱体化させるのではないかと多くの人が思い込むことにつながった。この考えは，親からの分離は，本質的に子どもにストレスフルであり，保育所にいることが親からの分離の繰り返しになるので，子どもの情緒的な安心感が損なわれるのではないか，ということであった。そのため，子どもは，必要なときに親がそばにいてくれることを期待することができないと感じるようになる。子どもから離れている時間が多いと，親が子どもをよく知る能力が制限され，そしてこれは単に分離の経験だけでなく，養育を損ない，それによって親子関係の発達と子どものウェルビーイング（幸福）を損なう可能性があるという見解とは無関係ではなかった。

　親と子どもの愛着関係を研究する古典的な方法は，「ストレンジ・シチュエーション」として知られる手続きによるものである。これは親と生後12～18か月の子どもをよく知らない大学の研究室に連れてきて，短時間（3分足らず），親と子どもを繰り返し離れさせ，ときどき子どもをひとりきりで知らない大人と一緒にして，分離の経験によって（意図的に）ストレスを受けさせたあと，親と再開したときに子どもがどのように反応するかを観察するものである。ビデオ撮影された子どもの行動，特に分離のあとに親と再開したときの子どもの反応を注意深く分析することで，愛着関係が安定しているか不安定かが判定される。安定した愛着をもつ子どもは，遠くから戻ってきた親をはっきりした方法で歓迎するのが一般的である。子どもが深刻な苦痛を感じていない場合は，笑ったり，指差しをしたり，声を出したりする。子どもがひどく動揺している場合——数人はそのような子どもがいる——親に近づき，身体的な接触を求め，親の腕の中に慰めと癒しを見つけ，一度落ち着かせると親から離れ，おもちゃで遊ぶために部屋に戻ることができるということさえもみられる。

　対照的に，不安定愛着の回避型の子どもにおいては，親が帰ってきても無視したり，親のほうに向かう途中で身体的に近づくことを止めてしまったりする。このような子どもたちは，通常，他の子どもたちよりもあからさまに苦痛を感じることは

ないが，まったくストレスを感じていないわけではない。不安定愛着の2つ目のグループの子どもは抵抗型と呼ばれ，一般的には，母親と見知らぬ人の出入りにひどく動揺し，親が戻ってきたときに，立ち直って自分自身で慰めを得ることができずに床に寝そべって泣いているか，またはアピールができる場合は，苦痛を感じている間，ずっと抱っこしてとしつこく要求するだけで，抱え上げられたあとは親を押しのけて下に降りようとする。

　保育所論争の中心となるエビデンスのいくつかは，乳幼児のころに保育所で多くの時間を過ごした子どもたちは，彼らの愛着関係において不安定・回避型のリスクが高まったことを示しているように思えた。しかし，彼らが戻ってきた親からの心理的・物理的な距離を維持していたのは，愛着理論の研究者によって推定されるように，不安の反映の結果として，彼らの情緒的なニーズに合った親の有用性と応答性への不信感だったのか？　あるいはこれらの子どもは自立していて，親からの分離をよく経験していたので，特に気にしていなかっただけなのか？

　研究者間の妥協の必要性についてすでに示唆されていることを考慮すると，この質問に対する答えに全員が同意したわけではないことはおそらく驚くべきことではないだろう。ストレンジ・シチュエーションを保育所の効果を評価するために使用することに反対したNICHD研究の共同研究者の中には，保育所に通うことで親との分離経験が多い子どもが，ストレンジ・シチュエーションでの分離後に親との心理的・身体的な接触を急いで確立しようとしなかった場合，自立していることが回避型と誤解されていると主張した人もいた。他の共同研究者は，愛着理論の信奉者といってもよいかもしれないが，それを主張していた。前者のグループは，多かれ少なかれ，乳幼児と親との関係性を理解したいのであれば，親と子の相互作用を観察すればよい，と主張した。特に，ストレンジ・シチュエーションの中心となる分離は，分離の経験が豊富な子ども（つまり，保育所にいる子ども）とそうでない子ども（つまり，家庭で母親だけに世話を受けている子ども）では，同じ体験とはならないので，子どもにストレスを与える必要はない。このように，ストレンジ・シチュエーションに頼っては，似たようなものを比較することはできない。こうした意見の相違の解決法は，とてもシンプルであることがわかった。それは，ストレンジ・シチュエーションにおける乳幼児と親との関係性を双方向で研究し，ストレスのない環境の下での親子の相互作用を観察するだけであった。

　保育所が愛着に及ぼす影響について私たちが発見したことを共有する前に，主流派の考えの多くが子どもの発達に関して時代遅れの見解にすぎないとみなしており，ベルスキーが人生早期に保育所で多くの時間を過ごすことが不安定愛着の発

達の「リスク要因」であると仮定することにつながった，参照可能なエビデンスについて記し，物議を醸した書籍を指摘しておくことが重要である。定義によれば，ほとんどのリスク要因は，他のリスク要因とともに起こると，発達を損なう中で，「(黒)魔術」のような働きをするとされる。これはとてもよく知られた考えである。私たちは，例えば，肥満は心血管疾患のリスク要因であるが，このリスクは，人が喫煙しているとき，運動していない，あるいは心血管疾患の病歴をもつ家族の生まれであると，実現化する可能性が高いことを知っている。この原理は本書の第7章でも見てきた。早期の性的成熟と少年，特に年上の少年との出会い（暴露）というリスク要因の両方が存在していたときに，女性の問題行動が早期に成熟した少女に特徴的なものとなる可能性が最も高かったことを思い出してほしい。このため愛着の研究に適用する際，このリスク要因の視点は，保育所の効果は子どもがさらされる他のリスク要因を考慮して検討する必要がある可能性を示唆している。

　このように，保育所が愛着に及ぼす影響に関して言えば，結果はベルスキーのリスク因子の考え方と一致していた。保育（保育所，家庭的保育，またはベビーシッター）により多くの時間を過ごし，実際に生後15か月にわたって週に平均10時間かそれ以上過ごした子ども（リスク要因1）が無関心な母親の育児（リスク要因2）も経験した場合，**その場合にかぎり**，15か月時点のストレンジ・シチュエーションで見られるように，他の子どもよりも母親への不安定な愛着を形成する傾向がみられた。保育の質の場合でも同じ**二重リスク要因**効果が現れたことも同程度に有意であった。質の低い保育（代替リスク要因1）と無関心な母親の育児（リスク因子2）の組み合わせもまた，不安定愛着のリスクを増加させた。この結果のもうひとつの見方は，保育で過ごした時間の多さと質の低い保育が（別々に），子どもとの関わりで一定以上に無関心だと判明した母親をもつことに伴った不安定愛着のリスクを**増幅させた**ということである。NICHD研究が開始された時点で，母親の無関心が乳幼児期の不安定な愛着の最も有効な予測因子であることがすでに確立されていたことに注目することが重要である。

　注目すべきことに，2年後の月齢36か月で，保育所が愛着に及ぼす影響を再調査したところ，（生後36か月にわたって）保育所で多くの時間を過ごしたことと，無関心な母親の養育の二重リスクの組み合わせだけが，ストレンジ・シチュエーションを用いて測定された不安定愛着を予測し続けていた。質の低い保育を含む二重リスクは，もはや愛着の安定性に影響を与えていないようであった。この調査結果は，保育所に関する論争の発端の中心である物議を醸したリスク要因の主張と一致しているだけでなく，「質こそが重要なのだ，愚か者」という主張とも矛盾してい

た。なぜなら，質の高い保育と質の低い保育のどちらも経験した子どもたちに，保育の時間の多さを含んだ二重リスク効果が現れていたからである。このように，特に質の高い保育を受けていても，（無関心な母親の養育と相まって）早期から長時間の保育を経験することに伴った不安定愛着のリスクの増加を取り除くことはできなかった。つまり，保育所を研究しているほとんどの発達学者が長い間説いてきたように，この場合の質の高い保育は，長時間の保育と無関心な母親の養育に直面するという逆境からの回復力（レジリエンス）を促進するものではなかったのである。

　しかし，NICHD 研究の共同研究者の中で，実にほとんどの者が，保育所の効果を調査する際にストレンジ・シチュエーションに頼ることに深刻な懸念を抱いていたということを思い出してほしい。驚くことではないが，この分離に基づいた手続きによる愛着の安定性の査定とそれによる評価に反対した人々は，先ほどまとめた愛着の所見からあまり多くの意味を明示しようとはしなかった。では，ストレンジ・シチュエーションにおける乳幼児の愛着行動ではなく，ストレスのない環境で子どもと接している母親のビデオテープに私たちが焦点を当てたときに何が浮かび上がったか？　「質こそが重要なのだ，愚か者！」という議論に挑戦する，さらに多くのエビデンスが出てきた。これは，保育所で多くの時間を過ごすリスク要因１が，今や単独で，以下の支持的で子どもの要求に敏感な母親の養育の低さを予測していたためである。実際，母親の相互作用行動の詳細な分析では，乳児が生後６か月，生後 15 か月，生後 24 か月，さらには生後 36 か月においても，母親以外による保育でより多くの時間を過ごしたとき，母親と乳児の関わりを，それぞれ生後６か月，15 か月，24 か月，36 か月の時点で観察すると，子どもへの敏感さが低かったことが明らかとなった。反対に，この場合も多くの代替説明要因を統制した上で，保育所で過ごす時間が少ないほど，これらすべての時点で母親の感受性がより高いことが予測された。このような結果は，子どもから離れている時間が長いほど，子どもをよく知り，最も発達を促進させる方法でふれあう親の能力が損なわれる可能性があるという主張と確かに一致しているように思われる。質の低い保育にさらされることで育児における母親の感受性が低くなることを示す，いくつかのエビデンスが間違いなくあったが，そのようなデータは，母親の養育における保育の量の効果に関するデータよりも，一貫性が低く説得力のあるものではなかった。

　要するに，ストレスフルな分離手続きを用いた（２つの異なる年齢での）愛着の安定性の測定や，ストレスのかからない条件（４つの異なる年齢）での相互作用の単純な観察など，乳幼児と親との関係性の発達をどんなに調べても，保育の量が，保育の質よりもさらに重要であった。これは，保育の質が良いか悪いかは関係ない

ことが事実であることを証明した。言い換えれば，主流派の考え方が長い間主張してきたように，質の低い保育が，多くの時間を保育所で過ごすことが乳幼児と親の関係性の機能の低さに関連していることの理由ではないということである。

社会的・行動的・認知的発達

　NICHD 研究において，親子関係の発達に注目した理由のひとつは，単に愛着理論から引き出された発想だけではない。子育てや親子関係の発達が広い意味で子どもの発達に与える影響が推定されたことも，調査の焦点となった。発達の他の多くの側面への関心とともに，NICHD 研究チームはこのことを考慮し，保育所の量と質が社会的・行動的・認知的発達に及ぼす影響について調査することとなった。この点で，保育の量に注目したベルスキーの物議を醸したリスク要因の視点は，不完全ではあるが，保育所で多くの時間を経験した子どもは，3 歳から 8 歳の時点で他の子どもよりもやや攻撃的で反抗的に見受けられたという，初期のエビデンスに基づいていたことを思い出してほしい。同時に，NICHD 研究が開始される前から，質の高い保育，特に認知的発達に関連した発達上の利点にも注目が集まっていた。

就学前の発達

　このような学術的背景から，私たちは，2 歳，3 歳，4 歳半の子どもの社会的・情緒的行動について保護者や保育士らに尋ね，これらの年齢での子どもの知的発達を標準化された発達検査によって正式に評価することにした。繰り返しになるが，その結果は最も興味深いものであった。最も注目すべきは，量と質が発達のまったく異なる側面に影響を与えていると見受けられたことである。2 歳，3 歳，4 歳半のいずれの年齢で知能を測定しても，質の高い保育がやや高い認知・言語能力を予測したが，保育の量は，これらの測定年齢における標準化されたアセスメントでの知的パフォーマンスに顕著な影響を与える役割はみられなかった。これが保育所の効果についての「良いニュース」であった。

　社会的・情緒的・行動的発達を調査したところ，完全ではないにせよ，状況はほとんど逆であった。保育の質が高いほど，いくつかの年齢で測定された結果についてより高い社会的能力が予測されたが，このような予測の頻度は，特に認知機能への保育の質の効果が広く，社会的・行動的能力に対する保育の量の効果がより一貫

していることと比較して，非常に限定的であった。

　しかし，量の効果に関しては，話は少し複雑だがあることが証明され，矛盾しているというよりは一貫性があり，確実に有益であることがわかった。子どもの生後早期に遡った保育所での経験を必ずしも知らない保育所の保育士らの報告によると，生後2年にわたって保育園で過ごした時間が長いほど，2歳になると攻撃性や反抗性を示すようになることがわかった。子どもたちが経験した保育の質にかかわらず，再びこの事実がみられた。しかし，この「悪いニュース」の結果は1年後，生後36か月の時点で子どもの社会的・行動的能力を再度アセスメントしたときには，再び現れることはなかった。この明らかな不一致は，共同研究者間での意見の相違につながり，これらの知見を報告する科学論文における考察にも反映された。先ほど述べた，保育所で多くの時間を過ごしたことによる2歳時点での悪影響が3歳で消失したことは，従来の知見を過度に懸念する理由がないことを示しているように思われるが，2歳で検出された影響が多かれ少なかれ完全に消失したとはまだ思われないことに，私たちは注目した。

　このような状況から，義務教育が始まる直前の4歳半における子どもたちの発達についての次のアセスメントが非常に重要になった。保育園で多くの時間を過ごしたことによる攻撃性と反抗性への「悪いニュース」の効果は，2歳のときには見られたが，3歳のときにも再び現れるのだろうか？　もしそうでなければ，2歳のときに見られた悪影響は，短期的な発達上の「一時的な急上昇（blip）」に過ぎず，込められるべき意味があまりないことを強く示唆していることになる。しかし，保育士らに4歳半での子どもの行動を再度評価してもらったところ，生後4歳半にわたって保育所で過ごす時間が長いほど，攻撃的で反抗的な子どもになることが証明されたというエビデンスがまたもや示された。そして，これらの保育士らは，2歳，3歳時には子どもの世話をしていなかったことが多いことにも注意してほしい。言うまでもなく，これらの4年半にわたる調査結果は，共同研究者のグループの中で議論の余地があることを証明した。その結果，二重三重にチェックが行われるようになった。

幼稚園での発達

　ひとつの懸念は，これらの最後の「悪いニュース」の結果は，保育士らが子どもたちの保育歴を知っていたことによる人為的な結果ではないかということであった。おそらく，園児での行動問題の評価が高かったのは，保育士らが乳児期から長い間

保育を受けてきたことを知っていたためであり，驚くほど多くの保育士らがそうで
あった，またいまだにそうであるように，このような早期からの長期的で継続的な
保育は子どもにとって悪いものであると考える傾向があったからではないかと思わ
れる。事実上すべてのケースで，学年末に行動アンケートに回答してもらったとき
には，幼稚園教諭が子どもたちを知っているのはせいぜい1学年分だけだったので，
この可能性から私たちは就園児についての調査を広げ，幼稚園教諭が1年後の子ど
もたちをどのように評定するかを調査することとした。このため，幼稚園入園前の
子どもたちの保育所での経験と，生後1年まで遡った様子を知っている可能性はほ
とんどないだろう。言い換えれば，これらの幼稚園教諭が，子どもの社会的・情緒
的能力を評価する際に，保育所に関連したバイアスの影響を受けることは，ほとん
どないと思われる。

　幼稚園のデータを分析したところ，生後4年半にわたって保育所にいる時間が
長いほど，攻撃性や反抗性といった問題が多くなるという関係がわかり，そして今
や私たちは，同様に乳児期，幼児期，就学前の年代にわたって保育所で多くの時間
を過ごすことが，小学校の初年度における問題行動のレベルをやや高めることを予
測したというエビデンスを手に入れた。実際，この悪影響は，子どもの行動に関し
て母親あるいは幼稚園教諭のいずれから得た情報を調べた場合でも明らかであった。
もちろん，繰り返しになるが，検出された保育の量の効果は，質の低い保育にさら
されることに起因するものではなかった。

　4歳半の時点での結果は，一部の大人が一部の子どもを他の子どもよりもよく知
っていたことや，保育所の効果についての大人自身がもっていたと考えるバイアス
による人為的な結果ではないように思われることを示す知見があったにもかかわら
ず，この知見は一部の共同研究者にとってはまったく予想外かつ当惑させるもので
あったため，この知見に信頼を置くことができるかどうかに関してさらなる課題が
提起された。そこで次の問いは，保育所で過ごす時間が長い子どもたちが平均して
問題行動をより多く示すかだけでなく，「リスクのある」，つまり将来的に本当の精
神疾患を発症するリスクがあるほどの行動問題を抱えている可能性が高い得点の範
囲かも示すことであった。その結果，彼らはそうであることが判明した。実際，就
学前の4歳半と通園（幼稚園）の1年目の終わりの両方の年齢で，保育園にいる
時間の量と行動問題のスコアがリスクのある範囲内であることとの間に用量反応関
係が見られた。図8.1は，保育士と幼稚園教諭の報告に基づく「階段状」のパター
ンを示しており，生後54か月にわたる1週間の平均保育時間が0〜9時間，10〜
29時間，30〜45時間，45時間より多い，と増加するにつれて，リスクのある範

囲内のスコアを示す子どもの割合も増加していることを示している。

　この一見説得力のあるエビデンスにもかかわらず，多くの共同研究者は，これらの「悪いニュース」の知見が本物であることにまだ納得できないままであったか，あるいは，良いニュースの認知面の知見をワクワクしながら告知していたように，彼らが予想していなかった，好まなかった，あるいは告知したくなかった結果を受け入れることから抜け出す方法を模索し続けていた。そこで，データが飛び越えるべき次のハードルを上げると，愛着の安定性を評定する際にすでに考慮されていた問題点に戻ることとなった。おそらく，いくつかの主張は，保育所をたくさん経験した子どもたちは，さまざまなタイプの問題行動について私たちの合成した，複数の項目からなる尺度が示すように，より攻撃的で反抗的なのではなく，単により自立していて，主張的であるということであった。このため，私たちの用いた尺度を分解して，議論の余地のない攻撃性，不服従／反抗性，主張性を反映した項目の下位尺度を作成し，それぞれが別々に分析の対象となるようにした。

　攻撃性の下位尺度は，他人への残酷な行為や，自分の物の破壊，喧嘩が多い，他人への脅迫，人を殴るなどの行動で構成されていた。不服従／反抗性の下位尺度もまた，反抗的，非協力的，与えられた課題を遂行しない，かんしゃくを起こす，ク

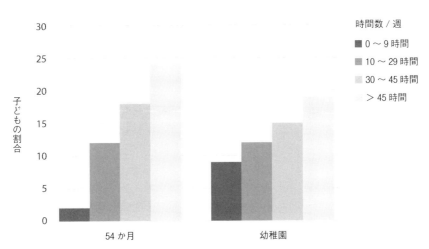

図 8.1. 生後 54 か月（左）と幼稚園（右）の時点で，子どもの行動問題のリスク範囲内にある得点を示した子どもの割合。Data source: NICHD Early Child Care Research Network (2003). Does amount of time spent in child care predict socioemotional adjustment during the transition to kindergarten? *Child Development, 74,* 976–1005, table 8.

ラスの規律を乱すなど，多様な行動で構成されていた。最後に，主張性の下位尺度には，鼻にかけた自慢／自慢話，話しすぎる，注意を要求するか求める，言い争いが多いなどの項目が含まれていた（ある共同研究者は，後者の尺度は，独立した主張性というよりむしろ「感情的な貧困」を反映していると主張した）。

　保育の時間をこれらのより詳細な結果のそれぞれと照らし合わせて検証したところ，生後4年半にわたって母親以外の保育で，週平均でより多くの時間を過ごした子どもたちは，一部の人が期待していたように，より主張的であるだけでなく，議論の余地なくより攻撃的で反抗的であることが示された。言い換えれば，保育所の効果についての「悪いニュース」と記録されたエビデンスは，こうはならないだろう，あるいはなるとしたら質の悪い保育の結果だろうと繰り返し仮説を立てた共同研究者たちが提起した，すべての実証的課題をクリアしていたのである。もう一度言うが，後者の要因はエビデンスの一部ではなかったため，再び結論は「質（だけ）が重要なの**ではない**，愚か者」ということにならざるをえなかったのである。

青年期への早送り

　より質のよい保育のほうが認知・言語発達を多少促進させるという良いニュースであろうと，保育所で多くの時間を過ごすと攻撃性や反抗性のレベルを多少助長するという悪いニュースであろうと，子どもたちが成長し，家族や近隣，学校で多くの経験をするようになると，このような保育の効果が持続するのか，消えてしまうのかどうかは，不確かなままであった。これは確かに起こりうることであった。保育所で多くの時間を過ごした場合の2歳の時点での行動問題への悪影響が，わずか1年後には明白な証拠ではなくなっていたことを思い出してほしい。私たちは，子どもが児童期中期になっても保育の効果を評価し続けたが，紙面の都合上，関連性のある知見を読み飛ばして，私たちの評価の最後に進もう。そこで，15歳の最後の調査で子どもを見たときに，保育の効果が明らかになったかについてこれから考えよう。先に述べた重要なことを繰り返すが，この年齢では，保育所の効果を評価する前に，誕生から15歳までに繰り返し測定された子どもの家庭の多面的な影響を除外するだけでなく，小学1年生，3年生，5年生において，子どもたちが情緒面や指導面で支持的な教室にいるかどうかについても同様に測定を行った。これは，研究参加者の子どもたちの学校での教室内における広範囲の観察に基づいており，学校教育や他の要因・力の影響が保育所の影響に見せかけられないようにする

ための試みを反映したものである。

　あらゆる点で，思春期の知見はより幼い年齢の知見と一致することが示された。今回もまた，より質のよい保育は認知機能の高さを予測していたが，今回は学業成績に利用する標準化されたテストを用いて測定された。幼児期から実質的に初めて，保育の質が社会的能力にとっても重要であることを示すいくつかの数値が表示された。10年以上前に質の低い保育を受けていた青少年では，10代の若者自身が行っていると報告した攻撃的で反抗的な行動がより頻繁にみられた。

　とても興味深いことに，このような発達的アウトカムは，より幼い年齢で保育の量によって予測されていたようには，もはや予測されなかった。言い換えれば，一般的な問題行動は，おそらく思春期半ばの子どもよりも低年齢の子どものほうが特徴的であるが，生後4年半にわたって多くの時間を保育所で過ごした子どもの場合には，もはや上昇していなかった。その代わりに，そしておそらく子どもの年齢に応じた行動の発達の仕方に沿って，生後4年半にわたり週平均で保育所で過ごす時間の多さが，10代のリスクテイキング行動（例：セックス，ドラッグ，ロックンロール）の多さや，何も考えずに行動する衝動性の高さを今や予測するようになったのである。結局，保育所の効果については，良いニュースと悪いニュースのいずれのエビデンスも残っており，良いニュースの大部分は，質の高い保育の認知的発達への発達的メリットを反映しており，悪いニュースの大部分は，早期に，長時間の，継続的な保育の社会的・行動的能力への発達的リスクを反映している。

発達における謎

　NICHD研究が開始される前に，保育所の影響についての一般的な見解に異議を唱えたベルスキーの考えを思い起こすと，乳児と母親の関係性に及ぼす長時間の保育の悪影響が，年長の子どもたちを対象としたいくつかの研究で示された攻撃性や反抗性のレベルの上昇にもなぜ関係しているのかを説明できるかもしれないということであった。言い換えれば，保育所で助長された不安定愛着や，あまりにも長い時間，子どもから離れた結果としての無関心な養育が，早期に，長時間の，継続的な保育がのちの攻撃性や反抗性を予測する発達過程としての役割を果たしたのかもしれない。

　NICHD研究では，（二重のリスク条件下での）不安定愛着と（それ自体で）無関心で反応性に乏しい親であることの両方と保育の量を結びつけるエビデンスを発

見したため，幼少期における攻撃性・反抗性と青年期におけるリスクテイキング行動・衝動性のレベルの上昇と同様に，私たちはベルスキーの推論を評価するための理想的な立場にあった。驚いたことに，それを裏付けるエビデンスはなかった。保育の量は，発達しつつある子どもと親の関係性と，のちの問題のある機能と別々に関連していたにもかかわらず，乳児と親の関係は，保育の量を2歳と4歳半，幼稚園での攻撃性と反抗性，あるいは青年期のリスクテイキングと衝動性と結びつける経路や媒介要因として現れなかったのである。そして，私たちが繰り返し明らかにしてきたように，質の低い保育が，保育の量のこれらの効果のいずれかに寄与することは決して証明されなかった。そこで私たちは発達の謎に直面した――なぜ，またはどのように保育の時間の多さは，就学前，就学後，そして10代の間の社会的行動に影響を与えるようになったのだろうか？

　最終的に，保育所での数年間の間に子どもたちの少人数の集団よりむしろ大人数の集団にいることが違いを生み出すように見えたことを発見したとき，私たちはこの難問にいくつかの限定的な足がかりを得た。長い期間，保育所や家庭的保育で大人数の集団にいることは，行動的発達への保育の量の悪影響のいくらかを説明した。この発見について，明快ではあるものの困惑したのは，生後4年半にわたって最も多くの時間を保育所で過ごした子どもたちのほとんどが，保育所の大人数の集団で過ごしていたという発見であった。これは，幼少期に保育を始めた時期が早く，週に何週間，何カ月，何年にもわたって保育所で過ごす時間が多いほど，保育の場所が他の種類の保育サービス（例えば，ベビーシッターや家庭的保育）ではなく，保育所である可能性が高いためであることに疑いの余地がなかったからである。実際，保育所にいる子どもの圧倒的大多数は，大人数集団での保育だったのである！　言い換えれば，早期に長時間の継続的な保育と，大人数の子どもたちと触れ合う生育歴は，つねに併存していたわけではないが，この2つの条件は決して独立したものではなかったのである。この2つの条件はひとつのパッケージとして生じる傾向があった。

　発達学者を困惑させるものであるが，この大規模集団の発見をとても注目に値するものにしたのは，保育士らがどのように子どもたちに接しているかという観点から定義された，保育の質に対する私たちの強迫的でコストの掛かる着目を考えると，おそらく私たちが十分な注意を払っていなかったものに注意を促したことであった。それは**保育所にいるときの他の子どもたちとともに過ごす体験**である。おそらく，乳児期の不安定な愛着，幼児期の攻撃性と反抗性，青年期のリスクテイキング行動と衝動性など，保育所で多くの時間を過ごすことに関連する実証された発達上のリ

スクは，非常に幼い年齢で始まり，義務教育の始まりまで続く，他の多くの子どもたちと一緒にいることの影響による結果である。結局のところ，それが母親であろうと有料の保育士らであろうと，大人が提供する保育の質と関係があるというエビデンスは何もなかった。

大規模で手に負えない集団の中で，「ジョーンズ家に後れを取るな」〔Arthur R. Momand の漫画のタイトル［1913 年〜 1938 年］〕，すなわち，同級生に後れを取らないようにすることが，無関心な母親に育てられたことによる不安定な愛着や，幼児期後半での攻撃的で反抗的な態度，20 代半ばでのリスクテイキング行動と衝動的な行動を行う子どものリスクを高めていた可能性がある。残念ながら，この問題を明らかにすることができるかもしれない，大小の保育環境における仲間との相互作用についての詳細な情報をもっていなかったため，この可能性をさらに調査することはできなかった。これは間違いなく，私たちの多くが，最も影響力があるのは保育の質だとどうやら誤って考えてしまったためであり，そのような幼少期における他者との関係の重要性を過小評価していたのではないかと思われる。前の章で，私たちは，科学者なら誰もが経験するであろう，測定できなかったものを測定できたら素晴らしいのに，というフラストレーションへの注意を促した。今私たちが知っていることをあのとき知っていたならば！

結論

特に認知・言語発達への保育所の効果を理解することに関しては，「質こそが重要なのだ，愚か者」という主張は完全に間違っているわけではないようだが，それも完全に正しいわけではない。保育の質と子ども，家族，学校教育といった他の多くの潜在的な影響を考慮しても，NICHD 研究として知られている発達の冒険は，社会的・行動的発達に関してのみではあったが，多くの驚き（と混乱）を伴って，保育の時間量も重要であることを発見した。このように，良いニュースは，より質のよい保育が知能を育むことが一貫して見出されたことであり，悪いニュースは，就学前後と同様に，早期に，長時間の，継続的な保育が，2 歳時点のより多くの問題行動や，青年期のリスクテイキング行動や衝動性を予測するということであった。あらためて，家庭の内や外での経験が子どもの将来の発達に影響するのか，またどのように影響しているのかについて，いくつかの洞察を得ることができた。

私たちが発見したことを強調してきたが，見出せなかったことを明確にすること

も同様に重要である。もちろん，私たちはこれまでにも何度も明らかにしてきたが，どれだけ熱心に調べても，まじまじとよく見ても，質の低い保育が多くの時間を保育所で過ごしたことによる悪影響の原因になっているというエビデンスを見つけることができなかった。しかし，さらに驚くべきことに，保育所での経験のこの2つの基本的な次元が相互に影響しあっているというエビデンスが，あらためてよく調べてもまったく見当たらなかった。その意味することは，質の高い保育で多くの時間を過ごすことが，質の高い保育でより少ない時間を過ごすよりも，認知的・言語的に大きなメリットをもたらすというエビデンスが見当たらなかったということである。同様に，質の低い保育で多くの時間を過ごすことが，質の低い保育で限られた時間を過ごすよりも有害であるというエビデンスは見出されなかった。これは非常に驚くべきことであり，まさに直観に反したものであった。質の高い保育という一見よいものを長時間，大量に利用しても，短時間のそうした保育よりも大きな利益が得られないのはいったいなぜか。そして，質の悪い保育で多くの時間を過ごすことが，限られた時間をそうした保育で過ごすよりも大きな悪影響を及ぼさないのはいったいなぜなのか？

　しかし，おそらく最大の驚きは，質の高い保育が子どもたちのためになっているという長年の主張にもかかわらず，保育の質に関する良いニュースの効果は，かなり控えめな大きさであったと証明されたことである。保育の量に関する悪いニュースの効果についても同じことが言えた。実際，見落とすことができないことは，まだ触れていないが，子どもがどのような家庭で育ったかが，保育の経験よりもはるかに発達的に大きな影響を与えることが証明されているということである。その中には遺伝の影響を反映したものもあるかもしれないが，保育の効果を評価する際にその影響を割り引いた変数の多くで測定される家族経験は，私たちが用いた保育経験のすべての尺度よりも児童期と青年期の発達を予測する上で強力であったという事実を，これが完全に説明しているのかどうかは疑問である。

　この問題について考える方法のひとつに，思考実験という形がある。もしあなたがまだ胎児のときに神が来られて，あなたに，裕福で発達的に支援してくれる家庭で育つが，生後5年間は特に質の高いわけではない保育所で多くの時間を過ごすか，経済的に限られ機能が不十分な家庭で育つが，質の高い保育所を多く経験するか，どちらかを選択しなければならないと言われたとしたら，発達的な観点からどちらを選ぶべきだろうか？　NICHD研究の結果に基づけば，それは前者の選択肢であるように思われる。家庭が保育所より勝るということは，NICHD研究の重要な，覚えておいてほしいメッセージであり，保育所の効果についての議論の中でし

第 8 章　保育所に関する良いニュースと悪いニュース　　169

ばしば失われているものである。

　しかし私たちは，この観察が保育所の知見の重要性を損なうものであるとは考え
ていない。今日の米国では，ベビーシッターや家庭的保育，保育所のどの利用であ
ろうと，早期に，長時間の，継続的な保育が一般的であることを思い出してほしい。
また，米国の多くの家庭で利用できる保育の質は決して高くはなく，保育集団の規
模はほぼつねに，保育時間の多さに関連したリスクの一因となるのに十分な大きさ
である。このため，NICHD 研究で発見された保育の質と量の控えめな効果は，限
られた質で大人数の子どもたちがいる保育所で多くの時間を過ごす可能性の高い，
かなりの人数の子どもたちに照らして考える必要がある。

　「多くの人に影響を与える小さなまたは控えめな効果と，少数の人に影響を与え
る大きな効果と，どちらが重要なのか？」と考える人もいるかもしれない。した
がって，考慮されるべきは，個人レベルでの保育所の控えめな効果だけではなく，
NICHD 研究や他の保育所研究のほとんどが重視していることでもあるが，他の多
くの近代的な欧米諸国よりも，幼い子どもを育てる家庭にあまり政策を提供してい
ない国で，これだけ多くの子どもたちがこれだけ多くの保育を経験した場合，近隣，
学校，地域，そして社会全体にとっての集団的な結果はどうなるだろうか，という
ことである。米国には連邦レベルでの有給育児休暇政策も，慎重に規制された保育
制度もないことを考えると，米国が最も貴重な国家資源である子どもたちや，子ど
もたちのために最も責任を負う社会的機関である家族を大切にしていると主張する
のは難しい。

　子どもの誕生後，家族には長期で有給の育児休暇が与えられるべきだというのが，
私たちがいろいろ考察してみた上での意見である。その理由のひとつは，米国人は，
末っ子は親に家庭で育てられるほうが，他の人に低賃金を支払ってその仕事をさせ
るよりも好ましいと考えていることが，数々の調査で明らかになっているからであ
る。同様に，もし乳幼児がこの問題について発言の機会をもっていたら，このよう
な調査を行っている人々にまったく同じことを言うのは間違いない。さらに，子ど
もたちが質の高い保育を受けるべきなのは，子どもたちの将来の発達にいずれ恩恵
をもたらし，それによって社会に利益をもたらすからではなく，「子どもたちが望
んでここに来たわけではない」からである。私たちの最も若くて最も傷つきやすい
市民は，毎日毎日，適切な生活の質（QOL）を得るためのあらゆる権利をもって
おり，そのため私たちは，ある種の保育や別の保育を提供することによる投資の見
返りよりも，子どもたちの権利や，何が道徳的で倫理的であるかという観点から考
えるべきなのである。前者は子どもたちを商品にしてしまうリスクがあるのに対し，

後者はすべての人間の命の生得的な価値を反映している。

第

9

章

近隣はどうですか?
What about Neighborhoods?

　　れまで私たちが，子ども，青年そして最終的には成人の発達に影響すると考
　　えてきたことのほとんどは，「身近な環境」に焦点を当てたものだった。そ
れはつまり，家族（第5章，第6章）や共学校かどうか（第7章）といった子ど
もたちが直接関わる経験や体験である。前述したコーネル大学の教授であるブロン
フェンブレンナー（Urie Bronfenbrennner）は，これを人間発達の生態学における
「マイクロシステム」と呼んだ。長い間，発達学者は，人の生活を形づくる要因や
影響力について研究する際，私たちが行う研究と同じように，発達という文脈を超
えて，家族の社会経済的状況といった幅広い水準へと飛躍していった。もちろんこ
れは，両親の教育，世帯収入，両親の就業状況といった多くの分野をカバーしてい
る。しかしここでも，これらすべての潜在的な影響力の源は，すべて，家族資源に
関連している。そのため，だいたいの場合は，私たちは身近な環境について扱って
いるのである。
　私たちが人間の発達について研究してきた中で起こった最も大きな変化のひとつ
は，子どもや家族が文脈の層の中に入れ子になっていることを十分に認識するよう
になったことだ。これは，ブロンフェンブレンナーが子どもの世界について提唱し
た，入れ子のロシア人形〔マトリョーシカ〕モデルの影響によるものが大きい。こ
のように，子どもは，きょうだいや親といった親密な関係の中に入れ込まれている。
親密な関係は，家族の中に入れ込まれ，家族はコミュニティに入れ込まれ，コミュ
ニティ自体はより大きな社会に入れ込まれ，そして社会はより大きな文化的，歴史
的，進化論的な文脈に入れ込まれている。したがって，人間の発達に影響を与える
力というのは，家族，保育園，学校といった非常に身近な環境をはるかに超えて広
がっている。私たちの研究は，異文化間でも歴史的なものでもない。つまり，発達
について，文化や歴史的出来事を横断的に比較するものではないために，私たちが

171

調査の対象としない文脈層が存在している。しかし，私たちは，家族という身近な環境のすぐ先にあるのは，家族が組み込まれたコミュニティであることを十分に承知していた。そして，このことは私たちが議論しようとしていること，つまり，成長過程の子どもたちの近隣の状況の違いやその違いが子どもの発達にどのように影響を与えるか——あるいは影響を与えないのか——といったことを扱う，次なる発達の冒険へと私たちを導いてくれたのだった。

　家を購入したり，賃貸物件を探したことのある人ならば，誰もが近隣について考えたことがあるだろう。そこは安全だろうか？　お店，特にスーパー等の食料品店は近くにあるだろうか？　通勤の便はよさそうか？　特に米国では，子育てをするとき，あるいは近い将来子どもを育てたいと考えている人たちにとって，どこに住居を構えるかが重要になってくる。そのことを考えると，発達学者が近隣に対して研究の焦点を絞るのに，なぜこれほど時間がかかったのかと不思議に思うかもしれない。米国では，地方の固定資産税が学校の予算を大きく左右し，近隣の豊かさは子どもたちが受ける教育の質，そして学校で誰と肩を並べて学ぶかに影響する。しかし，英国のように学校の資金が地方の固定資産税に縛られていない所であっても，公共交通機関がどれだけ近くにあるか，必要な小売店が近くにあるか，そして子どもの同級生が誰かという点では，近隣選びというのは依然として重要なポイントなのである。

　この後者の点については，双子の弟であるジェームスとともに本章の焦点であるE-リスク研究に参加したトーマスの事例が，私たちに強い印象を与えた。ダニーデン研究や発達早期の保育と子どもの発達に関する研究であるNICHD研究とは違い，E-リスク研究は英国で実施されているということを思い出してほしい。双子が5歳と7歳時点で，母親の自宅に訪問した際は，トーマスは何も問題がなかったように見えた。しかし，10歳になるころには，トーマスの態度は確実に変わり始めていた。どうやらそれは，父親の失業に伴い，家族があまりよくない地域に引っ越したことによるものであった。

　家族は，英国でいう「カウンシル・エステート」と呼ばれる公営住宅に住んでいた。トーマスは，以前，もっと裕福な地域にあった自宅を訪問したころのような，人懐っこくて，気さくで，感じのよい少年ではなくなっていた。代わりに，何かに苛立ち，未熟で強がっている印象を受けた。トーマスの新しい「態度」——母親はそう呼んだのだが——その態度は一緒にいる新しいグループの仲間のせいだと母親は説明した。ある晩には，警官が自宅に来て，息子と仲間が近隣の廃墟ビルの窓に石を投げつけているところを補導したと報告を受けたくらいだ。失業してから

お酒の量が増えた夫と，トーマスの新しい友人の悪影響（母親は彼らを「ギャング」と呼ぶ）で，息子は「悪い」方向へ向かう危険性があると絶望していた。また私たちは，トーマスの行動の変化について，以前訪問したときよりも息子への関心が薄れている母親の子育ても影響しているのではないかと考えた。

　私たちは，この話を聞いてもあまり驚かなかった。なぜならば，E-リスク研究は，近隣環境が子どもの発達に与える影響を理解することを目的としており，それによって子どもの身近な環境を超えた視点を得られるように計画していたからである。しかし，この分野での私たち自身の専門知識には限界があると認識しており，最先端の近隣研究を実施できるように共同研究者を募った。実際，E-リスク研究やダニーデン研究を行う際にも，つねにこのようなアプローチを取ってきた。本書で紹介している研究には，私たち以外にも多くの研究者が関わっているということを，読者の皆さんにあらためてお伝えしたい。この点は，各章の基礎となっている学術報告書を記載した参考文献一覧に明確に示しており，それらの報告書の共著者として共同研究者も含まれている。彼らなしでは，この研究は成し遂げられなかった。

　この章では，5歳から12歳の子どもたちの発達に対する近隣環境の影響だけでなく，こうした環境が保護因子として働き，恵まれない地域で育ちながらも，逆境に強くなる子どもたちがいる可能性について探る，発達をめぐる冒険の結果を紹介する。その中で，家庭外での経験がどのように，またはどの程度，子どもの将来の発達に影響を与えるのかについても，私たちはさらに研究を深めている。その過程で，育児が近隣環境の影響を媒介する役割を果たす可能性についても評価していく。同様に重要な点として，近隣住民に対する絶対的な不利と相対的な不利を区別し，子どもの発達にとってどちらがより大きな影響を与えるのかを検討している。この後者の問題については，より恵まれた隣人と共に暮らすことが恵まれない状況にある子どもたちにどのような影響を与えるのか，その影響の仕方も含めて考察している。

　この点は私たちにとって特に重要であった。なぜなら，経済的および教育的に恵まれた家庭で育つ子どもたちと，そうでない子どもたちを一緒に育てることが，恵まれない子どもたちにとって最もよいのだという一般的な考えが広がっていたからである。しかし，本当にそうなのだろうか？　のちほど説明するが，実際，いくつかの社会学的理論では異なる見解を示している。さらに，もし恵まれない環境にある子どもたちにとって，恵まれた子どもたちと一緒に育つことがよいとしても，家庭環境に恵まれている子どもたちにとっては，そのような環境で一緒に育つことで，どんな影響があるのかについても考える必要があるのではないだろうか。

このような問題を調査するにあたり，特に2つの問題に注目をした。1つ目は，家族がどこに住んでいるかが，その家族自体に大きく影響を及ぼすこと。したがって，経済的資源，もしくはそれに関連する資源をもっている家庭ほど，一般的により多くの選択肢がもてるのである。これはもちろん，「選択効果」と呼ばれるものが，環境効果——この場合は，近隣効果——を隠している可能性があることを意味している。この章の文脈での**選択**という言葉は，研究参加者の家族がある特定のタイプの近隣地域に選択的に存在することを意味する。これは，彼ら自身が地域を選んだのか，その地域に住むことを強制されるのか，あるいは資源が限られているために，そこに住まざるをえなかったのかのいずれかになる。保育所に預けられて経験することのように，その人が住んでいる地域は，ランダムに割り付けられたのではない。ここでの科学的なリスクとしては，家族資源と近隣というのは一般的に交絡しているため，見かけ上の近隣の影響は，実際には家族がどこに住むかに強く影響を与える家族資源の機能である可能性がある。したがって，私たちの研究の中では，近隣の実際の影響と，そこに住んでいる家族の影響というのを切り離す必要性をあらためて認識したのだった。

さらに私たちは，他の研究者たちが近隣の特性を測定するために用いてきた従来の方法を超える戦略で研究する必要性に気づいた。事実，調査対象となった子どもの親に自分たちの住む地域について質問する方法は，偏った見方になってしまうのではないかという懸念があり，敬遠していた。例えば，落ち込んでいたり，不安になったり，怒ったりしている親に近隣の特徴を尋ねたとしても，客観的に見た場合よりも否定的な言葉で言うだろうことは，想像に難くない。この懸念を考慮して，私たちは，主観を排除した2つの測定方法を取り入れた。まず，私たちは幸運にも，高性能の地理マッピングソフトを使って，民間企業がマーケティング目的で収集したE-リスク研究の子どもたちが住む地域の社会経済的・経済的情報を活用することができた。さらに，多大な費用と労力を費やして，E-リスク研究のメンバーと同じ地域に住んでいた数千人の住民——ただし，E-リスク研究に参加していない——を対象に，これらの地域の生活の質の特徴を知る調査を行った。これから説明するが，これらの2つの方法は，私たちの近隣をめぐる冒険の中心となる実証的な問題に答える上で，非常に有益であるということがわかったのだ。

反社会的行動に焦点を当てて

　貧しい地域で育った子どもは，裕福な環境で育った同世代の子どもより，高校を卒業できず，刑務所に入る可能性が高く，健康問題に苦しむ可能性が高いことはよく知られている。しかし一方で，私たちがE-リスク研究を始めたころ，近隣が子どもの発達にどのような影響を与えるかについては，まだ知られていないことがたくさんあった。とりわけ，社会学，発達心理学の先行研究のほとんどは，身体的健康（例えば，乳幼児死亡率，出生体重，喘息）や学業成績（例えば，テストの点数，就学レディネス，学校の成績など）を研究対象としていた。さらに，既存の研究のほとんどは，思春期の子どもに焦点を当てているが，これは思春期の子どもは幼い子どもに比べて親のコントロールが少なく，結果，近隣の影響を受けやすいという見解に基づくものである。なぜなら，この年ごろになると住んでいる地域社会を自由に歩きまわることができるからである。これらの研究を踏まえて，私たちは低年齢の子どもたちの反社会的行動の発達に焦点を当て，近隣の研究を行ってきた。

　ここでいう「反社会的行動」とは，他者や財産に対して身体的または精神的な危害を加える攻撃的・非行行為のことをいう。このような行動は他者の権利を侵害し，場合によっては法規範に違反する。したがって，E-リスク研究に参加する子どもたちが5歳，7歳，10歳，12歳の時点で，彼らの親と教師にアンケートに回答してもらい，彼らの嘘または不正行為，暴言または下品な言葉遣い，窃盗，不登校，短気，そして他者へ身体的攻撃を加えたかなどの行動を調査し，特徴づけた。これらの測定は，第8章で説明したように，低年齢の子どもを対象とした保育所の影響の研究と非常によく似ていた。さらに，私たちの近隣研究における，信頼性の高い，頑健性のある反社会的行動指標を作成するために，年齢ごとに親と教師の回答を紐づけた。繰り返しになるが，同じ一般的なトピックのさまざまな情報を扱う私たちは，「細分型」ではなく「併合型」たることが読者の皆さんにおわかりいただけるのではないか。

　私たちが答えようとした最初の実証的な問題は，近隣に住む家族の経済的構成に関係していた。そのため，私たちが直面した課題のひとつは，近隣の社会経済的状況（Socioeconomic Status: SES）を特徴づけることであった。幸いにも，ある民間企業がこの問題解決にあたって，国政調査と広範囲の消費者調査データベースから得られた，400以上の測定値に基づいて作成された住宅街の分類情報を無料で提供

してくれた。近隣の説明と分類に使用されるこれらの測定値は，例えば，居住者の平均的な学歴，失業率，ひとり親世帯の割合，住居のタイプ（例えば，公営住宅か民間住宅か），および車の所有率などが含まれている。この資料を提供してくれた企業により，高所得，大規模戸建て，かつ多くの設備がそろっている「裕福な成功者（wealthy-achiever）」エリアから，政府が助成する住宅，低所得，高失業率，ひとり親世帯の多い「困窮（hard-pressed）」エリアまで，近隣を5つのタイプに分類することができた。E-リスク研究の家族の約1/4は，この近隣スケールの両極にあたる地域に住んでいた。最初の近隣調査では，上位2つを「高SES」，下位2つを「貧困」，そして残りのグループを「中間SES」として，5つのタイプの近隣をいくつか組み合わせることにした。ここで私たちは，子どもたちの反社会的行動に対する近隣の影響を明らかにするために，多元的なアプローチとカテゴリ的なアプローチを組み合わせて採用していることに注目してほしい。

初期の知見

　近隣調査により浮かび上がってきた最初の結果は，私たちの予想どおりであった。おそらく多くの読者も納得するものだろう。近隣SESと子どもの反社会的行動との間には，段階的な用量反応関係が存在しており，この関係は，攻撃的行動と非行的行動を測定した4段階の年齢のいずれにおいても当てはまることが証明された。このように，近隣SESが下がるにつれて，5歳，7歳，10歳，12歳時点の反社会的行動の平均レベルは上昇した（図9.1を参照）。また，データには注目すべき発達的な傾向も確認された。子どもの年齢が上がるにつれて，貧困地域に住む子どもと裕福な地域に住む子どもとの行動の格差は，5歳から12歳までの間に，男子で43％，女子では57％も拡大していたのだ。しかし興味深いことに，これは貧困地域に住んでいる子どもたちがより反社会的になったわけではない。むしろ，高SESと中間SESの地域に住む子どもたちは，5歳から12歳までの間に，反社会的行動が減少し，行動が正常に改善していったからなのである。このように，他の子どもたちとは対照的に，「貧困」エリアで育った少年たちは，この期間の中で，攻撃的，非行的行動にまったく改善が見られなかった。12歳になってもなお，まるで5歳児のような未熟な行動をとっていたのである。したがって，経済的に恵まれていない地域で育つ子どもたちは，誕生からの10年とその後の10年へと成長するにつれて，ますます反社会的になるというケースは少なく，むしろ，標準的な発達では抑制することを学ぶはずの年齢段階において，自分の欲望を抑制できないと

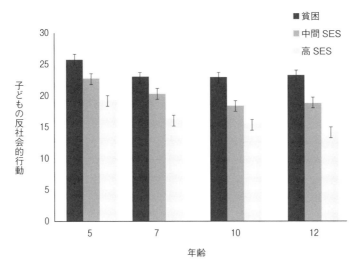

図9.1. 5歳，7歳，10歳，12歳時点における近隣 SES ごとの反社会的行動平均レベル。Odgers, C.L., Caspi, A., Russell, M.A., Sampson, R.J., Arseneault, L., & Moffitt, T. (2012). Supportive parenting mediates neighborhood socioeconomic disparities in children's antisocial behavior from ages 5 to 12. *Development and Psychopathology, 24,* 705–721, figure 2. 許可を得て転載。

いうことが明らかとなったのだ。

選択効果？

　近隣の環境が反社会的行動に影響を及ぼしていることは証明できたものの，私たちの調査結果を説明する別の要因が存在していることは明らかであった。影響を及ぼしているのは，実は近隣そのものではなく，むしろ，子どもの家族であるということだ。この場合，近隣の影響ではなく，見せかけの選択効果が検出されることになる。このような選択効果を真の近隣効果から切り離すために，私たちは，統計的に割り引く必要のあるデータ・パントリーの中から，複数の測定値を利用した。家族の状況については，家族の社会経済的困窮，父親と母親の反社会的行動歴，家族内のメンタルヘルス上の問題，子どもの身体的虐待の既往，子どもの家庭内暴力の既往などが含まれる。子どもが5歳時点で私たちが収集した家族 SES の測定値は，両親の教育年数，世帯主の職業，世帯年収，政府給付金の受領，政府助成住宅への

居住，そして車所有の有無であった。

　5歳時点での訪問では，母親は反社会的行動チェックリストへの回答を通して，自分自身や双子の父親がこれまでの人生で反社会的行動を行ったことがあるかどうかについて報告した。さらに12歳時点での訪問では，母親は，薬物使用，飲酒，抑うつや精神障害の既往，自殺未遂の有無について，自分自身と子どもの近親者（双子の実父，母親の実親とそのきょうだい）にもこれらの経験があるかどうかについて回答した。双子が5歳，7歳，10歳時点で，母親に対して標準化された臨床面接を行うことで，双子が不適切養育を受けているかどうかを判別することができた。私たちのもとに報告された不適切養育の実例としては，10代のきょうだいから受けた，法的責任が問われるような暴力被害，マッチで火傷を負わされた，ネグレクトまたは虐待的な関わりによる骨折などのけが，身体的虐待のために地域の児童保護チームに正式に登録されたことなどが含まれる。このような面接に対して，母親たちは率直に話さないように思われるかもしれないが，12歳時点の訪問までには，彼女たちは私たちが信頼できる研究チームであると感じてくれるようになっていた。なお，毎回の訪問時に，もし不適切養育が疑われる場合には，法律に従い児童保護施設に報告しなければならないと説明していた。最後に，家庭内暴力については，子どもが5歳，7歳，10歳時点において，母親またはパートナーが，パートナーを蹴る，パートナーをナイフで脅すなどの12項目の家庭内暴力に関する身体的行為を行ったことがあるかについて母親が回答し，評価した。当然のことながら，私たちは，なぜ近隣の分類が子どもの反社会的行動と関連するのかを実際に説明するような家族要因とプロセスについて，測定し検討することに多大な努力を払った。家族SESを単に調整するだけでは不十分であると考えていたのだ。

　では，「これらすべての家族選択因子と影響力を考慮したのち，近隣の剥奪（neighborhood deprivation）は子どもの反社会的行動を予測するのか？」という経験的な疑問への取り組みから何がわかったのか——その答えは「イエス」であった。私たちが設定した一連の家族要因は，予想どおり12歳時点の子どもの反社会的行動を予測したものの，これらの他の予測因子の影響以上に，近隣の社会経済的な困窮もまた反社会的行動を予測したのだった。言い換えれば，貧困家庭の多い地域の子どもたちは，家族が機能不全の状態にあるという理由で，貧困家庭の少ない地域の子どもよりも反社会性が高いわけではないということである。これに加えて，近隣の社会的・経済的特性も重要であり，恵まれない地域に住むことで，子どもたちの反社会的行動の増加が予測された。したがって，選択効果は，私たちの初期の近隣効果をすべて説明するということはできなかったのだ。

影響のメカニズム

　潜在的に影響力のある多くの家族因子を考慮したとしても，近隣の特性が子ども
の発達に影響を与えるということを発見することと，それがなぜそうなるのかを
正確に理解することとは別のことである。そこで私たちは，家庭外の経験や暴露
が，「どのように」影響するのかという問題に焦点を当てることにした。具体的に
は，「近隣の剥奪が子どもの反社会的行動にどのような影響を与えるようになった
のか？」という問いである。

　はっきりさせておきたいのは，近隣の剥奪を若者の非行や攻撃的な行動へと読み
替えるような単一のメカニズムが存在すると仮定するのは誤りだということだ。少
女の思春期の発達に及ぼす家族の影響について解説したように（第7章），発達に
おけるほとんどすべての側面は，多重的に決定されているのであり，ひとつの要因
や原因に注目することで他の要因が存在しないかのように判断してはならない。そ
のため，生物学的レベルにおいては，近隣の剥奪と反社会的行動とを結びつける上
で，ストレス生理学が影響力をもつ可能性がある。第18章では，このような「生
物学的な埋め込み（biological embedding）」のプロセスに焦点を当てているが，近
隣の剥奪については触れていない。また，「社会的埋め込み」の犯人の役割もあり
そうである。おそらく最もはっきりしているのは，子どもの近隣の仲間グループで
ある可能性が高い。この可能性については，本章の冒頭で紹介したトーマスの母親
の見方とも重なる。また子育ても考慮すべきであり，近隣の剥奪が反社会的行動に
与える影響のメカニズムを検討する際には，この点にも焦点を当てることにした。
そこで，私たちの近隣効果を調査する発達の冒険の範囲をさらに広げて，E-リスク
研究のデータを用いて，近隣の剥奪が反社会的行動を助長するという仮説を検証し
たのだ。

　この命題を検証するため，私たちは子育ての2つの側面について測定した。そ
れは，母親の温かさと監督である。前者については，子どもが10歳時の訪問で母
親に実施した「5分間スピーチ」と呼ばれる方法を用いた。母親には双子のそれぞ
れについて5分間語ってもらった。扱いにくい母親に対しては，「子どもを人前に
連れ出すとどう感じますか？」「子どもに何か変わってほしいことはありますか？」
などの質問に答えてもらった。その後，これらの子育てに関するコメントは，子ど
もに対する母親の温かさの表現の観点から評定された。この評定は，家族（または

他の双子）について知らない，訓練を受けた評価者によって，双子ごとに別々に実施された。母親の温かさは，特に子どもに対する思いやりと共感について，母親の声のトーンとコメントの内容に基づいて評価された。母親の発言が，子どもへの熱意，関心，楽しみを強く示せば，母親の温かさの評価は非常に高いとされた。反対に，子どもに対する理解，思いやり，関心，熱意や興味がわずかしかなく，むしろ失望感さえ認められたときには，母親の温かさは非常に低い評価となった。母親の発言サンプルを評定上のどこかに当てはめて，親としての温かさを評価した。

　同じ 10 歳時点の訪問で，母親が子どもの外出時の行動をどの程度注意深く監督しているかについての情報も収集した——これも双子ごとに別々に行った。母親は子どもが一緒に遊んでいる友だちを知っているか，子どもが暇なときにどこに行くか知っているか，子どもが家を出るときに許可が必要かどうか，子どもが家の外にいるときに何をしているのか知っているかなどについて，10 個の質問を通じて情報を収集した。母親が肯定的に答えた質問が多いほど，監督（モニタリング）の得点は高くなった。

　私たちは，子育ての実践は，近隣の剥奪が 12 歳時点の反社会的行動に影響する一因となりうるかについて調査したところ，どうやらそのようであった。それは，より貧困な近隣地域に住んでいる母親は，子育てにおいて，温かさが少なく，支持的でもないこと，そしてあまり監督しないために子どもは反社会的行動をとりやすいということが証明された。実際，これらの子育てのプロセスを統計的に考慮すると（つまり，統制すると），以前に検出された子どもの非行や攻撃的な行動に対する近隣の剥奪の影響は完全に消えてしまったのだった！　近隣の剥奪が子どもの反社会的行動を予測し影響を与えていると推定されたのは，近隣が子育てに悪影響を与えていたからにほかならない。たとえると，壁の電源スイッチをオンにすると，スイッチと蛍光灯をつなぐワイヤーに電気が流れるので，天井の照明が点灯する。しかし，ワイヤーを切断し，仲介するワイヤーの影響を割り引くと，電源をつけても何も起こらず，部屋は明るくならないだろう。このたとえでは，当然ながら電源は近隣，ワイヤーは子育てを表し，照明の光は子どもの反社会的行動を表している。

相対的剥奪

　米国の多くの地域では，経済的に恵まれてない家庭は，裕福な家庭とは離れたところに住んでいる。その結果，最も裕福な地域と最も裕福ではない地域は，基本的

に近い存在にはない。一方のご近隣さんは線路の片側に，もう一方は反対側で生活しているのと同じことである。もちろん，経済的に区別されている住宅地の境界線は線路だけというわけではないが。

　米国には，貧困層と富裕層が比較的近くに住んでいる地域もあるが，その傾向は英国，特に首都で最大の都市でもあるロンドンをはじめとした多くの都市部において一般的にみられる。この文章を書く数日前，ロンドンの24階建ての高層マンションで火災が発生した。真夜中を過ぎたころ，火は瞬く間にビル全体にまわり，多数の死者を出した。いったい何が起きたのか，そして再びこのような悲劇を起こさぬよう教訓を得ようと大規模調査が実施された。米国のほとんどのニュースでは，この建物が公営住宅プロジェクト──「カウンシル・エステート」と呼ばれるもので，地方議会（つまり，政府）で管理されている──であり，英国でも最も高級な住宅に囲まれた場所にあると報じた。英国政府は，1970年代に入ると，貧しい市民を裕福な市民から隔離するのではなく，近くに居住させることが貧しい家庭に利益をもたらすだろうと考え，裕福な家庭と貧しい家庭を近づける政策に力を注いだ。

　この政策は，経済的に恵まれない家庭が，富裕層から遠く離れた場所に住むのではなく，身近な場所で生活することの効果を研究する絶好の機会を私たちに与えてくれた。この問題を調査するにあたり，2つの可能性を考えた。ひとつは，都市計画担当者らの期待どおりに，裕福な隣人と肩を並べることは，貧しい家庭，特にその子どもたちに利益をもたらすはずだということだ。子どもたちは成長する中で，計画性があり，毎日仕事に行き，資産を管理し，向学心のある協力的な子どもを育てる人々と定期的に接触することになるからだ。一方で，より恵まれた隣人を毎日見ていれば，自分の顔に泥を塗られているような気分になり，怒りさえ覚えることもある。そして，「ない」と「ある」を比較することで，貧困の感覚を芽生えさえ，つまりは悪影響を増大させるかもしれない。

　これらの競合する仮説，つまり「相対的剥奪（relative deprivation）」の影響を評価するために，すでに説明したいくつかの測定値を用いた。まず，「貧困」と分類されている地域に住んでおり，経済的な困難を経験している家族をもつ子どもたちのみに焦点を当てることから始めた。これらの人々には，世帯主が学歴をもたない，スキルが必要のない仕事に就いているか無職である，または公営住宅に住んでいるなどの指標が用いられた。詳細な地理ソフトウェアを使用し，各々の家庭の居住地を把握し，裕福な家庭と一緒に暮らす子どもたちを識別することが可能となった。この作業が可能だった理由は，E-リスク研究参加者の貧困家庭の子どもたちの

3/4 が，近隣住民の 25%以上が裕福と分類されている地域に住んでいたからである。
　非常に興味深いことが発見された。少なくとも反社会的行動に関しては，残念なことに都市計画担当者たちの考えが誤りであったのだ。母親と教師の報告（合計）によると，裕福な隣人に囲まれた低所得の子どもたちは，5 歳時点で**多くの**反社会的行動が認められたのだ。なんと，かなり不利な状況の中で生きてきた，同じく貧困層に分類された E-リスク研究の子どもたちよりも（図 9.2 を参照）！　同じ結果は，7 歳，10 歳，12 歳の反社会的行動の調査を対象とした場合にも認められた。発達早期の保育と子どもの発達に関する研究である NICHD 研究（第 8 章を参照）と同様に，私たちのデータでは，大規模保育園でも近隣でも，子どもを取り巻く広い範囲の人々の影響を示したのだった。
　だが，これらの知見が，自分より裕福な人が近くに住んでいることや，その人数以外の要因で説明できるかどうかを判断するために，再度検討する必要があった。私たちは，すでに説明した家族や近隣のいくつかの特性，具体的には家族のSES，母親と父親の反社会的行動歴，近隣の貧困の程度，さらには近隣を対象とし

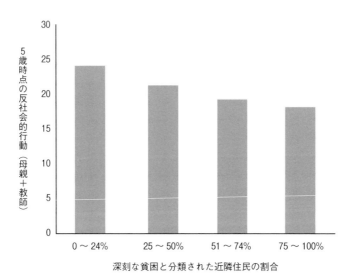

図 9.2.　近隣住民の貧困家庭の割合ごとの 5 歳時点における反社会的行動平均レベル。以下より改変。Odgers, C.L., Donley, S., Caspi, A., Bates, C.J., & Moffitt, T.E. (2015). Living alongside more affluent neighbors predicts greater involvement in antisocial behavior among low income boys. *Journal of Child Psychology and Psychiatry, 56,* 1055–1064, figure 3. © 2015 Association for Child and Adolescent Mental Health.

た多くの社会学的研究において重要視されてきた，まだ述べていない2つの潜在的な交絡因子，すなわち集団的効力（collective efficacy）と近隣の問題の影響を割り引くことによって，この問題に対処した。家族が住んでいる地域の2つの特徴は，現在ハーバード大学で近隣について研究している社会学者のサンプソン（Rob J. Sampson）が推奨するものであり，E-リスク研究の家族と同じ通り沿いか同じ団地内に住む（協力的な）近隣住民に郵送したアンケート調査を用いて測定した。調査では，例えば，子どもたちが学校をサボって街角をうろついていたり，近隣の建物にスプレーで落書きをしていた場合に，近隣の人たちがさまざまな方法で介入してくれるかどうかなどの質問が含まれており，近隣の社会的結束力や社会的支配力を調査している。回答者はまた，地元の住民たちは近隣の人たちを助けたいと思っているかどうか，あるいは自分たちの地域は密接な結びつきがあるとみなしているかについて評価した。

　近隣の問題を評価するために，調査には，公共の場でのポイ捨て，割れたガラス，ゴミ，荒れ果てた建物，放置された車，空き店舗，街灯を壊したり，窓を割ったり，壁に落書きをしたりする荒らしなど，近隣のさまざまな種類の秩序を乱す行為や犯罪について，住民が問題視しているかどうかに関する質問が含まれていた。これらの家族や近隣の潜在的な交絡因子の影響をすべて除外しても，結果はすでに報告されているとおりであった——ただ，ひとつの重要な例外を除いて。それは，貧しい家庭が，貧困地域に住んでいるよりも，**裕福な人たちの近くに住んでいるほうが**，反社会的行動（5〜12歳）が増加するという結果であった。この知見の例外は，交絡因子を統計的にコントロールした場合，この相対的剥奪効果は，男児にのみ認められ，女児には見られなかったことである。

　ここまで調査を進めてくると，私たちは，「「貧困」と呼ばれる地域に住んでいて，貧困ではない家庭で育っている子どもたちの場合はどうなのだろうか？　貧困の家庭が密集しているわけではなく，経済面でさまざまな世帯が混在している地域に住むことで，彼らにも悪影響があるのではないか？」という疑問を抱かずにはいられなかった。その疑問に対する答えは，「ノー」であることが判明した。おそらく驚くべきことではないが，さまざまな家庭が混在する地域に住む裕福な家庭の子どもの場合，反社会的行動の増加を予測したのは，「相対的剥奪」ではなく，むしろ集中的剥奪（concentrated deprivation）であった。繰り返しになるが，この結果は，以前に統制されていた近隣要因と家族要因を統計的に割り引いた場合にも同様であった。言い換えれば，貧困家庭の子ども，特に男児は，貧困ではない家庭の近くに住むよりも，貧困家庭が集中している地域に住むほうが予想外によい結果になるこ

とが明らかになった。その一方で，貧困家庭ではない家庭の子どもの場合は，逆の結果となった。このように，相対的剥奪により貧しい家庭の少年の反社会的行動がより増えるように見えるのに対して，経済的に恵まれている家族が，近隣に貧しい家庭の多い地域に住んでいた場合，相対的剥奪ではなく困難の集中が子どもの発達を損なうことがわかった。貧困家庭が多く混在する地域に住むか，またはそのような家庭が少ない地域に住むかによる影響は，子どもの家族が恵まれているかまたは困窮状態にあるかにより異なるのだ。

　なぜ，裕福な家庭の近くに住むと，恵まれない家庭で育つ子どもたちの発達に悪影響を及ぼすのだろうかと疑問に思うかもしれない。社会的格差と健康に関する何十年にもわたる研究から，社会的地位の高い人と頻繁に接触することが，社会的地位の低い人の心理的なウェルビーイング（幸福）と健康に悪影響を及ぼすことが明らかになっている。このような考え方や私たち自身のデータは，ひと世代前のベルリンの壁の崩壊やソビエト連邦の崩壊の前と後でロシア人が経験した出来事を思い出させた。このような歴史的転換が起こる前は，多くのロシア市民は，玄関の外に出て周りを見回すと，同じように不利な状況にある人たちを見つけることができた。そのため，限られた資源による生活でも，多少なりとも我慢はできた。しかしながら，縁故資本主義がいったん定着すると，何人かの近隣住民が自分よりもはるかに裕福な生活を送るようになり，一部の人々は非常に落胆したのだった。恵まれない生活を強いられたままだったロシア人たちは，この相対的剥奪を経験することで，実際は自分たちの経済状況はまったく変わっていないにもかかわらず，生活をより悪く捉えた。ときには改善されることもあったが，他の人たちほどではなかった。言い換えれば，貧しい生活を送る人々は，みんなが不利な状況にあると気持ちとしてはいくぶんかよくなり，一部の人が恵まれた状況になると惨めに感じるのだった。

　反社会的行動について考えるとき，先ほど強調したような社会的な比較はもちろんのこと，不公平感や閉塞感もまた非行につながる可能性があるとする説が古くから指摘されてきた。このような心理的経験は，ストレスや妬み，恨みなどの否定的な感情を引き起こすだけではなく，「窃盗」を身近な感覚にさせる。犯罪学者は，これを「犯罪機会理論」の観点から説明している。経済的にさまざまな家庭が混在しているコミュニティでは，裕福な近隣住民のようなお金持ちのターゲットが目に入りやすく接触もしやすいために，青少年の犯罪を助長する可能性がある。他の子どもたちが持っているが，自分では手に入れることができないような物であれば，なおさらだろう。例えば，英国では「トレーナー」と呼ばれる高価なスニーカーや，

ノートパソコン，最新のスマートフォンなどが挙げられる。

　このような可能性を考えると，なぜ女児の場合には相対的剝奪の効果が機能しなかったのだろうかという疑問が生じる。理由のひとつには，女児は男児よりも親からの監視が厳しいため，近隣の路上を一人で出歩く可能性が少ないことが考えられる。そして一般的に，男児は女児に比べて，破壊行為や器物破損などの犯罪をする可能性が高いという事実もあり，これは軽視できない——これらの行為は，仲間内での評価が上がる以外は何の得にもならないことではあるが。このように女児の場合には，研究参加者が若年期から成人期に移行していく中で，中等教育の修了，メンタルヘルス，就業などの他の結果が調査の焦点となってきたときに，相対的剝奪の効果がより明らかになる可能性がある。時が経てばわかることではあるが，それを知るには，E-リスク研究の子どもたちがもっと成長するのを待たなければならない。繰り返しになるが，読者の皆さんに果物農家の例え話を思い出してほしい。木が実を結ぶ果実を収穫するずっと前に，人は木を植え，肥料を与え，害虫の被害を受けないように十分な水を確保しなければならないのだ。

近隣での逆境に直面したときのレジリエンス

　貧困家庭の多い環境で育つと反社会的行動が増えることが予測されるとしても，また男児は特に相対的剝奪の悪影響を受けやすくても，このことから，こうした状況のリスクにあるすべての子どもたちが必ず反社会的行動に陥ると解釈すべきではない。私たちは再び，決定論的ではなく確率論的な効果について議論しているが，今回は近隣の場合である。したがって，このような逆境から子どもたちを保護する要因，すなわち，近隣での逆境に直面したときのレジリエンスを育む状況を明らかにすることが非常に重要である。

　この問題に取り組むことになったとき，私たちは，経済的に恵まれない地域というように，固定された構造的な特徴にとどまらず，人間の発達に影響を与えるダイナミックな生態学的要因を明らかにしようとする「生態計量学（ecometrics）」という新たな分野の考え方を引用した。このように，生態学的考察によって私たちは近隣レベルの社会的プロセスに焦点を当てることになった。そのことは，貧困地域で育った一部の子どもたちが，少なくとも反社会的行動の側面において，予想されるよりもよい行動をとる理由を説明できるかもしれない。特に私たちは，隣人同士の社会的結合の水準を指す「集団的効力」が，公共の利益のために介入しようとす

る意思と結びつくことでレジリエンスを促進するのではないかという考えに興味をもった。集団的効力の概念は，シカゴで実施された調査から生まれたものである。シカゴの高級高層マンションには集団的効力がないところもあるが，アフリカ系米国人たちの住む最貧困地域には集団的効力が存在し，特に教会が大きな影響力をもち主導する地域においてはその傾向がみられる。

　コミュニティ内の集団的効力の水準は，個々のメンバーの特性だけで決まるというものではない。もっと正確に言えば，集団的効力とは，日常の社会的統制と社会的結合力が組み合わさったものであり，コミュニティのメンバーが互いに気を配り，トラブルが発生したときに，特にコミュニティの若者のために，介入しようとする意思があることを意味する。このような集団志向は，子どもや青年の逸脱した行動を抑制し，大きな基盤から資源を引き出し，コミュニティ内の社会資本，すなわち個人のスキルや能力を結集するコミュニティの能力を反映していると考えられている。

　E-リスク研究の家庭訪問員が語った2つの対照的なストーリーは，集団的効力感の概念をうまく捉えている。訪問員が近隣住民の家庭訪問に赴いた際，それぞれが似たような出来事を聴取して私たちに報告してくれた。どちらの地域でも，10〜12歳くらいの少年グループが，一人の子を取り囲んでいじめている場面を目撃したのだ。一方の地域では，いじめが起きている道沿いにいた数人の人が，明らかに関わりたくないという雰囲気で反対側の道路に移動したのだった。しかし，もう一方の地域では，道路を走っていた車がスピードを落とし，運転手が窓から「その子に手を出すな，警察を呼ぶぞ」と注意したのだ。すると，いじめっ子たちはバラバラになってはけていき，いじめられていた子どもは，先ほどまで彼を取り囲み嫌がらせをしていた少年たちに邪魔されることなく，その場から立ち去ることができたのだ。

　近隣を特徴づけるために行った調査について思い出してほしい。それは，E-リスク研究に登録されていないが，近隣に住んでいる子どもをもつ成人を対象に実施されたものだった。研究参加者が8〜9歳時に，1116名のE-リスク研究世帯と同じ地域に住む15世帯に調査用紙を郵送した結果，合計は1万7000通近くに上ったのだ！　郵送された調査票には，記入済みの調査用紙を返信するための切手が貼られた封筒が同封されていた。平均して，私たちは各調査世帯につき3通の調査用紙を受け取った。調査回答者の大半は，5年以上その近隣に住んでいたため，地域については熟知していた。

　前にも述べたように，集団的効力は「社会的統制」と「社会的結合」に関する調

査回答が指標となる。社会的統制についての質問では，子どもの非行（例えば，不登校，スプレーによる落書き，大人に失礼なことをするなど）があった場合，近隣の人がさまざまなかたちで介入してくれるかどうかが問われている。社会的結合と信頼は，近隣が「密接に結びついている」かどうか，人々が信頼できるかどうか，近隣の人々がお互いに仲良くしていて，同じ価値観を共有しているかどうかを問う質問を指標とした。

　集団的効力がレジリエンスを促進する効果があるかどうかを評価するために，まず，集団的効力感が，子どもの5歳時の反社会的行動とその後の5年間の反社会的行動の変化を予測しているかどうかを調べた。結果は，近隣レベルでの集団的効力が高いほど，初年度の反社会的行動の減少が予測され，また5〜10歳までの就学期間中に反社会的行動が急速に改善（つまり，低下）することが示唆された。

　しかしながら，より重要かつレジリエンスに関連する問題としては，家族やコミュニティという交絡因子を割り引いたあとでも，集団的効力の発達の中での恩恵は，裕福な地域よりも恵まれない地域のほうが大きいのかどうかという点にあった。このことは，就学時の子どもの反社会的行動を予測する際に証明された。つまり，貧困の「生態計量学的」文脈においてのみ，集団的効力が重要であったのだ。このような貧困地域では，集団的効力が高い場合には，集団的効力が低い場合と比較すると，予想されていた貧困の悪影響が軽減されたのである。しかし，経済的に恵まれたコミュニティでは，（あるいは，反社会的行動の経時的な変化に関しては）当てはまらなかった。言い換えれば，社会的結合や社会的統制が高い水準にあるコミュニティでは，貧困の中で育った子どもだけが，貧困による悪影響から（ある程度）守られていたということである。

　もちろんこのことは，たとえ同じように貧困な状況であったとしても，近隣の剥奪は地域によって同じではないことを示している。少なくとも，子どもたちが学校に入学したときに見せる反社会的行動の水準に関しては，集団的効力の違いによって，貧困地域の中には，他の地域よりもうまく機能している地域も存在する。この結果，そのような恵まれない地域で育つ幼い子どもたちの行動も同様になる。

　先ほど紹介した結果の近隣研究を終えたとき，私たちが調査しなかったこと，つまり，子どもたちの学校教育経験について調査しておけばよかったと，あらためて感じた。集団的効力の高い貧困地域の子どもたちは，集団的効力の低い貧困地域の子どもたちと比べて，入学時点において反社会的ではないことが明らかとなった。このことを考えると，2組の子どもたちが通っていた学校の風土も異なるのではないかと想像される。貧困ではあるが，集団的効力の高い地域の子どもたちを担任し

ている教師は、貧困で集団的効力の低い地域の子どもたちを教える教師よりも、授業に多くの時間を費やし、授業中の児童の行動を管理する時間は少なくなるのだろうか？ もしそうだとしたら、学校教育の効果は、これらの異なるコミュニティの間で差があるのだろうか？ 明らかに注目するに値する問題ではあるが、残念ながら、E-リスク研究はこの問題について検討する立場にはない。

結論

　人々が、特に親たちが住む場所を選択する際には（彼らがある程度の選択権をもっていると仮定して）、近隣が重要な役割を果たしていることを考えると、家族というミクロの環境を超えた世界の影響に焦点を当てた私たちの発達をめぐる冒険の中で、近隣の剥奪が子どもの反社会的行動と関連していることを発見したことは、おそらく特に驚くべきことでもないだろう。日常生活の質や子どもの成長が問題とならないのならば、こんなに多くの人が、自分たちの住むコミュニティをこれほど重要視するとも思えない。このような意見にもかかわらず、近隣効果に関するほとんどの先行研究では青年期の発達の他の側面に焦点を当てていたことを考慮して、私たちは、思春期前の時期に社会情動的発達に関して近隣の影響がみられるかどうかに重点を置いて研究を進めてきたことを思い出してほしい。

　E-リスク研究の一環としての近隣研究の冒険は、「生態計量学」の分野にいくぶんか貢献したと考えている。1つ目に、5歳の幼い子どもであっても、近隣の剥奪は、子どもの反社会的行動を決定づける要因として重要であることを示した。この結果は、家族やコミュニティといった複数の交絡因子を考慮に入れた場合でも同様であり、私たちが見つけた影響というのは、子どもの住む場所は無作為に割り付けられてはいないことから生じる単なる統計的な結果ではないことを意味している。つまり、子どもがどこで育つかという点では、特に、家族要因が違いをもたらすとはいえ、子どもがどれだけ攻撃性や非行に関与するかという点では、家族の強みや弱みだけではなく、近隣そのものが重要であるということである。

　この知見に加えて、検討および考察すべき3つの事柄が浮かび上がった。まず1つ目に、家族と近隣付き合いは、完全に独立した影響力の源ではないということである。この点について私たちは、近隣の剥奪は、子育てを介して、効き目のある発達的魔法または呪いをかけることを発見した。貧困地域で生活し、親の温かさや監督が限られている場合、子どもは反社会的になる可能性が高い。これはもちろん、

貧困のコミュニティの中で生活する恵まれない家庭の親が，近隣の環境を考えて，皆が考える以上のたくさんの温かさをもち，監督を行えば，子どもは反社会的になる可能性が低いことを意味する。レジリエンスの観点から見た場合，支持的な子育ては，恵まれない地域で育つことにより予想される悪影響を軽減する保護因子として機能するのである。

　また，少なくとも男児の場合，最も重要なのは，そのコミュニティがどれだけ恵まれていないかではなく，相対的に恵まれていない状況にあるのかどうかであることも観察された。恵まれない少年たちは，より裕福な家庭の子どもたちと一緒に暮らすと，5～12歳までの間，非行や攻撃的な行動をとる傾向が強かったことを思い出してほしい。これは，多くの都市計画担当者の考え方に疑問を投げかける結果である。一般的には，恵まれない子どもと恵まれた子どもを一緒にすることで，前者にとって最善の利益になると考えられている。もちろん，本章で紹介した研究が英国とウェールズで実施されたことを考えると，米国やニュージーランド，その他の地域でも同じ結果が得られるかどうかはわからない。

　相対的剥奪の調査結果から浮かび上がった難問である，経済的に混在した地域（および，学校？）を開発するべきかどうかに対する解決策は，私たちが示した最終的な調査結果の中にあるのかもしれない。貧困状態にあるコミュニティがすべて同じというわけではない。それらの「生態計量学」は異なっており，そこが重要なのである。つまり，コミュニティのメンバーが，自分の住む場所に投資をしている地域もあれば，あまり投資をしていない地域もあり，またまったくしていない地域もある。しかしながら，私たちの研究において明らかになっていないのは，何がその地域の生態計量学を決定するのか，ひいては，コミュニティの集団的効力をどのように育成するのかということである。このことは，裕福な地域よりも貧困な地域において特に重要である。なぜならば，集団的効力がレジリエンスを育み，反社会的行動が予想以上に少なくなるのは，貧困な地域においてのみ見られることだからである。子どもがどのようにして，なぜそのように発達するのかという個人差を研究している発達学者として私たちが思うことがある。それは，このことはコミュニティのダイナミクスについて私たちよりも詳しい研究者，特に社会学者や疫学者の問題だということである。続きは，それらの専門家の方々に説明していただこう。

第10章

いじめ
Bullying

E-リスク研究（Environmental-Risk Study）の一環で，イングランドのマンチェスター近郊に住んでいる10歳のジョシュアと彼の双子のきょうだいであるジャックを訪ねたとき，ジョシュアは学校で他の少年からいじめられていると繰り返し不満を口にした。ジョシュアとジャックは二卵性双生児であり，ジョシュアはジャックに比べてとても小柄である。彼らはシングルマザーと一緒に，米国の危険な地域とはかけはなれた英国の地域の公営住宅にて暮らしている。それにもかかわらず，ジョシュアは，体が弱く，特に賢いというわけでなく，また友人がいないことで自分をからかう少年たちへの不満が止まらなかったのである。残念ながら，ジョシュアのきょうだいはあまり助けにはならず，実際，彼をかばったこともなければ，そのからかいに加担することすらあった。もしジョシュアの母親が子どもたちそれぞれに携帯電話を与えられるほど裕福であったら，いじめは自宅で一人で過ごす多くの時間にまで広がり，ジョシュアの逆境はさらにひどいものになっただろうと考える人もいるかもしれない。

　悲しいことに，英国や米国，または大部分の西欧諸国において，いじめは多くの子どもたちにとってまれな体験ではない。2008 ～ 2009 年度において，全米教育統計センター（National Center for Education Statistics: NCES）によって全国犯罪被害者調査の学校犯罪補足調査（School Crime Supplement to the National Crime Victimization Survey）が行われた。そこでは700万人の12 ～ 18歳の若者——全生徒の28％に相当する——が学校でいじめを体験していると報告した。英国では，2011 年に英国児童虐待防止協会（National Society for the Prevention of Cruelty to Children）が子どもの25％がいじめられたことがあると述べたと報告している。特にこれらの人数は，2004 年に13％の出現率であるとしたいじめの世界規模の推定を超えている。これらの人数の違いは，いじめが増加しているだけではなく——

190

サイバーいじめ〔ネットいじめ〕があまりにも多くの子どもや青年の生活に果たしている役割を考えると，確かにその可能性は高い──，他国と比較して英語圏でいじめがかなりの高頻度で行われていることを示唆する。これもありえる話である。

　いじめは，子どもや青年が，不均衡な力をもつ仲間からの嫌がらせや屈辱に繰り返しさらされ，その被害から自分自身を守ることが難しくなっていることと定義される。いじめはさまざまな形態をとりうる。かつては，いじめっ子が被害者を殴り倒したり，外見をからかったりして周囲の喝采を浴びるというように，面と向かって接触する必要があったが，今はそうではない。一方で，サイバーいじめは，ヴァーチャル伝染（virtual epidemic）となり，一人あるいは複数のいじめっ子からひどいテキストメッセージが送られ，被害者は繰り返し嫌がらせを受ける。この種の行為が，被害者を自殺に追いやることさえ起きている。私たちの多くは，きっと自分がいじめられたり，相手の子をいじめたり，あるいはいじめが起きている間，ぼんやりと座っていた時代を振り返ることができるだろう。もちろん，後者の２つの体験は，誇るべきものではないが。

　この問題について議論するとき，私たち二人は，成長過程でいじめを受けた，忘れたがたい経験を思い出さずにはいられなかった。テリー・モフィット（Terrie Moffitt）は，ノースカロライナ州の農家で生活していた。毎日，放課後の長いバス通学の間にトパーという名の少年に繰り返し嫌がらせを受けていたことがいともたやすく思い出されるのであった。彼は，彼女を突き飛ばし，抱えている本を叩き落し，彼女の隣に座るやつは誰でも殴ると脅すのであった。テリーの夫であるアヴシャロム・カスピ（Avshalom Caspi）もカリフォルニア州のサンタクルーズで移民だった少年時代にいじめられたことを思い出す。ジェリーという少年は，校庭でのバスケットボールの試合でジャンプシュートをねらうたびに，彼のみぞおちを殴るのだった。ジェリーは放課後も仲間とともに決まって同様のことをし続けて彼を脅した。２人のいじめっ子は不定期に校門に現れては，アヴシャロムを殴ろうと脅すか，実際に殴っていたのであった。結局のところ，アヴシャロムは春学期の間中，どの出口が一番脱出しやすいかをみつけだすのに下校の時間を費やした。この文章を書く前にジェリーの名前を Google で検索したら，何が起きたと思うだろうか？　なんとサンタクルーズの彼の顔写真に偶然出会うことになった──つまり彼は逮捕されていた──のである。また，テリーを悩ませていた者はその後早くに亡くなっていたことが判明した。これらの実生活で起きたことは，本書のテーマと一貫している。

　本章では，いじめについて研究する私たちの発達をめぐる冒険に焦点を当てるこ

とで，このケースのように成長途中の時期に家庭外の仲間との体験が，発達に影響を与えるかどうか，どのように影響するのかについて検証する。特に，E-リスク研究の一環として収集されたデータを用いて，いじめ体験に関する2つの異なる問いについて考察する。最初の問いは，いじめが被害者に与える影響，2つ目の問いは，いじめによる悪影響が，いじめられた子どもたちがどのような家庭で育つかによって緩衝されたり，軽減されたりするかどうかである。後者の問いは，最初のいくつかの章で取りあげられているレジリエンスのトピックを強調するものである。そして，将来の機能における確率論的効果 vs 決定論的効果について言及するものである。

　小学校でのいじめ被害に関する私たちの研究は，7歳と10歳の子どもがいる母親や12歳になった子ども自身へのインタビューからなる。そこから私たちは子どものいじめへの暴露についての洞察を得た。母親の場合，いじめられるとは，他の子どもから傷つくような意地悪を言われたり——意地悪な名前の呼び方やからかい，完全な無視あるいは友人グループからの排除・ある特定の活動に入れないこと，相手を叩く・蹴る・押すこと，ある人についてのうそを教えたり，噂を流したりすること，そのほか同等の嫌がらせを含む——したときのことだと説明した。この記述に従い，私たちは母親に，双子の子どものどちらかがここで記述されたような扱いを受けたことがあるかどうか尋ねた。そしてそれぞれの双子との個別のインタビューで，彼らが他の子どもからいじめられたことがあるかどうか話を聞いた。母親へのインタビューであれ，子どもへのインタビューであれ，回答者にはいじめを報告したときに起こったことを話してもらうよう求めた。そのような情報に基づいて，本章の冒頭で述べたジョシュアのいじめ体験について知ることとなったのである。

　いじめの影響について私たちが発見したことを読者と共有する前に，「なぜ最近，いじめはこれほどまでに注目されるのだろうか？」と思いめぐらさざるをえなかった。他の人と同じように，私たちは，いじめが子どもの発達に及ぼす影響について調査した。なぜならそれは大きな話題になりつつあったし，親，教師，政策担当者，もちろん子ども自身に特に関心が集まっていたからである。しかし，どういうことだろう？　結局のところ，いじめはいつまでも放置されたままである。昔，いじめは子ども時代のごく正常な一部分，ある点では通過儀礼であったかのようにみえる。では，今日，いじめをこれほど大きな問題にしたのは何だろうか。

　私たちがこの問題を提起するのは，大きな問題ではないと考えているからではなく，今や注目と関心の量が数十年前とは大きく異なっているように見えるからであ

る。ひとつの可能性として，現代の大人は——家族あたりの子どもが少なく，し
たがって，守ってくれる年上のきょうだいが少ないということもあり——過去の
時代よりも自分の子どもにより注目してしまうことを示す。ひと昔前までは，子ど
もは親の目の届かないところで多くの時間を過ごしていた。たとえ，いじめられた
ことを訴えたとしても，子どもたちは，親は生活のことで忙しく，話を聞いてもら
う時間などないことをよくわかっていた。「自分自身で解決しないといけない。私
もそうしたんだから」というように言われたことを思い出すかもしれない。

　もうひとつの可能性は，研究者，両親，その他の人々が，子どものウェルビーイ
ング（幸福）を形成する力や要因に関しては，子育ての方法にとどまらず視野を
広げるべきであることを，以前よりも理解するようになったことである。仲間の
経験もまた重要である。第5章でも少し触れたが，1998年，ジュディス・ハリス
（Judith Harris）が"*The Nurture Assumption*"〔邦訳あり：『子育ての大誤解』〕と
いう書籍を出版し好評を博した。それは，私たちの多くが——親も研究者も——，
仲間との体験の発達的な重要性を理解しておらず，子育ての役割を強調する一方で，
子どものウェルビーイングや発達における仲間の影響や力について十分に評価して
いないという事実を警告している。これが，本章で，発達における家族の影響だけ
でなく，家族以外の影響にも焦点を当てた理由のひとつである。つまり，仲間関係
の世界の中で主に起きる体験（本章のいじめと第11章のマリファナの使用）を私
たちは重要なことと考える。

　しかし，おそらくいじめが注目の的となったのはソーシャルメディアの影響であ
る。いじめは（著者らが生育過程で受けたように）もはや対面のケースだけではな
くなったからである。今日，最もひどいいじめのいくつかはメールやテキストメッ
セージを経由して行われ，あまりに多くの子どもが——おそらく，これまで参加
しなかったであろう子どもさえも含め——頻繁に参加するのである。ネットいじ
めに起因する心理的苦痛は，押されたり殴られたりすることによる身体的痛みより
もはるかに傷つく可能性があるという事実もある。最終的な分析から，いじめとい
じめを受けた子どもへの影響が注目を集めるようになったのは，おそらくこうした
要因や力が組み合わさったためと思われる。

いじめの影響

　いじめを研究する過程で，私たちはいじめが被害児に与える影響について3つの

独立した調査を行った。1つ目は子どもの感情的・行動的問題，2つ目は自傷行為，3つ目は肥満（太りすぎ）への影響を評価した。それぞれ順に考察していこう。

感情的・行動的問題

　子どもが10歳と12歳になったときの感情的・行動的問題へのいじめの影響を評価するために，私たちは母親と教師による子どもの行動に関する報告書に興味をもった。感情の問題を査定する行動チェックリストの一部は，「よく泣く」「罪悪感を感じすぎる」「心配しすぎる」といったような項目を含んでいる。行動の問題の尺度は，非行（例：盗み）や攻撃性（例：よく喧嘩する）に関する項目が含まれている。これらの行動は，第8章（保育園の影響に対処すること），第9章（近隣に関すること）で述べられたことと同じである。なぜなら，E-リスク研究もNICHD研究（早期の子どものケアと若者の発達研究）も同じ測定ツールが用いられたためである。測度の精度すなわち信頼性を高めるため，近隣の研究と同じように，いじめの研究における親と教師の報告を再び組み合わせることを行った。

　本書を通して明らかにしているように，子どもたちの発達に影響を及ぼすような努力をしない非実験的な観察研究で行う子どもたちの横断的研究では，つねに「逆の因果関係」のリスクがある。これは，測定されている推定上の「結果」が，影響する疑いのある原因に関連していると判明した場合に発生するが，結果と思われるものが実際に原因となる要因に影響を与えているためである可能性もある。悲しみを抱え，抑制された子どもが，意図せず他人のいじめ行動を引き起こす可能性を考えてみてほしい。この場合，子どもはいじめの影響を受けるだけでなく，いじめの発生にも影響を与える。いじめっ子は日常的に強者ではなく弱者を選ぶので，このことは珍しいことではない。しかし，誤解がないように明確にしたいが，私たちはいじめ経験が被害者の責任であるとは考えていない。

　逆の因果関係の可能性を検討すると，このケースから仮説を立てたように，いじめが子どもの感情および/または行動の問題を将来的に予測したとしても，いじめを引き起こす前にあった行動の問題の結果からくる可能性があることを理解する必要がある。それゆえ，子どもが小学校でいじめを経験する**前**の問題のレベルを考慮した。そうすることによってのみ，いじめを引き起こし，子ども自身の将来的に問題となる発達を維持させる行動への影響が，子どもの適応問題におけるいじめの影響と誤解されないようにすることができる。もちろん，いじめのプロセスを特徴づける相互作用の可能性もある。これは，子どもたちが受けるいじめの対応に不用意

に影響を与える子どもの感情の問題を伴うが，これを考慮しても，いじめはそのような問題をさらに悪化させる。つまり，子どもの問題からいじめへ，あるいはいじめから（より多くの）子どもの問題に進行するというように，因果関係は双方向的である。

　他の章でも行ったように，いじめによる子どもへの影響のみがあるとき，いじめの影響力を干渉するリスクを減らすために，私たちは 10 〜 12 歳の子どもの問題に対するいじめの影響を評価する前に，5 歳で初めて E-リスク研究に登録したときに測定された子どもの問題について統計的に統制を行った。これを行うことで，小学校時代にいじめられた子どもたちは，いじめられていない子どもたちよりも感情的・行動的問題を抱えていることが明らかになった。実際に，実施された分析から，いじめられた経験が 5 〜 12 歳までにおける感情的・行動的問題の増加に寄与したという結果が示された。

　いじめられるということは，単に苦痛を体験するだけではなく，感情的・行動的問題を助長するものであることを理解すべきである。これらのいじめによる大きな心理的・行動的結果は，それ自体，子どもに不利な結果をもたらす。なぜならば，多くの問題を示す子どもは友人関係を形成し，維持することがより困難であり，学校でうまく振る舞うことも難しいためである。つまり，感情的・行動的問題が助長されることで，いじめは発達的機能の負のスパイラルの一部となり，発達の多くの側面に数珠つなぎで影響を与える。この発達的現実の理解によって，いじめがもたらす影響の研究の冒険は第二段階に進んでいった。つまり，子どもたちが自分を故意に傷つける自傷行為に焦点を当てた。

自傷

　先に，いじめは非常に深刻で苦痛を伴い，一部の子どもたちの自殺の原因になりうるという事実に触れた。この悲痛な状況の責任は誰にあるだろうか？　犯罪が行われたのだろうか？　これらの問題を考えることが，自傷行為に焦点を当てるきっかけとなった。私たちは，メディアで広く公表された報道にみられる事例のエビデンスと一致するが，いじめが自分の命を奪うことはなくても自分を傷つけることに関連するかどうか明らかにしたいと思った。幸い，双子を育てている 1000 以上の家族が参加している E-リスク研究ほど大規模な研究でさえ，いじめによる自殺の既遂は極めてまれであるため，この件について確信をもって調査することはできなかった。しかし，私たちは，子どもの自傷行為を査定する際に自殺企図を含めた。

12歳の子どもに対面インタビューを実施した際に，子どもの自傷行為の測定を行った。そこで双子のどちらかまたは双方が過去6カ月間において故意に自分を傷つけたか，あるいは自殺未遂をしたことがあるかについて母親に尋ねた。倫理的配慮として，子ども自身に自傷行為体験について尋ねるということはしなかった。そのような質問をすることで子どもたちの心に考えを植えつけるリスクを冒したくなかったからである。自傷行為の例としては，リストカットしたり，腕をかんだり，髪の毛の塊を抜いたり，頭を壁にぶつけたり，首を絞めること（例：首つり）による自殺未遂がある。参加者のわずか3%弱が自傷行為とみなされ，そのような行動は男子でも女子でもほぼ同じである可能性があった。

　いじめが自傷行為に与える影響についての調査の第一段階は，12歳以前の仲間によるいじめへの頻繁な暴露が12歳時の自傷行為のリスクの増加と関連があるかどうかという問題であった。これは，サンプル全体を検討しても，男女別々に検討した場合でも，さらに母親または子どもの自傷行為の記入をみても，あてはまることがわかった（図10.1を参照）。

　しかし，私たちの仕事の多くと同じように，観察されたエビデンスが，実際にいじめが自傷行為を引き起こしているという方向性を示していると結論づける前に，報告書を提出しなければならなかった。結局，自傷行為と関連する何かが引き起こされた。すなわち，このような代替説明要因は「第三の変数」と呼ばれることを思い出してほしい。私たちはいじめと子どもの不適切養育がしばしば同時に起こり，自傷行為が問題のある養育に関連していることが多いことを理解したため，次にいじめの影響が子どもの不適切養育の経験によって説明できるかどうかを評価した。もしそうなら，私たちが記述したいじめの影響は疑わしくなるからである。成人による身体的および性的虐待に関する情報は，子どもが5，7，10，および12歳のときに母親に行われたインタビューで得られた。重要なことに，以前に論文化したいじめが自傷行為に及ぼす影響は，子ども虐待を考慮しても残ったままであった。つまり，いじめは虐待の影響を超えて自傷行為に寄与したのである。

　代替説明要因をめぐっては，私たちは子どもの不適切養育にとどまらなかった。いじめよりも子どものメンタルヘルスの問題が自傷行為に寄与する可能性も大いに考えられたのである。すでに説明した最初のいじめの調査結果で強調されているように，E-リスク研究のデータ・パントリーには5歳での子どもの感情的・行動的問題の測定値が含まれていたため，私たちはすでに検出されたいじめ効果の，この2番目の代替説明要因の検討を行った。これらを考慮に入れても，いじめは依然として自傷行為を予測した。いじめはそれに先立つ心理的困難さへの反応であり，いじ

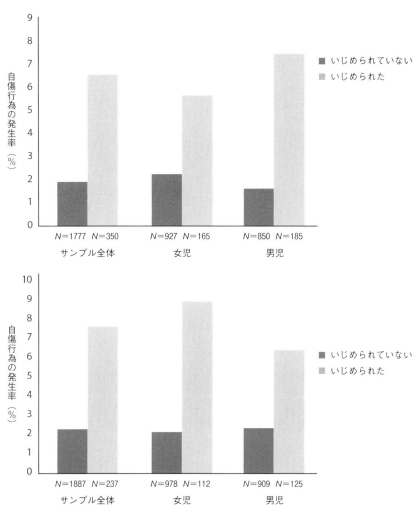

図10.1. 頻繁にいじめられた子どもといじめを受けなかった子どもの間における12歳時の自傷行為の発生率(母親[上]と子ども自身[下]によるいじめの報告より)。以下より改変。Fisher, H.L., Moffitt, T.E., Houts, R.M., Belsky, D.W., Arseneault, L., & Caspi, A. (2012). Bullying victimization and risk of self harm in early adolescence. *BMJ, 344,* e2683, Figure. CC-BY-NC.

め以前の問題が自傷行為に影響を与えていたというわけではなかった。

　5歳児の知能はどうだろうか？　いじめを受けた子どもたちは他の子どもより知能が劣っており，自傷行為に対するいじめの影響を説明しているだけであろうか？　この第三の代替説明要因もまた，自傷行為に対する悪影響を十分に説明できなかった。

　家族はどうだろうか？　家庭で起こっている不適切養育以外の問題のために子どもたちが自分自身を傷つけたのかもしれない。そうであれば，仲間によるいじめを自傷行為の原因とすることは，単なる統計的な相関関係に原因があると，本質的に誤って認識することになる。家族要因がいじめの影響を説明している可能性を調査するために，この章の冒頭で説明したジョシュアとジャックの状況のように，私たちは一方がいじめられ，もう一方がいじめられなかったときの**同じ家族**の同性双子を比較した。いじめは，このアプローチを用いても自傷行為を予測した。つまり，その性質上，家庭内の経済的不利益，親の精神病理，家庭内暴力，自殺企図や自殺完遂した者が拡大家族にいたなど，自傷行為の多くの潜在的な決定要因に対して統制を行った。なぜなら，こうした潜在的に影響のある家族要因は，同じ環境で成長する双子では同じであるからである。したがって，同じ家族で育った双子が共有したこれらの他の経験や暴露のため，上記に述べたことといじめとの関連はみられなかった。

　この点について提示された調査結果を考えると，子どものころに仲間から頻繁にいじめを受けると故意の自傷行為のリスクが高まるのはなぜか疑問に思うであろう。頻繁にいじめを受けることは，高レベルの苦痛と関連していることが知られている。いじめと感情の問題とのつながりを示した最初の研究結果を思い出してほしい。しかし，なぜいじめを受けた子どもがこれらの感情を処理していくのに，会話や運動といったその他の対処戦略ではなく，自傷行為を選ぶのだろうか。そのひとつの可能性として12歳の子どもは，アルコールやタバコによるセルフメディケーション，ジムでの運動，やけ食いなど，成人が利用できる苦痛を軽減する機会が不足していることがある。子どもたちは自分の苦痛について他者に話そうとする試みがそれを軽減するのに効果がないとわかったあとでは，より劇的に他者の注意を引きつけるために自傷行為を用いるのかもしれない。その最後の説明として，子どもの声がほとんど届かない虐待的またはネグレクトな家庭環境で発生する可能性が高くなることである。これは，子どもが話しかけた場合に「罰せられる」ことを恐れているため，または共感的な保護者という機能が単純に利用できないためである。

肥満（太りすぎ）

　ここまでに検討されたエビデンスは，12 歳時という 10 代の早い時点で，子ども時代に受けたいじめの悪影響を明らかにしている。もう一度，本書が焦点を当てている縦断的研究の大きな利点のひとつを伝えたい。すなわち，ある時点で記述された子ども時代の不幸な経験がのちの人生でどのように悪い影響をもたらすのかを調査できるということである。本書執筆当時，E-リスク研究で子どもたちを追跡調査しているかぎり，10 代の終わり，つまり子どもたちが 18 歳になった時点でそのような影響がないかどうかを調べるということである。

　いじめに焦点を当てた発達的調査の第三段階では，青年の体重，特に肥満（太りすぎ；overweight）の有無を調査することにした。標準的な医学的定義によると，米国の成人の 2/3 以上が現在肥満（太りすぎ）の状態にあるとされている。いじめの経験に関して，肥満であることとの関連に焦点を当てることは，以下のいくつかの理由で重要である。肥満は，心血管疾患，2 型糖尿病，がんのリスクを高めるだけではなく，学校，仕事での人間関係における社会的差別にもつながる。食事や行動の変化など，肥満を対象とした利用可能な介入が実際に長期的に効果があるという有力なエビデンスはほとんどないため，予防の対象として潜在的に修正可能な危険因子を特定することが重要となる。いじめは，おそらく過食によるセルフメディケーションや，生理学的レベルでは代謝を遅くすることから，肥満に寄与する要因のひとつとなっているのかもしれない。だからこそ，私たちはいじめが体重に及ぼす影響を具体化する上で潜在的に影響力のあるプロセスに取り組む立場にはなかったけれども，いじめが肥満に及ぼす影響の評価に着手することにした。

　肥満であることに焦点を当てることになったもうひとつの要因は，若年期のストレスが個人を過剰な体重にさせやすくする可能性があるというエビデンスであった。不適切養育の既往歴のある人が成人期の肥満のリスクが高く，不適切養育を受けていない人に比べて，生涯にわたってボディ・マス指標（BMI）の上昇が速いことを示すエビデンスについて考えてみよう。繰り返しになるが，私たちは，小学校時代のいじめと高校時代の終わりの肥満に関するいかなる関連性についても，不適切養育などの代替説明を除外する必要があることを認識していた。

　いじめを受けた子どもたちの体験をとらえるために，子どもたちが 7 歳と 10 歳の小学生のときの母親へのインタビューと，12 歳の中学生のときの母親と子どもの両方へのインタビューに再び頼ることとなった。母子から得た情報を（ひとくく

りにして）組み合わせると，子どもたちは以下の3つのグループに分類することができた。すなわち，小中学校でたまにしか被害を受けなかった，または被害を受けなかった「非被害者」（研究参加者の59％）と，小学校または中学校で頻繁に被害を受けたが，両方の発達期には被害を受けなかった「一過性の被害者」（28％）と，小学校と中学校の両方で頻繁に被害を受けた「慢性的な被害者」（13％）である（ちなみに，著者であるモフィットとカスピは，前述の子ども時代の経験に基づくと「一過性の被害者」となりうるだろう）。研究参加者が18歳になったとき，私たちはBMIを計算できるように彼らの身長と体重を評価した。つまり，体重キログラムを測定された身長メートルの二乗値（kg/m^2）で割ったものである。**肥満（太りすぎ）**は，米国疾病予防管理センターの基準に従って定義され，年齢と性別のグループの上位15％にBMIがある研究参加者は肥満（太りすぎ）として分類された。また，ウエスト周りをヒップ周りで割ってウエスト・ヒップ比を算出した。また，子どもが12歳のときに行われたBMI測定も得られた。

私たちは，再度，いじめと肥満との間に直接的な統計的関係が存在するかどうかを判断する調査を開始した。いじめを受けた子どもは，他の子どもよりも18歳で肥満の可能性が高く，用量反応関係的な仕方で大きないじめは一貫して肥満であることに関連していた（図10.2を参照）。さらに，慢性的にいじめを受けていた子ど

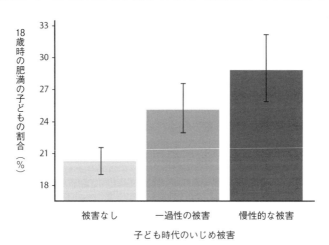

図10.2．子ども時代のいじめ被害の機能としての18歳時の肥満の子どもの割合。Baldwin, J.R., Arseneault, L., Odgers, C., Belsky, D.W., Matthews, T., Ambler, A., Caspi, A., Moffitt, T.E., & Danese, A. (2016). Childhood bullying victimization and overweight in young adulthood: A cohort study. *Psychosomatic Medicine, 78,* 1094–1103,

もは，いじめられたすべての子どもたちの中で最も高い BMI を示し，一時的また
は慢性的にいじめを受けた子どもは，いじめ被害を受けなかった子どもと比較して
ウエスト・ヒップ比が高かった。この後者の発見に関して，ウエスト・ヒップ比を
基礎としてウエストが大きいことは，肥満を反映するだけでなく，代謝問題の特定
のリスクを示すことに注意する必要がある。なぜなら，内臓脂肪は特に健康不良に
関して悪い影響を及ぼすからである。内臓脂肪は，「皮下」腹部脂肪よりもさらに
皮膚の下に蓄えられる。これは，肝臓，膵臓，腎臓などの主要な臓器に実際に巻き
ついているゲル状の脂肪の一種である。

　いつものように，私たちは自分たちの発見に挑戦しようとした。私たちは併発す
る不適切養育についてまず考えた。（女子に限られるが）いじめを受けた子どもは，
いじめを受けていない子どもより不適切養育を受けている可能性が高く，不適切養
育はウエスト・ヒップ比が大きく，肥満の可能性が高いことにも関連していること
が私たちのエビデンスから示されたため，このことは重要なテーマであった。これ
らの観察にもかかわらず，いじめを受けることは，不適切養育の歴史を代替説明要
因（第三の変数）として考慮しても肥満と関連したままであった。つまり，いじめ
は不適切養育の影響を超えて肥満を予測したのである。

　私たちは，次に心理社会的リスクと子どもの特徴を考慮し，いじめ−肥満の調査
結果に関する他の代替説明に注意を向けた。いじめを受けることは，社会経済的
不利と食料不安（心理社会的リスク），メンタルヘルスの悪さ（感情的・行動的問
題），5 歳時の IQ の低さ，思春期の早期発達などにも関連していたため，これは重
要であった。注目すべき点は，いじめとこれらの相関関係のそれぞれが，感情の問
題を除いて，肥満を予測したということである。それにもかかわらず，これらの潜
在的な交絡要因の影響を考慮に入れると，12 歳になるまでにいじめを受けることは，
18 歳時で肥満であることを予測した。以前と同様にいじめを受けることは，あら
ゆる心理社会的リスクや子どもの特徴の影響を超えて肥満を予測したのである。

　しかし，いじめ被害は肥満に先立って起きるか，肥満が子どもをいじめる「選
択」要因として機能するのかという疑問が依然として生じる。言い換えれば，私た
ちは再び肥満の逆の因果関係に取り組む必要があった。それは肥満であることがい
じめに先行し，その原因となるのか，その逆（結果として肥満である）ではないこ
とがありうるか，ということである。重要なことに，これは事実ではないようだっ
た。いじめを受けた 12 歳の子どもが，他の子どもよりも肥満または高い BMI また
は高いウエスト・ヒップ比をもつ可能性は高くなかった。したがって，少なくと
も E-リスク研究に参加した双子のケースでは，体重関連の特性が先行し，いじめ

に寄与したと考えられるエビデンスはほとんどなかった。特に，子ども時代のいじめと 18 歳時の肥満との関連は，子どものときの体重を考慮しても残ったのである。実際，このことは，双子の子どもそれぞれが肥満であるかどうかの指標に関して，各子どもの出生時の体重と肥満に関する遺伝的リスクの影響を割り引いた場合と同様であった。

　繰り返すが，いじめは子どもたちに悪影響を及ぼし，今回は 18 歳時に行われた体重関連の測定にて，それが検出可能であるように思われた。言い換えれば，いじめを受けた子どもたちは，肥満になるリスクが高いことが明らかになったのである。これらと同様に重要なこととして，私たちの調査結果では肥満は仲間によるいじめ被害に特異的であり，大人による不適切養育の併発では説明されなかったのである。いじめを受けた子どもたちは，家族の経済的不利や食料不安，子どものメンタルヘルス，認知，思春期の発達など潜在的な交絡要因とは無関係に肥満のリスクが高いことを思い出してほしい。最後にこの関連性は，いじめを受けた子どもが被害時では肥満ではなかったこと，そして幼児期の体重や遺伝的または胎児期における要因とは無関係に青年期に肥満になったという点で，いかなる因果関係的推論においても重要な仮説の時間的優先事項と一致していた。言い換えれば，肥満は，いじめに先行して起こるのではなく，その後に起きたのである。

　これらの知見に基づいて，いじめを受けた子どもたちの肥満を予防するよう支援する努力がなされるべきなのは明らかである。このような取り組みは，食事の実践（例：ジャンクフード）や活動（つまり，運動の重要性）に焦点を当てることになるかもしれない。もし効果があれば，自傷行為と同様にいじめによる感情的・行動的問題への影響に対する以前の私たちの調査で焦点が当てられた，子どものメンタルヘルスに利益をもたらす可能性がある。

いじめに直面したときのレジリエンス

　以前の章，特に第 1 章では，私たちは生物学のすべてと同様に，人間の発達は決定論的科学ではなく，確率論的科学であるという事実を強調した。量子力学を除いて，物理学は古典的な決定論的科学であり，物理的な力がどのように作用するかを説明する法則をもっている。決定論の利点の 2 つの例を引用すると，これらによって橋や高層ビルを自信をもって建築することが可能になる。第 1 章で説明したように，確率論とは，原因や影響が人間発達に不可避の影響を与えるのではなく，多か

れ少なかれ可能性は高くなるが確実ではないことを意味する。つまり，他の状況や要因に応じて，予想される結果が発生する場合と，発生しない場合がある。例えば，喫煙が肺がんのリスクを高め，無防備なセックスがエイズのリスクを高めたとしても，これらの行動をとるすべての人が確率論的に関連する結果に必ずしもなるわけではないことを私たちは知っている。このことが現在の文脈で意味することは，いじめが児童期にメンタルヘルスの問題や自傷行為，成人期早期に肥満になるリスクを高めたとしても，いじめられたすべての子どもがこれらの負債を背負うわけではないということである。この観察は，逆境に直面したレジリエンスの問題に注意を喚起し，いじめられた子どもたちが，これまで述べてきたような仲間による過酷な扱いに関する発達上のリスクに屈しないよう，どのような要因やプロセスが守ってくれるのかという問題を提起している。私たちは，いじめに関する研究の最終段階でこの問題に目を向けた。

　この質問に答える最初の取り組みは，自傷行為に焦点を当てた2回目のいじめ調査として，いじめを受けた子どものうち，自傷行為を行った子どもと行わなかった子どもとで何が異なるのかを調べることであった。これは，いじめを受けた子どもの90%以上が自傷行為をしていないにもかかわらず，自傷行為が見られた子どもの半数がいじめられているという事実に照らして特に重要に思えたのである。それでは，いじめを受けて自傷行為を行った子どもと，いじめられたが自傷行為を行わなかった子どもとは何が違ったのだろうか。

　私たちが発見したのは，自傷行為をする，いじめを受けた子どもたちは，他のいじめられた子どもたちよりも，自殺を試みたり完遂させたりした近親者を直近または拡張家族にもつ可能性が高いということである。自傷行為をする，いじめを受けた子どもは，単にいじめを受けた子どもよりも，大人から身体的虐待を受けている可能性が高かった。これらの可能性に関する情報は，母親とのインタビュー中で得られた。子どもたち自身のメンタルヘルスも重要な要因であった。実際，自傷行為をした子どもは，自傷行為をしなかった子どもたちよりも，診断可能な素行症，うつ病，精神病症状に苦しむ可能性が高かった。いじめに直面した際のレジリエンスは，少なくとも自傷行為の場合には，精神的に健康であること，近親者に自殺した人のいない家庭で育ったこと，身体的虐待を受けずに養育されたことの結果であるように思われる。

　これらの結果を受けて，私たちは，感情的・行動的問題の発現に関する最初のいじめ研究に立ち返ることによって，いじめに直面した際のレジリエンスの調査を拡げることにした。こうして，「なぜ，このような心理的困難に関して，いじめられ

た子どもの中には，他のいじめを受けた子どもたちよりも悪影響を受けにくい子ど
もがいたのだろうか」という疑問が生じた。レジリエンスに関連するプロセスを明
らかにするための，この第二の取り組みでは，支持的な家族関係はさまざまな逆境
に直面しても保護的であることが証明できるという広範な理論とエビデンスを踏ま
えて，家族のみに焦点を当てることを選択した。予想どおり，支持的な家族環境が
子どもをいじめの影響から完全に保護することが証明されれば，健康な家族機能を
促進する介入が実施されうることも私たちにとって重要なことであった。実際，い
じめを受けた子どもたちは，温かな養育がなされている場合，またきょうだい関係
が愛情深いとき，家庭環境の全体的な雰囲気がうまく構成されている場合，つまり
混沌としているのではなく整っている場合，いじめに関連する適応問題に発展する
可能性が低いと仮定した。

　母親の温かさを評価するために，子どもたちが5歳と10歳のときに実施された，
第9章で紹介した5分間のスピーチサンプルを用いた。この手順では，母親は双
子のそれぞれについて5分間話すように求められ，その後，母親が子どもに対して
表現する温かさの観点から，双子ごとに個別にコメントの録音が評価されていたの
を思い出していただきたい。その内容は特に子どもに対して表明された共感と共感
に関する声とコメントである。また，双子のきょうだい関係の温かさを評価するた
めに母親のインタビュー内容を用いた。そこで，「双子はお互いに愛し合っていま
すか」「双子は二人ともお互いによいことをしますか」などの質問を行った。家庭
の雰囲気の評価は，家族を訪れた研究者の観察に基づいて行われた。それは，家が
きれいかどうか，子どものアート作品が家庭に飾られているかどうか，家が「幸せ
な感じ」をもっているかどうか，混沌としていたり過度に騒がしかったりするかど
うかに焦点を当てて観察された。

　これらの測定内容をもとに，いじめられた子どもたちが，いじめられていた過去
からの予想よりも感情的・行動的問題が少ないかどうかを判断した。その後，この
仮定した家族のレジリエンス要因とこの調査を関連づけた。すると，予想どおり，
いじめを受けた子どもたちは，その家庭が，母親が温かく，きょうだい関係が親密
で協力的で，家庭内にポジティブな雰囲気があるとき，個人的に経験したいじめの
重症度と慢性度を考えると，他の方法で予想されていたよりも問題が少ないことが
明らかになった（図10.3）。実際，このような家族プロセスは，子どもがいじめに
直面してもレジリエンス力を促進する可能性があるというエビデンスは，5歳時の
子どものIQと不適応と家族の社会経済的不利の程度を考慮に入れてもなお残って
いた。

第 10 章　いじめ

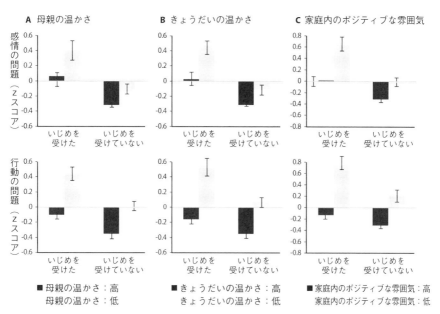

図 10.3.　いじめを受けた子どもといじめを受けていない子どもの感情的・行動的問題を，母親の温かさ（パネル A），きょうだいの温かさ（パネル B），家庭内のポジティブな雰囲気（パネル C）としての高低の関数としたところ，家族のサポートが高いときにいじめを受けた子どもの問題が減少したことを示した。以下より改変。Bowes, L, Maughan, B., Caspi, A., Moffitt, T.E., & Arseneault, L. (2010). Families promote emotional and be-havioural resilience to bullying: Evidence of an environmental effect. *Journal of Child Psychology and Psychiatry, 51,* 809–817, figure 1. © 2010 The Authors.

　重要なことは，私たちが考えた 3 つの家族要因のそれぞれが，逆境に直面した子どもたちのレジリエンスに独自に貢献していることである。これは，母親が温かいと評価されるほど，きょうだいが思いやりがあると評価されるほど，そして家庭環境がポジティブなほど，いじめられた子どもたちが抱えている問題が少なくなることを意味する。つまり，非常に協力的な家族をもつ，いじめられた子どもたちは，仲間から同じく過酷な扱いを受けたが，協力的でない家庭で育った子どもたちよりも感情的・行動的問題が少なかった。

　全体として考えると，いじめに直面した場合の自傷行為と適応の問題における個人差，つまり，誰がより多く影響を受け，誰がより悪影響を受けないかをよりよく理解するための私たちの取り組みの結果は，家族の重要性を強調している。それにより私たちの発見は，いじめられた子どもが経験する困難を軽減することを目的と

した学校ベースの介入プログラムに家族を含めることの重要性を強調している。加えて，介入対象，具体的には，家族の構成はどうか，そして家族関係が支持的であるかどうかに注意を促している。もし，いじめられている子どもに対応するための資源が限られているのであれば，支持的な家庭をもついじめられっ子をトリアージし，いじめのストレスに対処するために必要な支援を家族に提供しもらうとよいことを示唆しているともいえる。対照的に，家族があまり協力的ではなく，親から虐待を受け，家系に自殺行動の既応のある家族がいる，あるいはメンタルヘルスの問題に苦しんでいる，いじめられた子どもたちは，真っ先に臨床サービスを受けるべきであろう。こうした子どもたちこそ，自分自身を危険にさらすほどに，悪い方向に発達する危険性が最も高くなる。しかし，いじめられた子どもたちが，いじめの確率論的結果に屈する可能性を減らすような家庭的変化をもたらすことが最も困難なのは，こうした子どもたちの家族であることは間違いない。

結論

　いじめを研究する私たちの発達をめぐる冒険にこれだけの紙数を割いたあとで，私たちが発見したのは常識に基づいてすでによく知られているものばかりだと結論づける人が出てくることは想像に難くない。私たちはこの評価に異議を唱えるつもりはない。とはいえ，その常識が間違っている可能性があることを指摘することが重要である。そのような可能性をいくつか考えてみよう。

　いじめが子どもたちのウェルビーイングにとって悪いことは驚くことではないかもしれないが，私たちの調査結果は異なっていた可能性がある。結局のところ，前世代の多くの高齢者は，いじめについての今日の心配を軽視し，特に長期的には有害であるという考えを嘲笑しながら，それは子ども時代の正常な一部であると主張している。特に，前項で述べたことと異なる常識をもつ人は，問題はいじめそのものではなく，いじめに関連する他の要因であると主張した可能性が考えられる。言い換えれば，因果関係は別のところにあるのに，いじめによるものだと誤解されているのである。実際，私たちが最初に検出したいじめの影響について複数の代替説明を検討したのは，この非常に現実的で常識的な可能性のためであった。例えば，不適切養育がいじめや問題のある機能を予測したとしても（それがいじめられた子どもたちの問題の本当の原因であった可能性を予測したとしても），そうではないことがわかったということを思い出してほしい。つまり，いじめの影響に関する

この最も合理的な代替説明を考慮に入れても，いじめは 12 歳時の機能低下（感情的・行動的問題，自傷行為）と 18 歳時の機能低下（肥満）を予測していた。

　同じことが，小学校のいじめの経験に先行する子どもたち自身の能力と問題の影響にも当てはまる。感情，行動，体重の問題はいじめに先行し，いじめの一因となり，そのため，いじめと，検討中のネガティブな発達予後との間に見出された関連性にも実際に説明がつくという理由により，常識的に考えれば，12 歳時点での子どもの困難や 18 歳時点での肥満の原因はいじめそのものにあるのではないという見方につながるだろう。言い換えれば，いじめは子どもの困難さの原因ではないということである。しかし，これも事実ではなかったのである。いじめの影響は，出生時体重を考慮に入れ，5 歳の IQ，心理的困難，さらには体重の影響を割り引いても残っていた。重要なのは，いじめの影響についての仮説を注意深く調査すること，つまり代替説明を取り入れ，評価することによってのみ，競合する常識のバージョンを評価できるということである。

　もちろん，いじめに直面した際のレジリエンスに関する研究にも同じことが当てはまる。5 歳時の子どもの問題行動が問題のある家族関係に寄与したり，それを引き起こしたりした可能性がある。そのため，これらを考慮に入れると，支持的な家族がいじめられた子どものレジリエンスの源であることは証明されなかったであろう。しかし，これもまた，私たちがいじめというテーマに発達上の関心を向けたときに見つけたものではない。いじめられるという不幸を抱えたのち，思いやりのあるまとまりをもった家庭で育つ幸運に恵まれると，5 歳時の感情的・行動的問題を考慮に入れても，いじめの不利な影響を減らすことができた。ここでも常識的な概念が間違っていることが証明された例がある。それは，私たちが実証的調査を行うことによってのみ明らかになってきたことである。

　結局のところ，私たちの研究から持ち帰ってほしいメッセージは次の 2 つである。第一に，いじめは短期的および長期的な悪影響を及ぼし，複数の代替説明（および合理的な説明）によって完全に説明することはできなかった。第二に，特に支持的な家族は，いじめに直面した際の保護またはレジリエンス促進の機能をするということである。したがって，いじめを受けないに越したことはないが，いじめが起こったとしたら，感情面で支持的に機能する家庭環境下でのほうがまだよいのである。特に有害なのは，仲間にいじめられ，**かつ**支持的でない家庭環境で育つという「二重のリスク」状態である。これらの（常識的な？）見解は，いじめを未然に防ぐことの重要性と，いじめがもたらす不都合な結果を減らすための少なくともいくつかの介入のターゲットを強調するものである。それらはまた，再び発達の確率論的性

質を明確にする。いじめが不都合な発達のリスクを高めたとしても，このリスクは軽減することができるので，実現されるとはかぎらない。最後に，レジリエンスの調査結果は，子どものウェルビーイングの複数の決定要因に関する重要な点を強調する。それは，一部で言われているように子育てを含む家族の影響と仲間からの影響とを比較するのは間違いだということである。両方ともが重要であることがわかったのである。

第

11

章

大麻──早期の使用，持続的な使用

Early and Persistent Cannabis Use

「長い道のりだったね，ベイビー」は，現代的で解放された女性たちに向けて特別にデザインされた新発売のタバコの魅力を訴えるための，1970年代のタバコの広告キャンペーンのスローガンであった。マリファナ──世界で最も広く使用されている違法薬物──を「ベイビー」に変えてみると，自分たちの生きている間に大麻がどう考えられてきたのか，私たちが目撃してきたことをとてもよく表現している。20世紀の最後の数十年，そして，おそらくその前でさえ，マリファナは精神や認知に影響を与える薬物というだけでなく，米国とそのほかほとんどの国で違法であった。マリファナは，その害が日常的に報じられてきた薬物でもあり，おそらく，1936年の名作映画 *Reefer Madness*〔邦題は『リーファー・マッドネス 麻薬中毒者の狂気』〕は，マリファナが人を狂わせ，生活を壊し，自殺すら引き起こすことを訴える最たるものであろう。しかしながら，今日では，マリファナの販売と使用は米国の多くの州で医師の処方箋があれば合法とされているだけではなく，大人の娯楽目的としても，コロラド州，ワシントン州，オレゴン州，カリフォルニア州，さらにはウルグアイやオランダといった場所で合法とされている。ということで，本章のタイトルは「長い道のりだったね，メリー・ジェーン」ともいえる（ご存じない方のために言っておくと，「メリー・ジェーン」は20世紀半ばから後半にかけてマリファナの代名詞であった）。

多くの人がその危険な効果についての恐ろしいストーリーを軽視してきたにもかかわらず，この精神や認知に影響を与える薬物が，仕事や家庭生活の領域における機能は言うまでもなく，より一般的にメンタルヘルスと心理的機能に影響を与えるのかどうかという疑問が生じる。アルコール，コカイン，そのほか多くの化学物質が娯楽目的で消費されていることは確かである。残念なことに，これは扱いが難しい問題であった。なぜなら，米国や他の政府は長い間，研究者がマリファナの影響

209

について体系的に調査することを制限してきたからである。大麻は体に悪いと主張するほうが，これが事実かどうか，あるいは，今日，日常的に擁護されている医学的な利益が本当にあるかどうかを調べるよりも適切だと思われてきたのだ。幸いなことに，こうした状況は近年，米国では変化してきた。そのため，これからの数十年で，マリファナが人間の健康と発達にどのような影響を与えるのかということについて，新しい調査が増えていくはずである。

　私たちがダニーデン研究の一部として大麻使用の影響を研究するという発達をめぐる冒険を始めたとき，メンタルヘルス上の有害な影響があるというエビデンスがいくつか見られた。本当に，大麻の使用は統合失調症のような臨床的に重大な精神疾患の発症について中程度のリスクをもたらすというエビデンスが世界中で示されていた。実際，私たちがマリファナの影響に関する調査を始めたとき，スウェーデン全土を対象とした大規模なコホート研究では，18歳時点で大麻を大量に使用することはその後の統合失調症のリスクを600%まで引き上げることが明らかにされていた！　統合失調症の診断の中心は精神病症状である。精神病は思考と感情が保たれなくなり，個人が現実との接点を失ったときに起こる。これには，妄想や，単に現実ではないものを見たり聞いたり信じたりすることも含まれる。幻覚は精神病症状である。

　発達研究者として私たちは，人が**いつ**大麻を吸い始めるのかということが問題になるのではないか，と考えざるをえなかった。それは私たちがこのテーマに関する初めての研究で扱った最初の疑問であった。実際，私たちが，この章を発達における家族および家族以外の影響を論じる本書の一部として位置づけたのは，マリファナを初めて試す人のほとんどは青年期に友人とともに試し，そのうちの何人かはその後も定期的に吸うようになる，というのが典型的な在り方だからである。ダニーデン研究のデータはそれまでの研究と一致しており，青年期に大麻を使用すると，26歳時点の成人期早期に統合失調症の症状を経験する可能性を高めることを示した。しかし，私たちの最初の調査はすでに知られていたことに関連して，3つの新しいエビデンスを追加した。

　1つ目は，精神病は，青年期に初めてマリファナを試すよりも**前**に起こっていたのではないか，というそれまで検証されてこなかった可能性に関することであった。もし精神病症状がマリファナを使用するより前に起こっていたとしたら，私たち自身のものを含めたそれまでの研究が，マリファナの使用と統合失調症の症状を結びつけているのは，「逆の因果関係」を反映している可能性がある——つまり，大麻使用によって精神病に至るというよりは，おそらくはセルフメディケーションの目

的のために，精神病によって大麻使用に至っているということである。ダニーデン研究のような前向き研究だけが，互いに関連すると考えられる要因の「時間的順序」を明らかにする——つまり，大麻の使用と精神病症状のどちらが先なのか，説明することができる。これが，私たちが研究参加者に対して，標準的な精神医学的面接を繰り返し行ってきた理由であり，こうして私たちは精神病症状とマリファナ使用の時間的順序を特定することができたのである。何らかの薬物や経験の影響を評価しようとする場合には，原因かもしれないもの（大麻の使用）が，結果かもしれないもの（精神病症状）よりも本当に先行していたと提示できることは極めて重要なことである。したがって，大麻使用の影響を理解するための私たちの最初の貢献は，逆の因果関係では，マリファナとメンタルヘルスの関連は説明されない，と発見したことだった。10代のときに仲間とマリファナを吸っていた研究参加者は，吸っていなかった参加者よりも，マリファナを吸い始める**前**に統合失調症の症状を示しては**いなかった**のである。

　私たちの重要な発見の2つ目は，発達的意義のあることで，大麻使用のタイミングへの注目と呼ばれているものである。15歳以前にマリファナを始めた人たちは，17歳以後に始めた人たちと比べて，統合失調症関連の影響が大きい。この結果は，脳の成長途上で大麻を使うことが問題のある影響の一因であったことを示唆している。私たちの脳，特に，プランニングや衝動的な行動の抑制に中心的な役割を担っている前頭前皮質が，青年期の間，実際のところ20代になっても発達を続けている，ということは現在ではよく知られた事実であるが，この研究を始めた当初は，神経科学はまだこのことを明らかにしていなかった。

　私たちの3つ目にして最終的な発見は，メンタルヘルスに関する大麻使用の影響の特異性に関することである。マリファナを吸っていた若い青年は，吸っていなかった人よりも，大麻の影響を受けていないときであっても，精神病症状を多く経験する傾向にあった。しかし，彼らは抑うつになるリスクは高くなかった。これもまた，脳で何か特有のことが起こっていることを示唆している。

　大麻の影響——最低でもひとつの予想外な効果を私たちは記述した——に関する発見をさらに共有する前に，私たちには明白にする必要のあることがある。私たちの調査は，マリファナ使用のネガティブな影響を明らかにすることや，マリファナが健康・財産・ウェルビーイング（幸福）に悪いと証明することを目的としてデザインされていたわけではないということである。あるいは，大麻の危険性に関する主張に反論しようとしていたわけでもない。健康に関する多くの調査と同様，この薬物の摂取が身体的・心理的・行動的な発達に影響を与えるのか否か，与えるの

であればどのような影響を与えるのかということに関心をもっている公衆衛生志向の発達科学者として，私たちは大麻の影響の問題にアプローチした。経験主義者として私たちは，つねにどのような結果になろうとも，また，私たちの結果が大麻の使用と合法化に賛成する人もしくは反対する人によって利用されるかどうかにかかわらず，その知見を正直かつ率直に報告してきた。保育所について第8章で述べたことを思い出してほしい。天気予報を適切なデータの詳細な分析に基づいて行おうとする気象予報士として私たちのことを考えてほしい。雨が降るだろうと予想するのは私たちが晴天に反発しているからではないし，晴天の予報は雨への反発ではない。私たちはデータが示していることを単に共有しているだけであり，それはとても純粋でシンプルなことなのである。

大麻の影響は成人以降も続き，精神疾患にとどまらない

ダニーデン研究の参加者が年齢を重ねるにつれて，持続的な大麻の使用はメンタルヘルスだけではなく，青年期以降の全般的な発達に悪影響を与えるのかどうか，私たちは疑問をもつようになった。こうして，私たちは大麻を青年期に開始するというだけでなく，成人期に**持続的に**使用するということについて，発達をめぐる冒険の次なるステージへと研究を進めるに至った。私たちは，精神病に焦点を当てるよりも，13歳から38歳までの神経心理学的機能の変化——より具体的には低下——に注目した。神経心理学的機能とは，とりわけ，脳の処理に関連すると知られている認知能力のことである。そのため，脳画像研究（2019年にちょうど研究は完了したが，ダニーデン研究の45歳の分析はまだである）のように，私たちの尺度は脳を直接測定してはいないが，脳の処理の結果である心理学的機能を測定したものであった。ということで，私たちの神経心理学的機能の変化に関する測定は13歳から38歳までの知能と記憶のアセスメントに基づいている。さらに，私たちは，視覚情報処理，聴覚的言語学習，情報処理速度，知覚推理，言語理解について研究参加者を38歳の時点でアセスメントした。

脳機能を反映する神経心理学的な測定に私たちは非常に自信があったことを指摘しておこう。なぜなら，専属の神経心理学者であるモフィット（Terrie Moffitt）は，自分の年老いた父親が，視力が徐々に失われていくにつれて怒りっぽくなったり不安になりやすくなったりといった多くの変化を示したとき，素晴らしい脳科学者であることを証明していたからである。田舎の高齢の医師が，何も特別なことは起こ

っておらず単に加齢によるものだと結論づけたにもかかわらず，彼女は納得しなかった。一連の症状から，彼女は父親の脳の特定の部位に腫瘍があるのではないかと疑った。案の定，彼女がデューク大学メディカルセンターで父親に脳の精密検査を受けさせると，まさに彼女が仮説をたてたとおりの腫瘍が視神経を圧迫していたのである。鼻腔から器具を挿入するという驚くほど簡単な手術の後，腫瘍は除去されたのだった！

　大麻の持続的な使用に関する測定，つまり，私たちの予測変数の測定は，研究参加者が18歳，21歳，26歳，32歳，38歳のときの面接に基づいて行われた。持続的な大麻の使用は，前述した5回の面接のうち，大麻依存に関する正式な精神医学的診断基準を満たした合計回数として定義された。この基準を満たすためには，マリファナを不適切に繰り返し使用し，それによって臨床的に意味のある障害や苦痛を日常的に生じ，3カ月以内に複数の症状が見られる，ということが必要であった。これには，望む効果を得るために大麻の使用量を著しく増やしていくこと（つまり，ハイになるための耐性），マリファナを吸っていないときの不快な離脱反応（つまり，離脱症状），大麻使用の減量や調整に関する努力の失敗，マリファナ使用による重大な社会的，職業的，または娯楽的活動の減少や断念（例えばマリファナを使用していない友人と集まることや就職面接に行かないこと）といったことを含む。このような基準を念頭に置いて，研究参加者は，大麻依存と診断された面接の回数について点数化された。評定の範囲は0から5であった。

　私たちは何を発見したのか？　まず，13歳から38歳までの25年間で，大麻依存が長いほどIQの**低下**と関連したということだ。大麻を一度も使用しなかった研究参加者はこの期間，IQがわずかながら——平均して1ポイント以下ではあるが——上昇した。しかし，大麻依存を1回，2回，もしくは3回以上示した者は，それぞれ平均して，約1.5ポイント，約2.5ポイント，約6ポイント近くIQの低下が示された。そのため，ちょうど本書の別の章で報告したように，私たちは発達的な経験の効果と環境的な影響に関する用量反応関係を見出した。すなわち，経験の程度（今回の場合は大麻依存の程度）が，影響の程度（今回の場合はIQの低下）を増大させたのである。5ポイント以上の低下は多くはないように見えるかもしれないが，個人の能力に必ずしも影響しないとはかぎらない。特に同世代の集団が低下を示さない，あるいは，わずかな増加さえ示しているときにはなおさらである。さらに私たちは，研究参加者をよく知る人に宛てて郵送した質問紙の中で，記憶と注意の問題について尋ねたところ，大麻使用者の認知的問題は，日々の生活の中で周囲の人々も気づくレベルのものであることを示していた。

もう一度，私たちは最初の発見について，研究参加者から集めたデータを精査することで，さらなる理解をしようと努めた。歳を重ねるごとに知能が低下するという私たちの結果は，おそらく，持続的な大麻使用者が，マリファナを吸っていた結果であろうと何か他の理由であろうと，教育を受ける機会が減ったためという単純な影響による可能性があると考えたのだ。この実際の可能性を考慮すると，大麻使用が認知機能に与える直接的な神経生物学的影響ではなく，別のもっともらしい代替説明を調査せねばならないと感じていた。結局のところ，長期間にわたるIQの変化は教育年数が少なくなったためだということは証明されなかった。これには本当に驚いた。大麻には達成動機を損ない，学習意欲を低下させる可能性が確かにありそうだったからだ。ここでは，私たちが持続的な大麻の使用が達成動機や学習意欲に影響しないと言っているわけではないことに気をつけてほしい。単に，25年間の研究期間を通して，大麻の使用が知能の測定値の低下に関連するようになった（唯一の）理由やメカニズムではない，というだけのことである。

　大麻の持続的使用者は学歴が制限されるという理由だけで知能低下が起こるわけではないとわかり，私たちは神経心理学的なアセスメントに注目を移した。驚くことではないだろうが，調査内容が特定の認知的能力であった場合にも，同じ一般的な用量反応パターンが表れていた。これは，13歳時点の研究参加者のIQを考慮に入れたのち，つまり，統計的に統制したあとでも同じだった。これは，私たちの発見は，38歳時点でのパフォーマンスの低さが10代のころのIQの低さによるものではないと確信するために必要なことだった。13歳時点のIQの影響を考慮すると，長く大麻を使用するほど，中年期において考えを頭の中に留めて操作するという能力を損なうことが示唆された。これはワーキングメモリとして知られている能力で，問題解決の際に情報を処理したり，話し言葉や書き言葉を理解したりするためのものである。もちろんこれらは重要な実生活の能力であり，電話で話す，レシピに従う，コンピューターゲームをするなど，日々の生活のさまざまな側面に影響を与える。

　再度，私たちは，この発見が持続的な大麻の使用以外の要因によるものではない，私たちのような観察研究の解釈でつねに悩まされる「第三の変数」，すなわち交絡変数ではない，ということを確信するための挑戦をすることにした。そこで私たちは持続的な大麻の使用が神経心理学的機能に与える有害な影響は単に，その持続的使用者が38歳時点でダニーデン研究プロジェクトのオフィスに来て検査をする前の24時間あるいは1週間の中で，大麻を使用して効いていたのではないか，ということを評価することにした。すなわち，疑問としては，私たちの結果は単に，大

麻使用者である研究参加者が，多かれ少なかれ，「二日酔いの」状態だったためではないかということである。結局のところ，直近の大麻使用は私たちの結果を説明しなかったし，持続的な大麻の使用の**長期的な**影響であること，一時的・短期的な直近のマリファナ使用の影響ではないことが示唆された。今回見られた結果は，タバコ，ハードドラッグ，アルコール依存，統合失調症の影響としても説明されなかった。これらの要因を考慮すると，マリファナの神経心理学的要因における悪影響は中年期に継続するといえる。

　最初の私たちの研究で発見した大麻使用の影響—— 15歳以前にマリファナを吸うことによる精神病の重大なリスク——を考えると，研究参加者がいったい何歳で大麻を始めたのか，もう一度考えざるをえなかった。すでに強調されてきた悪影響について，持続的使用者が青年期に始めたのか，それ以降に始めたのかは問題なのだろうか？　この疑問への答えは「イエス」だと証明された。成人期に大麻使用を開始した研究参加者は持続的使用者のような影響は受けなかったという結果が示されたのだ。言い換えると，大麻の持続的な使用の神経心理学的影響について私たちが検討してきた知見は，青年期に大麻の使用を開始した持続的使用者の一部分によって「もたらされた」のである。あらためて，このエビデンスは，発達途中の脳と発達的脆弱性の時期との関連を示しているようである。

大麻の持続的使用と生活機能

　神経心理学的機能の低下や限界が，心理学者が統制された状況下で実施したフォーマルな検査で示されることと，持続的な大麻の使用の影響が現実の世界や日常生活にまで及ぶかどうかを知ることは，別のことである。調査結果の要約によると，もし持続的な大麻の使用が神経心理学的機能の低下の一因であるならば，そのような大麻の影響は成人後の経済的・社会的成功を損なうことにもなるとわかった。これは，私たちが持続的なマリファナ使用の長期的影響に関する3回目の研究で焦点を当てた問題で，これについては第13章で再び取り上げ，人生における成功の遺伝学として述べる。

　次のマリファナ関連の調査で私たちは，38歳までの持続的な大麻の使用も含め，中年期における明確な経済的・社会的問題に焦点を当てた。最初に私たちは，38歳時点での研究参加者と彼らの両親の職業ステイタスを比較することによって，社会的流動性について検討した。もし両親が研究参加者よりも権威ある職業に就いて

いたら——例えば，娘が事務補助員であるのに比べて父親が医師，あるいは，息子が自動車修理工で母親が会計士——下降的な社会的流動性とみなす。その逆は上昇的な社会的流動性となる。

　私たちが次に調査したのは経済的困難である。38歳時点の面接で，彼らの純資産の合計，借金にまつわるトラブル，基本的な出費の支払い困難について情報を集めた。この情報は，信用格付けによる信用度と公的な管理記録の調査による生活保護の受給に関する情報によって補われた。最後に，社会的機能について情報を得るために，私たちは研究参加者に職場における問題と親密なパートナーとの関係における問題について尋ねた。職場に関しては，研究参加者が，職を得るために嘘をつく，突然仕事を辞める，同僚ともめる，規定より長い時間の休憩をとる，わざと不適切にゆっくり作業をする，職場でお金を盗む，実際よりも勤務日数や勤務時間を長く報告する，といった行動をしたかどうか情報を集めた。親密なパートナーとの関係については，情緒的な親密性と信頼感，身体的暴力の発生，自分もしくはパートナーが仕事に行くことや学校に行くこと，家族に会うことを邪魔しようとすること，同様に相手をつけまわすことといった相手をコントロールするような行動があったかどうか質問することで，対人関係の全般的な質について尋ねた。持続的な大麻の使用が神経心理学的機能に与える影響に関する先の調査が明らかにしたことを考慮すると，経済的・社会的問題がこの同じ人生経験に関連していることを示しているというのは道理にかなっているようだ。つまり，研究参加者がより長い年月にわたって大麻を持続的に使用するほど，社会経済的な流動性の低下，経済的困難，職場での問題，親密なパートナーとの関係性の問題を中年期に経験する可能性が高くなるということだ。この結果もまた，持続的な大麻の使用と問題のある機能をつなげている（つまり，たくさん使えば大きな影響が出る）用量反応関係を明らかにしたのである。

　私たちが次に何をしたかわかるだろうか？　私たちの発見へのチャレンジ，そのとおりだ！　持続的な大麻の使用の悪影響はその経験のひとつの結果として現れているにすぎないだろうし，実際には他の要因——子ども時代の好ましくない社会経済的状況，子ども時代に何らかの精神病理に苦しんだこと，ひとり親家庭で育ったこと，アルコール依存，最も顕著なものとしては青年期に大麻の使用を開始したこと——が影響していたのではないか。さらなる調査結果によって，こうした代替説明要因はどれも，18歳から38歳までの持続的なマリファナ使用以上に悪い影響を及ぼすとはいえないことが明らかになった。おそらく最も特徴的，驚くべきでさえあることには，持続的な大麻の使用は，青年期だけではなくそれ以降の発達段

階での開始であっても，中年期の経済的・社会的機能の低下と関連することを明らかにしたことだ。それから，実生活の機能に関するこの結果は，研究室で実施した心理検査で神経心理学的な機能を測定したときの私たちの認識とはいくらか異なっていた。一連の発達的な結果に関して，青年期に大麻を使用することは，機能低下のリスクを高めることを思い出してほしい。

　もっと驚くべきことに，持続的な大麻の使用は，アルコール依存と同じかそれ以上に，経済的・社会的問題と強く関連していることがわかった。マリファナ依存がアルコール依存よりも経済的困難の予測に優れていたことが示された一方，この2つのタイプの依存は社会的流動性の低下，職場における反社会的な行動，人間関係の対立については同程度の関連があった。これらの知見を考えると，ダニーデン研究に参加した多くの，そして世界中の人々が大麻依存よりもアルコール依存に苦しんでいるということを正しく認識することが重要である。このことは，アルコール依存によってもたらされる人口への負担が，大麻依存によってもたらされる負担よりも，社会にとっておそらく大きいことを意味している。結果として，このように尋ねることは不思議ではないだろう。アルコールの消費よりもマリファナの使用のほうが多くの規制があるのはなぜなのか，と。

大麻の身体への影響

　早期および持続的な大麻の使用に関する心理的・行動的機能の多側面における悪影響を見出し，大麻研究の冒険の最終段階に向けて，私たちは身体的健康に注目した。実際には，大麻の使用と喫煙の対比をさせようとした。再確認しておくと，私たちは大麻の使用頻度とマリファナ依存を18歳，21歳，26歳，32歳，38歳の年齢で測定しており，喫煙に関しても同じ年齢で調査した。身体的健康に関しては，26歳と38歳時の自己報告に加え，歯周衛生，肺機能，全身性炎症反応，代謝について評価した。

　成人期早期から中年期の知見を共有する前に，以前の研究から得られた健康関連の知見をいくつか強調しておく必要がある。第一に，18歳と26歳時点の測定結果は，最初は肺機能におけるマリファナ使用の悪影響を示唆しているように見えたが，最終的には喫煙と肥満という「第三の」交絡変数の結果であったことが明らかになった。もちろん，私たちに代替説明要因を考慮するという習慣がなければ，このことは発見していなかっただろう。第二に，そしておそらく驚くべきことに，32歳

時点の測定結果は，マリファナ使用者は非使用者よりも肺の容量が大きいことを示していた！ なぜこのようなことが起こるのだろうか？ 私たちは，マリファナの精神作用をより多く確保するために，マリファナの煙を「保持」した結果ではないかと考えている。

　将来的には，ときには死に至ることもある深刻な肺の問題と関連する電子タバコの摂取と，（マリファナの）経口摂取にもあてはまるかどうか明らかにすることは興味深い。大麻使用において，前者は通常それほどたくさんの吸入を必要としないことを意味しており，後者は吸入がまったく不要であることを意味している。このような条件下で，将来の研究で大麻使用と大きな肺活量の関連が記録されなければ，ダニーデン研究でなぜこのような関連が起こったのかという，私たちの推論を支持することになるだろう。

　この背景とともに，38 歳時点での健康関連の知見を見てみよう。最も特筆すべき，タバコの影響と対照的だった点は，すべての要因と関連が示された持続的な大麻の使用でさえも，身体的健康との関連だけが示されなかったことである。事実，多くの健康のアセスメントで，歯周衛生だけが大麻使用との負の関連を示した。特に，数年にわたって歯の検査を繰り返し行うと，マリファナ使用は，38 歳時点での歯周衛生が悪いこと，および，26 歳から 38 歳にかけて歯周衛生の悪化がひどくなることに関連することが明らかになった。これは，喫煙の「パック年数」――つまり，調査を行った 12 年間を通してのタバコの喫煙量――を調整しても正しかった。しかしながら，中年期の肺機能への大麻使用の有害な効果の確証が得られなかったとしても，大麻を頻繁に使用する者の多くが気管支炎の症状――マリファナをやめると改善した――を認めていたことは特記すべきである。

　たとえ，大麻の使用が一般的には身体的健康と関連しないと示されたとしても，タバコの使用に関する事実に意味がないというのでは決してない。タバコは，38 歳時点での肺機能の悪化，全身性の炎症反応の増加，代謝に関する健康の悪化について，26 歳から 38 歳までの身体的健康の大幅な低下と同様に関連が示された。タバコと大麻の使用は両方とも吸うことを含む，あるいは少なくともダニーデン研究の参加者が成長していた当時は含んでいたが，この 2 種類の喫煙が身体的健康にまったく異なるリスクをもたらすことは明確である。この結論を導き出すにあたり，私たちは歯周衛生における大麻喫煙の有害な影響や，気管支炎症状が大麻をやめることによって明らかによくなるという効果を最小化することを意味しているのではなく，ただ，この 2 つの喫煙物質の身体的健康に対する長期的影響を等しいとみなすべきではないということを明確にしているだけである。実のところ，タバコが

長らく許容されてきた一方で，マリファナが受け入れられない——違法でもある——と考えられているのはなぜか，私たちにはまたしても疑問に思えるのである。

一般的結論

ダニーデン研究における，仲間由来のマリファナ使用の影響を解き明かすための私たちの取り組みの一環としての大麻研究という発達の冒険での発見について，おそらくまず言わなければならないことは，私たちは次の点を明確にできなかったということであろう。つまり，私たちはすべての調査において，成人がときどき娯楽で大麻を使用することが有害であるというエビデンスを発見できなかったのである。そうは言っても，そのような娯楽的使用がなんであろうと，私たちの長期的な調査では，問題につながる可能性のある結果は，青年期の使用者，あるいは，数年にわたって定期的に近い形で使用している者の場合には，軽々しく扱うべきではない，ということが示唆されている。とりわけ，私たちが最初に共有した知見では，青年期に大麻の使用を開始した者のメンタルヘルスと神経心理学的機能が損なわれていたことが示唆される一方で，引き続く調査で明らかになった，はるかに一般的な影響をきちんと理解することが重要である。つまり，ほとんどすべての持続的使用者において，青年期に大麻を開始したかどうかにかかわらず，大麻の持続的な使用の有害な影響は現実世界の経済的・社会的機能に拡大したという点である。しかしながら，同時に私たちは，持続的な大麻使用者でさえ，身体的な健康に関しては，歯周衛生を除いて，ほとんど有害な影響を見出すことはできなかった。

私たちがまとめた実生活における好ましくない影響は，マリファナを吸っている人たちが，違法薬物を使用したことで逮捕され法制度に巻き込まれた間接的な結果にすぎない，と主張する人がいるかもしれない。言い換えると，大麻の使用あるいは持続的な使用ですら問題ではなく，大麻の使用によって裁判に巻き込まれたことのほうが問題だということである。この議論に沿って，一度大麻を使用した経験があることで有名なオバマ大統領はかつて，「大麻が害をもたらすのではない。大麻によって犯罪歴があるということが害をもたらすのだ」と主張した。さあ，私たちは実際にこの主張を検証したのだ，大統領，そして，それでは不十分だと明らかにした。持続的な大麻使用の実生活の影響に関する分析から，薬物で有罪判決を受けた研究参加者を除いても，結果は変わらないままだった。このように，警察の目に触れることを避けていた大麻使用者でさえ，中年期には社会的流動性の低下と経済

的・家庭的生活の悪化を示していたのである。

　これらの結果やそのほかの大麻関連の結果で特に不安なのは，現在入手可能な大麻に含まれる THC ──マリファナの「ハイ」の原因である精神活性成分──が，本研究の 38 歳の研究参加者が青年期や若年成人だったときよりも，はるかに強力だということである。本章の冒頭で述べたように，メリー・ジェーン，あなたは長い道のりを歩んできたが，それは明らかに必ずしもよいものではない。この新しい現実は身体的健康の面では限定的かもしれないが，メンタルヘルスや神経心理学的機能，職業的・家庭的生活には影響を及ぼす可能性が高い。

　この観測結果に照らすと，21 世紀に 15 歳もしくは 38 歳になり，人生早期により強力なマリファナを吸う者，もしくは，大人になって持続的に吸っている者が，一世代かもっと前にマリファナを吸っていた者と同じような影響を受けるのか，という疑問が湧き起こってくるに違いない。ダニーデン研究の知見が示唆するもの──私たちがすでに示してきたこと──を考えれば，そうとはいえないだろう。そして，私たちが 1970 年代と 80 年代には知らなかった，脳，特に前頭前皮質が人生最初の 30 年間にいかに発達し続けるかということが今はわかっているということを踏まえると，21 世紀における大麻の早期使用および持続的使用の悪影響を私たちは過小評価している可能性があると信じるに足る理由があるのである。

　この章を終える前に，私たちの結論が導くメッセージ──青年期に大麻を使用し始めたため，もしくは，中年期まで大量に使用し続けているために，大麻の使用，少なくとも持続的な使用が顕著な心理的・社会的問題に関連していること──に反対する強い力が依然として働いていることを指摘しておかなければならない。実際に，私たちは，他者が受け入れがたいような知見を報告する「メッセンジャーを攻撃する」傾向があることを身をもって知っている。これは，実生活の影響に関する 3 つ目の調査結果を公表するのが困難だと感じた理由である。学術雑誌に投稿した論文の査読者の中には，私たちの科学的論文の方法と測定に根本的な欠陥があるわけではないが，私たちの科学が送っているかもしれないメッセージと，何が私たちの研究の動機であったかということさえも考慮して掲載不可としたように見えた人もいた。

　とりわけ，同じことは身体的健康に関連する私たちのデータを初めて公表しようとしたときに起こった。今や問題になっているのは，私たちが不公平に大麻使用に反対する科学的エビデンスを提示し，個人的な理由のために大麻の悪影響を誇張しているわけではなく，むしろまったく逆のことを行ったからだ！　「マリファナが健康に悪くないなんて言えない，そんなことをすれば多くの人をマリファナ使用に

導いてしまう」というのは，私たちが直面した感情論である。マリファナの影響に関する調査においては，科学者はもしネガティブな結果を発見すれば天罰を受ける運命にあるようだし，発見しなければ地獄行きにあるようである。私たちは間違いなく，大麻反対派と賛成派の両方から中傷され（そして賞賛され）てきた。

　第8章で焦点を当てた保育所をめぐる冒険で明らかにしてきたように，私たちは研究を評価するためのこのアプローチに深刻な問題を見ている。科学者として，私たちは，よくデザインされた実証的な調査と公正に導き出された結論によって，人々を気分よくさせるか悪くさせるかということを仕事だとはみなさない。むしろ，どのような結果になろうとも，偏見なく考え，心の準備がなされていることが私たちの仕事である。同様に重要なのは，人々に受け入れられない発見を報告する人が，ままあるように，それによって非難されるべきではないということだ。思い出してほしい。もし気象予報士が明日は雨だと言ったとしても，晴天に反対しているわけではない！　質の高い調査から得られるいかなる科学的発見についても，同様に認識される必要がある。私たちは，私たちの多くが信じたい，あるいは信じられるといいなと思っていること——科学的問いに聞こえるものから現れてきた希望であっても——と，冷静に収集・評価されたデータが明らかにしたこととを区別する必要がある。

　結論として，ある重要な政策関連ポイントを挙げさせてほしい。多くの地域で大麻が合法あるいは準合法である現在，青年が大麻を手に入れることが極めて困難であることを確実にし，そして，青年期から中年期まで大麻を持続的に使用した場合，大麻は社会的・経済的成功に悪影響を及ぼすと誰もが注意喚起をされる必要がある。マリファナの合法化は実際にこの目的達成を促進する可能性があるようだ。結局，合法化する2つの理由は，若者にマリファナを売る犯罪組織を弱体化させるためと，自分自身で大麻の使用をやめられそうにない人々を治療する資金を調達するためである。合法化がこの両面で成功することを期待しよう。

第Ⅴ部

遺伝

第
12
章

喫煙は遺伝子によって決定されるか?
Is Smoking in Our Genes?

今日，タバコの喫煙は，米国や多くの西欧諸国ではかつてよりもはるかに喫煙頻度が減っている事実にもかかわらず，多くの場所で問題が残っており，おそらく中国ほど問題の多い場所はない。喫煙はコストがかかり，蔓延している公衆衛生上の問題である。『エコノミスト』誌は 2017 年に，健康状態の悪化と生産性の低下の結果としての世界の喫煙の推定年間コストは 1.4 兆ドルであり，このコストのほぼ 40% が最も余裕のない発展途上国でかかっていると報告した。実際，米国疾病予防管理センターは，21 世紀の間に，喫煙のせいで，40 万人以上の米国人が死亡し，950 億ドルの生産性が失われたと考えている。

では，なぜ米国のような高度な教育を受け高度な技術をもった社会の人々がタバコを吸い続けるのだろうか――特に，そのために凍えるような寒さや夏の猛暑の中で外に立つ必要がある場合に。かなり長い間，肺がんと心血管疾患の可能性を高めることによる死亡リスクに関してすでに知られているように，喫煙が健康に悪いというエビデンスには議論の余地がない。確かに，そのエビデンスは約 40 年前でも十分に説得力があり，筆者の父親の 1 日 1 箱，フィルターなしのキャメルタバコを吸う，30 年間の習慣をやめさせた。そうしなかったら，彼が 90 年間生きたとは――肥満にもかかわらず――想像しがたい。

テリー・モフィット（Terrie Moffitt）は，タバコが換金作物かつ安価であったノースカロライナ州の田舎で他の多くの 10 代がそうであったように 17 歳で喫煙を始めたが，彼女が自身の 1 日 1 箱の習慣を 26 歳で放棄するのにも，健康上の懸念が一端を担った。実際，生涯のほとんどを喫煙していたテリーの祖父が肺がんで亡くなったとき，「クール」に見えることを含め喫煙の短期的なメリットが何であれ，長期的なコストが高すぎることに気づいた。リッチー・ポールトン（Richie Poulton）も（とても）長い間，「デススティック」と呼ばれていたタバコを喫煙し

225

ていたが，妻から「あなたが禁煙するまで子どもは作らない」と言われると，彼もやがてやめられた。4人の著者のうち，アヴシャロム・カスピ（Avshalom Caspi）だけがタバコを吸い続けているが，彼は「チッパー」と呼ばれる人であり，それは，中毒ではなく，たまにタバコを楽しむことができ，タバコなしの日もあり，定期的にやめることは簡単な人のことをいう。

　これらの個人的経験は，まだタバコを吸っている人々を見かける理由をより理解しようという，発達についての冒険に私たちを導いた。発達的要因と環境的要因が違いを生むことは議論の余地がないように思われる。ニコチン中毒になってしまうほとんどの人は，しばしば仲間からの圧力のために，青年期に喫煙を始める。多くの場合，これは社会的受容，評判の向上，「大人」になること，および / または，10代のころの筆者のように「クール」になることを求めているためである。しかし，おそらく，環境要因が重要であるという最もよいエビデンスは，特に若者の間で，紙巻タバコの価格の上昇と喫煙の減少を関連づける研究から得られる。しかし，このトピックに取り組む最初の章で見るように，遺伝も重要である。少なくとも，タバコを吸ってみて夢中になり，ニコチン中毒になるまでが早いのは誰かという点で。

　人間の機能のある側面が遺伝子の影響を受けることがわかったという報道が大衆紙やソーシャルメディアでなされない日はほとんどない。科学的報道に基づくメディアストーリーの主題は，統合失調症や自閉症などの精神疾患，孤独などの心理的現象，または危険を冒すことなどの行動上の問題かもしれない。遺伝の研究者が科学の望遠鏡をどこに向けても，ほとんどすべての表現型に寄与する遺伝子の役割のエビデンスを見つけているように，多くの点で，これは予想されるべきである。表現型とは，個人の観察可能な特徴を指す。あなたの身長，性的嗜好，そしてあなたが喫煙するかどうかはすべて表現型である。遺伝子構成がほぼすべての表現型の特徴に寄与するという広範なエビデンスを考えると，本当に報道する価値があるのは，遺伝的影響のエビデンスを示さない表現型が特定されたときだ！

　表現型が少なくとも部分的に遺伝的であるということは，誤解される可能性があり，実際しばしば誤解される。そのような誤解のひとつは，DNAが運命であるというものだ——あなたがXの遺伝子をもっていれば，Xを発現する——以上。しかしながら，そうである必要がない理由は複数ある。最も重要なことは，遺伝子型と表現型を結びつける生物学的（そして，ときには心理的および行動的）事象の長い連鎖があることだ。遺伝子が行うこと（その重要性を軽視することを意図していない）はすべて，タンパク質のコード化または作成であり，これは巻き毛，数学の

才能，または性的嗜好が生まれる始まりにすぎない。遺伝的影響がこのような経路をたどる間に多くのことが発生するため，遺伝的可能性が実現されないこともしばしばある。ここで私たちは，決定論ではなく，確率論を再び扱っている。また，遺伝子型と表現型の間に関連性があることが統計的に証明され，遺伝が関与していることがわかったとしても，前者が後者とどのように関連しているのかは，科学者にとっては非常に謎のままである。これは，未知であるとか，過程のステップが明らかになっていないということではなく，遺伝子型が表現型に発展する複雑な経路について，まだ完全な地図ができていない——特に人間のような複雑な生物では——ということである。

　これは，気質，自己コントロール，ADHD，思春期のタイミング，いじめ，マリファナの使用，喫煙など，この本の主題である非常に複雑な表現型に関して特に当てはまる。これは科学では珍しいことではない。喫煙が健康にどのように影響するか——つまり生物学的メカニズム——が正確に理解されるずっと前に，喫煙がさまざまな病気に統計的に関連しているというエビデンスが存在していた。予測因子が実際に経験的に結果に関連していることが確立される前に，遺伝子などの予測因子を，喫煙などの想定される結果と結びつける生物学的または心理的および行動的プロセスを深く掘り下げることがなぜ理にかなっているのか疑問に思うかもしれない。本書で説明する作業全体を通して，私たちが調査中の予測因子と結果の関連づけに関与する開発プロセスを明らかにしようとする前に，関心のある予測因子が実際に関心のある結果の予測に成功したかどうかをつねに最初に判断したことに注意してほしい。結局のところ，最初の分析で変数Aが変数Cを予測すらしていないことが判明した場合，仮説として，なぜ変数Bが変数Aと変数Cをリンクするメカニズムとして機能するかどうかの評価を検討するだろう。

　遺伝子型と表現型を結びつける複雑な一連の出来事について言及する際に，連鎖が体内または心の中で起こっている生物学的プロセスで構成されているという感覚を伝えるだけでは誤りである。これは，環境への暴露と経験が，遺伝子型を表現型に変える複雑な影響の連鎖における重要なリンクとしても機能する可能性があるためである。この点に関して，第2章「ニッチ・ピッキング（適正選択）」と「誘発効果」で早期気質の発達的レガシーについて論じたときに，この本の初めに紹介した2つの発達過程を思い出してほしい。ニッチ・ピッキングの考え方の中心は，個人がしばしば自分自身の発達のプロデューサー，つまり，主体性をもつ生物であるという認識である。彼らは発達経験や環境への暴露の受動的な受け手であるだけでなく，無意識のうちにであっても，建築家やエンジニアでもある。

知性と離婚の遺伝学は，そのようなプロセスの例を表している。ニッチ・ピッキングの場合，特定の遺伝子をもつ人は，異なる遺伝子構成の他の人よりも読書と学習がより面白く，楽しく，魅力的であると感じるため，遺伝学と知性が釣り合う可能性がある。結果として，彼らの知能が高くなるのは，単に遺伝子によるものではなく，むしろ知的発達を促すようなこと——例えば，図書館に通ったり，学校で慎重に振る舞ったり——をさせる何かが遺伝子に組み込まれているからである。離婚の場合，一部の個人の遺伝子が他の人の判断力の低下に寄与しているため，不適切で問題のあるパートナーを選択したり，遺伝子が論争好きで，抑うつ，またはコミュニケーション不足の傾向に影響を及ぼしたりする可能性がある。そして，そのような社会的および感情的なプロセスを通じて，遺伝子型と表現型がリンクされるようになる。ここでの中心となる点は，遺伝子型と表現型を結びつける仲介プロセスが何らかの理由で発生しない場合（例えば，学校教育が存在しないか，離婚が違法であるなど），問題となる遺伝的影響を完全に実現できないということだ。そのような場合，遺伝学は運命になることはできない。したがって，いかに発達するか——この場合は遺伝的影響を扱うこと——は決定論的ではなく確率論的であることが再確認できる。

　もう一度検討する価値のある他の間接的なプロセスは，喚起的なものである。今や，人がどこに向かうか——図書館に行ってより多くの本を入手したり，バーに行って問題のある仲間を見つけたりするのに——よりも，人の行動に対して他者がどのように反応し，それがどのようにフィードバックされて，その人の発達と機能を形づくるかが重要なのである。知性の話題に戻ると，私たちは遺伝的な理由から学習意欲が高い子どもについて考えることができる。結果として，彼女は音楽，芸術，言語，またはコンピューター技術のより多くの課外，放課後のレッスンを受けている。そのような経験はさらなる認知刺激を提供し，最終的により多くの知識をもたらす。

　離婚の場合に機能するそのような喚起的なプロセスを想像することもまた簡単だ。遺伝的理由により，非常に性的に動機づけられ，性的多様性を求める傾向があり，最終的に複数の婚外交渉を行い，結果的に配偶者に離婚手続きを開始させる可能性がある個人を考えてみてほしい。繰り返しになるが，離婚が直接的な人の遺伝子構成の機能であるということではなく，むしろ人の遺伝子型に影響される心理的および行動的傾向が，個人の表現型に寄与する他者からの反応をもたらし，この場合，彼らは離婚するのだ。

　遺伝学は運命である必要はないというこの考えは非常に重要な問題であり，遺伝

的影響の報告はしばしば誤解されているため，遺伝的理由から知的好奇心が強い2人の個人を考えてみよう。一人はその気質に好意的に反応する親がいる一方，もう一人には，貧しく，ストレスが高く，および / または教育を受けていないかもしれない親がいて，多くの質問をするといった子どもの行動に，イライラしたり，厳しく反応したりする。離婚の場合は，もう一人と同じように婚外交渉に意欲的であるが，他の人から遠く離れた農場に住んでいて，そのような野心を実現する機会がない人を考えてみてほしい。

　何といっても，遺伝子型が表現型に発展するために特定の環境条件をどのように必要とするかを示すこれらの例は，遺伝子が環境で機能することを明らかにしている。したがって，表現型が遺伝的に関連している（つまり，遺伝性である）というエビデンスでさえ，遺伝子構成だけが重要であることを意味するわけではない。遺伝的影響がないように見える人間の発達や行動がほとんどないのと同じように，環境の影響を完全に受けないものはほとんどない。正確な程度は，説明する現象（表現型）によって異なる可能性があるが，育ちと生まれが役割を果たす。そのような育ちと生まれの相互作用は，第14章と第15章の主な焦点となる。

　人間の発達に関して研究者が遺伝的影響をどのように研究しているかを検討する前に，喫煙の遺伝学に関する研究を議論する前置きとして，遺伝的影響を検討する際の文脈の役割についてもうひとつの重要なポイントがある。すなわち，遺伝的影響を証明するすべてのエビデンスは特に他で証明されないかぎり，研究されている集団に特有であるということである。したがって，知性または離婚がひとつの場所および時間で遺伝学に関連していることがわかったからといって，もうひとつの場所またはもうひとつの時間にそうなるとはかぎらず，少なくとも同じ程度ではない。離婚が遺伝性であるというエビデンスの結果として，誰かが大げさに「離婚の原因は私たちの遺伝子にある」と主張したとしても，これは人類の歴史のあらゆる時点で，世界中のあらゆる集団に当てはまるという意味ではない。結局のところ，離婚を許さない社会で，どうやって離婚を遺伝的に形づくることができるのだろうか？またはアルコールを消費することが違法であり，アルコールを入手できない国で，アルコール依存症がどのように遺伝するのだろうか。決定的ではないにしろ，知性は裕福な米国のコミュニティでは非常に遺伝的であるが，経済的に貧しいコミュニティではそれほど遺伝的ではないといういくつかの示唆的なエビデンスさえあり，おそらく，後者の環境では知性が開花するための条件が存在せず，それによって遺伝的差異の発現が制約されているためである。生まれは育ちに依存していることを決して忘れないでほしい。

遺伝がもたらす効果を研究する

善（例えば，知性）または悪（例えば，犯罪）のための，人間の発達と機能を形づくる上での遺伝子の役割を明らかにすることになると，科学者は日々開発されるツールに依存してきた。確かに，心理的および行動的な発達，身体的健康の研究に関しては，「定量的行動遺伝学」と「分子遺伝学」という少なくとも2つの研究の波を区別することができる。二番目——とそれ以降——の「波」には，遺伝子の実際の測定が含まれる。これは私たちの最も興味深い発達の冒険のひとつであり，この章と第13〜15章の焦点となる。一方，定量的行動遺伝学は，個々の遺伝子を測定する技術が存在する前に登場した。この，前者の調査方法は，のちの方法が構築された基礎を提供したので，私たちは最初にそれを検討する。

行動遺伝学

遺伝子を測定せずに，どのようにして遺伝的影響を証明できるだろうか？　これを実現するには，実際にはいくつかの方法がある。それらを評価するには，生物学と遺伝のいくつかの基本を覚えておく必要がある。特に，血縁者が生物学的にある個人に近いほど，共通する遺伝子が多くなる。ここでは，人によって異なる遺伝子について言及している。おそらく驚くべきことに，これらはヒトゲノム全体のほんのわずかな割合（約5％）を占めるのみである！　ジェイ・ベルスキー（Jay Belsky）と彼のきょうだいのような一卵性双生児は，人によって異なる遺伝子の100％を共有するが，親子や生物学的きょうだいなどの一親等血縁者は，そのような遺伝子の50％を共有する。孫と祖父母，甥とその叔父などの二親等血縁者は，これらの遺伝子の25％を共有している。三親等血縁者であるいとこは，人間が変化する遺伝子の12.5％を共有している。養親と養子はこれらの遺伝子のいずれも共有していない。養子と，養親の生物学的子どもであるきょうだいについても同じことがいえる。このような基本的な理解を踏まえると，行動遺伝学は，表現型が遺伝性である場合，共通の遺伝子が多い人は互いに類似し，遺伝的に関連性が低い人は互いに類似しなくなるという概念に基づいている。

したがって，表現型が遺伝性である場合，一卵性双生児は二卵性双生児よりもその表現型で類似していると予想される。生物学的親と生物学的子どもの間の類似性

は，養親と養子のそれよりも大きく，きょうだいや親などの一親等血縁者は，叔父や叔母などの二親等血縁者よりも互いに類似していて，そして，その一親等血縁者は，いとこのような三親等血縁者よりも互いに類似しているだろう。遺伝的影響を調査するためのこの基本的なアプローチは，1800年代後半にチャールズ・ダーウィン（Charles Darwin）のいとこであるフランシス・ゴルトン卿（Sir Francis Galton）によって創案された。

　この章の冒頭で述べたように，遺伝的関連性に基づく類似性のパターンは，考えられるほぼすべての可能な表現型の研究で繰り返し報告されている。言い換えれば，遺伝的影響はいたるところにあるように見えるが，人と人との違いが完全に遺伝的であると言っているのではなく——育ちの問題でもあり——遺伝的影響が広範囲に及んでいるということだ。率直に言って，それは21世紀には議論の余地がないはずだが，人間の発達や健康とウェルビーイング（幸福）に関係して研究者が興味をもつほとんどの現象に関しては，遺伝子だけが影響力の源ではないという主張もすべきである。

分子遺伝学

　共有遺伝子の程度が異なる人々のグループ（一卵性双生児と二卵性双生児，生物学的きょうだいと養子のきょうだい，または一親等血縁者と二親等血縁者）の比較を含む，あらゆる種類の行動遺伝学研究の大きな挫折のひとつは，遺伝率のエビデンスが現れたとしても，どの特定の遺伝子に潜在的に影響力があるのかを私たちに伝えることはできず，考慮すべき何百万もの遺伝的変異があることだ。ある種の「ブラックボックス」の理解に終わる。遺伝子構成には，個人間の機能の違いを説明する重要な何かがあるが，しかしそれが私たちに言えることのすべてである。

　20世紀の終わりにかけて，実際に遺伝子を測定する技術の進歩により，発達の研究者が達成できるような遺伝的な洞察に根本的な変化が起こった。このジェノタイピング技術により，とりわけこの章や第13章で報告されているような，いわゆる遺伝子型−表現型研究において，特定の遺伝子と特定の心理的および行動的現象との関連づけが可能になったことを理解することが重要である。分子遺伝学の研究は，遺伝子の測定コストが絶えず減少しているため，一連の段階または波を経てきたことを理解することも重要である。したがって，遺伝子型−表現型研究の最初の波は，表現型の根底にある生物学（つまり，「生物学的妥当性」）のある程度の理解に基づいて，特定の表現型に影響を与えると推定される単一の「候補」遺伝子に焦

点を当てた。

　しかし，実際の遺伝子のシーケンシング，つまり測定のコストが下がり，ますます多くの遺伝子を配列決定できるようになると，複数の遺伝子変異に焦点を当てた表現型と遺伝子をリンクする取り組みが行われ，それによって多くの遺伝子に基づく「ポリジーンリスクスコア」が作成された。特定の表現型を予測するために，このようなポリジーンスコアの形成にどの遺伝子を組み合わせる必要があるか——この章では喫煙，第13章では学業成績（および人生の成功）——は，非常に大規模なゲノムワイド関連研究（Genome-Wide Association Studies: GWAS）によって決定された。これらの遺伝的「発見」調査には，特定の表現型に関連する遺伝的データおよび情報が存在する数千，さらには数万または数十万の個人が関与していた。生物学的洞察に導かれない「理論のない」統計的方法では，表現型を欠いた対照群と比較して，調査中の表現型の症例（例えば，ADHD）の中で，数千または数百万の遺伝子多型のどれが統計的に頻度が高いかということが単純に問題になった。GWAS が明らかにしたのは，遺伝的影響は複雑であるということ，関心のあるほとんどすべての表現型が非常に多くの遺伝子の影響を受けていること，これらの多くの遺伝子のそれぞれがもつ影響は非常に小さいことで，その結果，一度にひとつの遺伝子に焦点を当てることはほとんど意味がなかった。

　本書の構成，特にこの章と第13〜15章の観点から，遺伝的影響に焦点を当てていることを考えると，この章と第13章では，GWAS ベースの研究に焦点を当てることを明確にする必要があり，候補遺伝子ベースの研究に関する第14章および第15章では，この提示の順序は実際には逆になっているが，遺伝子研究がどのように進んだか，および，どのように私たちが独自の遺伝子研究を行ったかを示した。私たちや他の人たちは，GWAS 関連の作業の前に候補遺伝子の作業を行ったので，「歴史的な」準拠枠組みを使用して，最初に何が起こったのか，あとで何が起こったのかを議論しながら，私たちの研究の話をしてみよう。この質問への答えは，2つの作業セットが異なる経験的質問を考慮したという事実に集中しており，私たちは歴史的な考慮よりも概念的な考慮を導くことがより重要であると考えた。

　私たちが（ここと第13章で）最初に議論するのちの遺伝的研究と，私たちの前の遺伝的研究（その後に検討する反社会的行動と抑うつに関して）の主な違いは，調査の焦点に関するものである。GWAS の研究は**遺伝子型と表現型の関連性**に取り組んでいるが，私たち（および他の人）の候補遺伝子の研究は**遺伝子と環境の相互作用**に取り組んでいる。後者は前者とは異なり，遺伝子の変化が何らかの表現型の変化を予測するかどうかだけでなく，環境的な影響（これまで本書で強く焦点を

当ててきた）が実際に個人の遺伝子構成に応じて変化するかどうかを尋ねる。私たちは，これはより複雑な問題であると考えているため，しばらく取り扱いを先送りする。

　私たちの主な焦点である喫煙の遺伝学に移る前に，さらに2つの歴史的なポイントを述べよう。これまで，複数の遺伝子に基づくポリジーンリスクスコアを使用して遺伝子と環境の相互作用を調査することは非常に困難であることが証明されていて，それはそのような取り組みがGWAS関連の遺伝子型－表現型研究よりもさらに大きなサンプルサイズを必要とするためである。そうは言っても，人間の発達と健康の遺伝学の研究は，候補遺伝子への焦点を超えていることを認める必要がある。これは，すでに強調されている，個々の遺伝子の影響が，それ自体でどれほど小さいかという驚くべき発見によるものだ。

喫煙の遺伝子型と表現型をつなぐ

　複数の遺伝子を測定しポリジーンリスクスコアを作成する技術が進歩するにつれて，ダニーデン研究は，非常に大規模な調査のGWASの調査結果——いくつかの点で私たちが残念に思うサンプルサイズのもの——に基づいて質問するようになった。ダニーデン研究は，1000人の研究参加者がいたとしても，数万から数十万の遺伝子多型の中から，特定の表現型に最も関連するものと最も関連しないものを同定するGWAS「発見」研究を実施する立場になかった。それには小さすぎたのである。それにもかかわらず，遺伝学と人間の発達の表現型との関係を調べるために，他の人が行った**大規模なGWAS研究で明らかになった発見に基づいて**，各研究参加者のポリジーンリスクスコアを作成するのに理想的な位置にあった。それが私たちが喫煙の遺伝学を調査する方法であった。研究参加者が利用可能な遺伝情報を使用して，成人が1日に喫煙するタバコの数を予測するために使用できる特定の遺伝子について警告するGWAS「発見」研究に基づいて，私たちは各研究参加者のポリジーンリスクスコアを作成した。

　しかし，喫煙の遺伝学を研究する際には，当初は制限があったこと——主に予算面で——を私たちは認めなければならない。私たちが独自のポリジーンスコアの基礎とした喫煙のGWASは，非常に多くの遺伝子多型が喫煙に関連していることを明らかにしたが，ダニーデン研究の早い段階で，限られた数の遺伝子のみを分析したところ，そのうち6つだけがGWASで喫煙に関連していた。この制限が存

在したのは，私たちが遺伝子研究を始めたとき，遺伝子を分析するコストが非常に高かったからだ。したがって，私たちの喫煙のポリジーンリスクスコアは，GWASがその後特定したすべての遺伝子多型ではなく，6つの遺伝子多型のみに基づいていた。第13章で説明するように，遺伝子の分析価格が大幅に下がり，研究参加者の遺伝子をさらに多く分析できるようになると，数百万の遺伝子多型に基づいてポリジーンリスクスコアを作成できるのだ！

　成人が1日に喫煙する紙巻タバコの量に関する「ポリジーンリスクスコア」は限られているが，私たちは喫煙の遺伝学に関する発見研究をさまざまな方法で拡張しようとした。まず，発達に関する学者である私たちは，喫煙の遺伝学の問題を発達の観点から投げかけたいと考えた。したがって，私たちの喫煙の遺伝学の冒険では，私たちのポリジーンスコアを構成する**成人による**喫煙量の以前に特定された遺伝的マーカーの6つが，**青年による**喫煙を集合的に予測したかどうかを判断しようとした。

　この問題は，2つの理由で非常に重要である。第一に，ほとんどの喫煙者は，通常は仲間からの圧力下で，青年期に習慣を身につける。第二に，公衆衛生の観点から，遺伝的リスクの影響を途絶させるための介入は，ニコチン中毒の数年または数十年後ではなく，ニコチン依存症の発症の初期に最も効果的である可能性が高い。同様に重要なのは，成人期の表現型に関連する遺伝子が青年期の同じ表現型に必然的に関連しているというのは当然の結論ではないということだ。したがって，中年期の成人の喫煙またはその他の表現型に関連する遺伝子は，必ずしも（すべて）青年期の表現型に関連する遺伝子と同じではない。それは信じがたいことのように聞こえるが，本当だ。したがって，成人のGWASで同定された喫煙関連遺伝子が，ニュージーランドの青年の喫煙にも関連していることが証明されるかどうかは，未解決の問題であった。

　喫煙遺伝学の世界を冒険しながら以前の研究を拡張した2番目の方法は，喫煙行動の**発達**に特に関心をもって，さまざまな喫煙表現型を区別して調査することだった。したがって，あとで説明するように，6遺伝子のポリジーン喫煙スコアが，青年期と成人期の両方で研究参加者が毎日喫煙するタバコの平均数を予測するかどうかを単に尋ねるだけでなく，他の喫煙指標を検討した。今，私たちが強調しているそのような表現型のひとつである**大量喫煙への急速な進行**は，成人期のニコチン依存症のリスクが高いことのシグナルであるため，特に重要である。この時点で理解する必要があるのは，おそらく前項で行ったさまざまな人生の期間についてのコメントを増やすことだが，1セットの遺伝子がひとつの喫煙表現型（例えば，喫煙を

第 12 章　喫煙は遺伝子によって決定されるか？　　235

開始する）を形成する役割を果たしているからといって，必ずしもそれが他の喫煙
関連のもの（例えば，ニコチン中毒になる）のいずれかまたはすべてを形づくると
はかぎらない。成人期の喫煙に関連する遺伝子が青年期の喫煙も予測するかどうか
は経験的な問いであるのと同じように，成人が 1 日に喫煙した紙巻タバコの数の
GWAS から得られたポリジーンリスクスコアが，青年期は言うまでもなく，成人
期に測定された場合でも，さまざまな喫煙表現型を予測するとは想定できなかった。
　私たちが喫煙の遺伝学に関する研究を広げようとした 3 番目の方法は，青年期の
喫煙の表現型測定が成人期の喫煙のすでに確立された遺伝的影響を説明しているか
どうかを評価することだった。例えば，喫煙者のキャリアの早い段階で喫煙量に影
響を与える遺伝子は，数十年後に 1 日 1 パックか 2 パックの習慣を維持する役割
を果たしている遺伝子とは異なる可能性があることを考慮してほしい。したがって，
青年期と成人期の喫煙に関連する遺伝子が完全に同じではない可能性が残っていた。
　したがって，この根本的な発達の問題を探求することは，基礎科学の観点からだ
けでなく重要であった。真実は，この冒険の間に私たちが発見したことは，喫煙を
防止または阻止するための介入に影響を与える可能性があるため，応用科学にとっ
て重要であるかもしれないということだ。これは，青年期の喫煙表現型が私たちの
（成人 − GWAS 由来の）ポリジーンリスクスコアに関連し，成人期の喫煙に対する
この同じポリジーンスコアの影響を説明している場合に当てはまる。これは，**成人
喫煙者の GWAS ですでに特定されている遺伝子そのものを使用して，喫煙者にな
る前に，青年期または人生の早い段階で喫煙者になるリスクが高い個人を特定でき
る**ことを意味するからである。確かに，そのような発見は，喫煙を防止または減ら
すことを目的としたプログラムで，喫煙者になるリスクが最も高い——ポリジー
ン喫煙スコアが高いため—— 10 代の若者をターゲットにすることに役立つかもし
れない。もちろん，これには，喫煙遺伝子と喫煙との関係が青年期に十分に強く，
そのようなターゲティングが効率的かつ効果的であると証明される可能性があるこ
とを示す必要がある。

成人の喫煙を予測する遺伝子は青年期の喫煙を予測するか？

　長い間，研究参加者をフォローしてきたし，ダニーデン研究の一環として，長年
にわたって彼らの喫煙（およびその他のリスクを冒す）行動について詳細な質問を
繰り返したため，私たちは，6 遺伝子のポリジーンリスクスコアに関連する多くの

喫煙関連の「アウトカム」を生み出す立場にあった。実際，私たちは2セットの喫煙表現型を作成して区別し，ポリジーンスコアが青年期の喫煙とどのように関連しているかを評価し，さらに研究参加者が32歳と38歳の時点で成人期の喫煙との関連を再度評価することにした。私たちが喫煙の遺伝学の冒険のこの最初の段階で焦点を合わせた喫煙関連の「アウトカム」は，結果を共有するにつれて明らかになるだろう。

　私たちが最初に見つけたのは，私たちのポリジーン喫煙スコアは，喫煙した研究参加者と喫煙しなかった研究参加者，または喫煙者が喫煙を開始した年齢さえも区別**しなかった**ことだ。言い換えれば，これらの遺伝子（および他の遺伝子）が成人の1日の喫煙本数を予測することを示したGWAS研究に基づいてまとめた6つの遺伝子は，少なくともダニーデン研究では，喫煙を開始した，または開始しなかった，あるいは若い年齢で，またはもっとあとで開始した研究参加者を特定するために使用することはできなかった。これらの結果は，以前に指摘された点を強調している。すなわち，異なる遺伝子は喫煙の異なる側面に影響を与える可能性がある（例えば，喫煙と非喫煙，依存症になるスピード，喫煙量）。

　これらの価値のない発見により，私たちは，彼らの喫煙習慣の**進展**を明らかにすることを期待して，ある時点で喫煙を開始した個人にのみ注意を向けるようになった。これを行ったところ，喫煙の遺伝的リスクが高い研究参加者——ポリジーンリスクスコアが高い参加者——は，喫煙を開始してこの高レベルの喫煙に進むと，喫煙を開始したがポリジーンスコアが低かった参加者よりも急速に，1日あたり20本以上の喫煙に進む可能性が高いことがわかった。したがって，私たちのポリジーンスコアでは，誰が喫煙を試みるか，しないかを予測できなかったが，喫煙依存の**発症**を予測することはできた。

　タバコを1本でも喫煙したことがある人の中で，15歳までに20%弱が毎日喫煙する——「毎日」喫煙者——に「転向」し，このような「早期転向」を経験したこれらの研究参加者は，1日1本でも喫煙するまでに時間がかかった人よりも高いポリジーンスコアを示した。喫煙者の別の10%は，大量喫煙への急速な進行を反映して，18歳までに1日あたり20本の喫煙に進み，また，これらの個人は，この高レベルの喫煙に到達するのに時間がかかった人よりもポリジーン指数で高いスコアを獲得した。要するに，**より高いポリジーンスコアは，より早期にそして最初のタバコに続いてより早く喫煙習慣を発達させることに関連していた**——遅い時期に，よりゆっくり発達するのではなく。

　成人期の喫煙はどうだろうか？　ひとつの成人の表現型——1日あたりの喫煙

第 12 章　喫煙は遺伝子によって決定されるか？　　237

本数——に基づく GWAS から導出されたポリジーンスコアは，ダニーデン研究の
他の成人の喫煙表現型を予測するか？　そのとおりであったことがわかった。ポリ
ジーンスコアが高いほど，38 歳までに「パック年数」の蓄積が増えることが予測
された（パック年数は，1 日あたりの喫煙本数を 20 ——パック内の紙巻タバコの
数——で割ったものに，その割合で喫煙した 38 歳までの年数を掛けたものとして
定義される）。遺伝的リスクが高い研究参加者は，ニコチン依存症——開始から喫
煙の「必要性」の標準基準（目覚めたときにタバコが必要になる，風邪やインフル
エンザのときでも喫煙する，1 日に多くのタバコを吸う，などの症状に基づく）を
満たすまでの年数によって定義される——になる可能性も高くなった（図 12.1 を

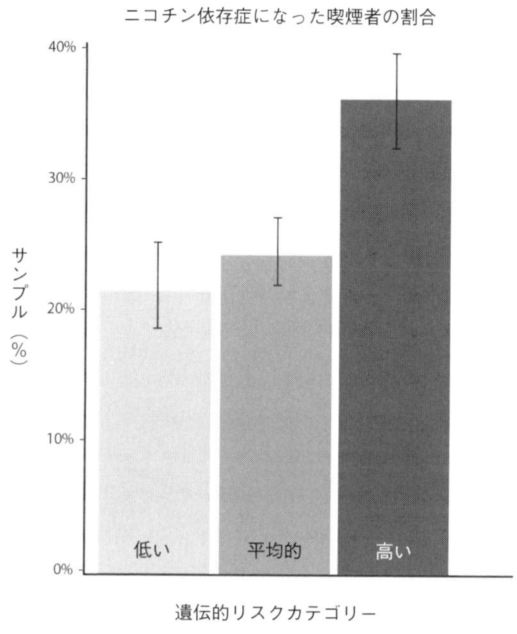

図 12.1.　遺伝的リスクが低い・平均的・高いに応じた，喫煙したことがあり，ニコチ
ン依存症になった研究参加者の割合。以下より改変。Belsky, D.W., Moffitt, T.E., Baker,
T.B., Biddle, A.K., Evans, J.P., Harrington, H., Houts, R., Meier, M., Sugden, K., Williams,
B., Poulton, R., & Caspi, A. (2013). Polygenic risk and the developmental progression to
heavy, persistent smoking and nicotine dependence. *JAMA Psychiatry, 70,* 534–542, figure
4B. Reproduced with permission. Copyright © 2013 American Medical Association. All
rights reserved.

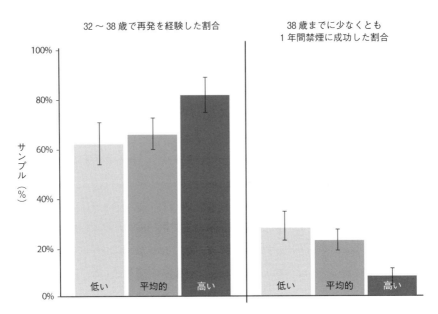

図12.2. 遺伝的リスクが低い・平均的・高いに応じて，32〜38歳で禁煙後に喫煙に戻った（「再発した」）研究参加者の割合（左パネル），38歳までに少なくとも1年間喫煙をやめること（「禁煙」）に成功した研究参加者の割合（右パネル）。以下より改変。Belsky, D.W., Moffitt, T.E., Baker, T.B., Biddle, A.K., Evans, J.P., Harrington, H., Houts, R., Meier, M., Sugden, K., Williams, B., Poulton, R., & Caspi, A. (2013). Polygenic risk and the developmental progression to heavy, persistent smoking and nicotine dependence. *JAMA Psychiatry, 70,* 534–542, figure 4C. Reproduced with permission. Copyright © 2013 American Medical Association. All rights reserved.

参照）。ポリジーンスコアが高いこれらの同じ個人はまた，より慢性的にニコチン依存症であり，彼らの人生のより長い年月の間，依存症の基準を満たしていた。ポリジーンスコアが高い個人は，ストレスに対処する手段として喫煙に依存する可能性が最も高く，18歳から32歳の間に禁煙する努力に失敗する可能性が最も高く，30代で喫煙をやめる可能性が最も低い（図12.2）。明らかに，私たちは，青年期と成人期の両方で，喫煙のいくつかの側面——特に喫煙が始まった後の進展——が遺伝子に含まれていたというエビデンスをもっていた（ダニーデン研究のサンプルにおいて）。

第 12 章　喫煙は遺伝子によって決定されるか？　　　239

青年期の喫煙は成人の喫煙を予測する
遺伝的リスクを説明するか？

　青年期と成人期の両方におけるポリジーン喫煙スコアと複数の喫煙表現型とのこ
れらの関連性を考慮して，喫煙遺伝学の冒険の次の段階として私たちは中核的な発
達上の質問に目を向けた。青年期の喫煙は成人の喫煙を予測する遺伝的リスクを説
明するか？　これは重要な問いであり，私たち自身の研究の基礎となった**成人喫煙**
の GWAS で取り上げられた問いではないことを思い出してほしい。また，この問
題に取り組む際に，喫煙の遺伝的リスクが高い青年を喫煙予防プログラムに参加さ
せることが理にかなっているのかどうかについての洞察を得たいと思ったことも思
い出してほしい。

　目前の発達上の問題に対処するために，私たちは最初に，38 歳までに喫煙した
パック年数，ニコチン依存症状，および禁煙の努力が失敗したと報告した研究参加
者の年齢に基づいて，喫煙の問題を反映した新しい成人喫煙指標を作成した。繰り
返しになるが，私たちは測定しようとしたもの——喫煙の問題——を「まとめて」
示していた。予想どおり，ポリジーンスコアが高い人は，成人期により多くの喫煙
問題を経験した。しかしながら，最も重要なことは，ポリジーンリスクスコアと成
人の喫煙の関連性は，2 つの青年期の喫煙表現型によってほぼ完全に説明できると
いうことだった。すなわち，1 日あたり少なくとも 1 本のタバコを吸うことへの早
期転向，したがって「毎日の」喫煙者になること。そして，1 日あたり 20 本以上
のタバコを吸うように急速に進行し，したがって依存性の喫煙者になること。した
がって，これらの結果は，成人に関する GWAS 発見研究で特定された成人喫煙の
遺伝的基盤が，GWAS 研究が示したよりもはるかに早い時期に機能していること
を示している。喫煙の GWAS が成人の喫煙の遺伝学に焦点を合わせていたとして
も，私たちが見つけたそのような研究は，青年期の喫煙の発達についても有益であ
った。

結論

　以前の GWAS 発見研究に基づいて私たちが作成したポリジーン喫煙リスクスコ

アが喫煙者になった人とならなかった人を区別しなかったという事実は，おおよそ喫煙の遺伝学の発達の研究の冒険を開始したときに私たちが期待したものだった。これは，以前の GWAS 発見研究で特定された遺伝子——ポリジーンリスクスコアに基づく——が，喫煙の開始ではなく，成人の 1 日あたりの喫煙量を予測したためだ。言い換えれば，私たちのポリジーンリスクスコアに含まれる遺伝的リスクは，ニコチンに対する身体の反応を反映しているように見えるが，若者が喫煙を開始する傾向を反映しているようには見えない。後者の表現型に関連する遺伝子があるとすれば，それはまだ解明されていない。青年が友人の喫煙のすすめに応じて喫煙を試みることが多いことを考えると，おそらくそれらは仲間からの圧力に対する感受性に関連している可能性がある。

　私たちのポリジーンスコアが**ニコチン依存症に対する感受性**を示しているという見解と一致して，喫煙行動の発達的進行がスコアに関連していることが証明されたことを示す発見があった。喫煙を開始した個人の中で，遺伝的リスクが高い人は，より急速に大量喫煙とニコチン依存症に進行したことを思い出してほしい。彼らは持続的なヘビースモーカーになり，持続的にニコチン依存症になる可能性が高く，また，ポリジーンスコアが低い喫煙者よりも喫煙習慣をやめるのが困難であった。私たちがまだ言及していない驚くべき発見のひとつは，アヴシャロム・カスピのような「チッパー」はたまにタバコを楽しんでいるように見える（つまり，必ずしも毎日ではない）が，ニコチンに生理学的に依存しておらず，私たちのポリジーン喫煙スコアは研究協力者の中で最も低く，喫煙したことがない人よりもさらに低くなっていることである。この発見は，私たちのポリジーンスコアが，おそらく喫煙を試みる社会的圧力に対する感受性ではなく，ニコチン依存性になる感受性を示しているように思われたという事実をもう一度強調している。では，最近，誰がアヴシャロム・カスピに喫煙するように圧力をかけているのだろうか。

　喫煙に関する私たちの遺伝子型−表現型の発見は，他のいくつかの調査チームが報告したものと一致しているが，私たちの研究は，特定の遺伝的リスクと喫煙行動の**発達**との関係を追跡した最初のものであった——喫煙開始から，毎日の喫煙への転換，大量喫煙への進行，ニコチン依存症，そして中年期までの禁煙との闘いまで。もちろん，これは，ダニーデン研究の長期的な性質と，喫煙行動の豊富で繰り返しの測定により私たちには可能だったが，以前の研究では不可能だったためだ。この独特の状況はまた，成人の喫煙問題に対する遺伝的影響が，喫煙開始から大量喫煙への進行を伴う青年期の経路を介して媒介される——またはそれに由来する——という発見を可能にした。言い換えれば，成人の喫煙の遺伝子は，前述のよ

うに，人生の 20 年ですでに機能している。したがって，中年期に遺伝子構成に関連する理由で喫煙量が多い人は，20 年以上前の喫煙習慣の急速な発達の結果としてそうなっているのである。

このような経験に基づく観察結果は，一部の青年はタバコを実験的に使用しただけですぐに定期的な喫煙者になり，ニコチン依存症になるという一部の小児科医の見解と一致している。これらの個人を早期に——このような実験とその後の依存が発生する前に——特定することは適切であり，現在，実現可能な公衆衛生の目標のように思われる。実際，私たちの仕事は，2 つの異なることを試す価値があることを示唆している。第一に，10 代の若者は遺伝子型を特定し，経験を開始する前に，タバコ依存になるという個人的なリスクを知らされているだけで，禁煙が難しい可能性が最も高い人々が喫煙を始めるのを未然に防ぐ（そして非常に多くのお金を節約する）ことができる可能性がある。これは，喫煙がもはや「クール」ではないことや，喫煙依存者にとっては生涯の支出がいくらになるか（すなわち，数千ドル）を示す他のメッセージを受け取った場合に特に役立つだろう。第二に，青年の遺伝子構成に関する同じ情報を，最初は小規模ベースで使用して，リスクの高い青年を特定し，より集中的な喫煙防止治療の対象とすることができる。最初のトライアルが効果的であることが証明されれば，そのような取り組みを拡大するための基礎ができる。

ただし，読者は，このようなスクリーニングとターゲティングが効果的でない可能性があることを理解する必要がある。その理由のひとつは，喫煙の表現型を予測するポリジーンスコアの能力は注目に値するが限られていることであり，成人期の喫煙量の GWAS で同定されたさらに多くの遺伝子に基づくポリジーンスコアにも同じことが当てはまることである。結局のところ，これが，私たちがより広範に取り組むのではなく，小規模なトライアルのアイデアを進めることに満足している理由である。そうは言っても，ポリジーンリスクスコアを他の既知のリスクと組み合わせて使用することを想像することもできる——例えば，親，年上のきょうだい，または喫煙する友人がいること，喫煙する年長の子どものようになりたがること，または仲間からの多くの喫煙のプレッシャーを経験していることなどだ。遺伝的および環境的要因に基づくそのようなポリジーンプラス環境リスクスコアは，遺伝情報のみに基づくものよりも最もリスクの高い若者を特定する上でより強力である，と信じる十分な理由がある。

経験上，——実験的試行ベースであっても——遺伝情報を使用して個人をスクリーニングし，喫煙予防プログラムへの参加に関して優先的に扱うことを含め，喫

煙のポリジーン指標で高得点の人を差別的に扱うことに反対する人もいる。私たちは大げさだと考えているが，多くの人は，何十年も前の優生学運動の愚かな歴史に基づいて，遺伝学の悪用について当然の恐れをもっている。しかし，そのような反対意見に直面して尋ねなければならない質問は，なぜ乳がん遺伝子をスクリーニングしてもよいが，喫煙などの行動に関連する遺伝子（これは乳がん遺伝子であるBRCAをもつのと同じように発がんリスクがある）をスクリーニングできないのかということだ。深刻な病状に対する遺伝子の予測力が大きいためである場合，それは最も合理的で，説得力のある議論である。行動の遺伝子予測の力が高まれば，よりよいエビデンスに基づいて標的にすることが適切であることを示唆している。

　しかし，経験はまた，そのようなよりよい——つまりより強力な——エビデンスでさえ，多くの人にとって十分ではないことを私たちに教えている。これは，今日でも多くの人が身体，心，行動を区別していて，身体は遺伝的に影響を受けているが，心と行動の場合はそうではないと考えているためだ。私たちは，そのような誤った区別を超えて行動することを強く推奨する。結局のところ，エビデンスは，腸と脳をつなぐ迷走神経を介して，腸内細菌が間違いなく心理的機能に関連していることを示している。だから，身体と精神，ひいては身体と行動をどういうわけか根本的に異なるものとして扱うことは，人間，遺伝学，そして人間の発達について非常に時代遅れな考え方のように思われる。簡単に言えば，心身二元論を放棄したのはかなり昔のことだ。私たちが扱っているのは，まったく異なる規則に従う別々の部分をもつ個体ではなく，体系的に統合された有機体なのである。

第

13

章

人生の成功は遺伝子によって
決定されるか?

Genetics of Life Success?

第12章では，数千人または数万人，数十万人から取得された全ゲノムを用い
て，数千または数百万の遺伝子多型を調べ，それらと表現型の関連につい
て調査するゲノムワイド関連研究（Genome-Wide Association Studies: GWAS）を
紹介した。ダニーデン研究（第12章）で喫煙遺伝子の研究を行った際に，数万人
を対象とした先行研究で発見された遺伝子に基づいていたことを思い出してみよ
う。GWASを実施するにあたって単一研究では対象者数が不十分なことが多いため，
このような「発見」をもたらす研究は，喫煙の有無など特定の表現型に関する複数
の研究チームの共同研究であることが多い。このように，GWASでは，全ゲノム
解析を行うのに十分なサンプルサイズを確保するため複数の研究チームが収集した
データが組み合わされるのが通例である。それが，このような研究に関する論文で
は著者が複数名いる理由のひとつである。

　この章では人生における成功遺伝子を調査する私たちの発達をめぐる冒険に焦点
を置いており，GWASの2つの重要な特徴を強調する必要がある。第一の特徴は，
全ゲノム研究で何千，何百万もの遺伝子多型と特定の表現型との関連性を統計的に
評価するためには，複数の研究を組み合わせて十分なサンプルサイズを確保する必
要があるが，それらの組み合わされた研究は特色や複雑さが互いに異なることが多
い。したがって，DNAの測定方法や喫煙などの特定の表現型に基づいて研究を集
めて組み合わせることはできても，他の表現型や環境因の点で大きく異なっており，
さらに調査されている因子とされていない因子とがある。すなわち，GWASに加
わったうちのひとつのデータセットが身体的健康に関する情報を多くもっているも
のの精神的健康に関する情報は不足している可能性があるのに対して，他のデータ
セットではその逆が当てはまる可能性がある。そのため，特定の表現型に関する
GWASを実施するために収集されたデータを用いて，他の表現型に関するGWAS

を行い，ある結果に関連する遺伝子が他の表現型にも関連しているか否かを決定することは必ずしもできない。人生の成功の遺伝子について調査するにあたって，ダニーデン研究は遺伝子データセットを多くの異なる表現型にリンクさせてこの問題に対処した点が大きな強みだった。しかし，私たちは自分たちのストーリーを先に進める。

　GWAS における第二の重要なポイントは，遺伝子型と表現型の関連に関する研究——すなわち特定の表現型に関連する遺伝子多型を調査するすべての研究——は，基本的に相関関係にあるという点である。そして，人間の発達について研究する研究者の誰もが教育の早い段階で覚える題目は，「相関関係は因果関係ではない」ということである。もちろん，だからこそ私たちは，本書を通して複数のトピックを取り上げ，自分たちが発見した関連性に繰り返し挑戦し，それらの発見の代替説明を割り引く努力をしてきたのである。ひとつまたは数個の候補遺伝子に焦点を当てた遺伝子型−表現型研究であろうと，何千ないし何百万もの遺伝子多型に焦点を当てた GWAS であろうと，例えばニコチン依存症になりやすい人とそうでない人を区別するような研究は，実際に**原因**となる影響を引き起こしている遺伝子を特定しているとは言い切れない。なぜなら，同定された遺伝子は，実際に影響を及ぼしている他の遺伝子と統計学的もしくは物理的（つまり，ゲノム自体の中で近接している）に関連しているだけかもしれないからである。

　最終的には，ゲノムの働きを理解すること，特に特定の遺伝子が特定の表現型に因果関係をもつかどうか，どのようにして特定の表現型に影響を与えるかを理解することが GWAS の最終目標ではない。これは始まりに過ぎず，遺伝子型と表現型とを結びつける生物学的メカニズムに関する洞察を科学者に与える可能性がある。例えば，全ゲノム研究で明らかになった遺伝子のいくつかが炎症過程で役割を果たしていたり，代謝に関連したりしていることが他の研究からわかっている場合，遺伝子型が表現型に影響する生物学的プロセスをより詳細に調べるために，「顕微鏡の倍率を上げて」どこに着目すればよいのかという洞察を研究者に与える。

　結局のところ，第 12 章で述べた GWAS で同定された「ニコチン依存遺伝子」の中には，日常的な喫煙者，1 日 1 箱の喫煙者，喫煙習慣を放棄することが困難な喫煙者へのなりやすさを決定する原因遺伝子ではないものもあるかもしれない。また，GWAS の知見に基づいて，このような遺伝子を原因遺伝子などの表現で言及することは，たとえ因果関係があったとしても，解明への洞察を与えると同時に誤解も招くかもしれない。なぜなら，遺伝子型と表現型の関連性について現在では以下の二点がわかっている。第一に，実際は全ゲノム研究では調査されたすべての表

現型に関連する遺伝子が数多く同定され，もし多くの遺伝子が実際に表現型に因果関係をもって影響を与えているのであれば（単に表現型と相関しているだけではなく），多くの遺伝子はその表現型に対してごくわずかな影響しか与えないと考えられる。したがって，ある特定表現型が単一もしくはごく少数の遺伝子とのみ関連していることは非常にまれで，特に本書の焦点となっている表現型，すなわち発達上のアウトカムに関しては極めてまれである。その結果，非常にまれな疾患（例えばハンチントン病など）のように単一の遺伝子変異によって引き起こされる疾患は，人間の発達を研究する研究者が最も興味をもつ表現型に遺伝子がどのように影響を与えるかについての，あまりよいモデルとはいえない。

　遺伝子型と表現型との関係についての第二の重要なポイントは，ほとんどの遺伝子が多くの異なる表現型に系統的に関連している点である。**多面発現性**とは，この生物学的発現性について言及する科学用語である。この意味は，喫煙に関するGWAS で同定された「喫煙遺伝子」が，まったく異なる表現型に焦点を当てた他の全ゲノム研究で原因遺伝子として同定される可能性があるということである。例えば，ニコチン依存症に関連する遺伝子が他の物質依存に関連していることは想像に難くない。仮にそうであることが証明されたとしても，そのような明らかな「物質依存遺伝子」が物質依存とは無関係の表現型にも関係している可能性を排除するものではないことを理解していただきたい。

　実際，なぜヒトゲノムが遺伝子総数という観点で当初想定されていたよりもはるかに小さいのかという理由を，多面発現性が説明するかもしれない。ある特定の遺伝子が複数の表現型に影響を与えるのであれば，すべての遺伝子が単一の表現型にしか影響を与えない場合よりも，ホモ・サピエンスの組み立てと発達に必要な遺伝子の数は少ないだろう。たとえ話として，大工がデッキを建てるためにハンマーを1個必要とし，家の屋根の上に別のハンマーを1個必要とし，キッチンカウンターを設置するためにもう1個別のハンマーを必要とした場合，1個のハンマーでこれらの3つの機能を果たすことができる場合よりも多くのハンマーが必要となり，さらには家の火事で犬を救出するために窓を割るなどさらにもっと多くのハンマーを必要とするだろう。

　個々の遺伝子の小さな影響とそれらが複数の表現型へもたらしうる影響に関する考察は，この章の焦点である発達をめぐる冒険，人生の成功の遺伝学に関する確かに核心的な問題を提起する。それは「喫煙遺伝子」のようにひとつの表現型に関連してラベルづけられた遺伝子が，実際にはほかにも多くの表現型と関連していた場合，それは有益な情報をもたらすだけでなく誤解を招きかねない。例えば，離婚し

なかった何千人もの個人と離婚した何千人もの個人の全ゲノムを比較して，離婚に関連する 873 の遺伝子多型を GWAS によって特定し，このような特徴的な遺伝子を「離婚遺伝子」と名づけたとする。しかし，もしこれらの 873 の遺伝子多型の多くが，議論好きな人とそうでない人，仕事を失った人と失っていない人，および / またはつねに勝ち組ではなく負け組に賭ける人を区別していたとしたらどうか？ある個人が他の人よりも離婚する可能性が高い理由を説明するのに役立つかもしれないが，それに加えて，議論好きで，仕事にしがみつくのが難しく，問題のある相手を選んだからかもしれず，これらの遺伝子を「離婚遺伝子」と呼ぶのは不適切ではないだろうか？　言い換えると，多面発現性という観点から，たとえ特定の遺伝子が特定の表現型に関連していたとしても，これらの遺伝子がその表現型と排他的に関連しているということは論理的には成立しない。

教育歴は遺伝子によって決定されるか？

　このように考えてみると，教育歴に関する GWAS では，複数の研究で高学歴者と低学歴者を区別する遺伝子が同定されているが，その遺伝子について疑問を抱くようになった。より具体的には，「教育歴」遺伝子に関する研究では，それらの遺伝子が何に関連し，何に影響を与え，それによって何をもたらすのかを完全には明らかにしていないのではないかと考えた。それらは義務教育修了後に受けた教育年数だけでなく，人生の成功に関する他の多くの側面にも関連しているかもしれない。もしそうならば，「教育遺伝子」というラベルづけは誤解を招き，現代の遺伝学において重要な多面発現性を十分反映していないことになる。もしも，仮の「教育歴」遺伝子が教育年数を考慮に入れたあとでも人生の成功に関する他の側面を予測するならば，それは真の「教育歴」遺伝子だろう。残念ながら，教育歴に関する GWAS はこの問題に対処することができない。なぜならば，すべての研究が教育歴について調べるためにデータを集められたわけではなく，また人生の成功の指標とみなされる教育歴以外の表現型について調査しているわけではないからである。参加者は「あなたの最終学歴は何ですか？」という単純な質問に答えただけである。教育歴の多様性に関連する遺伝子を見つけるための GWAS は，今では 100 万人以上のデータが用いられているが，それは参加者が自分で「最終学歴」のチェックボックスに入力して DNA を集めるという単純なものである。

　ここがダニーデン研究の出番で，教育年数を統制しても仮の教育歴遺伝子が学校

第 13 章　人生の成功は遺伝子によって決定されるか？　　247

教育の年数よりも多くのことを予測するか否かを決定する機会を与える。今日私たちは，第 12 章で議論した喫煙遺伝学研究を実施した当時よりもはるかに多くの遺伝情報を用いて，仮の「教育歴」ポリジーンスコアを作成し，このポリジーン指数が教育歴だけでなく，人生の成功に関する他の多くの因子を予測するか否かを調べることができる。この目的のため，私たちは大規模な GWAS をいくつか組み合わせ，200 万以上の遺伝子多型がそれぞれ教育歴をどの程度予測するかを重みづけ，それらを用いてポリジーンスコアを作成した。

　成功に関連する遺伝子に焦点を当てた私たちの冒険において，教育歴に関する遺伝学的知見が学校教育歴だけでなく成功に関するアウトカムも予測するか否かに加えて，発達の問題に関する 2 つの疑問が浮かんだ。第一に，最終的な教育歴や人生の成功に先行する幼少期，思春期，成人期早期の機能のあり方は，ポリジェニックな「教育歴」スコアにも関係しているのだろうか？　言い換えれば，18 〜 19 歳ごろまでに獲得される学歴を予測するポリジーンスコアは，幼少期や思春期など人生のかなり早い時期の機能も予測するのだろうか？　これは，多かれ少なかれ，成人期の喫煙を予測することが判明した遺伝子が思春期に機能するのかという，第 12 章で取り上げたのと同様の発達上の問題である。第二に，成人期の成功に関係する遺伝子が，人生のかなり早い時期の表現型を予測するならば，そのような幼少期の特徴は遺伝子型が表現型に関与する過程を説明する一助となるのだろうか？　つまり，それらは，遺伝子と成人期における教育歴や成功を結びつける，人生の成功への経路の一部なのだろうか？　私たちは第 12 章でもこの問題を取り上げ，私たちのポリジーン喫煙スコアは思春期における喫煙に対する遺伝的影響を介して，成人期の喫煙に関連していることがわかった。

　これらの 2 つの疑問は，発達が「どのように」機能するのかを知りたいという基礎科学の観点からだけでなく，応用科学の観点からも重要である。もしも，発達を予測する遺伝子が特定され，それに関連する発達－行動経路が解明されれば，その経路を標的とした介入を行うことができる。特に，人生のさまざまな面における成功という点で，遺伝学的に不利な子どもたちに介入できる可能性がある。これはまさに多くのがん遺伝子研究にも共通する論理である。まず，がんに関連する遺伝子を見つけ出し，遺伝子型とがんの表現型を結びつける（生物学的な）経路を明らかにし，これらの経路を標的にしてがんを予防したり治療したりするための薬剤を投与するのである。言い換えれば，遺伝的にがんのリスクがある人々の健康を高めるという実証済みのモデルを，発達と行動に適用することができる。この場合の介入の対象は，生理学的または生化学的ではなく，心理的および行動的なものである

かもしれない。当然，この分析は前章を締めくくった考え方に立ち戻ることとなる
——私たちは心身二元論を超えて，精神，行動，生物学がそれぞれまったく異な
る法則に従っているわけではないことを理解する必要がある。

学校卒業後の成功

　発達的な（そして今では遺伝的な）冒険家たちが，ダニーデン研究の参加者のポ
リジェニックな「教育歴」スコアを提供したのち，人生の成功に関する遺伝学研究
を立ち上げるための次のステップは，学校教育とそれ以降の成功の尺度を作成する
ことだった。学校教育の成功は，研究参加者が38歳の誕生日までに取得した最終
学歴の学位によって簡単に評価された。もし，GWASにおいて教育歴遺伝子を反
映していると考えられた私たちのポリジーンスコアが，ダニーデン研究において教
育歴を予測するのに有用でなければ，私たちは調査を終了しなければならなかった
ため，これは重要な尺度であった。

　幸いなことに，これが問題になることはなかった。当初のGWASの研究結果と
同様に，ポリジーンスコアが高い研究参加者は学校教育を受けた年数が多いのに対
し，スコアが低い参加者は38歳までに教育を受けた年数が少なかった（図13.1）。
実際，私たちが検出したこれら2つの変数の関連性は，オリジナルのGWASと実
質的に同等だが控えめなものであった。この関連性が控えめであったからといって，
ポリジーン指数が教育歴の圧倒的な決定要因——少なくとも予測因子——である
と推論されるべきではない。遺伝子構成以外の因子が重要であることは明らかであ
り，ポリジーンスコアを構成する数百万の遺伝子と教育歴との関係は決定論的では
なく確率論的であった。

　研究結果を再現することができたため，私たちは次のステップとして，「教育歴」
のポリジーンスコアを用いて，学校卒業後の成功の予測を試みた。そのために，私
たちは他のいくつかの構成尺度に基づいた2つの複合尺度を作成した。1つ目は「成
人達成度」と名づけ，38歳時点で収集された多様な情報，すなわち自記式の質問表，
友人や親戚が記入した質問表，本人との面談，行政記録に基づくものである。この
ように，成人達成度の指標は，研究参加者の職業上の名声（例えば，医師は看護師
よりも世評が高い），年収，総資産（例えば，現金，株式，家，車），信用問題，支
払いの滞納，生活保護受給日数，正式なクレジットスコアに基づいている。これら
は，この複合指標のスコアが高ければ高いほど人生の成功を反映し，スコアが低け

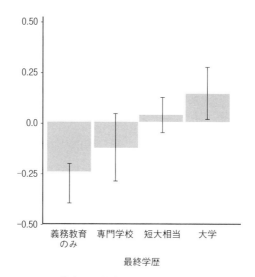

図13.1. ポリジーンスコアと教育歴の関係をみると，教育歴が高いほどポリジーンスコアが高いことがわかる。以下より改変。Belsky, D.W., Moffitt, T.E., Corcoran, D.L., Comingue, B., Harrington, H., Hogan, S., Williams, B.S., Poulton, R., & Caspi, A. (2016). The genetics of success: How single-nucleotide polymorphisms associated with educational attainment relate to life-course development. *Psychological Science, 27,* 957–972, figure 1a. Copyright © 2016 The Authors. SAGE Publications, Inc. より許可を得て転載。

れば低いほど成功が少ないことを反映するように組み合わされた。

　予想どおり，ポリジーンの「教育歴」指数は，一般的な成人達成度をより予測することがわかった。38歳までに，ポリジーンスコアが高い研究参加者は，スコアが低い研究参加者に比べて，より権威のある職業に就職し，より高い収入を獲得し，より多くの資産を蓄積し，生活費の支払いに困っていることが少なく，社会福祉給付への依存度が低く，信用度が高かった。

　これらの結果を踏まえ，私たちは第二の成功の指標である学校卒業後の成功すなわち社会的流動性に注目した。この表現型のアウトカムは，研究参加者の親の職業上の名声と，研究参加者の学歴，職業，成人達成度とを比較したものである。ほとんどの研究参加者は（同世代と同様に）親よりも高い社会階級レベルにあり社会的上層への移動性が高いのに対し，一部の研究参加者は下層に移動し親よりも低い社会階級レベルだった。この点について，ダニーデン研究に参加した2人の中年男性について考えてみる（プライバシー保護のため名前は変更している）。ピーターは

大学で学位を取得後，会計士として働いていた。彼の父親は高卒で工場で働いていたため，ピーターは社会的に上層に移動したことになる。一方，チャールズは小売店で店員をしていたが，彼の親は教師だったため，社会的に下層に移動したことになる。

　私たちがすでに報告したことを踏まえると，教育歴と成人達成度に関するポリジーン指標が社会的流動性も予測することは驚くべきことではない。ポリジーンスコアは，教育歴と成人達成度と社会的流動性（つまり，学歴だけではない）の指標であることが証明された。実際，研究参加者の子どものころの社会階級を考慮しても，ポリジーンスコアが高い研究参加者は，ポリジーンスコアが低い研究参加者よりも教育歴が高く，より権威のある職業に就いていた。

　特に重要なのは，ポリジーンスコアが人生での成功を予測する力は，下・中・上層いずれの社会階級の家庭で育った子どもでもほぼ同等であるという発見であった。子どもの出自（どのような社会階級の家庭で育ったか）がどのようなものであったとしても，**各社会階級内で**ポリジーンスコアが高い人は社会的に上層への移動を経験する可能性が高く，スコアが低い人は下層への移動を経験する可能性が高かった。その結果，社会経済的に下層の出自の研究参加者の中で，ポリジーンスコアが高い研究参加者は，同等の出自の研究参加者と比較して，社会的に上層へ移動する可能性が高かった。一方，社会経済的に上層の出自の研究参加者の中で，ポリジーンスコアが高い研究参加者は，スコアが低い研究参加者と比較して，社会的に下層に移動する可能性が低く，生まれた家庭と同様に社会的上層の階級に留まること多かった。

　正直なところ，いわゆる教育歴遺伝子が学校卒業後の人生の成功を予測していると結論づけられなければ，私たちは衝撃を受けただろう。純粋に論理的かつ社会学的観点から，もしもポリジーン指標が教育的成功を予測し，教育的成功が人生のさまざまな成功を予測するとするならば，ポリジーン指標は学校卒業後の人生の成功も予測する可能性が高い。実際，このような推論的分析から，いわゆる教育歴遺伝子が人生の成功を予測する理由として，教育的成功が人生の成功を促進する上で重要な役割を果たしていることが示唆されている。これは，少なくとも現代の産業革命後の西欧諸国では，人間の発達の代数的法則なのかもしれない。例えば，教育歴遺伝子をドミノAとすると，ドミノAが倒れると，実際の学歴を表すドミノBが倒され，人生の成功を表すドミノCが倒される。

　しかし，これですべてなのだろうか？　教育歴遺伝子は，教育歴の結果として，また教育歴を介してのみ，人生の成功を予測するのだろうか？　比喩的に言えば，

もしもドミノ B を取り除いてドミノ A を倒したら，ドミノ C はどうなるのだろうか？　私たちは人生の成功を予測するにあたり，統計学的に学歴を統制しその学歴の影響を割り引くことでこの疑問を解決した。このようにして，私たちの比喩的な質問は，「ドミノ A はテーブルを揺らしてドミノ C を倒すのに十分な重さがあるのか，あるいはドミノ B がない場合にはドミノ C を強くぐらつかせうるのか」ということになった。その答えは「イエス」である。教育歴を統制しても，ポリジーンスコアは成人期の成功を予測していた。しかしながら，重要なのはこのような条件下ではポリジーンスコアの予測力が実質上半分に低下したことである。これは，いわゆる教育遺伝子がどのようにして成人期の成功を予測するかを説明する一部が教育だとしても，それがすべてではないことを意味している。人生の成功の**発展**における遺伝学の役割をより詳細に知り，私たちの人生の成功への冒険を広げてみよう。

幼少期のポリジーンとの関連

　ここまでにまとめてきた多面発現性の観点や，それによって顕在化される「教育歴」に関する遺伝子のラベルづけの問題などは興味深いが，発達の研究者である私たちにとって最も興味深い点は，遺伝子型から表現型への経路の問題だった。そこで，人生の成功の遺伝学を研究する私たちの挑戦の第二ステージは，「遺伝子型がどのようにして心理的・行動的・社会的レベルで表現型に発展するのか」という問いである。この問題に取り組むための第一歩として，私たちは，幼少期，思春期，そして成人期の業績が，教育歴や人生の成功を反映した私たちのポリジーンスコアと関連しているかどうかを調べた。もしそうならば，それらは私たちのドミノの例における「B」候補として機能することができ，遺伝子と幼少期の機能との関連性が遺伝子と人生の成功との関連性について説明することができるか否かを調べられる。

　発達過程をよりよく理解するために，私たちは調査範囲を広くし，3 〜 18 歳の子どもから多くの情報を集めた。私たちは遺伝子型と成人期の表現型とを関連づける可能性のあるメディエーターを，つまりドミノ B として概念化した。その結果，ポリジーンスコアが高く，それゆえに人生の成功の可能性が高い子どもは，人生のごく早い時期に同世代の子どもとは異なることがわかった。ポリジーンスコアは，ハイハイ，歩行，ジャンプなどの運動発達のマイルストーンの達成年齢とは無関係であったが，言語に関する他の発達マイルストーンは研究参加者の遺伝子構成

と関連していた。具体的には，ポリジーンスコアが高い人は，スコアが低い人よりも早く話し始め，また，文を使ったコミュニケーション（2つ以上の単語を組み合わせて話すこと）を始めるのもやや早かった。また，ポリジーンスコアの高い人は早期に読解力を身につけていた。実際，7歳から18歳までの間に繰り返し実施されたテストのスコアを見ると，ポリジーンスコアが高い人は，読解力が高いだけでなく，時間の経過とともに読解力がより速く向上し，結果として早期に（テストでの）読解力のピークを達成していることが明らかになった。

おそらく驚くことではないが，ニュージーランド教育省が全学生に実施した標準テストの成績を含む公式の試験記録をプロジェクト・オフィスに持ってくるよう研究参加者に依頼したところ，15歳，16歳，17歳のときに実施されたテストでは，ポリジーンスコアが高い研究参加者が，ポリジーンスコアが低い研究参加者よりも成績がよいことがわかった。これらの結果と同様に，アンケートや面談の結果，ポリジーンスコアの高い研究参加者は18歳の時点でより高いレベルの教育を受けたいと考えており，特に大学に進学したいと考えていたことが明らかになった。また，医師やエンジニアなど，より権威のある「専門的な」職業に就くことを希望していた。

おそらく，遺伝子から人生の成功へのもっともらしい経路として，より興味深いか，少なくともあまり明白でないのは，成人期の地理的な移動についてわかったことである。今後の結果を検討するにあたり，ニュージーランド人には海外での就労経験が一般的であることを理解しておく必要がある。38歳までに，研究参加者の1/3以上が海外で少なくとも12カ月間働いたことがあり，その中で最も多かったのはオーストラリアであった。しかし，ニュージーランド人にとって最も名誉なのはオーストラリア以外の国での就労経験であり，"big OE"（OE: overseas experience; 海外経験）と呼ばれている。特筆すべきは，ポリジーンスコアが高い人ほどOEをもつ可能性が高く，38歳時点では，ポリジーンスコアが低い人よりも，ポリジーンスコアが高い人のほうが，オーストラリア以外の海外で働く可能性が高いということである。

また，「計画性」に着目してみると，ポリジーンスコアの高い人と低い人の海外経験の違いは，偶然の結果ではないことがわかった。また，32歳と38歳の時点で彼らをよく知る友人や親戚に郵送したアンケート調査では，ポリジーンスコアの高い人ほど金銭管理に優れていることがわかった。実際，40歳時点で研究参加者に経済状況について質問したところ，同様の結果だった。このように，遺伝子構成が予測するのは，言語や学業に関連したスキルや資格情報だけではなかった。

第13章　人生の成功は遺伝子によって決定されるか？　　253

　さらに，ポリジーンスコアが高い研究参加者のスキルと成功は，結婚にまで及んでいることが示された。遺伝子構成は結婚を前提とした交際をしている研究参加者とそうでない研究参加者とを区別していなかったにもかかわらず，結婚を前提とした交際をしていてポリジーンスコアが高い研究参加者は，同様の交際をしていてポリジーンスコアが低い研究参加者よりも，大卒で全国平均以上の収入を得ている相手と交際していた。どうやら，前者は，社会的に有利な相手と交際することで，学歴や職業で得た自分の社会経済的な優位性を強化していたようである。つまり，遺伝的にも教育歴的にも職業的にも豊かな人たちは，男女関係も豊かであるということのようだ！

遺伝子型から表現型へ

　「教育歴」に関するポリジーンスコアが，成人期における人生の成功の多様な側面を予測するだけでなく，同じポリジーンスコアが，幼少期の認知機能，モチベーション，社会機能，経済的機能にも関連していることは重要事項である。しかし，後者が前者への手段であると判断するのとは別である。言い換えれば，ポリジーンスコアに関連する幼少期，思春期，さらには成人期の能力が，遺伝子型から表現型へ発展する経路であることを証明できるだろうか？　これも比喩的にいえば，遺伝子型を表すドミノAと人生の成功を表すドミノCとをドミノBが結びつけているのかという次なる課題である。遺伝子構成が人生の成功の複数の側面と関連する手段として対象者の個人的特徴が機能しているとしたら，この問題は介入の対象を特定する際に非常に重要である。

　このような問題を念頭に置き，私たちは遺伝子型と表現型を結びつける可能性のある3つの項目に焦点を当てた。1つ目は認知能力である。これは標準化されたテストで測定される能力で，私たちの発見の多くが最終的には知能に起因している可能性があることは明らかである。2つ目は非認知能力で，主に自己コントロールである。3つ目は対人関係能力である。これは，知的能力ほどは重要ではないものの，人生の成功においては重要であるというエビデンスが増え続けている（詳細は第3章を参照）。そして最後に，遺伝子構成が人生の成功に影響を与える手段が身体的健康の場合もある。

　これらの機能領域の測定値を手にして，これらの「中間表現型」を考慮に入れた場合（ドミノB），ポリジーンスコア（ドミノA）がどのようにして人生の成功

（ドミノ C）を予測するのか調べた。この問題に対処するための最初のステップとして，私たちはポリジーンスコアが前項で説明した個人的特徴と確実に関連しているかどうかを調べなければならなかった。その結果，身体的に健康ではなくても，ポリジーンスコアは認知能力と非認知能力の両方を予測することが示された。すでに行われた観察結果と一致して，5歳，7歳，9歳，11歳で実施された IQ テストでは，ポリジーンスコアが高い研究参加者はスコアが低い研究参加者よりも成績がよかった。実際，ポリジーンスコアが高い子どもたちは 13 歳までの知的な発達速度が速かった。また，ポリジーンスコアが高い研究参加者は，スコアが低い研究参加者に比べて，10 歳までの間，衝動，感情，行動において自己コントロールが強いことがわかった。最後に 3 歳，5 歳，7 歳，9 歳の時点で，ポリジーンスコアの高い人たちは，スコアの低い人たちよりも，よりフレンドリーで，自信に満ちていて，協調性があり，コミュニケーション能力が高いと評価され，結果として全体的な対人スキルが高かった。このことは，認知能力と非認知能力に関するポリジーンスコアが，たとえ身体的健康の指標にはならなかったとしても，遺伝子型がどのようにして表現型になるかを媒介したり，説明したりするのに役立つ可能性のある，もっともらしい「中間表現型」であることを意味している。

　結果として，これらの認知的，非認知的な「中間表現型」は統計的に媒介しており，人生の成功（つまり，遺伝子→認知／非認知スキル→人生の成功）におけるポリジーンスコアの影響を説明するのに有益である。このようにして，遺伝子型から表現型に至る発達−精神の経路が明らかにできた。実際には，遺伝子構成と教育歴との関連においては認知能力，自己コントロール，対人スキルが約 60％を占め，遺伝子構成と成人達成度との関連においてはこれらが約 50％を占めていた。このような結果は，これらの中間表現型をよりよい方向に修正することが人生の成功を高めることの決定的なエビデンスにはならないが，私たちの観察研究の結果は確かにその方向性を示している。

結論

　もしかするとこれはあなたにとって驚くべき事実かもしれないが，人生は少なくとも生物学的には明らかに不平等である。これが，私たちが人生の成功の遺伝学について調査した発達をめぐる冒険の結論である。なぜならば，単純に一部の人間は両親から引き継いだ遺伝子によってスタート時点から他者より優位に立つが，誰も

自分の両親を選択できないからである。これまでに私たちが見てきたように，この生物学的な継承は，幼少期の言語力や読解力をより早期により速く習得するための機会の増減や，思春期の時点で学歴上，または職業上の達成度に関して高い志をもっていること，成人期早期に海外での学校教育および／または就労経験を得ること，中年期までに経済的な見通しが立っており，教育的かつ経済的に優れるパートナーをもっていることなどと関係する。これらの遺伝子は，多かれ少なかれ幼少期の認知能力や非認知能力の発達にも影響を与える。おそらく最も重要なことは，特定の遺伝子構成を有する人々が――自ら選択したわけではない両親をもった結果――，職業的，経済的，社会的に成功し，社会的に上方への移動を経験するという事例に関して，多かれ少なかれこれらの個人的特性が寄与しているという点である。

　これまで述べてきた複数の観察結果から，遺伝子が運命を決定づけるとみなしたくなるかもしれないが，私たちがそうすべきでない理由が少なくとも２つある。１つ目は遺伝子構成の予測力に関係するもので，２つ目は私たちの介入研究に関するものである。それぞれを順番にみてみよう。

遺伝学的予測の限界

　私たちは GWAS から人生の成功を予測し，教育歴を予測する遺伝子を示し，さらにダニーデン研究から――それらの遺伝子が教育歴上の成功だけでなく――それ以上の人生の成功に関係することを示したが，実は私たちのポリジーンスコアの予測力は限定的で決して抗えないものではない。言い換えれば，教育上，職業上，経済上，対人関係上の成功については，ポリジーンスコアを構成する遺伝子セットでは説明できないことがたくさんあるということである。遺伝子型から表現型に至る発達の過程の説明として私たちが注目した，ポリジーンスコアを用いた「中間表現型」に関しても，その予測力は同様であるということが重要である。

　予測力が限定的である理由として少なくとも２つ挙げられる。１つは，私たちは遺伝子と教育歴とを結びつける研究のみに基づいてポリジーンスコアを作成したことである。すなわち，遺伝子と成人達成度や社会的流動性の結果を結びつける GWAS や，遺伝子型と表現型の関係を明らかにするために研究した中間表現型の情報などがあれば，追加で同定された遺伝子をポリジーンスコアに含めることで予測力を高めることができただろう。

　しかし，私たちがどれだけ多くの遺伝子を特定したとしても，ポリジーンの予測力が限定的である第二の理由は，多様な異なる表現型に関する複数の GWAS 関連

研究のデータに基づくものだからである。これは、今日までに調査された事実上すべての表現型に関する遺伝子単独の予測力は、人間の機能や発達において多くのばらつきがあり、それが説明されないままとなっていることを示している。実際、遺伝科学の大きな難問のひとつは、第12章で議論されているように、遺伝子測定を含まない行動遺伝学研究は多くの表現型の約50%が遺伝性であることを示しているが、ポリジーンスコアによって説明されるその表現型の割合は10%未満だということだ！　この対比は学術文献において「遺伝力の欠損」問題と呼ばれている。双子や養子縁組、その他の家族研究によって、個人差の大部分は遺伝によるものであることが示唆されているにもかかわらず、何百万もの遺伝子変異に基づいたポリジーンスコアの個人差についてほとんど説明できないのはなぜだろうか？

　結局のところ、もしGWASが人生の成功に関するすべての表現型や、私たちが焦点を当てた中間表現型に関して実施され、その結果をポリジーンスコアに反映させることができれば、単に遺伝子だけでは説明できない人間の発達や機能に関する多くの個体差があることは間違いないだろう。言い換えれば、遺伝子情報だけで人生の成功を含む発達のあらゆる側面を予測するには限界があるということは、遺伝子構成とは無関係な非遺伝的要因が多数存在し、それらが人間の発達のあらゆる側面に実質上寄与している可能性が高いということが重要である。すなわち、少なくとも私たちが注目している表現型については、遺伝子が確率論的に影響力をもっていることになる。遺伝子は注目に値するが、遺伝子について知っているだけでは、限られた予測力しか得られない。

できることは何か？

　遺伝の予測力が、人間の機能や発達において観察されるすべての個体差を説明するには限定的で、遺伝子が運命を決定するわけではないと結論づける第一の理由であるならば、先に述べた第二の理由に関してはどうだろうか？　それはシンプルで、第12章で述べたように、遺伝的影響の推定値はすべて集団固有のものであり、調査対象となった時間、場所、人に固有のものであるということだ。これは私たちの調査結果が、1970年代初頭の12カ月の間に生まれ、20世紀の終わりから21世紀初頭にかけて中年期に成長したニュージーランド人に限定されていることを示唆しているように読めるかもしれないが、私たちが言いたいのはそういうことではない。なぜならば、私たちの調査結果がその狭い対象群を超えて一般化すると予想される理由が数多くあるからだ。最も明白なことは、私たちがポリジーンスコアの根拠と

第 13 章　人生の成功は遺伝子によって決定されるか？　　257

した遺伝学に関する先行研究は，ニュージーランドではなく，他の西欧諸国で実施
されたということである。このことは，教育歴やその他の人生の成功を予想するた
めに作成されたポリジーンスコアは，先行研究が実施された時間や場所，また私た
ちの研究が実施された時間や場所に限定されないことを意味する。

　もしそうならば，なぜ遺伝的影響の推定値が集団固有のものであるという事実を
強調することが重要なのだろうか。それは，私たちが知っている世界だけがすべて
ではないからである。だからこそ，遺伝的影響の媒介に関する私たちの知見は非常
に重要である。繰り返し述べてきたように，これらの知見は重要な意味をもち，言
語力や読解力，自己コントロールや対人関係スキルを向上させる非遺伝的な因子が
もしも特定され条件が満たされれば──おそらく遺伝子構成上，人生で成功でき
ないリスクがある人々のリスクを軽減することが可能となり──私たちの研究で
検出された遺伝子の影響が変化する可能性があることを示唆している。実際，その
ような世界では，その影響を大幅に減少させることもできるかもしれない。例えば，
人生の成功に対する遺伝的影響を媒介するものとして私たちが特定した「中間表現
型」スキルを，特に人生で成功できないリスクが高い遺伝子構成をもつ子どもたち
に対して重点的に養成する複数の──効果的な──取り組みが行われている社会
を想像してみよう。これにより，現時点において人生で成功しにくいことが示され
ている遺伝子構成をもつ子どもたちは，人生の大きな成功を経験する可能性がはる
かに高まるかもしれない。そうなると，人生の成功に関する遺伝子の予測力は減少
し，「人生の成功」遺伝子をあまりもたない人たちが，「人生の成功」遺伝子を数多
くもつ人々よりも人生において成功しやすくなる。

　この分析は，遺伝子は運命を決定づけるのに必須ではなく，人間の発達は決定論
的ではなく確率論的であることをあらためて明らかにしている。がんの生物学的経
路が解明されれば，薬理学を介してがん遺伝子の影響を打ち消すことが可能である
かもしれないのと同じように，人生の成功遺伝子をあまり有さない人に対して介入
を行い，認知能力や非認知的能力などを向上させれば，人生の成功に関する遺伝学
的影響を打ち消すことができるかもしれない。

第14章

子どもの不適切養育，遺伝子型，
男性の暴力的行動
Child Maltreatment, Genotype, and Violent Male Behavior

ある結果が単一の原因から生じることはほとんどない。なぜ親は自分のやり方で子育てするのかに焦点を当てた第5章を思い返してほしい。私たちは，子どものころにどのような養育を受けていたのかを知ることで，成人後の親としての養育を予見できることを見出した。しかし，そうだとしても，養育は「複合的に決定される」ものであった。つまり，子育ての世代間伝達が生じているように見えたとしても——私たちの最近の研究によると，この現象は環境的影響を装った遺伝的影響の一例ではない——，子どものころにどのような養育を受けたのかは，将来の親としての養育のすべてを形づくるものではない。子どもの気質や行動，親同士の関係性，職場で経験されるストレスや過労もまた，養育の形成に影響する多くの要因のほんの一部に過ぎない。

これに関して，第7章で紹介した「NICHDによる早期の子どものケアと若者の発達研究」（NICHD Study of Early Child Care and Youth Development: NICHD研究）では，少女の早期の性的成熟が思春期の性的行動と関連すること，さらに少年（特に年上の少年）の存在もまた，性的行動と関連することがわかった。したがって，この2つの要因が同時に生じたとき，つまりダニーデン研究において早熟かつ男女共学の学校に通っていた少女は，13歳時点で行動規範から逸脱し，15歳時点で非行に走る傾向が特に強かった。ただし，同じように身体的に成熟した少女が女子校に通った場合には，そのような早熟による不利な影響は発現しなかった。すなわち，女子校が保護因子として機能し，レジリエンスを促進する一方で，少年がいる学校に通うことは真逆に作用し，少女の問題行動に対する早熟の影響を増幅するのである。本章と第15章では，私たちは遺伝的影響と環境的影響の両方に焦点を当てることで，発達とレジリエンスの多様な決定要因についての研究を拡張していく。そして最も重視すべき点として，それらが人間の発達を形成する過程でどのよ

第 14 章　子どもの不適切養育，遺伝子型，男性の暴力的行動　　259

うに相互作用するかについて，特に本章では反社会的行動，第 15 章では抑うつに
着目する。
　本章では，児童期の経験がその後の人生の形成にどのように作用するかという
テーマを，遺伝学（特に特異的な候補遺伝子）に基づく知見を加えることでさらに
発展させていく。第 12 章で私たちは，候補遺伝子アプローチと，喫煙（第 12 章）
や人生の成功（第 13 章）の遺伝学に関する研究に知見をもたらしたゲノムワイド
関連研究（Genome-Wide Association Studies: GWAS）に由来する多重遺伝子──
あるいはポリジーン──アプローチを区別した。ポリジーン遺伝学アプローチは，
私たちの研究プログラムや人間の発達に関する幅広い分野において，初期の候補
遺伝子研究ののちに登場したものである。第 12 章で述べたように，遺伝的影響の
研究を目的としたこれらの方略をあえて逆の順番で紹介したことには理由がある。
第 12 章と第 13 章では，遺伝子型と表現型の関係を明らかにするために後出のポ
リジーンアプローチを用いているが，それに対して本章と第 15 章では，遺伝と環
境の相互作用（Gene-Environment Interaction: GXE 相互作用）を解明するために，
あるいは発達経験と環境暴露が発達に及ぼす影響に関して，遺伝子変異がどのよう
に影響力をもつかを明らかにするために，前出の候補遺伝子アプローチを用いる。

反社会的行動の決定因

　反社会的行動は，その他の発達と同様に多くの研究がなされ，さまざまな要因の
影響を受けることが知られている。そこで私たちは，成人期における反社会的行動
の発達的起源を調査する冒険において，注目すべき環境的要因および遺伝的要因を
選別するために，この話題に関する先行研究に関心を寄せた。特に発達の形成過程
において，遺伝と環境がどのように相互作用し，協働するかを調べるためには，2
つの異なる分野の文献にあたる必要があった。これは，遺伝と環境のどちらか一方
の影響を調べる際に，もう一方の影響を考慮しなくなる傾向を避けるためである
（すなわち，遺伝の影響に目を向けると環境の影響を否認しやすくなり，逆もまた
然りである）。
　環境的側面において，子どもの不適切養育は反社会的行動の関連因子および予測
因子として確立されている。しかし，このことは不適切養育を受けたすべての子ど
もが反社会的な大人になることを意味しない。第 5 章でも触れたが，実際に，子ど
もの不適切養育に関わる世代間伝達の「連鎖を断つ」上で参考となる文献が存在す

る。そしてそれは，不適切養育の影響に屈しない子どもとそうでない子どもがいる理由を説明するのに役立つ。実際，不適切養育がその後の犯罪リスクを約50%高めたとしても——あくまで確率の上で——，不適切養育を受けた子どものほとんどが非行や犯罪に走らないのは確かである。

　不適切養育下で子どもが皆同じように発達するとは限らないという事実は，ダニーデン研究に登録されたジェームズとアーサー（どちらも仮名）という2人の少年の事例——確率的発達のもうひとつの事例——により，はっきりと思い知らされた。2人はどちらも身体的虐待が最も起きやすい家庭で生まれた。お互いの家庭では，親のアルコール摂取の問題があり，日課と呼べるものがほとんどなく，無秩序で混沌としていた。どちらの家庭でも，親は少年に過酷な扱いをしただけでなく，家庭内暴力を振るった。しかし，養育環境から想定される行動問題を起こしたのは，どういうわけかジェームズだけであった。

　このジェームズとアーサーの事例においても，子どもへの不適切養育の影響について記述された研究論文においても，不適切養育が男性の反社会的行動に及ぼす影響について「矛盾」があることは明白だが，これをどのように説明すればよいだろうか。実際には，私たちは，虐待を受けた子どもの中に反社会的になる子どもとそうならない子どもがいる理由について説明するのに，遺伝学が役立つのではないかと考えた。そして確かに，この可能性こそが，私たちが最初に単一の候補遺伝子を用いたGXE研究に着手するきっかけとなった。これは分子遺伝学の科学的世界への第一歩であり，（双子，親子，養親子といった個人の血縁関係に着目する行動遺伝学的な観点ではなく）実際の遺伝子を測定する試みである。私たちは，人間の発達に関わる新たな冒険に旅立った。ここで候補遺伝子研究とポリジーン遺伝子研究について議論し，両者を区別する上で，第12章で述べたことを繰り返しておこう。すなわち，遺伝子が発達に及ぼす影響を調べた候補遺伝子研究が行われたときのほうが，第12章と第13章で述べたポリジーン遺伝子研究が行われたときよりも，遺伝子の分析コストがはるかに高くついた。したがって，分析して焦点化することが可能な遺伝子の数は限られていた。

　GXE研究の対象となる遺伝子として，私たちは，モノアミン酸化酵素A（*MAOA*）遺伝子のプロモーター領域における機能的多型を選択した。*MAOA*遺伝子はX染色体上に位置する遺伝子であり，男性にはX染色体とY染色体が1本ずつあるが，女性にはX染色体が2本ある。この複合的な要素と，男性が反社会的な行動をとる傾向が強いことを鑑みて，遺伝学的知見に基づく本研究では，男性のみに焦点を当てることとした。機能的には，*MAOA*遺伝子は*MAOA*酵素を

エンコードする。*MAOA* 酵素は，ノルエピネフリン（NE），セロトニン（5-HT），ドーパミン（DA）といった神経伝達物質（神経細胞間で信号を伝達する分子）を脳内で代謝，つまり分解して不活性化する。私たちの目的にとって特に重要なのは，*MAOA* 活性における遺伝的欠損（すなわち，この遺伝子の特定の多型または異型に起因して酵素のレベルが低いこと）が，マウスやヒトにおける攻撃性と関連することが他の研究者によって示されていたことである。実際，私たちが最初の GXE 研究において「候補」遺伝子を選択したのは，まさにこれが理由である。次節で触れているが，既存の研究は，不適切養育を受けても反社会的な大人になる場合とそうならない場合があることを説明する上で，特定の遺伝子が作用するといった「生物学的にもっともらしい」知見を示した。

　MAOA 多型に焦点を当てる根拠を吟味する前に，本章と第 15 章で論じた 2 つの GXE の冒険の中で——私たちが単一の候補遺伝子に着目したことが——2000 年代における研究方法と一致していたことをあらためて整理すべきだろう。全ゲノム GWAS 法はこの 10 年先に登場する。ダニーデン研究チームが測定に基づく遺伝子を最初に使用し始めた時点では，遺伝子型判定はまだ一度にひとつの遺伝子マーカーを手作業で確認する方法で行われていた。ちょうどそのころ，1990 年後半には，候補遺伝子マーカーと精神疾患との関連性を示すいくつかの研究結果が再現されないことが話題となり始めていた。ある研究チームがその成果を声高に発表しても，それに続くチームは同じ結果を得られなかった。このように，特定の遺伝子における個人差が特定の表現型と系統的に関連していることを報告したとしても，その後のいくつかの研究では同様の関係を実証することに失敗したのである。

　私たちは，研究参加者において精神疾患を引き起こす社会的・環境的要因に個人差がある場合に，調査研究間でのこうした不一致が生じる可能性があると考えた。精神疾患が環境的要因（例えば，子どもの不適切養育，ストレスフルなライフイベント，有害物質への暴露など）に起因することは以前から実証されていたが，遺伝子型－表現型の研究において候補遺伝子をテストしようとする初期の性急な試みの中では，この確固たる事実は無視されていた。私たちは，反社会的行動と関連する有力な候補遺伝子として *MAOA* を選択し，研究参加者が不適切養育を受けた場合にのみ，*MAOA* のステータスがリスクとなるか否か，つまり彼らが反社会的になるかどうかを予測できるという仮説を検証した。本研究の目標は，環境を統制した場合，候補遺伝子研究の結果がより再現性のあるものになるかどうかを確かめることであった。この発想は，のちのセロトニントランスポーター遺伝子とライフストレスおよび抑うつに関する研究にも影響を与えた（第 15 章）。

すでに述べたように，第14章と第15章で紹介している研究は，GWASに基づく研究手法——第12章と第13章で述べたポリジーンスコアを用いる方法——がヒトの遺伝的影響を調べるための戦略として用いられるようになるよりも10年早く行われていた。したがって，私たちが紹介するGXEの冒険は少々「時代遅れ」といえるかもしれないが，GWAS研究とともに歩みを進め，人間の発達に関する遺伝学研究がどのように変化してきたか，そして（おそらく）変化し続けるのかを明かすために紙面を割いてきた。第12章で明らかにしたことを要約すると，まず双子や養子を対象とした行動遺伝学的研究が行われ，遺伝子を測定するのではなく，血縁者同士（例えば，親子，きょうだい，養子）がどのように似ているかのみを共通の遺伝子の代わりとした。次に候補遺伝子研究が行われ，その次にGWAS関連の研究が登場した。さらにその次に台頭したのはエピジェネティクスであり，これについては第16章で焦点が当てられている。この先に続くものについてはまだ明らかでない。

反社会的行動の決定因を解明する上で期待された*MAOA*研究の「生物学的にもっともらしい」ことが強調された知見に話を戻すと，げっ歯類，すなわち「動物モデル」を用いた研究において成果が得られた。攻撃性の増加と，脳内のNE，5－HTおよびDAレベルの増加は，*MAOA*「ノックアウト」（微生物学者によりゲノムから遺伝子を無効化することを指す）をエンコードされた遺伝子をもつマウスの生態を特徴づけることがわかった。また重要なことに，このプロセスを逆転すると，攻撃性は低減した。さらに注目すべきは，おそらくヒトの研究でも，攻撃的行動における*MAOA*の関与が示唆されたことである。特に，*MAOA*酵素を産生できないオランダの単一家系における珍しい遺伝的条件の発見は有益な情報をもたらした。これはヒトの場合における「ノックアウト」に相当する。そして，この家系のオランダ人男性は，何世代にもわたって暴力的なことで名が知れていた。これらの発見は，*MAOA*遺伝子の高活性多型よりも低活性多型に起因する酵素のレベルの低さが暴力行為に関与し得ることを示唆した。とはいえ，私たちが不適切養育と*MAOA*に着目したGXE研究を開始したとき，*MAOA*と攻撃的行動との関連は，非常に特異的なオランダ人家系から裏付けられたにもかかわらず，ヒトの研究における決定打にはならなかった。

それでもなお，発達研究を行う私たちは，子どもの不適切養育と*MAOA*がそれぞれ反社会的行動と一貫性のない関係がみられるという2つの観察結果をまとめた。そしてそれは，次のようなGXE仮説の示唆をもたらした。すなわち，**男性が子どものころに不適切養育を受け，かつ*MAOA*遺伝子の特定の多型をもっていた場合，**

暴力的になる可能性が最も高くなる。言い換えれば，不適切養育への暴露と特定の遺伝子型という2つのリスク条件が同時に発生した場合，成人後の暴力行為が最も起こりやすい。ちなみに，これは精神病理学研究において「素因ストレス仮説」として知られている。素因とは，基底的または潜在的な「脆弱性」のことであり，問題を引き起こすリスクを指す。この仮説によれば，問題は特定のストレスが経験されたとき，またはストレスに遭遇したときにのみ発生する。このことから，素因ストレス仮説は，第8章で保育の影響を論じたときに述べたように，よりわかりやすい表現として「二重リスク仮説」とも呼ばれる。

　私たちの研究において関心のある素因は，遺伝子構成，特に *MAOA* 遺伝子の高活性多型よりも低活性多型であり，またストレス因として，成長過程の子どもの不適切養育への暴露に注目した。言い換えれば，両者の条件が満たされないかぎり，成人後の暴力行為は発生しないものと考えていた。なぜなら，潜在的な脆弱性や素因が誘発されたり，顕在化したりすることがないからである。これは「2つの要因が同時に存在する状況が必要」ということであり，ストレスや素因のどちらか一方の条件だけでは，それらが（暴力的な）機能を果たすには不十分である。どちらも必須条件なのだ。

遺伝子変異

　第12章で明確にしたように，ヒトがもつ遺伝子は，私たちがどこに住んでいようと，どんな人種・民族であろうと，誰においてもほとんど同じである。だから，私たちは皆一様に，2つの目，2つの腕，2つの足，2つの肺，1つの心臓などをもつ。しかし，遺伝子のうち，わずかな割合（約5%）は個体間で異なっており，本章の序盤で述べたとおり，これは遺伝子多型と呼ばれている。*MAOA* の場合，これらの多型は，*MAOA* 酵素が遺伝子に依拠して発現する程度に応じ，低活性と高活性に識別され，それぞれ先述の神経伝達物質を少量または多量に分解する。制限された *MAOA* 酵素活性として表現される低分子型をもつ個体は，脅威に対する反応性が高く，危険を感じたときに敵対的な方法で反応する傾向がある。また，*MAOA* 活性が高い場合はその逆になると推定される。したがって，男性の研究参加者が成長過程において不適切養育を受け，**さらに** *MAOA* の低活性多型をもつ場合，反社会的な大人になる可能性が最も高くなると私たちは予想した。

不適切養育を測定する

　幸運なことに，ダニーデン研究に参加した子どもの大半は不適切養育を受けなかったが，一部の子どもはそれを経験した。初期の 10 年間（3 歳から 11 歳）での不適切養育のエビデンスは，研究参加者の幼少期における行動観察や親の報告，および成人後の研究参加者自身による回顧的報告を用いて確認された。私たちは，長年にわたって収集した複数の情報源に基づいて，どの研究参加者が成長過程で不適切養育を経験したのかを判断した。不適切養育のステータスを決定するために最初に用いた測定方法について考えてみよう。

　第 2 章，第 3 章，第 5 章で報告したように，母子間の相互作用は 3 歳児時点のアセスメントで観察された。これには，母親が一貫して否定的な感情をもっている，子どもに厳しく接している，子どもを粗末に扱っている，子どもを助ける努力をしていないなど，特定の問題のある養育行動にどの程度関わっているかを評価することが含まれていた。全部で 8 つの評価があり，母親がそのような行動に 2 つ以上合致している場合，それらは拒絶として分類され，16％がこの基準を満たしていた。

　母親は，子どもが 7 歳と 9 歳のときに，子どもを殴ったり何かで叩いたりするなど，10 種類の厳しいしつけをしているかどうかをチェックリストに記入した。思い起こせば，1970 年代には，体罰は現在よりも広く行われており，少なくとも英語圏では，そのような子育てをしていたと報告することに抵抗がなかった。そのため，親たちはたいてい，このような子育ての実践を進んで報告していた。それにもかかわらず，私たちが運用を開始したときの過酷な子育ては，その時代と文化においても異常に過酷な子育てを反映していた。第 5 章では「叩いて何が悪いのか」「私の両親はそうやって私を育てたが，私は大丈夫だった」などと言って，虐待をする親がそのような行為を正当化することが多いことについて言及した。また，しつけの厳しさを測る尺度の上位 10％に入る親は，非常に厳しいと分類された。

　家族崩壊の経験もまた反社会的行動と関連していることから，10 歳までに 2 回以上の主たる養育者の変化を経験した 6％の研究参加者は，崩壊的な養育者の変化を経験したものとして分類された。また，研究参加者に対して 26 歳の時点で被害を受けていたかどうかについて聞き取り調査を行ったところ，3％が 11 歳までに打撲やけがが続くような激しい体罰（例えば，革ひもで叩いて傷を残す，電気コードで鞭打つなど）を複数回受けたと報告しており，彼らは身体的虐待を受けていた

と分類された。望まない性的接触の有無についても，26歳時点において性と生殖に関する健康（reproductive health）を扱った別のインタビューにより遡って評価した。研究参加者の5％は，11歳以前に自分の性器を触られた，他人の性器を強制的に触らせられた，性交を試みた，または遂行したと報告したため，性的虐待を受けたと分類された（全体の5％）。

　このような虐待関連情報をすべて把握し，私たちは10歳までに不適切養育を受けた経験数をカウントすることによって，それぞれの子どもの累積暴露指数を算出した。したがって，拒絶されたと判断されたり，非常に厳しいしつけを経験したと考えられたり，主たる養育者が2回以上変わったことが判明したり，身体的または性的虐待を経験したと考えられる子どもは，その該当数が多ければ多いほど，不適切養育の被害者であると判断される可能性が高くなる。結果として，研究参加者の約2/3は不適切養育を経験しておらず，1/4強は不適切養育の兆候が1回しかなく，10％弱は不適切養育に関連した経験が2回以上あったことがわかった。私たちは，第1群を「適切な養育を受けた」，第2群を「不適切養育の可能性がある」，第3群を「重度の不適切養育を受けた」と分類した。

遺伝と環境の相互作用を検証する

　子どものころに不適切養育を受けたことと，*MAOA* 多型がどのように相互作用して反社会的行動を予測するかについて，私たちは素因ストレス仮説または二重リスク仮説を検証することになった。私たちの調査には，多くの先行研究と比較して3つの重要なアドバンテージがあった。第一に，臨床サンプルや特定のサンプル（例えば，粗暴犯で有罪判決を受けた犯罪者）を対象とした遺伝学的研究とは対照的に，代表的な一般集団を対象とした研究を行っていた。これにより，後ろ向き研究ではなく前向き研究の有用性を検討する際，第1章で議論したように，「特別な」サンプルが調査の焦点となっている場合に生じうる，予測変数とアウトカム変数との関連における潜在的な偏りを回避することが可能となった。第二に，すでに述べたように，私たちのサンプルには，研究参加者の環境－逆境の経歴がよく特徴づけられた3歳から11歳までの幼少期に関する詳細な情報があり，その大部分は前向き研究の目的で収集されたものである。重要な側面として，3つの不適切養育グループの遺伝子構成に違いがなかったことに注目しよう。もしそうであれば，これは解釈上の問題を提起することになるだろう。なぜなら，子どもの遺伝子構成が不

適切養育を受けやすくさせるという状況を扱うことになりかねないからである。上記のような状況では，遺伝子－環境相関が誤って GXE 相互作用と解釈される危険性がある。

　本研究の第三の大きな強みは，私たちが予測しようとしていたアウトカムに関連している。反社会的行動は，異なる発達期間にわたって厳密に測定された。実際には，反社会的行動は複雑な表現型であり，それを測定するために使用されるさまざまなアプローチは，異なる強みと弱みをもっている。したがって，各研究参加者が反社会的行動をどの程度行ってきたかを評価する際には，4 つの異なる測定法を用いた。青年期では，研究参加者が 11 歳，13 歳，15 歳，および 18 歳時点において，トレーニングを受けた評価者が実施する標準化された臨床面接に基づく素行障害の正式な精神医学的診断を用いた。研究参加者は，それらの年齢のいずれかで正式な精神医学的診断を受けていた場合，素行障害とみなされた。凶悪犯罪の前科を評価する際には，オーストラリアとニュージーランドの警察の協力を得て入手した裁判所の記録をたどった。研究参加者の男性のうち 11％は，26 歳までに一般的暴行，凶器による傷害の意図をもった加重暴行，家庭内暴力，過失致死，強姦などの凶悪犯罪で有罪判決を受けており，合計 174 件の有罪判決を受けていた。26 歳の時点で研究参加者が記入した，暴力に関連する項目を含む標準的なパーソナリティ検査を用いて，暴力に対する傾向の指標を作成した。代表的な項目は「怒ったときにはいつでも誰かを殴れる」「私はときどき誰かを物理的に傷つけることを楽しむことがある」であった。最後に，研究参加者の 26 歳時点での暴力行為に関して，友人や親戚からの情報を取得し，研究参加者をよく知っている情報提供者に「怒りのコントロールに問題がある」「自分の問題を他人のせいにする」「悪いことをしても罪悪感を示さない」「善良な市民（ではない）」などの 7 つの基本的な症状について質問した。

　研究参加者の暴行に対する性向に関わる 4 つの情報すべてが実質的に関連していることが統計的に判明したことから，彼らが同じ基本的な性質を利用していることが明らかになった。私たちは，いわば細分型の学者というより併合型の学者であるため，反社会的行動の複合指標を作成することになった。この要約された指標は，研究参加者が青年期の素行障害の診断基準を満たしていたかどうか，暴行の有罪判決を受けていたかどうか，自己報告による暴力的傾向のスコアがサンプルの上位 1/4 であったかどうか，および情報提供者が報告した反社会的パーソナリティ障害の症状がサンプルの上位 1/4 に入っていたかどうかを反映していた。

　統計解析の結果，GXE 仮説を強く支持する結果が得られた。実際，反社会的行

動の複合指標に着目した場合でも，当初まとめていた4つの構成要素のそれぞれに着目した場合でも，同様の結果が得られた。図14.1および図14.2が示すように，研究参加者が幼少期に不適切養育を受けていたことが確実であるほど反社会的行動は大きくなるが（つまり，重度＞可能性＞なし），この不適切養育の用量反応関係は，私たちの研究に情報をもたらした素因・ストレスや二重リスク仮説の考えが予測したように，高活性型よりも低活性型の MAOA 遺伝子多型をもつ者において特に顕著であることが明らかになった。実際，どのように反社会的行動を測定しても，最も問題のある機能を生じさせたのは，低活性 MAOA 遺伝子多型と，おそら

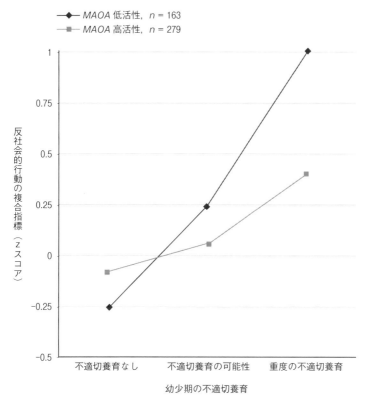

図14.1. 反社会的行動の平均レベルにおける幼少期の不適切養育と MAOA 遺伝子型の相互作用。以下より改変。Caspi, A., McClay, J., Moffitt, T.E., Mill, J., Martin, J., Craig, I.W., Taylor, A., & Poulton, R. (2002). Role of genotype in the cycle of violence in maltreated children. *Science, 297*, 851–854, Figure 1. AAAS より許可を得て転載。

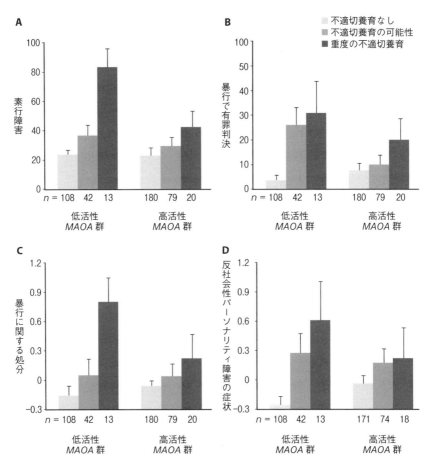

図14.2. 反社会的行動のタイプ別にみた幼少期の不適切養育と *MAOA* 遺伝子多型の相互作用。Caspi, A., McClay, J., Moffitt, T.E., Mill, J., Martin, J., Craig, I.W., Taylor, A., & Poulton, R. (2002). Role of genotype in the cycle of violence in maltreated children. *Science, 297*, 851–854, figure 2A and B. AAASより許可を得て転載。

く（特に過酷で重度の）不適切養育への暴露の**組み合わせ**であった。

結論

　GXE の相互作用を証明することに加えて，発達の確率的な性質をもう一度取り上げて——不適切養育を受けたすべての少年が反社会的な人間に成長したわけではないため——，遺伝と環境を同時に研究する，私たちの発達の冒険から得られた 2 つの追加の知見を明らかにする必要がある。第一に，幼少期に不適切な養育を受け，低活性 *MAOA* 多型をもつ男性にとって特に問題があることが証明されたとしても，子どものころの不適切養育への暴露が反社会的行動のレベルの高さを予測したことは，遺伝的な背景に関係なく事実であった。繰り返しになるが，すべての不適切養育を受けた子どもが反社会的な若者に成長するわけではない。しかし，注目すべきことに（2 番目に考慮すべき追加の知見として），不適切養育の一般的な影響は遺伝子構成には当てはまらなかった。そのため，研究参加者の *MAOA* が低活性体か高活性体かを知っているだけでは，暴力行為の観点から男性を識別することはできなかった。このように，研究参加者の男性が反社会的な行動をとりやすいのは，主に特定の養育歴と特定の遺伝子型の**併存**によるものであった。

　したがって，低活性 *MAOA* 多型を有し，特に重度の不適切養育の両方に暴露された人々において，反社会的および暴力的な行動のリスクを**増幅する**可能性が考えられる。実際，低活性 *MAOA* 遺伝子型と不適切養育の組み合わせをもつ個人は，男性出生コホートの 12% を占めるにすぎないにもかかわらず，その集団の暴行の有罪判決の約半分（44%）を占めていた。言い換えれば，こうした「二重のリスク」を経験した男性は，他の研究参加者と比較して強姦，強盗，暴行の割合が 4 倍になっていた。さらに，重度の不適切養育を受けた低活性 *MAOA* 遺伝子型をもつコホート男性の 85% が，何らかの形で反社会的行動を起こしていた（図 14.2 にグラフ化した 4 つの結果を示した）。

　不適切養育の経験が反社会的行動に発展する原因とそのメカニズムを説明するために，数多くの生物学的および心理学的プロセスが提案されてきた。その中でも特に，ホルモン，脳の構造とプロセス，脅威に対する感受性，攻撃的，非行，暴力傾向のある他者と一緒に過ごす傾向などが強調されている。しかし，これらのプロセスのいずれかが，幼少期の不適切養育からのちの犯罪行為に至ることを説明できるという決定的なエビデンスはない。今までよく理解されてきたように，一部の若者

はそのような結果に至るが，他の者はそうではない。私たちの研究は，不適切養育を受けた子どもたちの間に遺伝的な違いがあるかもしれないことを示した（ダニーデン研究でもそうであった）。

遺伝学を含む生物学は運命ではないという点を浮き彫りにするために，「リスク」遺伝子——低活性 MAOA の多型——をもっていても，不適切養育を受けていない研究参加者は，リスクの低い遺伝子多型のある者と比べて，暴力行為や反社会的行動に至る可能性は低いということを強調しなければならない。実際，図 14.1 と図 14.2 の左端をよく見てみると，高リスク・低活性の遺伝子多型をもつ者は，低リスク・高活性の遺伝子多型をもつ者のほうよりも，不適切養育を受けていない場合の反社会的アウトカムのスコアが低いことを示している。私たちが強調しているわずかな違いを踏まえると，この観察に多くの意味を吹き込むのは間違いだろう。それにもかかわらず，この知見は，GXE 相互作用に関する多くの研究に生産的な情報を与えてきた，一般的な素因ストレスモデルまたはや二重リスクモデルに代わるものという見方を強めた。

私たちが向かう先を確認するために，図 14.1 と図 14.2 を再度検討し，子どもの不適切養育の有無という形で問題のある子育てについて焦点を当てるだけでなく，とりわけ支持的な子育てにも焦点を当てていたら，データはどのような結果を示すのだろうかと自問してみよう。実際，各図の横軸が縦軸の左方向に伸びているとすると，この横軸に沿って左に行くほど，よりポジティブで支持的な子育てとみなすことができる。したがって，横軸の左端は，特に感受性が高く，支持的で，養育的な子育てであり，右端は重度の不適切養育を示す。このような数字の再調整を踏まえて，低活性 MAOA 群と高活性 MAOA 群のグラフ化された線型を下方向と左方向にプロットし続ける——または拡張する。そうするとどうなるか？ 環境の逆境だけに注目しても決して明らかにできないことである。すなわち，遺伝的な素因（つまり低活性群）ゆえ不適切養育の悪影響を最も受けやすいし，さらに，ポジティブな子育てによって最も恩恵を受ける者でもあり，反社会的行動は最も示さなくなる。もし，私たちが示唆するような，この思考実験が行われたとしたら，それは素因ストレス仮説と二重リスク仮説に基づく思考が GXE 相互作用の半分しか説明しておらず，誤解を生む可能性さえあることを意味するだろう。

ある個体は逆境に対してより脆弱であるというだけでなく，子育てや他の環境的要因に「良くも悪くも」影響をより受けやすい，言い換えれば，彼らは環境の負の影響と正の影響の両方に対してより影響を受けやすいのである。総括すると，私たちの思考実験では，低活性 MAOA をもつ者が重度の不適切養育を受けた場合，最

も反社会的な行動を示すが，特によい養育を受けた場合には反社会的行動は最も小さくなるという結論に達した。GXE および個人と環境の相互作用について，この可能性を強調する新しい考え方があることがわかってきた。ウェルビーイング（幸福）を損なうことが予期される環境の影響，**および**ウェルビーイングを育むと思われる環境の影響を，他の子どもよりも受けやすい子どもがいることから，この考え方は「差次感受性」と呼ばれる。

　ジェイ・ベルスキー（Jay Belsky）は，子どもは環境の影響を受けやすいという考えを提唱した。小児科医で公衆衛生学の研究者でもある W・トーマス・ボイス（W. Thomas Boyce）は，2019 年の著書 *"The Orchid and the Dandelion"*（ランとタンポポ）の中でこの概念を詳細に検討している。タイトルは 2 つのタイプの子どもを指している。ランの子どもたちは非常に感受性が高いと考えられているため，発達経験（例えば，支持的および非支持的な子育て）および環境暴露（例えば，貧困および裕福）の影響を非常に強く受ける。ランのように，よく世話をすればよく育つが，そうでなければ枯れてしまう。タンポポの子どもたちはその逆で，発達および成育上の経験に多かれ少なかれ鈍感で，全く影響を受けていないとさえいえる。私たちは，類型的アプローチを歓迎しない。なぜなら，すべての子どもをこの 2 種類のうちの 1 つに分類することは危険だからである。図 14.1 と図 14.2 は，環境の影響や発達の可塑性に対する脆弱性の勾配や連続性を認識する上で，より緻密な見方を与える。簡単に言えば，非常に感受性の高い子どももいれば，そうではない子どももいて，まったく感受性がない子どももいるということだ。私たちは，問題のある子育てにのみ焦点を当て，支持的な子育てには焦点を当てずに調査研究をデザインしたため，感受性に連続的な差異があるとする差次感受性の枠組みが，研究参加者に適用可能かどうかは定かではない。しかし，私たちは発達について多くの人が考えるのとは異なる考え方があることを読者に強調したい――実際に，私たち自身が GXE 相互作用を調査する冒険に出たときもそうであった。具体的には，このような研究に参加した子どもたちが，その遺伝子構成（気質のような他の要因であっても）が原因で，逆境に直面したときにまったくうまくいかないことが判明した場合，支持的または豊かな養育環境に置かれたならば，最もよく発達する可能性があることを考慮してみてほしい。

　この章を締めくくるにあたり，GXE 研究の限界についてもうひとつ考察しよう。遺伝学に関するこれまでの研究――第 12 章と第 13 章で紹介した喫煙および人生の成功の遺伝学――とは異なり，第 15 章の抑うつに関する研究のように，子どもの不適切養育が及ぼす影響の差異を調べる研究では，単一の「候補」遺伝子に焦点

が当てられた。私たちが指摘したように，*MAOA* 多型を選択したのは，*MAOA* が環境的暴露と相互作用して成人後の反社会的行動を予測することが，生物学的に妥当であることを示した動物およびヒトのエビデンスに基づいたからである。しかし，私たちが選択したこの多型が，不適切養育と相互作用を生じてウェルビーイングを損なう可能性のある唯一の多型であることを示唆しているとは受け取らないでほしい。第 12 章で述べたように，ほとんどの表現型は無数の遺伝子の影響を受けており，それぞれの遺伝子はわずかな影響しか及ぼさないことを考えると，おそらく真実からかけ離れたものはないだろう。したがって，今後の課題は，おそらく GWAS 研究に基づいて，反社会的行動に関連する複数の遺伝子を組み込んで派生したポリジーンスコアが不適切養育と相互作用し，反社会的行動を予測するかどうかを明らかにすることである──私たちが *MAOA* の作用を発見したように。

第
15
章

ライフストレス，遺伝子型と　若年者の抑うつ

Life Stress, Genotype, and Depression in Young Adulthood

　つ病は，感じ方や考え方，行動に悪影響を与える重大な病気であると一般的に知られている。だが，幸いにも治療もできる病気である。抑うつは悲しい気持ちにさせ，喜びを感じることができないような感覚を引き起こす。感情的にも身体的にさまざまな問題を引き起こし，仕事や家庭における機能を低下させる。抑うつ症状には，軽度のものから重度のものまである。それらは，以下のものが１つ，あるいは複数含まれている。悲しい気持ちがする，あるいは気分が落ち込んでいる，物事への興味がなくなる，あるいは以前のように活動を楽しめない。食欲が減る，あるいは増える，またはダイエットしているわけでもないのに体重が減る，あるいは増える。寝つけない，あるいは目が覚めてしまう，よく眠れない。元気がない，あるいは疲労がたまった感じがする。身振りや足踏みのような，目的のない非機能的な身体的行動が増える，あるいは動きや話すことが遅くなったりする。無価値，あるいは罪悪感を感じる。考えること，集中すること，あるいは意思決定が難しい。死について考えるなどの自殺念慮がある。

　悲しいことだが，うつ病は蔓延している。米国では 2015 年に約 1600 万人の成人（米国の成人人口の約 7%）が，過去 1 年間に大うつ病エピソードを経験していた。米国精神医学会は大うつ病エピソードを「2 週間以上，抑うつ気分，または興味や喜びの喪失があり，少なくとも以下の 4 つの症状が病前の機能から変化している（睡眠，食事，活力，集中力，自己イメージにおける問題）」と定義している。さらに，その症状は，臨床的に意味のある苦痛，または社会的，職業的，あるいはその他の重要な領域における機能の障害を伴うエピソードでなければならない。大うつ病性障害は，何らかの精神疾患や行動障害を合併させ，米国人の人生から多くの時間を奪ってきた。それはまた，高いコストを払うものでもある。1999 年から2012 年にかけて，米国人の抗うつ薬服用率は推定 6.8% から 12% に上昇した。世

界のうつ病治療薬の市場は 2020 年までに 160 億ドル以上の価値があると予測されている。その中には大麻やアルコール，その他の処方箋なしで購入できるものなどのセルフメディケーションは含まれていない。

うつ病の有病率やそのつらさを考えると，うつ病の治療だけでなく，原因を特定するために多大な努力がなされてきたことは当然のことである。この章では，第14 章で述べたように，遺伝と環境の相互作用（Gene-Environment Interaction: GXE 相互作用）の観点から，原因を特定するための科学的な冒険について考察する。幼少期や思春期の経験がのちの発達に影響するといった私たちの関心から注目すべき修正をして，この章では成人期の経験，特にネガティブあるいはストレスフルなライフイベントに焦点を当てる。このような経験がさまざまな形で起こり，抑うつを引き起こす役割を担っていることはよく知られている。雇用に関していえば，事業の失敗，解雇により仕事を失うなどの出来事である。経済的な面でいえば，投資がうまくいかない，請求に対して支払うための十分な資金がなく，借金を背負うことがある。社会に関することでは，親密な関係が崩れることや愛する人の死を経験することなどである。家に関する出来事も同様に抑うつを引き起こすことにつながる。例えば，家が全焼したり，何か別の理由でホームレスになることがあるかもしれない。それから，がんや末期のあるいは深刻な衰弱状態と診断されるなどの健康に関するネガティブな出来事もある。

しかし，ネガティブなライフイベントが抑うつを予測する力は，第 14 章で学んだような幼少期の不適切養育が男性の暴力的な行動に及ぼす影響と似ていることがわかった。深刻なライフイベントが抑うつに及ぼす影響に関する知見は一貫していないだけでなく，同じ逆境に対して，誰もが同じ反応を示すわけではないことがわかっている。繰り返しになるが，私たちは決定論的な効果ではなく，確率論的な効果を扱っている。この見解は，シャーロットとオリヴィアという 26 歳の若い 2 人の女性が，ダニーデン研究のインタビューで，自分たちの対人関係について話しているときのことを思い出させる。2 人は最近恋人と別れたが，2 人とも別れようとして別れたのではなく，振られたという。2 人とも，恋人と何年も関係が続いていたため，将来もしかしたら結婚するかもしれないと信じていた。しかし，シャーロットは振られたことによって，精神的に打ちのめされてしまった。ダニーデン研究に参加した 26 歳全員に行った標準的な精神医学的面接において，シャーロットは大うつ病性障害の基準を満たしていた。だが，同じように振られたオリヴィアはそのストレス要因から立ち直ることができることを証明した。彼女は恋人と別れてしまったことで明らかに落ち込んではいたが，失望してはいなかった。シャーロット

は自分のことを愛してくれる他の男性を見つけられず，残りの人生を一人で過ごすことになると思っていたようだが，オリヴィアはそう思っていなかった。実際，オリヴィアはむしろ楽観的で，「海にはたくさんの魚がいるもの」とコメントしていた。

このようなことから，深刻でネガティブなライフイベントが抑うつの「危険因子」であることは明らかである。この「危険因子」という用語は，重要性を伝えてはいるが，因果関係の観点から考える際にはあまりにも誤解されている。では，第8章や第14章で強調されていたことを見てみよう。親密な関係性がなくなるような出来事は，抑うつになる確率を高めるが，抑うつになると決まっているわけではない。実際に，そのようなリスクは通常，いくつかのリスク状況が同時に発生したときに実現すると理解されている。例えば，終わりを望んでいない関係性がなくなることが抑うつを引き起こす可能性は，他の深刻なライフイベント（仕事を失う，愛する人の死など）が重なったときに高くなる。

しかし，第14章でも紹介した精神病理学の素因ストレス（あるいは，二重リスク）モデルに基づいて，深刻なライフイベントの蓄積だけでなく，遺伝子構成の違いにより，逆境に屈する人とそうでない人がいるという可能性をあらためて調査した。繰り返しになるが，言い換えれば，遺伝子型は素因であり，多くのネガティブなライフイベントに直面したときに抑うつになりやすいという脆弱性を作り出している。しかし，そのような逆境がなければ，その脆弱性によって抑うつにならないだろうし，少なくとも可能性は低くなるだろう。さらに言えば，抑うつを引き起こすのはネガティブなライフイベントという形での逆境とある遺伝子構成の「2つの要因が同時に存在する状況が必要」との仮説を立てた。別の表現で言えば，これらの一貫性のない抑うつとネガティブなライフイベントの相関関係のそれぞれが，GXE 研究を進める冒険の手がかりとなっている。

どの遺伝子型に焦点を当てるか？

第14章では，GXE 相互作用に関する初期の研究で *MAOA* 多型に焦点を当てた。その理由は，*MAOA* 多型が暴力的な行動と関連しているという理論とエビデンスがあったからである。ゲノムワイド関連研究（Genome-Wide Association Studies: GWAS）に基づくポリジーンスコアが主流となる前だった（第12章で詳細に説明している）2000 年代に，このような相互作用を調査する候補遺伝子アプローチを

行った際，*MAOA* は若年者の抑うつの原因解明には適切な候補遺伝子ではなかった。代わりに，別の多型であるセロトニントランスポーター（*5-HTTLPR*）に焦点を当てた。セロトニントランスポーターは，ショート（s）とロング（l）と呼ばれる2つのバージョンがある。私たちは，両親からそのような対立遺伝子の多型をそれぞれ引き継いでいる。その結果，*HTTLPR* は ss，ll，sl といういずれかのパターンになる。同じ対立遺伝子の多型が両親から引き継がれる場合（ll または ss），「ホモ接合型」と呼ばれる。一方で，それぞれの多型を1つずつ引き継ぐ場合（sl）には，「ヘテロ接合型」と呼ばれる。

　抑うつの原因に関する研究で，*5-HTTLPR* に遺伝学的な焦点を当てたのには2つの理由がある。1つは，その機能性が証明されていることである。もう1つは，ストレスに対する反応を調節する（つまり，緩和する）ことを示している研究があることである。細胞レベルにおける機能としては，ショート対立遺伝子は，脳の2つのニューロンをつなぐシナプスからの神経伝達物資であるセロトニンの「取り込み」の減少と関連している。それに対し，ロング対立遺伝子はセロトニンの「取り込み」の増加と関連している。言い換えれば，2種類の対立遺伝子は，神経伝達物質が脳のシナプスに残る時間の長さに，異なる影響を与えているということである。神経伝達物質がシナプスに残る時間が長くなるほど，セロトニンの沈静効果は大きくなると考えられている。このことは，ショート対立遺伝子をもつ人（特に2つのショート対立遺伝子をもつ人）はセロトニンの沈静効果の恩恵を受けにくくなるため，うつ病のリスクが高くなることを示唆していると考えられる。

　セロトニントランスポーター多型の違いが抑うつに関連すると信じているのには，憶測を超えた経験的なエビデンスがある。実際，ショート対立遺伝子を直接抑うつと結びつける以前に引用された一貫性のないエビデンスを補完するように，セロトニントランスポーターの違いとストレスとの相互作用が抑うつに似た行動や抑うつと関連した生理学的な反応を引き起こすことが繰り返し示されている。このことに関して，まずは動物実験を考察してみよう。1つあるいは2つのショート対立遺伝子をもつマウスは，2つのロング対立遺伝子をもつマウスよりも，ストレスを受けるとより多くの恐怖行動を示し，ストレスホルモンの増加も大きくなる。しかし，ストレスがないときでは，遺伝子型の違いによる感情的機能と生理的機能の違いは現れない。次に，高い社会性をもつサル（アカゲザル）の研究を考察してみよう。社会的に隔離されたストレスの多い状況下では，ショート対立遺伝子をもつ個体は，ロング対立遺伝子（ホモ接合型）をもつ個体と比べて，セロトニン活性の低下が見られた。しかし，他のサルと一緒に飼育されて成長した場合には，遺伝子的

に異なるサルの間で、このような神経伝達物質の違いは見られなかった。最後に、ヒトについて考察してみよう。ヒトは、1つまたは2つのショート対立遺伝子をもっていると、ロング対立遺伝子を2つもっているヒトよりもストレスに反応する脳の部位（扁桃体）において、より活発にニューロン活動を示すことが神経画像研究で示されている。行動や生理的機能の違いは遺伝子の差異の結果として現れているが、すべての場合において**ストレスの多い条件下のみ**で生じている。これこそが、GXE 相互作用のエビデンスである。

　抑うつの原因を調査する冒険を始めた当時に得られたエビデンスから、私たちは 5-HTTLPR の違いがストレスフルな経験に対する精神病理的反応を緩和するのではないかと考えていた。そこで、私たちは具体的に以下の仮説を立てた。**2つのショート対立遺伝子をもつ人**（ショート対立遺伝子ホモ接合型：ss キャリア）**は、多くのストレスフルなライフイベントを経験するとうつ病、あるいは抑うつの症状を示す可能性が最も高くなる。**そして、これはまた、1つのショート対立遺伝子をもつ人（ヘテロ接合型：sl キャリア）とショート遺伝子をもたない人（ロング対立遺伝子ホモ接合型：ll キャリア）との間で比較しても同じようになるだろう。すでに引用した研究と一致して、研究参加者がネガティブなライフイベントを経験していない場合、抑うつの点ではショート対立遺伝子をもつ人とロング対立遺伝子をもつ人との間に差はないだろうと、さらに予想した。言い換えれば、ネガティブなライフイベントが増えるにつれ——例えば、まったくネガティブなライフイベントがない状態から、1回、2回、3回、4回、それ以上……と増える、など—— ss, sl, ll キャリアの間の抑うつの違いがますます明らかになると思われる。特にストレスの大きい状況下では、ss キャリアは ll キャリアよりも大きい精神病理を示すだろう。

遺伝と環境の相互作用を検証する

　私たちの仮説を検証するために、以前に取得した研究参加者の遺伝子型と、データ・パントリーにある収集済みのネガティブなライフイベントや抑うつに関する情報にアクセスした。ネガティブなライフイベントへの暴露や経験を評価するために、私たちが開発したライフヒストリーカレンダーと呼ばれる方法を用いた。これは、私たちが最後に研究参加者に会って以降、彼らの人生に何が起こったのかを年ごとや月ごとに記し、振り返るものである。これは、単に「これがあったか」「あれがあったか」「ある期間に何か問題が起こったか」と尋ねるだけの質問よりも、はる

かに正確に人生経験についての情報を収集できる方法であると証明されている。研究参加者が 26 歳になったときに，21 歳から 26 歳までの過去 5 年間のライフヒストリーカレンダーを作成し管理した。

　報告や記録されたものの中から，私たちはネガティブもしくはストレスフルなライフイベントを抽出した。例えば，雇用問題（長期の失業，リストラにあった，会社の移転で職を失った，解雇された），経済問題（差し押さえられた，食費や住宅費用が足りない，医療費を払えない，請求書の支払いができないなどの借金の問題），住宅問題（ホームレスやたび重なる転居），健康問題（1 カ月以上続く身体疾患やけがなど），人間関係の問題（身体的な暴力を受ける関係や同棲関係の解消など）である。全体で，5 年間で研究参加者の 30% がストレスの多いライフイベントを経験しておらず，25% は 1 つ，20% が 2 つ，11% が 3 つ，15% が 4 つ以上のネガティブなライフイベントを経験したと報告していた。

　抑うつの評価に関しては，研究参加者が 26 歳時に，（それを知っていることによってバイアスがかからないように）ライフイベントの情報収集に関与していない人が標準的な精神医学的面接を用いて評価した。面接では，過去 12 カ月間に経験した抑うつ気分について焦点が当てられた。すでに定義されている，大うつ病エピソードの正式な精神医学的診断と同様に，抑うつ症状（例：眠れない，いつも心配している）の数を測定した。全体で，研究参加者の 17%（女性 58%，男性 42%）が大うつ病エピソードの基準を満たしていた。この割合は米国の同年齢・同性のうつ病の割合と同程度であった。

　大うつ病性障害の診断結果に関する GXE 仮説の検証だけでなく，抑うつ症状の数についても検証した。自殺念慮に関しては，研究参加者の約 3% が抑うつエピソードに関連した自殺企図または反復的な自殺念慮があったと報告した。最後に，26 歳時に，研究参加者をよく知る人たちに対し，郵送したアンケートを通じて，以下の 4 つの症状について評価をしてもらった。①「憂鬱だ，惨めだ，悲しい，不幸だと感じている」，②「誰からも愛されていないと感じている」，③「寂しそうだ」，④「自殺について話す」。このようにして，抑うつ症状の数，大うつ病性障害の診断，自殺念慮や自殺企図について，友人や家族による抑うつの評価の 4 つの指標を得られた。

　これらのデータが手に入ったため，GXE 仮説を検証する準備はほぼ整った。だが，その前に，ネガティブなライフイベントが多い研究参加者とそうでない参加者とで，遺伝型で異なるかどうかを判断する必要があった。例えば，ショート対立遺伝子をもつ人が他の遺伝型をもつ人より多くのネガティブライフイベントを経験していた

第 15 章　ライフストレス，遺伝子型と若年者の抑うつ　　279

場合，第 14 章で言及した遺伝子と環境の相関関係の可能性，つまり選択効果の可能性が高くなってしまうからだ。実際，ショート対立遺伝子をもつ・もたないにかかわらず，ネガティブなライフイベントの経験に違いがあると GXE 相互作用を進めることはできないが，幸いにもそのようなことはなかった。遺伝子型は環境とは独立していたため，*5-HTTLPR* の遺伝子型でネガティブなライフイベントの経験の数に違いが出ることはなかった。

　私たちの仮説を直接検証した最初のステップで，仮説を支持する結果が得られた。ネガティブなライフイベントへの暴露は，ロング対立遺伝子のホモ接合体（ll）よりも，ショート対立遺伝子をもつ遺伝型（ss,sl）が多くの抑うつ症状を経験することをより強く予測した。これは，21 歳時点の抑うつ症状の影響を考慮した――つまり，統計的に割り引いた――場合でも同じであった。後者の結果は，26 歳時点の抑うつ症状は，以前の抑うつに関係なく，GXE 相互作用が予測することを意味していた。実際に，ショート対立遺伝子をもつ人では，ストレスフルなライフイベントが多いことは 21 歳から 26 歳にかけて抑うつ症状が**増加**することを予測した。図 15.1A が示すように，ネガティブなライフイベントを多く経験することは，逆境に対し脆弱な ss ホモ接合体では抑うつ症状の増加と最も強く関連しており，逆境に直面してもレジリエンスがある ll ホモ接合体では関連が最も少なく，sl ヘテロ接合体はその中間に位置していた。より多くのショート対立遺伝子（s）をもつ人が，ネガティブなイベントによる多くの悪影響を受けていることは明白である。

　また，注目すべきは大うつ病エピソードのリスク（図 15.1B），自殺企図もしくは自殺念慮（図 15.1C），研究参加者をよく知る人による抑うつ症状（図 15.1D）など，異なる測定方法で検討した場合でも，同じパターンの結果が得られたことである。すべてのケースで，ショート対立遺伝子をもつ人，特に ss ホモ接合体をもつ人は，ll ホモ接合体よりもネガティブなライフイベントの影響を受けやすいことがわかった。また，ストレスの多いライフイベントをまったく報告していない，あるいはほとんど報告していない場合には抑うつの発現に遺伝子型の違いはなかった。このように，どのように抑うつを評価しても，典型的なストレス脆弱性モデルに関連した GXE 相互作用が出現した。

そのほかの説明も可能である

　私たちの GXE 研究の結果は一見すると説得力があるように見える。しかし，シ

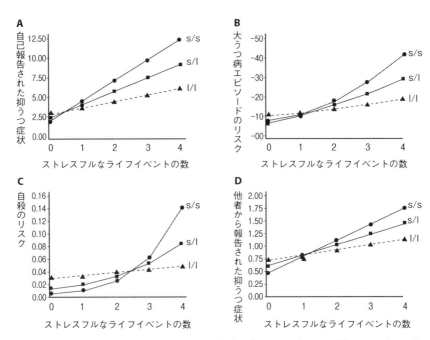

図 15.1. ストレスフルなライフイベントの数（21 歳から 26 歳までの間）と 16 歳での抑うつに関連するアウトカムとの関連 ※ 5-HTT 遺伝子型を関数とした（s= ショート対立遺伝子；l＝ロング対立遺伝子）。Caspi, A., Sugden, K., Moffitt, T.E., Taylor, A., Craig, I.W., Harrington, H., McClay, J., Mill, J., Martin, J., Braithwaite, A., & Poulton, R. (2003). Influence of life stress on depression: Moderation by a polymorphism in the 5-HTT gene. *Science, 301*, 386–389 figure 1. AAAS より許可を得て転載。

ョート対立遺伝子をもつ人が抑うつに対するネガティブなライフイベントの悪影響を受けやすいというよりも別の何かを反映している可能性があることを，私たちは認識していた。ネガティブなライフイベントをより多く経験した研究参加者は，そうでない参加者に比べ，ストレスフルなライフイベントへの暴露に影響するような遺伝的な違いがあった場合にも，私たちと同様の結果は得られるからである。もしそうであれば，私たちが測定した環境ストレスは，実際には環境の測定値だと思われていた「見せかけ」の遺伝子構成の測定値であった可能性がある。こんなふうに考えてみるとよい。たくさん食べる人は，少食な人よりも体重が増えることがわかったとしよう。しかし，たくさん食べることは遺伝子構成が原因であるとわかった。そうだとしたら，測定した食事の量は遺伝子構成の指標となるため，経験の指標と

して考えることは間違っているとわかる。

つまり，この**特定**の遺伝子がストレスフルなライフイベントに関係していないことが判明した時点で，5-HTTLPR のこの種の誤設定はすでに除外していたが，私たちが測定していない**他の遺伝子**が関連している可能性がある。もしそうだとすると，私たちが想定していた環境指標（E）は，実際には遺伝子（G）の測定値だということになり，私たちの研究結果は遺伝と環境（GXE）の相互作用ではなく，遺伝と遺伝（GXG）の相互作用ということになる。遺伝学研究のプログラムの初期に抑うつ研究を行った際に，他の可能性のあるすべての遺伝子を測定することができなかったため，検討中の問題に直接対処することはできなかった。

しかし，遺伝・遺伝（GXG）の可能性を間接的に評価することができることに気づいた。明らかな遺伝・環境（GXE）の結果の原因を，代わりに遺伝・遺伝（GXG）で説明できるとすれば，大うつ病エピソードの**あと**にネガティブなライフイベントが起きた場合でも，ライフイベントは 5-HTTLPR と相互作用して抑うつを予測するはずである。これは，（以前の何かがのちの何かを）**事前**予測するのではなく，のちの環境的経験（ネガティブなライフイベント）が過去の何か（抑うつ）を予想することを反映している**事後**予測というありえないケースである。しかし，もしライフイベントの測定値が遺伝子構成のカモフラージュされた指標ではなく，本当に環境ストレスを反映したものであれば，抑うつに関連したライフイベントのタイミングが重要な意味をもつだろう。確かに，因果関係と一致する形で予測因子と結果は「時間的に順序づけられる」。つまり，原因となるライフイベントが結果となる抑うつに**先行する**。言い換えれば，私たちがすでに発見しているように，**以前**のライフイベントが遺伝子構成と相互作用して**のち**の抑うつを事前予測していた場合に加えて，**以前**の抑うつを事後予測する際にのちのライフイベントが遺伝子構成と相互作用していなかった場合に，遺伝・環境（GXE）のエビデンスに対する私たちの解釈の支持が得られることになる。

後者の問題に実証的に対処するために，最初に行った統計解析をやり直した。26歳で測定された抑うつの代わりに，18歳と21歳で測定された抑うつをアウトカムとした。これら2つの追加分析では，おそらく遺伝（G）を反映した**のち**の人生のライフイベントが 5-HTTLPR と相互作用して，**以前**の抑うつを事後予測するかどうかを調べた。その結果は，のちのライフイベントが遺伝子構成と相互作用して以前の抑うつを発症させることはないというもので，当初の遺伝・環境（GXE）相互作用の解釈と一致していることを証明した。最初の遺伝・環境（GXE）相互作用の発見とあわせて検討すると，これらの帰無仮説は，遺伝・環境（GXE）に見

せかけた遺伝・遺伝（GXG）相互作用を扱ったわけではないという確信を与えてくれた。

結論

　GXE 相互作用を調査するという 2 つめの冒険では，環境と遺伝的影響に関する先行研究を別々に調査した。その結果，メンタルヘルスの予測に一貫性がないことが判明したことの理由のひとつは，遺伝子構成によって逆境体験の影響を他の人たちよりも受けやすい人と受けにくい人がいるためであることを示すさらなるエビデンスを発見した。抑うつや精神疾患の遺伝子について考えるのではなく，環境の影響を受けやすい遺伝子があると考えれば，科学的に大きく進歩する可能性があるため，この発見は重要である。もちろん，これは第 14 章の最後に紹介された差次感受性の観点と一致しているだろう。この観点は，一部の人が他の人よりもポジティブあるいはネガティブに環境や発達の影響を受けやすいという可能性を強めたことを思い出してほしい。したがって，ある病気や疾患を「コード化」すると思われる遺伝子ではなく，環境から受けるダメージ——毒素や生活ストレス——への対応方法やサポート——質の高い学校教育やポジティブなライフイベント——を形成する遺伝子を特定しようとする科学があると想像してみよう。これらが特定可能だと証明されれば，何らかの逆境に陥るリスクの高い人を対象とした予防ができる可能性が出てくる。また，何らかの形で環境の豊かさの恩恵を受ける可能性の高い人を強化できる可能性が出てくる。

　複数のライフイベントへの暴露と 5-HTTLPR ショート（s）対立遺伝子をもつ人を結びつける GXE の結果は，私たちや他の多くの人を興奮させるものであったようだが，私たちの結果が精神病理学において古くからいわれている素因ストレスモデルと一致していたとしても，私たちの GXE 研究は議論する余地があった。サービスや実践に影響を及ぼす前に，他の人が私たちの研究結果を再現する必要があることを明らかにしたにもかかわらず，事実上の批判の波に見舞われた——かのように思えた。その中には，理不尽なものではないものもあったが——希少性は科学的研究の一部分である——，多くは非科学的な要因が動機となっているように思われる。批判から私たちを擁護してくれた同僚の多くは，環境の重要性を強調する正統派ではない遺伝学者として，多くの遺伝学のみの研究（つまり，遺伝型と表現型の研究）が失敗していたところで成功したから攻撃されたと考えていた。さら

に，抑うつに影響を与えるのは遺伝子だけではなく GXE 相互作用によるものだと示したことは，遺伝子によって運命が決まるものではないという知見であり，ある種の人たちの知的な計画をぶち壊しにするものである。

論文発表後の数年間で，多くの追加研究が行われた。多くの研究で明らかになったひとつは，ライフイベント，5-HTTLPR，抑うつを含む GXE 相互作用の研究における問題である。その問題とは，データ収集時に行ったライフヒストリーカレンダーのような丁寧で綿密な面接ではなく，チェックリストに頼った不十分な測定方法で行ったことと同様に，現在よく知られている候補遺伝子研究の限界（第 12 章の考察を参照）と大いに関連があるかもしれないということである。

私たちの研究結果を振り返っているうちに，追求する価値のある問題が少なくとも 2 つあることに気がついた。1 つは環境暴露に関係するものであり，もう 1 つは遺伝型に関係するものである。前者に関しては，ショート対立遺伝子をもつ人は，複数のストレスの多いライフイベントに直面したときにうつ病になる可能性が高まることを考えると，成人期だけでなく子どものときにも逆境体験は同じように作用するのではないかということである。このことから，大うつ病エピソードのリスクを予測する上で，子どものときの不適切養育（第 14 章で述べた測定値を使用）と 5-HTTLPR との相互作用があるかどうかを判断した。図 15.2 が明らかにしているように，基本的にストレスフルなライフイベントに関する以前の研究結果（図 15.1B を参照）と同様の傾向が見られている。つまり，5-HTTLPR ショート対立遺

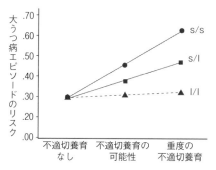

図 15.2．幼少期の不適切養育（3 歳から 11 歳の間）と成人期の抑うつとの関連　※ 5-HTT 遺伝型を関数とした（s= ショート対立遺伝子；l = ロング対立遺伝子）。Caspi, A., Sugden, K., Moffitt, T.E., Taylor, A., Craig, I.W., Harrington, H., McClay, J., Mill, J., Martin, J., Braithwaite, A., & Poulton, R. (2003). Influence of life stress on depression: Moderation by a polymorphism in the 5-HTT gene. Science, 301, 386–389, figure 2. AAAS より許可を得て転載。

伝子をもつ人が若年期にうつになるリスクに関していえば，少なくとも2つの異な
る人生の局面で経験した逆境の影響を受けやすい。それは，幼少期の不適切養育と
若年成人期のストレスフルなライフイベントの影響である。

　私たちのもうひとつの疑問は，逆境体験がうつ病のリスクになるかどうかは，
5-HTTLPR 特有のものなのか，それとも幼少期の不適切養育により男性が暴力的
になりやすいという関連がすでにわかっている候補遺伝子かどうかということであ
る（第14章を参照）。つまり，*MAOA* 多型は，*5-HTTLPR* がネガティブなライフ
イベントと相互作用したときと同じような二重リスクで抑うつを予測したのだろう
か？　結果，そうではないということがわかった。複数のストレスフルなライフイ
ベントにさらされたときに抑うつになる人には，ある遺伝的特異性があることがわ
かった。

　この章では，若年者の抑うつに関して，*5-HTTLPR* のショート対立遺伝子の逆
境に対する不均衡な脆弱性を強調してきたが，この知見がレジリエンスについて言
及していることを忘れてはならない。第14章で述べたように，逆境のネガティブ
な影響を受けやすい人を守るように思われる要素や力の問題に関しては，環境要因
（親友がいる，など）や個人の特性（IQ，センスのあるユーモア，など）にも注意
が向けられることが多いが，これは不合理なことではない。本章の GXE 相互作用
の研究と第14章で明らかにしたことは，遺伝子構成もまた考慮しなければいけな
いということである。ダニーデン研究の研究参加者では，1つないしは2つのロン
グ *5-HTTLPR* 対立遺伝子をもつことは，若年成人期のネガティブなライフイベン
トと幼少期に受けた不適切養育の「抑うつを引き起こしやすい」影響に対して相対
的に耐性があるように思われる。このことを考えると，親を選べないことはまたし
ても残念なことだと思われるだろう。

第
16
章

エピジェネティクス，
あるいは従属変数としての遺伝子
Epigenetics, or Genes as Dependent Variables

何千人もの子どもが成長し発育する経過についてのこれまでの成果を理解するため，本書の第15章までは可能なかぎり難しい科学用語の使用を避けている。しかし表題を見ていただいてもおわかりになるように，この章では少なくとも，その方針から少しだけ離れる必要がある。科学的な言い方をするなら，ある因子が，例えば幼児期の気質，あるいは小学生のころにいじめられたような経験が発達のある側面を予測したり，影響を与えるのかどうか（例えば，反社会的行動や抑うつ）を調べる場合，予測するものを**独立**変数といい，予測された結果は**従属**変数と呼ばれる。これは現象が独立変数に**依存して**（例えば，いじめられたかどうか），予想できるという仮定に基づいている（例えば，攻撃性の程度）。

　第12〜15章で論じてきた遺伝的な研究成果の中で，遺伝子は，人間の発達を考える際に典型的なように，独立した構成物，ある表現型の予測因子としてみなされてきた。今までみてきたように，遺伝子は，第12章（喫煙）や第13章（人生の成功）では単独で，あるいは第14章（子どもの不適切養育）や第15章（ストレスの多いライフイベント）では何らかの環境条件との相互作用の中で，予測因子として機能する。実際，遺伝子は概して，概念化されたその瞬間から，「第一の原因」としてみなされてきた。すなわち，あらゆる表現型の発現に先立つものとして。したがって，遺伝子は人がどんなふうに成長するのかに，すべてではないが，唯一の影響を与える源泉ではないにしても，多くの影響を与えるものとみなされてきた。しかし，この章では発達経験や環境への暴露が実際に遺伝子に影響を与えうることを検討する。そうすることで，まるで魔法のように最初の原因という独立変数を従属変数に置き換える。人間の発達を研究する多くの研究者にとって，このことは，遺伝子がどのように心理的あるいは行動的な現象に影響するのかの，かなり飛躍した見方である。実際に，環境の影響を研究している人々にとって，それは**エピジェ**

ネティクスと呼ばれる遺伝学のまったく新しい分野を明確に示す。

　エピジェネティクスは人間の発達を研究する研究者にとって比較的新しいものだが，それは相当な歴史のある研究領域である。実際，かつて生命の大きな謎のひとつであったものを理解する上でそれは中心的な役割を果たした。例えば，目や，耳や，脚の骨，心臓などの細胞は，他の種類でなく，それらの種類の細胞になることをどうして「知っている」のだろうか？　なぜ心臓の細胞は目の中でなく，または目の細胞は心臓に姿を現さないのだろうか？　発生学者によれば，これらの質問に対する答えは，遺伝子の差次的遺伝子**発現**に関連していることが長く知られてきた。このように，細胞が，あなたの二頭筋または大腿骨よりもむしろ心筋に発達するとき，それは特定の遺伝子がオンにされて，表現されたからである。一方，他の遺伝子はオフにされており，遺伝的影響によるタンパク質生成プロセスに影響しないようにする。これは，体のすべての細胞に同じアルファベットの遺伝子があるのとほぼ同じであるが，特定の「単語」または体の部分を「綴る」ために使用される特定の「文字」のみが含まれている。比喩的に言えば，「心臓」という単語を作成するために特定の文字だけが入力され，「上腕二頭筋」と書くために他の文字が入力され，「大腿骨」と書くためにさらに他の文字が入力される。これはすべて，出生前発育の発生学的期間，つまり，体のすべての部分が明確になる短い妊娠期間中に発生し，受精卵となった卵子が子宮内膜に着床した直後に発生する。

　発生学的エピジェネティクスの観点から，細胞がいったん心臓，上腕二頭筋，または大腿骨の細胞として定義されると，何も変化することはない（がんが発生しないかぎり）。その結果，すべての「娘」細胞は，古い細胞が（死ぬ前に）分裂して新しい（置換された）細胞を作成するときに，「親」細胞と同じアルファベット順の指示を継承する。したがって，心臓，上腕二頭筋，または大腿骨細胞の後続の各世代の遺伝子は，第1世代とまったく同じ方法で発現される。ごく最近まで，エピジェネティクスの考え方では，個々の遺伝子の完全な構成を担う特定の細胞は，特定の遺伝子がオンになって発現し，他の遺伝子がオフになる発生学的期間中に，永久に体の特徴的な部分になるということだった。

　しかし，21世紀初頭，このエピジェネティクスの既成概念を根底から覆す，真に画期的なことが報告された。マギル（McGill）大学のマイケル・ミーニー（Michael Meany）によるカナダ人の研究者のチームは，「ダム（雌親）」と呼ぶ母親ラットが，新しく生まれた「子ども」をお世話することで，どのように子どもの遺伝子の発現に影響を与えたか，それにより子どものラットが不安がより少なく成長したかどうかを発見した。ダム（雌親）が新生児を少しではなくたくさん舐めたり毛

第 16 章　エピジェネティクス，あるいは従属変数としての遺伝子　　287

づくろいをしたりすると，ストレスに対するラットの生理的反応に関与することが知られている特定の遺伝子の発現がオフになり，ラットが成長するにつれて不安が軽減された。より具体的には，ストレス関連遺伝子にメチル基が結合していると，雌親がたくさん舐めたり毛づくろいをしたりしているときに，ストレス関連遺伝子は化学的に「オフ」になり，それによってよりストレスに強い子どもが生まれた。遺伝子発現に影響を与える方法は他にもあるが，遺伝子をオフにするこの DNA **メチル化**のプロセスは，人間で最も研究されているプロセスであり，したがってこの章で焦点を当てる。なお混乱しないためにはっきりさせるが，メチル化はエピジェネティクスや遺伝子発現の同義語ではない。むしろ，それは遺伝子発現を調節するいくつかの後成的メカニズムのひとつであり，したがっておそらく発達経験や環境への暴露の影響を受け，それによって表現型の発達に影響を与える可能性がある。

　ミーニーの研究が人間の発達を研究する研究者にもたらした興奮を言葉で伝えるのは難しい。著名な学者が，毎月数千人の心理学者や行動科学者に配布される科学的心理学会（Association for Psychological Science）誌に，子育てが遺伝子発現にどのように影響し，それによって心理的・行動的発達にどのように影響するかについて，寄稿したのである。問題の学者は人間における研究への潜在的な影響にとても熱狂していたため，その研究が単にラットで行われたものであることをきちんと明示しなかった！　このように，ネズミに関する発見を——必要な注意書きもなしに——もっともらしくヒトに一般化することは珍しくなかった。同じげっ歯類の研究とそれが人間の発達の過程に何を意味するのかが，『ニューズウィーク』の2009 年 6 月 26 日号の表紙を飾ったことも注目に値する。理由は容易に理解できる。長い間，認識されてきたように，遺伝子が独立変数（つまり，最初の原因）として発達に影響を与えるだけでなく，子育てなどの発達経験も DNA メチル化に影響を与え，それによって遺伝子に影響を与える，ひいては遺伝子発現や人間の発達に影響を与えることができるようになったと思われたからである。遺伝子は従属変数になった！　それらは成長へ影響を与え続けたが，今では他の影響，つまり発達経験や環境への暴露の影響を受ける可能性がある。したがって，この章でこのトピックに取り組む際に，私たちは人間の発達に対する小児期の影響というテーマに戻るが，それを拡張して，人生の早い時期，この場合は思春期の発達経験と，人生後半の精神病理学を結びつけるエピジェネティクスの役割を検討する。

　人間の DNA メチル化に対する環境の影響を証明するようなエビデンスが科学文献に増えてくると，オリジナルのげっ歯類の研究によって刺激されたように，私たちは，報告されている知見や，特に新たなエビデンスに基づく結論が信頼できるも

のか疑問を感じ始めた。他の多くの人と同じように，私たちはエピジェネティクスが生まれと育ちについての考え方を劇的に変え，生まれもったものを形づくる育ちの可能性に大いに興奮した。しかし同時に私たちは，報告されているDNAメチル化を含むエピジェネティクスの知見がどれほど信頼できるものか，あるいは再現性のあるものかどうか疑問に思った。メチル化の測定で明らかにされたように，遺伝子発現を制御する環境要因に関する文献が急増している一方で，発表された研究には多くの方法論的ばらつきがあった。彼らは，多くの異なる環境暴露（例えば，早期の親の喪失，児童虐待，親の精神疾患）だけでなく，遺伝子のメチル化に関しては，多くの異なる遺伝子に焦点を当てていた。

　また，これらの研究の多くが調査したさまざまな環境暴露および/またはさまざまな遺伝子の数もめったに明らかにされなかった。DNAメチル化のために暴露Xが遺伝子Yの発現に関連していることを発見することはよいとして，4つの異なる暴露（例えば，貧困，性的虐待，厳しい罰，いじめ）がどのようにメチル化やこのような45の異なる遺伝子の発現に影響を与えるかを調査したときに，同じ知見が明らかになるのだろうか？　そのような場合，180の可能性を検索したのち，ひとつの結果が予告される可能性がある。そうだとすれば，興味深い結果が本当だったのか，信じられるのか，それとも単なる偶然の結果なのかを疑問視するのはしかたのないことである。

　これらの観察を行う際に，人間のエピゲノムに対する環境の影響，つまり遺伝子のメチル化の研究を最初に発表した人々をけなすつもりはない。科学的な試行錯誤と多くの可能性の経験的な探索の初期段階では，多くの場合，理にかなっている。しかし，やがて熱狂の初期段階を超えて，アイデアの評価にさらに集中し，厳密になるときが来る。それが，この章の焦点であるエピジェネティクスをめぐる冒険において，E-リスク研究に基づいて，私たちがやろうとしていることである。はっきりさせておくが，私たちの目的は他の人の結果を否定することではなかった。私たちは無心で，希望をもって，この分野での仕事の拡大に努めた。おそらく，この最も確実な証拠は，エピジェネティクスの調査に費やした時間，お金，および努力の量であり，それは明らかになるはずである。

　発達経験と環境への暴露がDNAメチル化，ひいては心理的・行動的発達に及ぼす影響を調査したいなら，まず最初にすべきことは，影響のある，したがって特定の依存的な発達上の要因を予測できると信じる理由のある独立した環境要因を特定することだと，エピジェネティクスをめぐる冒険を始めた当初から，私たちにはわかっていた。これが必要だったのは，人間の発達に対するエピジェネティクスの研

究を導く仮定が，（A）発達経験と環境への暴露が（B）DNA メチル化に影響を及ぼし，それによって（C）心理的・行動的発達に影響を与えるというものだったからである。

　A の C への影響は A の B への影響とそれに続く B の C への影響の結果であるという，新たな理論で規定されている（限られたエビデンスのもと）仮説を検証するため，5 つの段階による検討を計画した。子どもの経験と発達における表現型を反映した環境的な特徴を特定したのち，エピジェネティクスの冒険の第 1 段階で説明してもらい，第 2 段階では，予想どおり，選択された環境暴露が同じく選択された発達を予測したかどうかを判断することに注意を傾ける。そうでなければ，私たちの探究を続ける理由はないが，もしそうなら，第 3 段階が始まり，環境予測因子 A がメチル化メディエーター B も予測したかどうかを判断する。第 4 段階はその後に評価し，このメディエーター B 自体が私たちの発達の結果 C を予測したかどうか判断する。最後に，第 3・4 段階で有望な結果が得られた場合，第 5 段階で，以前に検出された A の C に対する効果が B の仲介効果（つまり，A → B → C）なのか検証する。

第 1 段階：予測因子と結果因子を特定し測定する

　慎重に検討した結果，A については思春期の被害体験に焦点を当て，C については成人期早期の精神病理学に焦点を当てることにした。母親ラットによる制限された舐めや毛づくろいや，DNA メチル化の人間の研究者がすでに焦点を当てていたいくつかの条件（例えば，児童虐待）のように，非常にストレスが多いと考えられるため，環境への暴露として被害体験を選んだ。さまざまなタイプの被害が精神症状を促進するという広範なエビデンスがあるため，説明する結果の表現型として精神病症状に焦点を当てた。また，この後者の決定に影響を与えたのは，親の行動が，生理学的ストレス反応システムに関連することが知られている特定の遺伝子のメチル化，またはその欠如のために，ラットが示す不安に影響を及ぼすことを示したげっ歯類の研究だった。

　被害の調査に関しては，児童虐待など，E-リスク研究の参加者が経験した特定の被害形態ではなく，青少年が被害を受ける可能性のあるさまざまな形態に焦点を当てることにした。これは，精神症状の予測因子としての特定の被害の経験の有無よりも，複数またはさまざまな被害がかなり強力であることを示す以前の調査に基づ

いて決定された。実際，これまでの報告によれば，多重被害を受けた子どもは，児童虐待や仲間によるいじめなど，ひとつの被害に繰り返しさらされた子どもよりも多くの症状を経験する傾向があった。

被害を評価するために，18歳のE-リスク研究参加者に，12歳で小学校を卒業して中学校に入学してからの被害体験についてインタビューした。具体的には，虐待，ネグレクト，性的被害，家庭内暴力，仲間やきょうだいからの被害，インターネットや携帯電話による被害，犯罪の被害の経験について質問した。青年の2/3弱が深刻な被害を経験していないと報告したが，約20％がそのような経験を1回，10％弱が2回，約7％が3回以上の深刻な被害を経験したと報告した。

多段階にわたる冒険の第1段階の最初のステップで従属変数を測定した際，私たちは精神症状について18歳の研究参加者との匿名性に配慮したインタビューを行った。より詳細に述べると，過去1年間の5つの**外在化**スペクトラム障害（アルコール依存症，大麻依存症，行動障害，タバコ依存症，ADHD）と4つの**内在化**スペクトラム障害（抑うつ，不安，外傷後ストレス，摂食障害）の症状を評価した。また，異常な思考や感情（例えば，「私の考えは異常で恐ろしい」「知っている人や場所が違うように見える」など）の経験を収集するだけでなく，妄想や幻覚に関する情報を集めることで**思考障害**の症状を評価した。分析のために症状の外在化，内在化，思考障害の3つの異なる測定値を作成することに加えて，個人がさまざまな症状を示す——「併存症」と呼ばれる——ことが多いという，より一般的な精神病理学を反映した私たちや他の人たちの研究のエビデンスに基づいて，多様な症状に関連する指標を作成した。この指標はp（「精神病理」を表す）としている。pが高いほど，個人が示す横断的な症状が多くなる。

第2段階：被害が精神症状を予測する

これまで独立変数と従属変数について述べてきたので，エピジェネティクスの冒険の次の段階では，仮説として，まだ予備的段階ではあるが，思春期の被害が成人期早期の精神病理を予測したかどうかを検討する。これまでの検討により思春期の多重被害と，先の段落で概説した精神病症状の4つの指標のそれぞれとの間に用量反応関係が明らかになった。したがって，10代の若者が経験した被害の種類が多ければ多いほど，外在化，内在化，思考障害の症状が現れ（図16.1），その結果，p指標のスコアが高くなる（図16.2）。注目すべきは，私たちが評価した思春

期の被害のそれぞれのタイプが，これらの4つの従属変数のそれぞれに対して同様の用量反応関係を示したことである。しかし，思春期の被害が p に及ぼす悪影響は，不適切養育，ネグレクト，性的被害の場合に最も大きかったことを指摘しておかなければいけない。それにもかかわらず，すべてのタイプの被害を同時に考慮した場合，それぞれが p の予測に独立して貢献した。言い換えれば，あらゆる形態の被害は，p に独自の（そして加算的な）効果を及ぼした。したがって，より多くの種類の被害への多くの暴露が，より高い p と関連していることが明らかとなる。

本書のこれまでの章のいくつかを読んできた人なら，次に何が出てくるかはよ

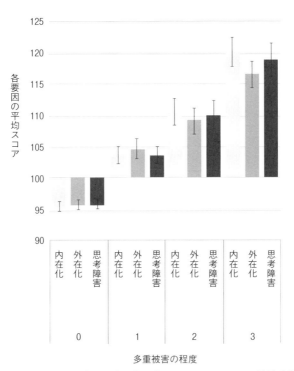

図 16.1. 多重被害の程度を反映した成人期早期におけるさまざまな精神症状の問題の平均レベル。以下より改変。Schaefer, J.D., Moffitt, T.E., Arseneault, L., Danese, A., Fisher, H.L., Houts, R., Sheridan, M.A., Wertz, J., & Caspi, A.（2018), Adolescent victimization and early-adult psychopathology: Approaching causal inference using a longitudinal twin study to rule out alternative non-causal explanations. *Clinical Psychological Science*, Vol. 6 (3) 352–371, figure 1. CC-BY.

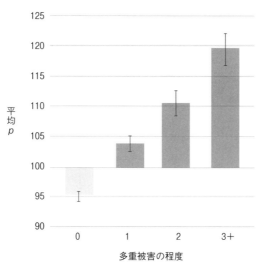

図 16.2. 多重被害の程度の関数としての成人期早期の一般的な精神症状のスコア（p）平均。Schaefer, J.D., Moffitt, T.E., Arseneault, L., Danese, A., Fisher, H.L., Houts, R., Sheridan, M.A., Wertz, J., & Caspi, A.（2018）. Adolescent victimization and early-adult psychopathology: Approaching causal inference using a longitudinal twin study to rule out alternative non-causal explanations. *Clinical Psychological Science* Vol. 6(3) 352–371, figure 2a. CC-BY.

くご存知だろう。なぜなら，私たちは間違いなくここで止まらなかったからである。4つの非常にもっともらしいが非因果的な説明のいずれか，またはすべてが結果を説明できるかどうかを判断するために，これらの最初の発見を吟味する必要があった。まず，この点についてこれまでに報告された調査結果，およびこれから行われるすべての基盤となる調査結果は，回答者のバイアスの結果である可能性があるか？ 結局のところ，思春期の研究参加者の同一人物が，被害体験と精神病理的な症状の両方に関する情報を提供したのだろうか。それでは，心理的な問題に苦しんでいる18歳の人物が，被害を受けた体験を容易に誤って説明し，誇張する可能性はないのか。もしそうなら，これは私たちが行った被害と精神病理の関連を検出する可能性を高めるであろう。この記憶の偏りの問題は，子育ての世代間伝達を調査する際の後ろ向き研究の限界と前向き研究の強みを検討するときに第5章で詳細に議論した問題であったことを思い出してほしい。また，人間の発達に関する後ろ向き研究に対する前向き研究の一般的な利点についても，第1章で説明したことを思い出してほしい。

幸いなことに，E-リスク研究では，双子のそれぞれにもう一方の双子の被害体験を報告してもらい，親にも同様に，各双子の被害体験を個別に報告してもらった。このようにして，子どもをよく知っている**他者によって報告された**子どもの被害体験に基づいても，多重被害の増加と精神病理の重症度とを結びつける所見が類似しているかどうかを確認することができた。各双子の p スコアを予測するために，これらの情報提供者からの報告を用いて分析を再実行したところ，今回は双子の一方または親から報告された多重被害でも，双子自身からの報告と同様に，精神症状を予測していることが，再び明らかになった。明らかに，反応の偏りは今回の所見の原因ではなかった。このようにして，私たちが報告した多重被害の悪影響について最初の因果関係のない，代替的な説明を除外することができた。

私たちが検討しなければならない 4 つの考えられうる因果関係のない説明のうち，2 つ目は，被害が思春期の多重被害ではなく，人生の早期に存在する精神医学的な問題の結果であるというものだった。そのため，私たちは次のような疑問をあげた。「逆の因果関係」のプロセスが働いており，人生早期の精神的困難が 10 代の若者の被害につながっているのではないか？──その逆ではなく。この問題を解くために，私たちは，12 歳の時点でのメンタルヘルス上の問題，5 歳の時点での親や教師から報告された感情や行動の問題，精神疾患の家族歴に関する既存のデータ・パントリーを検討した。これらの記録がそれぞれ 18 歳の精神症状（つまり p スコア）を予測していたことから，逆の因果関係の可能性が非常に高いと考えられた。

しかし，過去の心理的脆弱性を示すこれらのマーカーのそれぞれの効果を個別に割り引いてみても，同時にすべてのマーカーの効果を割り引いた場合と同じように，思春期の多重被害が大きいほど高い p スコアを予測した。すなわち，人生早期の問題と思春期以降の被害との間に関係があったとしても，早期の結果では，逆の因果関係が被害効果を装っていたわけではなかったのである。実際，私たちの研究では，私たちが調査していた要因や過程が関与する循環的な関係が明らかになった。人生早期の問題やそのリスク（つまり，精神疾患の家族歴）は，思春期の多重被害を予測し，それ自体が成人期早期に多くの精神症状（多くの**種類**の精神症状）を予測していた。

3 つ目の明らかな因果関係のない説明をする際，問題となったのは発達的な特徴であった。思春期の被害が若者の心理的問題を予測できた理由は，小児期の被害にあったのだろうか？ 小児期の被害が，思春期における将来の被害と成人期早期の精神症状の両方の準備段階となるような「敏感な」時期が実際にあるのであろうか？ この問題に対処するために，私たちは E-リスク研究のデータ・パントリー

に戻って，子どもたちが5歳，7歳，10歳，12歳のときに収集した情報を入手した。それは，母親とそのパートナーとの間の家庭内暴力，同級生による頻繁ないじめ，大人による身体的虐待，性的虐待，情緒的虐待とネグレクト，および／または身体的ネグレクトにさらされていたかどうかに関するものであった。幸いなことに，E-リスク研究参加者のほぼ3/4は深刻な被害を受けた経験はないが，20%が1回，4%近くが2回，さらに4%弱が3回以上の被害を受けていた。

　小児期の被害のデータをもとに，小児期の被害の影響を割り引いたあと，18歳時点での精神症状に対する思春期の被害の影響を再評価した。その結果，小児期に被害者となった体験を考慮に入れても，思春期の多重被害が重症なほど，より多くの精神症状を予測することが明らかになった。しかし，このことはまた，小児期と思春期の被害体験がそれぞれ独立して独自に私たちの尺度 p を予測しており，多様な精神症状を反映していることも示している。実際，私たちの3つ目の課題では，最終的に18歳での精神症状の最良の予測因子は，単に小児期や思春期の被害に基づくのでなく，研究参加者が小児期から思春期を通しての逆境に**累積的**にさらされてきたことであることが明らかになった。

　ある意味，今回の中核的な発見となる，4つ目にして最後の明らかな因果関係のない説明に対処し，それを克服することは最も困難であったが，それはE-リスク研究がまさに解決すべく計画されたものでもあった。これは，遺伝子の100%を共有する一卵性双生児と，50%しか共有しない二卵性双生児が含まれているためである。本編で繰り返し明らかにしてきたように，遺伝子は環境への暴露——第2章で説明した気質に対するニッチ・ピッキング（適正選択）と喚起的な発達プロセスを考えてみてほしい——と，ほとんどの章で結果として扱っている発達における表現型（例えば，反社会的行動やギャンブル）の両方に影響を与える可能性がある。もしそうであれば，多重被害などの環境的暴露と，成人期早期の精神症状などの発達的アウトカムとの関連は，真の環境的影響を反映していない可能性がある。それは，共通遺伝子の効果のために現れる可能性がある。そうなると，被害者になる確率と精神症状を発症する確率の両方に影響を与える同じ遺伝子が関係していることになる。もし実際の状況がそうであれば，被害が精神病症状を予測するという私たちの中核的な発見に関しては，遺伝子の影響が環境の影響を装っているのかもしれないということになる。

　私たちのエビデンスの中には，実際にはこの可能性を真剣に検討しなければならないものもあった。pスコアと被害スコアは，一卵性双生児では二卵性双生児よりも類似していた。このような結果から，今回の被害と精神症状の測定値は，行動遺

第 16 章　エピジェネティクス，あるいは従属変数としての遺伝子　　295

伝学的なエビデンス（第 12 章参照）より，一卵性双生児と二卵性双生児での類似度の違いにどの遺伝子が関与しているのかを明らかにすることはできなくても，少なくとも一部は子どもの遺伝子構成の働きであったことが明らかになった。しかし，重要なことは，そのような遺伝的な影響が，多重被害が深刻であればより多くの精神症状を呈するという私たちの最初の発見を裏付けているかどうかということだったが，そうではないことが判明した。

　これが事実であることを証明する最も簡単な方法は，一卵性か二卵性かに関係なく，すべての双子を考慮したときに，被害を受けた双子のほうが，被害を受けた経験の少ない双子よりも精神症状が深刻であること示すことである。このことは，一卵性双生児だけに対象を限定した場合でも同様であった。後者の結果は，一卵性双生児間の精神症状の違いが，被害に遭っているかどうかの違いと関連していることを証明したが，一卵性双生児間には遺伝的な違いがないため，遺伝的な影響によるものではなかったことを意味している。最終的に，私たちの 4 つ目の課題に関連する研究結果から，被害と精神症状との関連は，二卵性であろうと一卵性であろうと，双子に共通する家族全体の環境要因（例えば，ひとり親家庭か二人親家庭か，あるいは混乱が多い家庭か少ない家庭かなど）によっても，あるいは遺伝的要因によっても，完全には説明できないことが明らかになった。要するに，双子のそれぞれに特有の，両者間で共有されない被害があるため，被害と精神症状の関連性が証明されたと考えられる。

　驚くべきことに，私たちのエピジェネティクスの冒険の第 2 段階では，多重被害が精神病症状に及ぼす真の因果関係についての観察研究の過程で得られるのと同じくらい近い結果が得られた。多重被害と精神病症状の間の関連性が本物であり，さまざまな要因によるものではないことを発見できたので，私たちはエピジェネティクスの冒険の次の段階に進むことができる。多重被害が成人期早期の精神病症状を予測し，明らかに影響していると思われることがわかったので（A → C），この被害の影響が，遺伝子の発現をオフにするメチル化というエピジェネティックなプロセスによって引き起こされているかどうかということが新たな問題になった。この複雑な疑問に答えるために，エピジェネティクスの冒険の第 3 段階で次にしなければならないことは，私たちの多重被害指数が遺伝子のメチル化に関係しているかどうかを見極めることであったことを思い出す必要がある（A → B）。もしそうであれば，第 4 段階では，エピジェネティックなメチル化が精神病症状（B → C）と関連しているかどうか，また，もしそうであれば，第 5 段階では，エピジェネティクスが心理的な問題（A → B → C）において多重被害の影響を受けているかどうか

を確認することになる。

第３段階：被害とエピジェネティクス

　メチル化を測定するために DNA 分析をする前に，私たちは大きな決断をしなければならなかった。オリジナルのげっ歯類研究では，脳細胞内の DNA のメチル化を測定するために，ラットの脳組織が必要であり，ラットを「犠牲」にしていたのである。明らかに，私たちの E-リスク研究の参加者にも同様の方法で研究を進めることは問題外であった。エピジェネティックなプロセスを研究するためにヒトの脳組織を使用した研究は，研究参加者が死亡したのちに行われている。では，脳内の細胞から DNA を確保できなかった場合，どこから DNA を採取すればよいのだろうか？

　最終的には血液を使うことにした。E-リスク研究の参加者が18歳になったときに，そのような方法に同意した人全員の血液を採取するように手配したところ，ほぼ全員が同意した。血球中の DNA メチル化を測定することにしたのは，他のエピジェネティクスの研究者と同様に，心理社会的ストレス経験が交感神経系，特に視床下部下垂体軸（HPA）を介してメチル化され，末梢循環血液中でその効果が生じるという仮説を立てていたからである。本章の最後に，メチル化を測定し，発達経験や環境への暴露の影響を評価するために，細胞を集めて DNA を分析する体内の場所の問題に立ち返ってみたい。

　血球中で得られた遺伝子のメチル化に対する被害効果を評価するため，私たちは２つの一般的な方法を選んだ。この２つの方法は，ゲノム全体や候補遺伝子を対象とした分子遺伝学的研究ですでに見られているものと同じである。すなわち，私たちはエピゲノム全体のメチル化に焦点を当てたエピゲノムワイド関連研究（EWAS）を実施しただけでなく，オリジナルのげっ歯類研究を含め，逆境の影響に焦点を当てた他のエピジェネティクス研究で注目されていた，いくつかの個々の候補遺伝子のメチル化にも焦点を当てた。このようにして，私たちは非常に広く（EWAS），非常に狭く（候補遺伝子に焦点を当てて）測定の網を広げた。こうすることで，焦点が狭すぎたり，広すぎたりしないように，ある程度保険をかけたのである。結局のところ，エピゲノム全体のレベルにのみ焦点を当てた場合，特定の候補遺伝子のみに関連するメチル化関連効果を見逃してしまう可能性があり，そのような遺伝子特異的効果は遺伝子の海の中で失われてしまう可能性がある。しかし，

第 16 章　エピジェネティクス，あるいは従属変数としての遺伝子　　297

他の逆境に関連するメチル化研究が注目していた候補遺伝子だけに注目すると，エピゲノム上のこれまで調査されていなかった場所で発生しているメチル化関連の影響を見逃してしまう可能性がある（ゲノム全体の研究と候補遺伝子の研究の違いについては，第 12 章を参照）。

エピゲノムワイドアプローチ

　多重被害と候補遺伝子を含むエピゲノム全体のメチル化との関係を調べる際の私たちの研究戦略は，多重被害の精神症状への影響を調べる際に直面した 4 つ目の課題を克服したときにすでに述べたものと似ている。そこで私たちは，同じ家族で育った双子の間の被害体験の違いが，彼らの遺伝子のメチル化の違いと系統的に関連しているかどうかを評価した。このように，一般的に，より大きな被害を経験した双子の一方と，その双子のもう一方とで，メチル化の点で系統的に異なる場合，メチル化に対する被害体験の効果の根拠として考えられたのである。そこで，「双子内の被害の違いは，双子内のメチル化の違いを予測するのか」という実証的な疑問が出てきた。EWAS を検討する場合，今回は 40 万件以上の双子内のペアを比較していたことを心に留めておくことが重要である。これは，EWAS に含まれる遺伝子のメチル化部位の数が多いためである。検出された被害効果が偶然の結果ではなく，エピジェネティックなメチル化に対する真の効果を反映している可能性が高いことを確認するために，ここでは詳細を述べる必要はないが，複雑な統計的調整を行うことで，被害効果が発生するリスクを低減することができた。簡単に言えば，エピゲノム内の多くのメチル化部位が何度も検査されたために，偶然の結果が生じる可能性を考慮し，調整を行い，割り引いて考えるということである。

　私たちの分析結果は，興味深くかつ，驚くべきものであることがわかった。第一に，思春期の多重被害がエピジェネティックなメチル化に及ぼす 3 つの特徴的な効果を発見したが，これは偶然の結果のリスクを減らすために統計的に調整しても生き残った。したがって，私たちは，これらの 3 つの効果が単に検討したメチル化部位の数が多いためだけに判明したのではないという，信じるに足る理由があった。しかし，私たちはこれらの知見に安心して「意味を吹き込む」前に，再びそれらを確認する必要性があった。なぜなら，被害と喫煙が関係していて，喫煙がエピゲノム全体のメチル化に影響を及ぼすことがわかっていたので，喫煙のメチル化関連の影響が，私たちの E-リスク研究データの中で被害化の影響としてみかけ上生じていないことを確認する必要があった。喫煙が DNA のメチル化に影響を与えるとい

う，先行研究が見出し，私たちも認めていたことが，私たちのデータでも明らかになった時点で，このことを考慮することが特に重要となった。

特筆すべきは，私たちがすでに用いたのと同じ統計的調整を行ったあとでも，E-リスク研究データでは，エピゲノム全体のメチル化に対する 83 の喫煙の効果が現れたことである。これらの喫煙の影響を割り引くと，当初は思春期の被害者化に関係していたメチル化に対する 3 つの影響が消失した。ある意味でこのことは驚くことではない。なぜなら，私たちが検出したメチル化の 3 つの被害者化のもともとの効果は 83 個の中に含まれ，私たちの喫煙に関する研究だけでなく，他の喫煙に関する EWAS でも検出されていたからである。したがって，検出されたこれら 3 つの（40 万件以上の）もともとの効果は，偽の効果，すなわち相関のある喫煙効果のアーティファクト（結果）であったように思われる。言い換えれば，これらは私たちが意味を込めてはいけない 3 つの「発見」だったのである。

私たちは，「エビデンスがないことは，ないことのエビデンスではない」ということを理解していたので，共有された結果にがっかりしても，この時点でタオルを投げ捨ててエピジェネティクスの冒険を終了することはなかった。代わりに，私たちは最初の分析の作業を繰り返すことによって，私たちが結果を見出せなかったエピゲノム全体の知見をダブルチェックすることにした。しかし今回は，もともと思春期に同定した 7 つの異なる被害体験のそれぞれについて，個別に潜在的な影響に焦点を当てている。これには，40 万件以上の比較を 7 回，被害者のタイプごとに 1 回ずつ実行する必要があった。しかし，異なるタイプの被害体験を「一括りにして」多重被害の予測変数を作成した場合，明らかにするというよりも，物事を曖昧にしてしまう可能性があったため，このような膨大な労力を費やす価値はあったように思われる。おそらく，特定の被害形態が遺伝子のメチル化に特異的に影響を与えたのであろう。結局，この「分割」アプローチを採用しても，特定の被害体験がエピゲノムのメチル化に意味のある範囲で影響を与えているという説得力のあるエビデンスは得られなかった。実際，私たちは，多重検定を調整したのちに統計的基準を満たす約 200 万件の検定のうち 8 件の関連を検出したが，そのどれもが被害者のタイプによらず繰り返されたものではなかった。言い換えれば，被害がエピゲノム上の特定部位のメチル化に影響を与えるという一貫した，あるいはある程度一貫した経験的な「シグナル」は存在しなかった。

このような残念な結果にもかかわらず，私たちは調査の冒険を断念する気にはなれなかった。山を登るのに頂上を極めたいと思うなら，ひとつの道が岩崩れで塞がれているかもしれないからといって，あきらめる理由はない。多くの発達論者が主

張してきたように，人生早期の経験が人生後期の経験よりも影響力があるとすれば，エピゲノムへの影響を明らかにするのは，おそらく思春期よりもむしろ小児期の被害体験ではないだろうか。そこで，私たちの次の研究では，以前に行った研究をまねて，思春期ではなく小児期の被害体験がDNAメチル化に影響を与えるかどうかを調べてみた。しかし残念ながら，小児期の多重被害の影響を調査したところ，偶然以外に統計的基準を満たすものはひとつもなかった。

　しかし，注目すべきは，E-リスク研究の記録から得られた6種類の小児期の被害のそれぞれの影響を個別に評価すると，その結果はより興味深い，期待できるものとなったことである。小児期の被害と遺伝子のメチル化を関連づける48の効果が検出されただけでなく，そのすべてが多重検定の統計的基準を満たしていたが，そのうちの39の効果は性的被害に関係していた。これらの所見は，小児期の性的被害が成人期早期の全血中の安定したDNAメチル化の違いと関連しており，いくつかのエピジェネティックな理論と一致して示していることを示唆する。しかし，私たちの記録によると，1600組以上の双子のうち29例だけが性的被害を受けていたので，これらの知見の意味を考える場合，私たちは慎重になる必要がある。さらには，思春期の性的被害に焦点を当てた調査では，同じ性的虐待／メチル化関連が観察されなかったという事実もあった。そして，それと同様に重要なことは，第17章で詳細に述べられる小児期逆境体験の後ろ向き研究によれば，成人の性的虐待の記憶はエピゲノムの多くの場所でメチル化と関連していることがわかったが，検出された22の効果のうち，子ども時代の記録に基づく性的虐待を予測因子として用いた場合に見出された39のメチル化関連効果と共通するものはなかったということである。言い換えれば，小児期の性的虐待の前向き研究と後ろ向き研究の両方がメチル化を予測していたにもかかわらず，メチル化遺伝子のいずれも2つの分析で同じことが証明されなかったのである。言うまでもなく，性的被害の後ろ向き研究と前向き研究におけるこのような所見の違いを考えると，出てきた性的虐待の所見にさえ自信をもつことが難しくなった。

　被害が精神病症状に及ぼす影響を研究したときと同様に，被害体験が慢性的または繰り返し及ぼす影響を考慮して，累積的なストレスを尋ねる必要があった。ここで重要なことは，小児期により多くの形態の被害を経験したE-リスク研究参加者は，思春期にも被害を経験しているということである。小児期と思春期の両方で複数のタイプの被害を受けることがDNAメチル化と関連しているという限定的で予備的なエビデンスがいくつか検出されたが，喫煙を再び考慮に入れると，検出されたわずかな影響は消滅した。二度目の発見では，最初の発見は，今回は小児期と思

春期にわたる多重被害という形での累積ストレスを伴うものであったが、エピゲノム全体のメチル化に対する喫煙の（相関性のある）効果によるものであり、偽物であるように思われた。言うまでもなく、それは私たちが慎重なアプローチを選択し、初期の知見に挑戦し、それによって早計に私たちの初期の知見を受け入れ、本当に何かを発見したかのように振る舞うという過ちを避けるためによいことだった。

候補遺伝子アプローチ

　この時点までの私たちの知見は残念なものであったが、被害の影響がメチル化のエピジェネティックなメカニズムに及ぼす影響については、その見当がついてきたにもかかわらず、ほとんど何も起こっていないと結論づけるにはまだ早い段階であった。先に示したように、私たちの限られた成功は、エピゲノム全体に焦点を当てた（すなわち EWAS）ことによって網を広げすぎた結果である可能性が残っていた。特定の候補遺伝子、特に生理的ストレス応答システムに関連することが知られており、他の研究で逆境の指標に関連していることが判明している遺伝子のメチル化に焦点を当て、調査の範囲を狭める必要があったのかもしれない。これにより、私たちは 6 つの候補遺伝子に焦点を当てることになった。6 つの候補遺伝子のそれぞれについてエピゲノムワイドアプローチを実施する際に、先に説明したすべての解析を繰り返したことと、エピジェネティックなメチル化に対する被害効果を検出するためのこの 2 回目の大規模な取り組みが、前段階の調査と同様、いやそれ以上に限られたものであることが判明した。言い換えれば、「手を抜かない」という私たちの戦略は、エピゲノム上の環境影響を検出するという点では成果を上げられなかったということである。

　5 段階のエピジェネティクスの冒険を計画していたにもかかわらず、これらの残念な結果は、エピジェネティックなメチル化が精神症状のアウトカムを予測しているかどうか（第 4 段階：B → C）、および被害ストレスが精神症状に及ぼす影響を媒介しているかどうか（第 5 段階：A → B → C）を検証するという、予想されていた工程の最後の 2 段階に進む根拠がないことを意味していた。環境への暴露である被害ストレス（さまざまな種類がある）は、全エピゲノムレベルでも候補遺伝子レベルでも遺伝マーカーのメチル化を一貫して予測しなかったため、またその結果、被害が精神症状に及ぼす影響を調整することができなかったため、エピジェネティクスの調査は終了した。これだけの研究をしてきたのであり、私たちが失望したのは当然のことである。

結論

　この章で紹介する研究を行った時点では，人生の最初の20年間の被害ストレスに対する人間の反応としての，エピジェネティックな変化について，これまでに行われた中で最も包括的な調査であった。研究を実施する前に，私たちはエピジェネティクスの冒険の予測と結果として注目する環境的・発達的な精神的構成要素を特定した（第1段階）。多重被害が精神症状（第2段階）を予測するだけでなく（実際にそうであった），DNAのメチル化（第3段階）も予測するが（実際にはわずか），メチル化は精神症状を予測し（第4段階），さらに多重被害による精神症状への影響を緩和する（第5段階）という仮説を立てた。第3段階での結果があまりにも限定的であったため，当初の計画をさらに進めるには十分な実証的根拠がなかった。新しい遺伝学であるエピジェネティクスの調査を終了するときが来たのである。しかし，私たちが発見したもの，あるいは発見できなかったものをどう考えるべきなのであろうか？　ここで私たちは2つの考えをもった。

　私たちの中には，被害の測定値とメチル化を経験的に結びつけることはほとんどできていないと感じ，人間のDNAメチル化に対する発達的逆境の影響について他の研究者によって報告された初期の知見を懐疑的に捉える声もあった。最終的な結果として，成人期早期の精神症状に明確かつ因果関係があると思われる優れた環境予測因子を得られただけでなく，この同じ予測因子は，多かれ少なかれメチル化測定とは無関係であったり，ほとんど関係がなかったり，せいぜい矛盾していたりすることを明らかにした。これは，小児期の被害，思春期の被害，または発達の両期間にわたる累積的な被害の影響に焦点を当てているか，あるいは多重被害や特定の形態の被害を考慮しているかにかかわらず，多かれ少なかれ当てはまっていた。このような残念な状況は，ゲノム全体のレベルでのメチル化に焦点を当てた研究，あるいは特定の候補遺伝子に焦点を絞った研究にも特徴的であった。おそらく発生学の研究者たちは，人間のDNAメチル化に対する逆境の影響についての先行研究の結果を受け入れようとしすぎたため，先走ってしまったのではないかと思われる。なお，そうした科学的な文献や人気のある記事の記載が，実際にはそれほど説得力のあるものではなかった。言い換えれば，私たちは，人間の発達論者が従属変数としての遺伝子に興味を示したオリジナルのげっ歯類の研究ではなく，むしろこの主題に関する人間の文献に出現した知見の多様性に疑問をもっていたのである。

私たちはまた，この章で先に引用した「エビデンスがないことは，ないことのエビデンスではない」という格言を真摯に受け止める必要があると思われる。というのも，私たちの調査は，どれだけ広範囲かつ非常に深いものであったとしても，それがこの問題の最終的な回答というわけではない。そもそも私たちは，被害によって影響を受ける可能性のあるエピジェネティックなプロセスはほかにも存在するなかで，そのひとつであるメチル化にのみ焦点を当てた。おそらく，これらの他の遺伝子発現メカニズムを測定していたら，逆境がエピゲノムに及ぼす影響について，より説得力のあるエビデンスが明らかになっていただろう。それから，私たちは小児期および思春期における被害の影響を評価した。しかし，メチル化に対する逆境の影響が，発達の早い時期，例えば乳児期や就学前の時期にも明らかになる可能性が高いとしたらどうであろうか？　オリジナルのげっ歯類の研究では，エピジェネティックな影響力をもつことが証明された，母親ラットによる舐めたり毛づくろいしたりする行動は，発達の最初の数日，新生児期に発生していた。第7章と第8章の焦点である「NICHDによる早期の子どものケアと若者の発達研究」は，生後6か月から子どもとその逆境に関連した経験の測定を開始しているので，メチル化への影響を明らかにするのに適した立場にあったのかもしれない。残念ながら，その調査にはこの問題に取り組むための予算がなく，また，その調査が行われていた時期は，メチル化の研究はほとんどの発達科学の研究者にとっても馴染みのあるものではなかった。

　私たちの発見のほとんどが無効な所見だと結論を出す際に考慮すべきもうひとつの要素は，血球中のどんな成分について，メチル化に対する逆境の影響をどこで探したかということである。メチル化に対するストレスや逆境の影響は，血球中のDNAで明らかになるはずだと信じるに足る理由はいくらでもあるが，私たちが探索した影響を探すのに適した場所は脳そのものであった可能性がある。最初のカナダの研究者たちがげっ歯類の従属変数としての遺伝子を調べたり，他の研究者が自殺の犠牲者を調べたりしたときには，この場所を調べていたことを思い出してほしい。しかし，もちろん，私たちは脳細胞にアクセスすることができなかったので，少なくともメチル化に対する逆境の効果に関しては，被害の効果が身体の特定の組織に特異的で，他の組織には特異的ではないというこの可能性を確認することも否定することもできなかった。

　また，ゲノムワイドなメチル化分析を行った結果，ある解析では40万件以上，全体では200万件以上の比較を行うことができたが，エピゲノムの中には現在の技術では調査できない場所があったことも見逃せない事実である。同じことが候補

第 16 章　エピジェネティクス，あるいは従属変数としての遺伝子　　303

遺伝子の選択にも当てはまる。これらの遺伝子は，逆境とメチル化を結びつける以前のエビデンスに基づいて慎重に選択されたにもかかわらず，私たちの 6 つの候補遺伝子は，候補遺伝子の可能性のあるリストを網羅したわけではない。他の遺伝子に焦点を当てれば，メチル化のエピジェネティックなプロセスに対する環境要因のより説得力のあるエビデンスが得られたかもしれないし，従って従属変数としての遺伝子も得られたかもしれない。

　これらの考察をまとめると，最初の考えについて整理することができた。被害体験が遺伝子のメチル化に及ぼす影響について，E-リスク研究では何も起こらなかったことは事実であるが，私たちはいくつかの知見をダブルチェックするためにダニーデン研究を振り返ったときに，同じことが事実であることがわかった。だからといって，他の部分に注視していたら，あるいは注視できていたら，同じような残念な結果になっていたとはかぎらない。ときが経てばわかることである。確かに，この最後の観察は，私たちのエピジェネティクスの研究や他の研究について，次のように考えることができる。より踏み込んでいえば，今後は逆境──あるいはポジティブで支持的な経験や暴露──が，人間におけるメチル化のエピジェネティックなプロセスを介して遺伝子発現に影響を与えると主張する人たちの側にかかっている。しかし，この問題を解決し，説得力のあるエビデンスを提供するためには，調査は探索的なものではなく，より仮説に基づいたものでなければならない。研究者は，何を見つけようとしているのか，つまり，エピゲノムのどこを探すのか，また，どのような暴露や経験に反応して，効果が検出可能であるのか，より具体的な情報を得る必要がある。

　先に述べたことを繰り返すが，これらのコメントをするにあたって，私たちは先人たちを中傷するつもりはない。実際，私たちはこの章で詳述した仕事を遂行するためにその肩に頼ってきた。つまり，私たちは「シーザーを称えるために来たのでもなく，葬るために来たのでもない」〔シェイクスピア『ジュリアス・シーザー』のせりふのもじり〕のである。ストレスや逆境がメチル化というエピジェネティックなプロセスを介して遺伝子発現に影響を与え，それによって心理的・行動的機能に影響を与えるという考え方である。私たちは，これまで注目してきた科学の木を植え，育てるために費やしたすべての努力を考えると，エピジェネティクスの研究からより大きな収穫を期待していた。行動の面では，被害が成人期早期の精神症状と明らかに因果関係があることは十分に証明されたが，同じことがメチル化についてはいえなかった。

第VI部

歳をとるということ

第
17
章

小児期逆境体験と
成人期の身体的健康
Childhood Adversity and Physical Health in Midlife

何章も前に指摘すべきであったかもしれないが，人間の発達，特に小児期と青
年期に関して研究するにあたり，ある重要な区別をするのに遅すぎることは
ない。その区別は，少なくとも２つのタイプの発達研究者が存在するという事実
と関係がある。一方の研究者は，標準的な発達のプロセス，つまり，典型的な乳児，
児童，青年が成長につれてどのように変化するかに魅了されている。そのような
研究者は，言語の出現などのトピック——まだ言葉を話せない定型発達の乳児が，
最初にそれらを理解している証拠をどのように示し始め，次に最初の言葉をどのよ
うに展開し，それからどのように２つの単語を組み合わせて最初の文を作り，さら
により多くの単語，やがて文法の基本をどのように習得していくのか——を調べ
る。もう一方の研究者は，身体的・生理的発達に関心をもち，性的成熟のプロセス
を調べる——思春期の移行中に，ホルモン過程がどのように変化するか，それに
ともない，定型発達の子どもの身体がどのように大人の身体になっていくのか。同
様に，社会的発達を研究する研究者も，乳児，幼児から青年期に至るまで，向社会
的および反社会的行動が平均して時間とともにどのように発達するかを調べる。

　本書をここまで読み進めた人は誰でも，特に章を順番に読んでいる場合，先ほど
強調した種類の発達的調査が私たち自身の知的関心を反映しておらず，それゆえに
私たちが追求する種類の発達をめぐる冒険を反映していないことを理解するであろ
う。私たちはいわば異なる発達研究種族のメンバーである。定型発達の標準的なパ
ターンに興味をそそられる代わりに，私たちを魅了するのは**個人差**である。人間の
発達と身体，精神，行動の事実上すべての側面についてのひとつの真実は，個人差
は例外ではなく標準であるということである——もちろん，例えば，誰もが２本
の腕，２本の脚，消化器をもち，そして最後の例として，深刻な神経学的問題や日
常生活で言語に触れる機会がない場合以外で，言語を習得する能力をもつという基

307

本原則を除いて。多くの研究者は，代表的な人，平均的な人，多様性の範囲の中央にいる人を描写しようと努めているが，私たちの関心はしばしば，分布の端にいて，平均的な男女とは特性や行動が著しく異なる人々にある。つまり，私たちのような個人差研究者は，なぜ一部の人々が深刻に反社会的，抑うつ的，創造的であるのかを理解したいと考えている。

すでに明らかなように，私たちは「乳児，幼児，児童，青年など，同じ年齢の人々同士でなぜこれほど異なった機能を果たすのか」という問いに導かれる。なぜ人生早期に日常的にルールを破るようになる子どもがいるのか（第6章），または第7章で見たように，なぜ他の人よりも早く性的に成熟する子どもがいるのか。人々の間のこうした違いを形づくるのは，遺伝子，家族，仲間，あるいは地域なのか。また，人生早期の個人差は，青年期，成人期早期，そしてこの章と第18章が関心を置く成人期中期の発達的個人差にどのような結果をもたらすのか。これは個人差研究の領域である。

そしてもちろん，のちの人生の機能に対する小児期・青年期の起源を論じることは，本書の第二のテーマである。ここでは，成人期の身体的健康の多様性に焦点を当てるため，実際には第二のテーマの延長である第三のテーマを論じるために，その焦点を拡張する。つまり，問題は「成人期の身体的健康は，人生の早い段階で成長し機能する経験に関連しているか？」ということになる。本書の他の箇所，例えば，青年期以降の持続的なマリファナ喫煙の身体的健康への影響を考えるときなどには，この問題に触れてきた（第11章）。しかし，この章と次の章では，この問題が主要な関心事になる。

個人差の観点から心理的・行動的発達が人生早期の経験によってどのように形づくられるかについて考えることが，おそらく文字の発明の前にさかのぼる非常に長い歴史をもっていることは興味深いことである。プラトン（Plato）とソクラテス（Socrates）は確かにこの問題に興味をもっていた。また，哲学をわずかでも学んだ者であれば誰でも，子どもは本質的に善良に生まれ，子ども自身の仕掛けに任せれば敏感で思いやりのある，協力的な個人に成長するのであり，それをほとんどではないにしても損なわせるのは家族や社会であると主張した，18世紀のフランスの哲学者ルソー（Jean-Jacques Rousseau）のロマン主義的理念に遭遇してきた。おそらく，だからこそルソー自身はわが子を捨てることに何の懸念も抱かなかったのだろう（あるいは，私たちは「逆の因果関係」のケースを扱っているのかもしれない。もしかすると，ルソーは最初に子どもを捨て，その後，その悪行を正当化するために自らの理論を発展させたのかもしれない！）。

第 17 章　小児期逆境体験と成人期の身体的健康　　309

　子ども時代の経験が人間の発達に及ぼす影響に関する科学的研究は，前世紀の半ばごろにさかのぼる。特に，この研究のほとんどは，19 世紀の推測的な思考と同様に，典型的には家庭における養育の特徴と質がのちの心理的・行動的発達をどのように形づくるかに焦点を当てていた。これが，わずか約 20 年前に起きたこと（そして，それが本章の焦点である）を非常に興味深いものにしている理由である。小児期の発達経験と環境暴露が後年の**心理的・行動的発達**に及ぼす影響に関する研究は衰えることなく続けられているが，おそらくより着目する価値が高いのは，成人期の**身体的健康または深刻な疾患**に焦点を当てた発達的な理論と研究の比較的最近の出現である。この主題への関心は，健康と疾病の発達的起源に関するまったく新しい探求の分野を生み出した。それは心理学者，精神科医，あるいは発達研究者（つまり，私たちのような科学者）ではなく，成人期の健康状態の悪化が小児期やそれ以前の胎児期，さらには受胎前（！）にルーツをもつ可能性があることに気づいた医師によって開始された。今日，これはやや明白に思えるかもしれないが，驚くべきことは発達研究者が「そこにたどりつく」のに，長い時間を要したことである。

　それはなぜであったか？　ひとつの理由は，第 12 章の終わりに触れ，第 13 章で検討したように，西欧文化があまりにも長い間，心と身体を区別してきたこと，そして，多くの側面で今もそうであることにあると思われる。つまり，精神の本質と特徴（つまり心理と行動）は，身体とは根本的に異なる，さらには無関係であるとみなされる。伝統的に，精神と行動は心理学と精神医学の主題であり，身体は生物学と医学の主題であった。今日もときとして，この二元論的視点が働いているエビデンスを見ることができる。ある者に利益をもたらす可能性のある治療は遺伝的に異なる他の人には利益をもたらさないように思われるため，多くの人は医師が遺伝的差異に応じて各患者を異なる方法で治療する可能性があるという考えに驚くことはない。腫瘍学（がんの研究，診断および治療）は，おそらく他のどの医療専門分野よりもこの現実を体現している。結局のところ，「個別化治療」という概念そのものががん治療に登場したのは，がんは遺伝的に互いに大きく異なることを腫瘍学者が認識するようになったためである。つまり，一部のがんを破壊するのに役立つものは，他のがんには影響を与えない。その治療法は「ふさわしい」種類のがんを患っている者にとっては素晴らしいニュースであるが，悲しいことに，他のがんを患っている人にとってはしばしば人生の終わりを意味する。

　しかし，行動発達を同じように考えるという考え方は，多くの人にとって受け入れがたいものである。遺伝学を扱った本書の第 V 部で明らかにしたように，とり

わけ，特定の遺伝子をもっている人は，異なる遺伝子をもっている人よりも，不適切な養育を受けたときに，例えば，反社会的行動を発達させたり（第13章），抑うつに陥ったり（第14章）する可能性が高くなる。しかし，より多くのエビデンスが得られて，この考えが個人を特別扱いすることにつながったとき，なかには愕然として，「ある人々を他の人々より先に予防や介入のプログラムの対象とするなど，特別扱いをすべきではない。それは公平ではない」と言う人も現れるであろう。しかし，個別化されたがん治療のように，エビデンスが説得力のあるものになったときに（また，そのときにのみ），それが公平でないのはなぜか？　なぜそれほど多くの人が，心理的・行動的疾患を予防または改善するための個別化治療の可能性を受け入れることに抵抗を感じるのか？　ここでいう治療とは，子どもの問題の発症を予防または改善することを目的に計画された，いくつかの新たな介入研究が示しているように，一部の子どもには効果があるが，他の子どもには効果がないような治療のことである。

　この章での私たちの目的は，この心身二元論の問題を解決することでも，実際にそれについて何かを言うことでもない。ほとんどの発達研究者がこの章の焦点である冒険，すなわち健康と疾病の発達的起源（Developmental Origins of Health and Disease: DOHD）の調査に行きつくのになぜそれほどに時間を要したのかを強調するために，心身二元論の問題を取り上げたにすぎない。

成人期の疾病の発達的起源

　健康と疾病の発達的起源（DOHD）に関する研究のほとんどは，第1章から繰り返し明らかにしたように，本質的に制限された研究アプローチに依存している。これは，医師が小児期・青年期の逆境体験が成人期の健康を損なわせるか否か，また，どのように損なわせるかを明らかにしようとする画期的な研究の多くで，成人患者の生活を「振り返って」，他の人より健康な人が成長の過程で異なる発達経験や環境暴露をもつか否かを確認したためである。言い換えれば，彼らは成人患者に小児期について質問した。

　心理的・行動的発達を研究する私たちは，このアプローチの深刻な限界を古くから認識してきた。実際，第1章で指摘したように，これは本書の中核となるような縦断的研究が行われる理由そのものである。家族内やそれ以外の人生経験が発達にどのように影響するかを明らかにするためには，その経験が**生じたときに**研究を行

うのが最善である。人々は自らの人生の重要な側面であっても思い出せない可能性があること，また，それは特にトラウマ的または痛みを伴う経験である場合に生じやすいことを忘れてはならない。それは一種の心理的防衛として，精神が経験を隠し，それを思い出したり，まして追体験したりしないように保護しているかのようである。しかし，これは思い出せない小児期の逆境が人々の成長に影響を与えないということを意味しない。

　幼少期の家庭での経験がのちの健康と発達にどう影響するかを理解する上で障害となるのは，幼少期の出来事を想起できないことだけではない。人々はまた幼少期に生じたことを歪める可能性がある。第5章で養育の世代間伝達を検討する際に述べたことを繰り返すと，そのような歪みは少なくとも2つの形を取る。最初に考慮すべきは，実際よりもはるかにポジティブな形で幼少期を振り返る理想化である。こうしたケースでは，幼少期の説明において支持的なケアの詳細が欠けているため，「私には素晴らしい両親がいた」「私の幼少期は素晴らしかった」などの大まかな一般化を超えることができない。

　記憶の歪みの2つめの形は，ネガティブな気分または抑うつ状態によるものである。こうしたケースでは，まるで灰色がかった眼鏡を通して過去を含む世界を見ているかのようである。人が抑うつ的になったり，不安になったり，敵意を抱いたりするときに容易に思い浮かぶのは，それが幼少期を特徴づけるものでなかったとしても，成長の過程で受けた侮辱，攻撃，不適切な扱いである。それは家庭でのポジティブで支持的な経験にアクセスできなくなったかのようである。

　「小児期逆境体験（Adverse Childhood Experiences: ACEs）」が中年の身体的健康をどのように損なわせるかについて，医師や他の領域の研究者によって大衆紙やメディアでますます多くの研究が発表されるのを見て，私たちはそのような研究から引き出された結論の妥当性について疑問を抱かざるをえなかった。明確でなかったのは，こうした疾患の発達的ルーツに関する研究を実施している医学研究者が，幼少期の経験の回顧的報告への依存に関連するリスクを知らなかったのか，あるいは，心理学の文献で何十年も議論されてきた上述のような懸念を単に無視することを選んだのかということであった。

　しかし，私たちが理解したことは，私たちが健康と疾病の発達的起源を明らかにしながら，ACEs の回顧的アセスメントの長所と限界を評価する理想的な立場に立っているということであった。これは，前向きおよび後ろ向きの ACE 測定が互いに類似している程度を評価するとともに，それぞれの ACE 測定が成人期の健康を予測する精度を比較することができたためである。こうした特定の目的のために，

ダニーデン研究の一環として，研究参加者が38歳のときに回顧的（後ろ向きの）ACEs を測定した。この ACE をめぐる冒険の局面における知見を詳細に報告する前に，小児期逆境体験と将来の健康の関連を調査した ACE に関するこれまでの研究の結果を要約する。

成人期の健康の小児期における起源

　小児期の逆境が成人期の身体的健康に及ぼす影響を評価する最初の 2 つの調査では，家族の「社会的住所（social address）」と呼ばれるもの，私たちの研究の場合は社会経済的状況（つまり研究参加者の社会階級の起源）に焦点を当てた。前述のコーネル大学のユリー・ブロンフェンブレンナー教授（Urie Bronfenbrenner）によって作られた**社会的住所**という用語は，社会階級が社会における家庭の社会的・経済的地位を特定するものの，経済的に不利な家庭においてより頻繁に生じることが知られている特定の逆境経験——例えば，不適切養育や母親の抑うつ——を特定の子どもが特定の家庭で実際に経験しているか否か，そして，それらが発達に影響を与えるかどうかを確実に特定することはできないことを強調するものである。このことは家族に関する社会的住所の他の特徴についても当てはまる。家族の背景に関する考え方を 2 つだけ挙げるなら，家族構成（例えば，ひとり親か二人親か）や近隣環境（例えば，安全か危険か）などがそうである。言い換えれば，子どもが下層階級の家庭で育ったことを知ったからといって，実際の「生きた経験」，つまり，実際に虐待を受けたのか，母親が抑うつ的であったのかを知ることはできない。

　医師による ACE 測定の導入が非常に重要であったのは，特定の家庭の影響について考えるために，社会的住所アプローチを超えて，健康に関連する発達的調査を進めようとしたことであった。つまり，ACE 測定は，身体的健康とウェルビーイング（幸福）に影響すると考えられる発達経験と環境暴露を捉えるためにデザインされた。しかし，社会的住所アプローチを超えた私たちの健康関連研究について紹介する前に，小児期における研究参加者の家庭を特徴づける理想的とはいえない方法を用いて私たちが学んだことを見てみよう。

　小児期逆境の健康への後遺症に関する私たちの最初の研究では，発達途上における子どもの社会階級の起源，つまり社会経済的貧困が，26歳時点の身体的・歯科的健康を予測するか否かを評価した。この研究は，子どもが 3 歳，5 歳，7 歳，9 歳，11 歳，13 歳，15 歳のときに反復測定された両親の職業的地位の平均に基づい

ていた。私たちがこのような方法を用いたのは，「細分型」ではなく「併合型」であるという方法論的理由だけでなく，ライフコースの初期段階における単一時点での社会経済的状況が発達途上の不利（または有利）な経済的状態への累積的な暴露を必ずしも反映しないという理由による。私たちの調査では，病院の記録を利用して，研究参加者自身の出生時の健康状態（例えば，未熟児や出生体重）だけでなく，彼らが生まれる前の妊娠合併症（例えば，母体の糖尿病，高血圧，子癇）をも考慮した。私たちがこれらの要因の効果を統計的に統制したのは，社会経済的状況の低い家庭で育った研究参加者が平均して出生時の健康状態が悪いことをすでに発見していたためであった。つまり私たちは，このよく知られた発達的事実のアーティファクト（結果）として，社会経済的状況の将来の健康に対する潜在的効果が生じることを望まなかった。

　結果は，身体的健康の4つの測定値のうち3つ（ボディ・マス指数，ウエスト・ヒップ比，心肺フィットネス；収縮期血圧は関連なし）が社会階級の起源と段階的な用量反応関係を示すことを明らかにした。小児期の経済的貧困が増大するにつれて，成人期早期の健康状態の悪化の兆候が増大した。同じことが，歯のプラークの量，歯茎の出血，歯周病，歯の表面の腐敗を指標とした歯の健康にもあてはまった。これらの表現型は，すべての研究参加者に26歳時点で実施された歯科検診により測定された。26歳時点での研究参加者自身の職業的地位が統制された場合でも，小児期の経済的貧困が身体的・歯科的健康に及ぼすこれらの効果のすべてが残存したことから，この知見は彼らの社会階級の「行き先（destination）」，すなわち成人期における社会経済的状況（SES）の結果ではないことが示された。

　6年後の32歳時点で再び研究参加者に会ったとき，私たちは特に心血管疾患のリスクに焦点を合わせた。この目的のために，32歳時点での心血管リスクの上昇を捉える上で6つのバイオマーカー（安静時収縮期血圧の高さ，非空腹時総コレステロールの高さ，非空腹時高密度リポ蛋白コレステロールの低さ，糖化ヘモグロビン濃度の高さ，心肺フィットネスの低さ，および肥満）の組み合わせを用いた——私たちが「併合型」であるために。26歳での調査結果と同様に，研究参加者の社会階級の起源が問題となった。慢性的に低SESの家庭で育った者は，心血管疾患のリスクが2倍以上高かった。重要なことに，両親のいずれかが喫煙者であるか，飲酒の問題を抱えているか，心臓病を患っているかを指標とした家族性の脆弱性を考慮したとき，これらの結果はいくぶん弱まったものの残存した。これは，喫煙，飲酒，違法薬物の使用，高ボディ・マス指数を指標とした青年期の健康を損なう行動を考慮したときも同様であった。

研究参加者の出身家庭の人口統計学的特性（つまり社会経済的状況）に関連する両方の成人期早期の知見から，私たちは健康に関連する小児期の後遺症をより深く掘り下げることに特に興味をもった。実際，特定の小児期逆境体験を調査することにより，家族の社会的住所を超えて，実際の「生きた経験」，特に経済的に恵まれない家庭においてより多く生じることがわかっている逆境体験が成人期の健康にどう影響するかをよりよく理解することができる。したがって，私たちのACEへの冒険の残された課題の最初の段階は，ACEsの後ろ向きおよび前向きな測定が研究参加者の発達史について同様の像を提供するか否かを判断するためにデザインされた。言い換えれば，研究参加者が小児期について思い出したことは，私たちが発達途上に収集した情報に基づく実際の事実とどの程度一致していたか？ 第2段階では，これら2つの発達史測定が成人期の健康を予測する能力を比較した。ここでは，成人期の健康障害の小児期におけるルーツを理解する上で，後ろ向き測定には限界（あるいはもしかすると利点）があるか否かを判断しようとした。私たちの既存の見解を踏まえると，成人期の健康を予測することに関して，小児期逆境体験の後ろ向き評価は，小児期に得られた前向きな測定よりも精度が低いことが証明されると予想された。

小児期逆境体験の前向き測定と後ろ向き測定は
小児期について同じ像を描くか

後ろ向きおよび前向きに測定された小児期逆境体験（ACEs）を比較するため，小児期と成人期の両方で前向きに評価された経験に焦点を合わせた。実際，ACEsの概念化に関しては，米国疾病予防管理センターが明確に示したアプローチに従った。これは5種類の子どもへの危害と5種類の家庭の機能障害を測定することを意味する。危害に関しては，身体的虐待，精神的虐待，身体的ネグレクト，精神的ネグレクト，性的虐待に焦点を当てた。家庭の機能障害については，家族の投獄，家族の薬物乱用，家族の精神疾患，親の喪失，夫婦間暴力の観点から定義されている。

これらの構成概念の前向き測定に関しては，データ・パントリーに戻り，子どもが3歳，5歳，7歳，9歳，11歳，13歳，15歳の時点での研究アセスメント中に作成された記録を収集した。これらの記録はさまざまな情報源に基づいている。それは社会福祉機関や小児科医との接触，子どもと親にインタビューした評価スタッフのメモ，プロジェクトオフィスで母子の相互作用を観察した研究者から得られた

情報，公衆衛生看護師による家庭訪問中の記録，子どもの行動とパフォーマンスに関する教師の報告を含む。親の犯罪に関する情報は，親が記入した質問紙によって得られた。

　家庭におけるACE関連の経験を後ろ向きに評価するために，研究参加者が38歳のときに，医学研究者が研究で使用してきたのと同じ質問紙（小児期外傷質問紙）に回答を求めた。この測定尺度を用いて得られた情報を補足するために，質問紙でカバーされていないトピックとして，家族の物質使用，精神疾患，投獄，夫婦間暴力，および，別居，離婚，死亡による親の喪失についてインタビューした。

　両方の情報セット（前向きおよび後ろ向きに測定されたACEsに関する情報）が収集されたあと，米国疾病予防管理センターによって提供されたACEsの定義について，（コーディングする）評価者のトレーニングが行われた。次に，データ・パントリーからの情報を用いて，10個のACEs（5種類の虐待と5種類の家庭の機能障害）のそれぞれの有無がスコアリングされた。つまり，医学研究者らが後ろ向きACEsを定量化した方法に合わせて，すべての研究参加者に1から10の範囲の前向きACEスコアが割り振られた。重要なことに，ACE関連の前向きデータをレビューおよびコーディングした人々は38歳時点で研究参加者が後ろ向きに回答した内容について知らされていなかった。

　これにより，私たちはACEsの前向きおよび後ろ向きの測定が小児期の逆境について同様のストーリーを語る程度を評価できる立場に立った。ACEsの後ろ向き測定で高，中，低のスコアをつけた研究参加者は，前向き測定でも同様のスコアを得る傾向があったか？　答えは，ある程度までは「イエス」であったが，決して十分な程度ではなかった。2つの測定値は，まったく異なるものを引き出したわけではなかったが，同じものを引き出したわけでもなかった。実際，（前向きの）小児期の記録によれば4つ以上の家庭の逆境を経験した60人の研究参加者を綿密に調べたところ，半数以上が（後ろ向きに）この一部しか報告しなかった。同様に注目に値するのは，発達途上に4つ以上の家庭の逆境を経験した10人の研究参加者が，それらをまったく回想しなかったか，1つしか回想しなかったことである！

　しかし，前向き測定のエビデンスと回想の不一致は，小児期の逆境体験のそうした「選択的除外」（成人期における）を明らかにしただけではない。**除外**という用語を使用することは，それが意図的または意識的に行われたことを意味するものではないことを理解してほしい（小児期逆境体験は，それを思い出さなかった研究参加者にとっては，単にアクセスできなかったものと思われる）。前向き測定の記録によると，10の逆境体験のいずれも経験しなかった研究参加者の10%が，3つ以

上の経験を回想した！　言い換えれば，回想は，小児期の家庭の逆境体験の過少報告と過大報告の両方につながった。私たちのデータはこれをかなり明確にしているが，ACEs の前向き測定が決して確実なものでないことを認めなければ，私たちは怠慢ということになるであろう。ダニーデン研究のデータ・パントリーが，一部の研究参加者の逆境に関する隠された情報を欠いている可能性は確かに残っている。例えば，一部の研究参加者が子どものころに性的虐待の被害者であったことを回想したのに対し，（前向き）データ・パントリーにはこれらの記録がないことはありうる。また，当事者が小児期逆境体験を十分強く信じていれば，それが現実でなくとも健康に影響を与えようと理解することも重要である。

　前向き測定の潜在的な限界を認識し，私たちは「顕微鏡の倍率を上げ」，多様な逆境体験の「併合」に基づく要約スコアではなく，個々の逆境体験のレベルで，2つの ACE 測定の一致をより綿密に検討することを決めた。おそらく，一致と不一致は，ある種の逆境は正確に思い出すことがより容易であり，その他の逆境はより困難であることに起因するものであった。それはまさに私たちが見出したことである。実際，それぞれの逆境に関する一致は，親の喪失のように優れたものから，精神的虐待のように非常に低いものまで，広範囲にわたった。このことは，2つの ACE スコアの間で初めに見出された全体的なレベルでの中程度の一致が，親の喪失に関する非常に高い一致によってもたらされ，さらには増幅されたことを示唆していた。事実，ACE スコアの計算からこのひとつの項目を除外すると，後ろ向き測定と前向き測定の一致レベルが 40% 低下した！　両者の一致はもともと高くはなかったことを思い出してほしい。言い換えれば，ACE 情報をより詳細に調べると，前向き測定と後ろ向き測定の一致が，当初報告されたよりも，さらに限定されたものであることが明らかになった。これは，健康と疾病の発達的起源に関する医学的研究（または医師による患者の治療）において，成人患者の回想に基づく ACE 測定を額面どおりに受け止めるべきでないことを示唆する具体的なエビデンスである。

ACEs の前向き測定と後ろ向き測定の予測力

　小児期逆境体験の回想の誤りを記述し評価することは確かに重要であるが，科学と健康実践の両方にとってより重要な問題は，成人期に回想された ACEs が，特に小児期と青年期に作成された詳細な記録に基づく ACEs と比べて，成人期における他の機能とどの程度よく関連しているかである。後ろ向きおよび前向きの ACE 測

定の両方が同様に成人のウェルビーイングを予測するのであれば，すでに述べた前向き測定と後ろ向き測定の「ずれ」または不一致は，当初考えられたよりも小さな問題となる。

　成人期（38歳時点）のウェルビーイングを予測する上での後ろ向きおよび前向きのACE測定の精度を比較することへの関心から，研究参加者が話した内容に基づいて4つの**主観的な**健康指標を作成するとともに，私たちが実施したテストと収集した生物学的サンプルに基づいて2つの**客観的な**結果指標を作成した。最初の主観的な結果指標は，研究参加者が自らの全体的な健康をどのように評定したかによって，身体的な健康を把握するものであった。2番目の主観的指標として，予定の記憶，店に行った理由の回想，誰かに同じ話を繰り返すことなど，日常的なタスクにおける困難さについての19の質問への回答に基づいて，認知的な健康を把握した。精神的な健康の主観的結果を測定するため，抑うつ，不安，反社会的パーソナリティ，精神疾患など，メンタルヘルス上の問題の多様な症状を評価するインタビューを行った。最後に，社会的な健康の主観的指標は，パートナーとの関係の質，オープンなコミュニケーションの活用，活動や関心の共有，力のバランス，尊敬と公平さ，感情的な親密さ，信頼に関する28項目の調査に基づいていた。

　2つの客観的な指標のうち，第一の指標は，心肺フィットネス，呼吸機能，歯周病，全身性炎症，代謝異常（つまり腹囲，高密度リポ蛋白レベル，中性脂肪レベル，血圧，糖化ヘモグロビン）など，38歳時点での複数のバイオマーカーに基づいていた。第二の客観指標は，認知的健康であり，38歳で実施した標準化知能テストの一部であるワーキングメモリの評価に基づいていた。

　上述の指標を使用して，後ろ向きおよび前向きのACE測定が成人期の健康をどの程度予測したかについて比較分析を行った。いくつかの興味深い知見が得られた。全体として，前向きおよび後ろ向きのACE測定は，38歳で自己評定および客観的に測定された健康を中程度に予測した。したがって，ACEsを前向きに測定したか後ろ向きに測定したかによらず，以前の医学的研究と一致して，小児期の逆境が大きいほど，成人期の健康状態が（やや）悪化することを示すエビデンスが得られた。これは，説明される結果指標が身体的な健康であるか認知的な健康であるか，主観的指標であるか客観的指標であるかにかかわらず同様であった。またしても私たちは決定論的発達ではなく確率論的発達のエビデンスを得た。ACEsのスコアが非常に高い者の中に健康状態が良好な者もいれば，スコアが非常に低い者の中に健康状態が悪い者もいた。

　データをさらに精査すると，非常に興味深いことに，後ろ向きのACE測定は健

康指標に対して弱い関連と強い関連の両方を示した。健康に関する４つの**主観的な**自己評定指標の個々の予測において，後ろ向き ACE 評価は，前向き ACE 測定よりも優れた予測因子であることが明らかになった。しかし，説明される結果が２つの**客観的**に測定された健康指標であった場合，正反対のことが生じることがわかった。つまり，前向き ACE は後ろ向き ACE よりも，健康のバイオマーカー指標とワーキングメモリの認知的評価の優れた予測因子であることが証明された。したがって，ACEs が成人期の実際の身体的健康にどのように影響するかを知りたい場合，後ろ向き ACE の報告は（やや）限定的であるが，個人の自身の健康に関する信念や感情について知りたい場合は，後ろ向き報告は（やや）有益であるということのようである。

結論

あらためて，私たちは，比喩的に言えば，シーザーを葬るためでも，称えるためでもなく，疾患の発達的起源に関する研究に行き着いた。小児期逆境体験を測定するための後ろ向きアプローチに価値がないことを証明したり，その有用性を実証したりすることは，私たちの ACE をめぐる冒険の目標ではなかった。むしろ，私たちの主要な目標は，小児期に実際に，また明らかに経験した逆境が実際に成人期の身体的健康を予測し，また損なう可能性があるか否かを理解することであった。言い換えれば，後ろ向き医学研究に基づいて導き出された結論が，より厳密に評価されたときに持ちこたえられるか否かを知りたかったのである。

とはいえ，この冒険に私たちがもたらすことのできる厳密さには，基本的な限界があったことを認めなければならない。おそらく最も重要なことは，報告された研究では，いくつかの代替的な説明を無視できる状況にないということである。最も注目すべきは，小児期の逆境が成人期の客観的な健康状態の悪化を予測したとしても，この研究の焦点であった予測因子と結果の両方に影響を及ぼす他の要因（第三の要因）が存在した可能性が残っているということである。とりわけ，遺伝子構成を含む特定の測定されていない子どもの特徴が，小児期の逆境と後年の健康状態の悪化の両方に役割を果たした可能性があるという点には注意が必要である。例えば，早期の気質に焦点を当てた第２章で議論したように，健康状態が悪い子どもや特定の遺伝子構成をもつ子どもが，状況によっては，小児期の逆境体験を引き起こす可能性があることは想像に難くない。実際に，発達障害のある子どもが健康な子ども

よりも虐待を受ける可能性が高いことを私たちは知っている。また，健康状態の悪い子どもや特定の遺伝子構成をもつ子ども，またはその両方の特徴をもつ子どもは，小児期の逆境がなくても，成人期の健康状態が悪くなる可能性がある。私たちがこの点について述べるのは，こうした可能性を否定するための努力がなされていない，またはできない場合，つねにその可能性を考慮する必要があることを読者に警告するためである。

　いずれにしても，ダニーデン研究の結果は，医学研究から得られる一般的な教訓を裏付けた。本書を通して見てきたように，小児期逆境体験は，心理的・行動的ウェルビーイングを損なうだけでなく，身体の健康をも損なうようである。この観察は，心と身体の間に明確な線を引くことが，人間の発達について考える上でもはや批判に耐えうる方法でないという第16章で述べた点を強調するものである。

　小児期の逆境の後ろ向き報告への依存は，特にバイオマーカーを使用して客観的に測定した場合，その正確さと身体的健康の予測力の両面で制限があることも理解する必要がある。したがって，ACE評価を医療行為に組み込んでいる医師にとって，このことと収集する情報の限界を理解することが重要である。患者が小児期について何かを報告したからといって，必ずしもそれが起こったとは限らない。また，同様に重要なこととして，何かを報告しなかったからといって，それが起こらなかったとは限らない。この後者の点は，前章で科学について述べた，「エビデンスがないことは，ないことのエビデンスではない」という点を思い起こさせるが，ここでは臨床実践にまで拡張されている。科学研究の場合，この格言は知見の欠如（つまり，検出されていないもの）に意味を吹き込むことに関係するが，ここでは，患者が起こらなかったと主張する1つ以上の逆境体験を，実際に生じていないと額面どおりに受け入れることと関係する。

　ダニーデン研究の結果は，医師による真剣な検討に値する2つの付加的な点を強調している。第一に，さまざまな理由で，患者は小児期の逆境を過大報告するだけでなく，過少報告する可能性がある。第二に，親の死などの議論の余地のない客観的な出来事は，精神的虐待などのより質的な経験よりも正確に回想される。重要なことに，これらの洞察はいずれも，今回の研究よりも先に，他の研究者や私たち自身の以前の研究によって数十年前に記述されている。したがって，成人期の健康についての洞察を得ることを期待して小児期逆境体験に関するチェックリストに評定を求める場合には，これら両方の点を理解する必要がある。発達科学，心理科学，行動科学が医学研究から示唆を受けるのと同じように，逆もまた真である。

第

18

章

小児期逆境体験の生物学的影響
Biological Embedding of Childhood Adversity

第17章と本章とは，本書の他のどの2章よりも，互いに密接に関連している。必ず本章より先に第17章を読めということではないが，第17章で述べた小児期逆境体験と客観的に測定された身体的健康との関連性を示唆する調査結果から，科学的精神にとって根本的な疑問が提起されることは指摘しておかなければならない。それは，原因らしきものと結果らしきものとを結びつける関連性について，「その原因はいかなる効果メカニズムによってその結果を現実のものとするのか？」という疑問である。

　今回のケースでは，この疑問は「人生の早期における逆境体験はいかなる仕組みあるいは機序で成人期の身体的健康を形づくるのか？」という形をとる。本章で私たちは3つの独立した生物学的メカニズムに焦点を当てるが，人生の早期の逆境体験が成人期の好ましくない健康状態にいかにして関連するのかを明らかにする場合，介在するプロセスは生物学的な性質のものに限らないことは明らかである。それらのプロセスに行動，認知，そして，感情が含まれる可能性が確実にある。おそらく，今回の文脈で考慮すべき最も重要なのは運動不足，食生活の貧しさ，そして，物質使用（例えば喫煙，過度の飲酒，および，違法薬物）といった健康を害する行動であろう。私たちはこれらの行動を，本章で関心を向ける問題——成人期の健康の起源が小児期にあることを説明する生物学的メカニズム——をめぐる冒険において主要な論点とはしていないが，だからといってそれらの行動が小児期の逆境と成人期の健康との関連を説明する上で役割を果たさないかのようには読み取らないでほしい。

　メカニズム指向の疑問は，象牙の塔での夢想の世界にとどまらず，発達がどのように作用するかを調べている研究者にとって興味深いものである。それは，基礎科学によって得られたメカニズムに対する洞察が介入と治療，つまり，応用科学にガ

イダンスを提供できるからである。これは以前の章，特に第13章で成功の遺伝学の検討において指摘されたことである。想像してみてほしい。私たちが変えられない，経済的に不利だった，または不遇であった小児期の環境が，研究参加者ののちの人生の健康問題（第17章）や，26歳，32歳，および，38歳時のバイオマーカー（生物学的指標）が示す健康不良を予測することがわかった，と。これは，私たちが意志や知識や資源をもちあわせていなかったため予測できなかったのかもしれないし，人生の早期に逆境にさらされたことが彼または彼女の発達歴において先在する（時を遡って修正することはできない）出来事であるからかもしれない。これは，その人の健康を改善するのに私たちが無力であることを意味するのだろうか？

　この質問に対する答えは必ずしも「イエス」ではない。人生の早期に働いた影響を変えることはできなくとも，それによって確立された発達の軌跡に働きかけることにおいて，私たちは少なくとも原則的に無力ではない。なぜなら，今回のケースにおいて，小児期の逆境への暴露とその後の健康障害とを結びつける経路，または，仲介メカニズムがわかれば，それらが潜在的な介入のターゲットとなるからである。私たちが何らかの行動学的または薬理学的な方法で仲介メカニズムを効果的に変えることができれば，発達の確率論的性質を考慮すると，必然的ではないにせよ起こる可能性のあったことが，もはや起こる必要がなくなるのである。このような考えのもと，私たちは本章で議論する生物学的影響をめぐる冒険において，小児期の逆境と加齢性疾患とを結びつける関連性の確立を仲介する可能性のある3つの異なる生物学的プロセスとして，炎症，ストレス生理学，そしてテロメア崩壊を調べることにした。炎症に関するデータはダニーデン研究とE-リスク研究から，ストレス生理学とテロメア崩壊に関するデータはもっぱらE-リスク研究から得られた。

　今回の調査のように，成人期の健康に対する人生早期の逆境の影響の潜在的な生物学的メディエーター〔媒介するもの〕を調査する場合でも，対立仮説について検討する必要があることを読者にいま一度警告しておく義務が私たちにはある。そこで，さまざまな種類の逆境（不適切養育やいじめなど）と炎症，ストレス生理学，あるいは，テロメア崩壊とがいつどのように関連するかに焦点を当てるとき，私たちは慣行どおり最初に得られた所見を疑うことにする。例えば，この人生早期の逆境の生物学的埋め込みの冒険では，子どもの特性（例えば，出生時体重，BMI，知的能力），親の特性（例えば，抑うつ，育児，不適切養育），および，家族の特性（例えば，社会経済的状況）の潜在的な交絡効果を差し引くように努める。そうすることで，私たちは第17章でなしえたことを踏まえ，小児期の逆境と成人期の健康との関連を調べることができる。

炎症

　私たちが炎症に——それも3つの独立した研究で——焦点を当てることを選んだのは，炎症が加齢性疾患に関連していることを示すエビデンスがすでにあるからである。炎症とは病原体，損傷した細胞，刺激物などの有害な刺激に対して身体組織が示す複雑な生物学的反応のひとつで，免疫担当細胞，血管，分子メディエーターが関与する防御反応である。炎症の機能は，細胞損傷の最初の原因を取り除くこと，その損傷や炎症過程で壊死した細胞と組織を除去すること，そして，組織修復を開始させることにある。

　本来の確立された炎症の恩恵が何であれ，慢性的な高レベルの炎症は免疫系の異常な機能を反映している。結果として，血中のC反応性蛋白（C-reactive protein: CRP）のようなバイオマーカーによって示される高レベルの炎症は，その後の人生における動脈硬化症，インスリン抵抗性や糖尿病，心疾患，および，神経変性や認知症を予測するし，それらの一因となる可能性がある。小児期の逆境が「生物学的に埋め込まれた」ことにより健康が損なわれるプロセスにおいて，その一部に炎症が関与するのではないかと仮説を立てることは，明らかに合理的である。CRPは炎症の最も信頼性の高い指標のひとつとされていることから，私たちは炎症関連の研究で特に血中CRP値に焦点を当てた。事実，CRPは，米国疾病予防管理センターと米国心臓協会が定める心血管障害の危険因子スクリーニング法における補助検査項目として承認されている。

　小児期の逆境の「生物学的埋め込み」における炎症の関与について，まず2つの調査において研究参加者の小児期に評価されたさまざまな逆境要因と32歳時に計測された炎症との関連を検討した。小児期の逆境は社会階級，不適切養育，および，社会的孤立という3つの異なる指標に分類された。社会階級は第17章と同様に研究参加者の誕生時から15歳まで繰り返し聴取された親の就労状況に基づき評価された。不適切養育は第14章と同様に生後10年間の成長に伴って聴取された子育て経験に基づき評価され，不適切養育なし，不適切養育の可能性あり，重度または確実な不適切養育ありのいずれかに分類された。社会的孤立は，研究参加者が5歳，7歳，9歳，および，11歳のときに親と教師に繰り返し行われた2つの質問により評価された。2つの質問とは，子どもが「独りで物事をする傾向がある，または，かなり孤独である」かどうか，および，子どもが「他の子どもたちから嫌わ

れている」かどうか，であった。研究参加者は 32 歳時に血液を採取され，その検体が CRP 測定に用いられた。

　炎症に関する 2 つの研究のうち，第一の研究では，社会階級はそうではなかったが，不適切養育と社会的孤立との両者が 32 歳時の血中 CRP 値の上昇に反映される炎症の増加を予測した。予測因子と結果との間には用量反応関係が認められ，不適切養育の可能性と重症度が高ければ高いほど（「なし」から，「可能性あり」「確実にあり」へと）炎症の程度も高かった。補足的なデータ解析によれば生下時体重が低い場合にも成人期の炎症の増加が予測されることがわかっていたため，小児期の逆境と CRP レベルとの解析結果からは低出生体重の影響が割り引かれた。言い換えれば，小児期の不適切養育と社会的孤立はいずれも，低出生体重の影響を超えて，30 代早期における炎症の増加を予測していた。

　ここで，第 17 章で紹介した小児期の逆境に対するアイデアに立ち返り，さらに発展させるほうがよいかもしれない。社会階級のような子どもの「社会的住所」に基づく発達経験の測定値と，不適切養育などの実際の生きた経験を反映した測定値との違いを思い出そう。それら小児期の特徴は互いに関連している傾向はあるものの，必ずしも一方が他方を暗示しているわけではないことを思い出そう。つまり，裕福な人々に比べ経済的に不利な立場にある人々の間でより起こりやすいとはいえ，不適切養育はいずれの生態的ニッチ（地位）でも起こるのである。しかし，不適切養育——または母親の抑うつ，家庭内暴力，無関心な子育てなど——を直接測定することによってのみ，それらの不遇な経験がその子どもの人生において実際にあったかどうかについて確信して述べることができる。せいぜい，社会階級などの社会的住所は，その可能性についての代替または可能性の指標にすぎず，不正確な指標となりうるものである。これが，第一の炎症研究で不適切養育と社会的孤立のみが炎症を予測し，社会階級はそうではなかったことの理由ではないかと考えられる。

そのほかの説明

　炎症に関する第二の研究では，上記のように他の危険因子とは無関係であることが証明された不適切養育の 32 歳時における影響が評価された。私たちは，不適切養育の影響を調べるにあたり，別の 3 つの付加的なリスク因子を考慮した。これらの追加解析は，小児期の逆境が炎症の増加を介して成人の健康を損なうという仮説に異議を唱える可能性のある 3 つの仮説に応えるためのものであった。まず，「併発リスク仮説」に準じて，出生時体重のみならず幼少期の社会経済的状況と知能指

数（7歳，9歳，および11歳時の評定の平均値）を統制した場合に，不適切養育が30代早期の炎症を予測するのかを評価した。このアプローチは，見出された炎症に対する不適切養育の影響が，実際には不適切養育そのものではなく，不適切養育と併発しやすいリスク因子によって引き起こされた可能性を見極めるために必要だった。結果として，併発リスク仮説は支持されなかった。不適切養育を受けた子どもは，不適切養育に併発する人生早期のリスクを経験する傾向がより高かったが，これらの併発リスク因子は，第一の研究で示された不適切養育の炎症効果を完全に説明するものでもそれに寄与するものではなかった。つまり，他の人生早期のリスクを考慮したあとでも，なお不適切養育はCRPレベルの上昇を予測していた。

　私たちが評価した第二の対立仮説は，「成人ストレス仮説」であった。不適切養育を受けた子どもたちが成人期に低所得の職業に甘んじていたり，抑うつ状態にあったり，または強いストレスを経験したりした結果として，幼少期の不適切養育が成人期の炎症に関連するようにみえるとする説である。再び，これらの可能性を評価して，炎症に対する不適切養育の影響が，主に幼少期の経験によるものではなく，後年の経験に起因するものが誤って特定されていたかどうかについて判定した。私たちは成人期の状態だけが重要であるという仮説を，もう一度棄却しなければならなかったのだ。事実，結果は上記の段落で示したものと同等であった。不適切養育を受けた子どもたちは成人期にストレスをより経験する傾向があったが，これら成人期の経験は炎症の効果を完全には説明していなかった。つまり，したがって，これら他の成人期の状態を考慮したあとでも，なお不適切養育はCRPレベルの上昇を予測していた。

　最後に，「健康行動仮説」を評価した。これは，不適切養育が32歳時という成人期の炎症を予測するのは，不適切養育を受けてきた成人にメタボリックシンドローム（例えば，肥満，高血圧，または，高コレステロール血症）の徴候，喫煙習慣，運動不足，または，貧しい食生活がみられたためである可能性を提起する説である。再び，これらの可能性を評価して，炎症に対する不適切養育の影響が，主に幼少期の経験によるのではなく，後年の健康に関連する状態に起因するものが誤って特定されていたかどうかについて判定した。この健康行動仮説も，私たちのデータを完全に説明することができなかった。前の2つと同様に，不適切養育を受けた者は成人期の健康状態が悪く，健康を損なう行動をとる傾向があったが，これら健康に関連する結果は，炎症に対する不適切養育の影響を完全には説明しなかった。繰り返しになるが，これらの不健康な行動を考慮しても，なお不適切養育はCRPレベルの上昇を予測していた。

第18章　小児期逆境体験の生物学的影響　　325

　実際，それぞれに焦点を絞るのではなく3つの対立仮説の要素すべてを同時に考慮しても，不適切養育と炎症との関連性は残っていた。つまり，不適切養育を受けた子どもたちは炎症のレベルの上昇に苛まれており，これは不適切養育や炎症に関連することが知られている他の無数の要因，状態，行動によっては完全に説明されなかった。

幼少期の炎症

　不適切養育の及ぼす32歳時の炎症への影響に対するいくつかの反証，または対立仮説の検討に取り組んだあと，発達学研究者である私たちは，成人期に立証された炎症に対する不適切養育の悪影響は，実はその数十年前には明らかになっているかもしれないと考えた。言い換えれば，炎症に対する小児期の逆境の長期的な影響は，実際には人生のもっと早い時期に検出できていたのではないか？　それとも，私たちは不適切養育に対する遅発性の炎症反応を検出したのだろうか？　残念ながら研究参加者が子どもだった時期（1970～80年代）には炎症を測定していなかったので，ダニーデン研究はこの問題を取り扱う立場になかった。実際，このニュージーランドのプロジェクトは発達学研究者たちが健康と疾病の発達的起源に魅了されるようになるはるか以前に開始されたのである。科学者はしばしばデータ収集が完了したあとに自身が測定していなかったものを測定できていればと思う状況に陥るというのは，私たちが何度も目の当たりにしてきた光景である。

　幸いなことに，この問題の検討を，のちに開始されたE-リスク研究に頼ることができた。第1，9，10章において，E-リスク調査によって約1000組の英国の双子が5歳から18歳まで追跡されたことを思い出そう。その一連の測定値には，12歳時のCRP値が含まれていた。このデータは子どもの指にピンを刺して採取したごく少量の血液検体から得られた。このプロジェクトにおいても，10歳までの期間における不適切養育が評定された。私たちのE-リスク調査においては，しかし，同じ12歳時における抑うつの影響にも焦点を当てることにし，子どもたちが自身の気持ちについて記入する標準化された質問票により検討した。

　不適切養育と幼少期の抑うつとの両者に関する情報が利用できることで，10代早期の炎症に対する小児期の逆境の影響を評価するために，4つの児童グループを比較することができた。第1グループは不適切養育はなく抑うつもない児童，第2グループは不適切養育を受けたが抑うつのない児童，第3グループは不適切養育はなかったが抑うつのある児童，そして，第4グループは不適切養育を受け抑うつも

ある児童が含まれた。その結果，不適切養育と抑うつの両方のある第4グループが最も高いCRP値レベルを示し，不適切養育も抑うつもない対照群である第1グループと最も差があることが明らかになった。特に，不適切養育のみの第2グループ，および，抑うつのみの第3グループにおいては，12歳時のCRPレベルは第1グループのそれと有意な差がなかった。重要なことに，「二重リスク」グループ（不適切養育と抑うつの両方を経験している第4グループ）で明らかだった炎症の増加は，炎症に関連することが知られている社会経済的状況，性別，双生児性（つまり，一卵性か二卵性か），体温，または，ウエスト・ヒップ比といったさまざまな他のリスク要因では説明されなかった。

　ダニーデン研究に基づく2つの研究，および，E-リスク調査に基づく研究をあわせ，炎症に関する3つの研究の結果全体を考慮すると，小児期の逆境が成人病――実際には小児期から成人期まで持続するかもしれない疾患――に関連する経路のひとつが炎症であるとする仮説が支持されることが証明された。私たちは生物学的埋め込みの冒険の次の段階において，ストレス生理学に着目した。

ストレス生理学

　私たちが提示する生物学的埋め込みの2つめの研究は，第10章で述べたいじめの影響について報告した研究に基づいている。そのE-リスク研究で，児童期にいじめを受けていると，12歳時における感情および行動上の問題と自傷行為が，そして18歳における肥満が予測されたことを思い出そう。これらの知見から，私たちはストレス生理学の特定の側面――鈍化したコルチゾール反応性――に焦点を当てることにした。この潜在的な生物学的埋め込みのメカニズムを調査したのは，人生早期のストレスが視床下部－下垂体－副腎皮質（HPA）軸の活動に影響を与えることにより精神的・身体的健康を変化させる可能性があることが広範な研究から示唆されていたためである。HPA軸は神経系と内分泌系とをつなぐ統合的な神経生物学的経路なのである。

　HPA軸は，ストレスに対する適応的反応と非適応的反応の両者の土台である。適応的反応では，ストレッサーに直面したときにHPA軸のホルモン最終産物であるコルチゾール分泌が比較的急速に増加し，その後，徐々に低下することが特徴である。これは，例えば，大きな音におびえたり，事故を避けるために車をすばやく旋回させたりしたときに起こる。それは私たちの能力を迅速に動員して，不意を突

かれたような驚くべきまたは驚異的な状況に対処させることにより，私たちを保護するプロセスなのである。私たちが恐怖から回復するにつれて，コルチゾール分泌は低下し，平常の水準に比較的早く復帰する。

　しかし，個人が予期せぬ，制御不能なストレッサーに繰り返しさらされると，この機能的反応が弱まり，ストレッサーに直面したときのコルチゾールの急速な分泌増加が抑制され，なくなってしまう。あたかもシステムが過労で消耗し，適切に機能していないようになる。ミネソタ大学の発達心理学者，ミーガン・ガナー（Megan Gunnar）はこれを輪ゴムにたとえた。新しい輪ゴムやほとんど使用されていない輪ゴムを思い浮かべよう。伸ばされてもすぐ元のサイズに戻る。しかし，ちぎれないまでも限界近くまで繰り返し伸ばされ続けたら輪ゴムはどうなるだろうか？　ついには弾力性が失われてしまう。コルチゾール反応の**抑制**が引き起こされる過程は，これとほぼ同様に説明される。ストレスに繰り返しさらされていない人では，対処行動を起こさせ，ストレスが去ればすぐに減少する急速なコルチゾール分泌がみられるが，多かれ少なかれ慢性的にストレスにさらされている人では，そのようなコルチゾール分泌はみられないか，または抑制される。それは，少なくとも私たちのいじめの影響に関する第二の研究を実施したときに，理論とエビデンスにおいて示されたことである。

　いじめがどれほどストレスになりうるかを踏まえ，E-リスク研究参加者のいじめを受けた子どもたちたちが実験的にストレスにさらされたとき，コルチゾール分泌の過剰抑制がみられるかどうかを明らかにしたいと考えた。この目的で，私たちは一般的にストレス誘発に有効な手順とされる2つの方法，児童用定速聴覚連続加算課題（以下，PST）とトライヤーズ社交ストレス検査（以下，TSST）を用いた。いずれの際も，実施中の子どもたちの様子をビデオ撮影した。最初に適用したPSTは，紙に書きとめず頭の中で数学の問題を解くことが，特に他人にみられているときにストレスフルであるという説に基づいており，まさにこの研究方法に必要とされるものである。一方，TSSTは人前で話すことがストレスフルであるという説に基づいている。この検査では，したがって，12歳児に面識がなく感情表出をほとんど行わない判定者と面接者の前で，学校での最も不快な経験について述べさせる。どちらの状況でも，子どもが気づくようにビデオ撮影をするが，これはストレスをさらに負荷するためである。

　コルチゾール分泌の過剰抑制を測定するため，唾液を検体として用いた。子どもたちにストローを使わせ，唾液を小さな容器に入れさせることによって唾液が採取された。唾液検体はPSTの20分前と2分前，PSTの直後，PST開始から25分後，

および,35分後の計5回,採取された。この方法により,ストレッサーへの暴露前,暴露中,および,暴露後のコルチゾール値をプロットすることで,経時的なコルチゾール分泌の変化を軌跡として知ることができた。すでに概説した理論に基づき,いじめを受けた子どもはコルチゾール分泌の過剰抑制を示すとの仮説を立てた。いじめを受けなかった子どもに比べ,急速なコルチゾール分泌増加がより少ないか,または5回の唾液検査を通じてコルチゾール値がより高いだろうという予測である。

結果が私たちの仮説と一致することが証明された場合,その信頼性をさらに高められるよう,この第二の研究では研究参加者を一卵性双生児(遺伝子を100%共

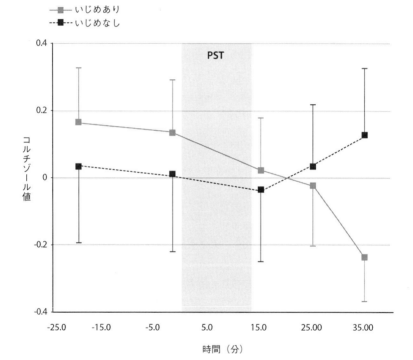

図18.1. 一卵性双生児のいじめられた子どもといじめられていない子どもにおける心理社会的ストレス検査(PST)の20分前から35分後までの間の平均コルチゾール値。以下より改変。Ouellet-Morin, I., Danese, A., Bowes, L., Shakoor, S., Ambler, A., Pariante, C.M., Papadopoulos, A.S., Caspi, A., Moffitt, T.E., & Arseneault, L. (2011). A discordant monozygotic twin design shows blunted cortisol reactivity among bullied children. *Journal of the American Academy of Child & Adolescent Psychiatry, 50,* 574–582, figure 1. Elsevierより許可を得て転載。

有）とし，子どもたちが7歳，10歳，および，12歳時に得られた母親の報告によって，いじめにおいて不一致だった双子に限定した。不一致とは，第10章で紹介したジョシュアとジャックのように，双子の一方がいじめられ，もう一方はいじめられなかったことを意味する。このように進めることで，いじめられた双子ごとに本質的な遺伝要因を統制できた。双子のいじめられた子どもといじめられていない子どもとの間に何らかのコルチゾールの違いが現れても，それは遺伝的要因に起因するものではなく——双子の各ペアは同一の遺伝子型をもつため——環境要因への暴露の結果と考えられるべき，ということである。

　私たちの仮説を評価するにあたり，一卵性双生児のいじめにあった子どもとそうでない子どもとで，PST開始前の唾液中コルチゾール値に差がないことが重要だったが，幸いなことにそのとおりであった。その結果，何らかの差異がみられたとき——それが私たちの仮説と一致しようがしまいが——それがストレス誘発課題の前の両者の唾液中コルチゾール値が異なることに起因するものではないという，同等のもの同士を比較できることになった。双子の2グループの比較から，いじめられていない子どもはPSTから35分後までに予想されるコルチゾールの分泌増加を示したが，いじめられていた子どもはそうでないことが明らかになった（図18.1を参照）。つまり，双子のうち，いじめられていた子どものコルチゾール反応は抑制されていた。それどころか，私たちのストレス誘発の実験結果から，経験したいじめの程度とコルチゾール反応性との間に負の用量反応関係があることがわかった。より頻繁な，より持続的な，そして，より重篤ないじめの犠牲者ほど，彼らのストレスに対する生理学的反応が小さかった。ミーガン・ガナーの言葉を借りれば，彼らの「輪ゴム」はとても頻繁に伸ばされたために「弾力性」を失っていたのだ。

　この生物学的埋め込みに関する第二の冒険において，私たちはいじめについて不一致な一卵性双生児間の比較としたことにより，得られた知見が環境要因の効果を装った遺伝要因が影響した結果である可能性を除外したが，さらに検討すべきいくつかの代替仮説が残っていた。ひとつは，いじめ被害に先んじて存在していた個体の特徴が私たちの結果を説明する可能性である。これは，いじめられた双子といじめられていない双子との間に出生時体重，IQ，または，感情的・行動上の問題において差があったときにありうる可能性だったが，それらの差はなかったことが確認された。また，いじめを受けた双子とそうでなかった双子との間に，いじめ被害が発生する前の5歳時に母親が子どもたちに注いでいた愛情や，家庭内で不適切養育を受けたかどうかの点で違いがないことも判明した。つまり，これらの家族内力

動はいじめにおいて不一致な双生児間で検出されたコルチゾール反応の差の理由では
はなかった。子どもたちのボディ・マス指標（BMI），二次性徴，いじめ加害の有
無，または PST 中に経験したストレスと陰性感情も，双子の 2 つのグループで差
はなかった。これら後者の結果は，いじめ被害に付随する個々の要因も，PST 中
の感情的経験の違いも，いじめを受けた双子の一方がいじめを受けていない遺伝的
に同一な双子のもう一方よりもコルチゾール反応が抑制されていることを示す結果
を説明できないことを意味していた。したがって，小児期の逆境（この場合はいじ
め被害）が生物学的に埋め込まれるようになる第二のメカニズムは，ストレス生理
学によるものである。

　いじめに関連していることがわかった HPA 軸のこの「過剰抑制」が適応的であ
る可能性を示唆する科学文献での議論がいくつかあった。それは，慢性ストレスに
起因する高レベルのコルチゾールへの長期暴露が及ぼす有害な影響から，いまだ発
達中の脳を保護するのに役立つかもしれないとする説である。ただ，そうであった
としても，それはその保護的な適応に代償を求められないという意味ではない。コ
ルチゾールやカテコラミンなどの一次ストレスメディエーターの変化は，環境の変
化への適応を促進する。ただし，コルチゾール分泌が持続的に低下すると，将来の
身体的・精神的健康が悪化するリスクが高まる可能性がある。これは，コルチゾー
ルレベルが低いと注意力が低下し，作業記憶が損なわれ，ほうびや罰に対する反応
性が低下するからである。さらに，コルチゾールは炎症誘発性反応の程度と長さに
影響するため，コルチゾール分泌が持続的に低いと免疫系の過活動が持続し，自己
免疫疾患のリスクが高まる可能性がある。要するに，慢性ストレスに直面した際の
コルチゾールの過剰抑制に生物学的「知恵」が多少あったとしても，この過程は健
康に関する負債を依然として抱えているのだ。

テロメアの崩壊

　発達は控えめに言ってもダイナミックで複雑なプロセスであり，それは社会性，
感情，認知，行動，または，生物としての機能のいずれを考えても当てはまる。こ
れは，小児期の逆境の生物学的埋め込みの研究において，いかにして逆境が体外か
ら体内へと進み，ついには身体の健康を損なうのかを解明しようとするとき，炎症
とストレス生理学以外にも検討すべき余地が複数残されていることを意味している。
そこで，私たちはテロメアについて，特にテロメア崩壊，すなわち時間の経過に伴

第18章　小児期逆境体験の生物学的影響　　331

うテロメアの短縮に関する研究にとりかかった。

　テロメアとは何か？　この質問に答えるには，私たちの身体が動的で変化している存在であることを思い出してもらうのが助けになる。そう，あなたがこれらの文を読むのに役立っている目の細胞群は，しばらく前にそこにあったのと同じものではないし，未来において読むのに役立つものでもない。これは，細胞が「入れ替わる」からで，細胞分裂とそれによる複製の過程を経て，既存の細胞は最終的に死んで，新しい細胞に置き換えられる。この入れ替わりが発生するたびに，染色体の両端にあるキャップ——テロメア——が短くなっていく。靴ひもの端のようなものと考えてよいが，テロメアは染色体がほどけてしまわないよう防いでいる。靴ひもを結ぶたびに，端に巻かれたテープ状の構造が短くなると想像してみよう。やがて，それが存在しなくなると，靴ひもはばらけてしまうだろう。それがまさに染色体で起こることだ。ひとつの細胞の系譜（細胞株）は一定期間のみ存在し，十分な回数の細胞分裂ののち，テロメアはもはや染色体の端を覆えなくなり，そして細胞死が起こる。

　この過程の結果から，テロメアは一部の研究者によって細胞の年齢を反映する「生物学的時計」として考えられるようになった。生物学的に言えばテロメアが短ければ短いほど細胞はより老いており，したがって，その個体もより老いている。テロメアが年齢とともに短くなるという知見があり，この考えを確かなものにしている。また，加齢性疾患に苦しむ成人では，同年齢の健康な成人に比べテロメアが短いことも判明している。しかし，私たちの生物学的埋め込みの冒険のこの段階の目的にとって最も重要なことは，小児期に逆境にあったとされる子どもたちが，そうでない同年齢の子どもたちに比べ短いテロメアを有しているという知見である。驚くべきことに，出生した初日において逆境とテロメア長との関連性を報告している研究さえある。妊娠中により多くのストレスを経験した母親から産まれた新生児は，そうでない母親の新生児よりもテロメアが短いのだ！　どうやら，逆境は出生前でさえ細胞の生物学的老化を加速するのである。

　逆境が，小児期あるいは成人期にかかわらず，あるひとつの時点で測定されたより短いテロメアに関連することを発見することと，逆境と実際のテロメア崩壊の過程，すなわち時間経過に伴うテロメアの短縮とを結びつけることは別のことである。そのようなエビデンスこそ，逆境が老化を加速することを示すとともに，もし将来の健康不良状態に関連していた場合には，これが小児期の逆境が「潜伏」し「皮膚の下に入り込み」身体的健康に影響を及ぼすもうひとつの生物学的埋め込みメカニズムであることを意味する。したがって，私たちは，児童期の暴力への暴露が，た

だ一時点でのテロメアの長さではなく，E-リスク研究における 5 歳時から 10 歳時までのテロメアの長さの**変化**を実際に予測するかどうかを調査し，もって逆境とテロメアの長さに関する知見を拡大することにした。私たちは，より多くの暴力にさらされた子どもたちはそうでない子どもたちに比べ，この 5 年間の観察期間においてより大きなテロメア崩壊を示すだろうと予測した。

　子どもたちの暴力への暴露を正確に推定するために，E-リスク研究の母親たちに対し彼女らの双子が 5 歳，7 歳，10 歳のとき行われた面接記録を用いた。広範な面接の一環として，母親たちに子どもたちのそれぞれが 3 つの異なるタイプの暴力にさらされた可能性について尋ねた。**家庭内暴力**の場合，母親に彼女自身または配偶者が，パートナーを蹴る，ナイフで脅すなど，12 の特定の行動のいずれかに関与したことがあるかどうかを聴取した。第 9 章で説明されているように，開かれた質問に対する母親の回答に基づき，子どもが**いじめ被害**を受けているかどうか評定された。以下のような場合，その子どもはいじめられていると評定されたことを思い出してほしい——他の子どもがその双子に卑劣で傷つくようなことを言ったとき。その双子をからかったり意地悪で傷つくようなあだ名で呼んだりしたとき。その双子を完全に無視したり友人グループから除外したり，わざと遊びに加えなかったりしたとき。その双子を段ったり蹴ったり押しつけたり部屋に閉じ込めたりしたとき。その双子に嘘をついたり悪い噂を広めたりしたとき。あるいは，その双子を有害な行為に引き入れたとき。

　私たちが焦点を当てた 3 つ目のタイプの暴力暴露である**身体的虐待**は，E-リスク研究に協力する家族を家庭訪問した研究者によって保管された詳細な記録と，育児習慣についての詳細な質問中に母親からもたらされた情報に基づいて同定された。虐待とみなされた行動は以下のとおりである——母親が毎週のように痣や傷が残るほど叩く，成人期早期の義理の兄が繰り返し殴る，父親が酔っぱらうと決まって「辱めるためだけに」叩く，性的虐待，および，母親のボーイフレンドが頻繁に叩く。

　ダニーデン研究と同様に E-リスク研究においても，もし子どもが継続的な危険にさらされていると判断されたら，研究者らには調査に協力している家族のため助けを求める義務があることを母親たちに明言した。研究者らはこの情報を家庭訪問中に確実に二度伝えていた。したがって，子どもがまさに危険にさらされていることを話していた母親はいずれも，彼女らが本質的に研究チームに介入を求めていると自覚していた。そのような介入には，母親と一緒にかかりつけ医に行き（英国ではすべての子どもがいずれかの医師に登録されている），状況報告に同席すること

が含まれていた。このようにして私たちは，家族が知っていて子どものウェルビーイング（幸福）に責任のある医療専門家がケースを引き継ぐことを確実にし，家族に受け入れられる方法で，子どもの危険な状態を通告する法的義務と，私たち自身の倫理的責任とを満たすことができた。母親が報復を恐れて虐待を隠すように思われるかもしれないが，母親は5歳，7歳，10歳，そして，12歳時の家庭訪問の過程で子どもへの危害について繰り返し面接されていたため，遅かれ早かれ自身の不適切養育について話すことに抵抗がなくなっていった。私たちは何年にもわたって

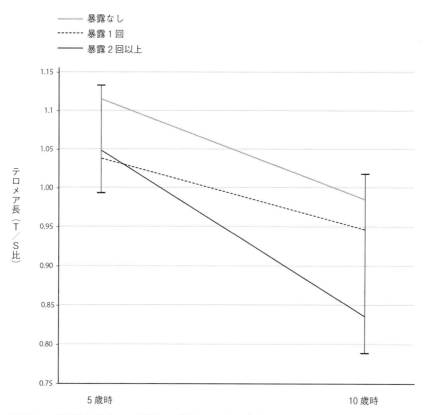

図18.2. 累積的な暴力への暴露と5歳時および10歳時におけるテロメア長との関係。以下より改変。Shalev, I., Moffitt, T.E., Sugden, K., Williams, B., Houts, R.M., Danese, A., Mill, J., Arseneault, L., & Caspi, A. (2013). Exposure to violence during childhood is associated with telomere erosion from 5 to 10 years of age: a longitudinal study. *Molecular Psychiatry, 18,* 576–581, figure 2.

いくつかの家族に介入したが，結果として研究から脱落した家族はいなかった。

　私たちが手にした子どもたちの家庭内暴力，いじめ，身体的虐待への暴露に関する多様なデータを使用して，私たちはデータの「併合型」として**累積的な暴力暴露**の複合尺度を作成した。子どもたちの約半数が暴力にさらされていなかったと判断され，約 1/3 が 1 種類の暴力にさらされ，15% 強が 2 種類以上の暴力にさらされていた。

　5 歳時と 10 歳時のテロメア長を測定するために，綿棒のようなもので子どもの口腔内をこすることにより頬の細胞を採取した。これらは DNA の抽出と最終的にはテロメア長の測定のため，ロンドンの研究室に持ち込まれた。

　いざ，暴力へのより多くの暴露が 5 年の研究期間にわたってより大きなテロメア崩壊（すなわち，より速い短縮）を予測したかどうかを調べたところ，そのとおりの結果が認められた。2 種類以上の暴力にさらされた子どもは，1 種類の暴力にさらされた子ども，またはまったく暴力にさらされなかった子どもと比較して，5 歳から 10 歳までの間にテロメア崩壊が加速していた（図 18.2 を参照）。これは，子どもの性別，BMI，身体的健康，家族の社会経済的困窮など，本書全体で言及している多くの代替説明要因を考慮して解析した場合にもそうであった。言い換えれば，暴力への暴露は，他のいずれの要因の影響をも超えてテロメア長の短縮が加速することを予測した。

　小児期の逆境がより短いテロメア長（単一の時点で測定）と関連することを報告した先行研究はあるものの，逆境がテロメアの発達にいかに影響するのかは私たちの研究によって初めて検討された。そして，私たちの仮説どおり，心理的および身体的暴力という形の逆境への暴露によって，実際に経時的なテロメアの短縮または崩壊が起きることが初めて示された。したがって，2 種類以上の暴力にさらされた子どもでは，そうでない他の同年齢の子どもに比べ，生物学的に細胞がより早く老化していると推測するのが妥当である。老化の程度または速度という，より一般的な問題は次章の焦点である。

結論

　全体として考えると，生物学的埋め込みをめぐる冒険の結果は，私たちが検証しようとした仮説を支持するものであり，第 17 章で述べた逆境と成人期の身体的健康不良を結びつける研究報告を発展させるものだった。このエビデンスを最初に見

出したのは，ダニーデン研究において研究参加者の 32 歳時の血中 CRP 値を予測しようとしたときだった。小児期のよりひどい逆境と炎症の増加とを結びつける関連性が見出され，その関連は炎症に関わることが知られている他の要因群によっては完全に説明されなかったことが非常に重要だった。私たちの炎症に関する第一の研究でも同様に，子どもの不適切養育と社会的孤立の両方が，低出生体重の影響を超えて炎症を予測し続けることが証明された。炎症に関する第二の研究でも同様に，成人期のストレスや健康行動だけでなく，小児期の逆境に伴う他の要因を考慮したあとでも，不適切養育は炎症を予測し続けた。ダニーデン研究の成人ではなく E-リスク調査の児童を対象とした炎症に関する第三の研究でも，不適切養育と抑うつとの組み合わせが炎症の増加に関連し，それは可能性のあるさまざまな交絡因子のいずれでも説明されなかったことを忘れてはいけない。この第三の炎症に関する研究は，炎症に対する逆境の影響が 12 歳前にすでに作用していることを明らかにしたため，非常に重要であった。

CRP を指標に用いた炎症の研究を発表したのち，可溶性ウロキナーゼ型プラスミノゲンアクチベータ受容体（suPAR と略）という炎症の新しい指標が考案された。現在，ダニーデン研究と E-リスク研究の両者において，小児期に逆境を経験していると成人期に suPAR の上昇を示すという所見を得ている。事実，suPAR と CRPとを合わせて考慮すると，逆境の効果量が 3 倍と，はるかに強力になる。これは，私たちの冒険の一部が最新の測定ツールにより水準を保っていること，そして，関心のある発達の結果を予測するためのより強力な「シグナル」を得ることで，関連する測定値が蓄積されていることを物語っている。

同じく重要なことに，ストレス生理学とテロメアの長さに焦点を当てた他の E-リスク研究では，いじめと暴力への暴露とが，それぞれ，コルチゾール反応の過剰抑制とテロメア崩壊の加速に関連することが，やはり交絡因子を統制した上で明らかにされた。12 歳時の炎症の結果のように，これらの発見を特に重要なものにしているのは，生物学的埋め込みのプロセスに対する逆境の影響が，ある種の遅延反応の可能性もあるだろうが，そればかりではないことを示したことだ。12 歳時の炎症とストレス生理学，および，人生の最初の 10 年間の後半におけるテロメアの長さの短縮を調べた私たちの研究から，これら逆境に関連していることが示された生物学的埋め込みプロセスが，実はまさにストレスにさらされた時期に起こっていることが明らかになった。先行研究では，私たち自身の 32 歳時の炎症に関するものを含め，この問題が不明なままだった。

さらに 4 つの点を強調しておく必要がある。第 1 点は，小児期の逆境が健康を損

なうことが知られている経路で生物学的プロセスに影響を及ぼすことを私たちは繰り返し発見した。にもかかわらず，──多数の代替説明要因の影響を割り引いても──その影響は確率論的であって，決定論的ではなかったことだ。そして，私たちが研究した重篤な逆境にさらされた子どもたちの中には炎症指標の上昇やテロメア崩壊の加速がみられない場合があり，逆境にさらされなかった子どもたちにみられた場合もあった。なぜこのようなケースが存在するのかという正確な理由については，私たちは焦点を当てなかったが，明らかに将来のさらなる研究に値するものである。現時点では，本書を通じて示される文言「発達は決定論的ではなく確率論的」を繰り返すことしかできない。

　第2点は，増加した炎症（CRP値の上昇），非適応的なストレス生理学（コルチゾール反応の抑制），および，生物学的老化の促進（テロメア崩壊の増大）が媒介過程および原因となり，小児期の逆境が成人期の健康に悪影響を及ぼすとする主張に対し，私たちのこれまでの知見は一致してはいるものの，まだそのエビデンスを提供してはいないことである。炎症，コルチゾール反応の抑制，および，テロメア崩壊が小児期の逆境と糖尿病など実際の加齢性疾患とを結びつけるかどうかを検証するのに必要な研究を完了するには，E-リスク研究の双子たちとダニーデン研究の研究参加者がより高齢になるのを待たなければならない。再び，私たちは果樹栽培者に戻る──木は植えても果物を収穫するには熟すまで待つ必要がある。

　第3点は，私たちの生物学的埋め込み研究から生まれた知見が，小児期の逆境と成人期の健康不良との関連に関係する生物学的プロセスについて新たな疑問を提起するということだ。疑問のひとつは，私たちが研究した複数の生物学的埋め込みプロセスは相互に関連しているのかどうか，である。確かに，ストレス生理学が炎症に影響を及ぼし，その結果，テロメア崩壊が加速されるという可能性はある。もっともらしく聞こえるが，ダニーデン研究における追跡調査では，生物学的老化の複数の推定指標は，少なくとも38歳時においては互いに関連していなかった。児童期においても同様かどうかについては検討が残されている。

　いずれにせよ，今回私たちが発達をめぐる冒険で検討した経路にとどまらず，健康と人間の発達のプロセスに他の生物学的埋め込み過程が機能していることはほとんど確実である。重要なのは，逆境が身体の外側から内側に移動して，炎症，ストレス生理学，テロメアの長さ，そして最終的には身体の健康に影響を与える複雑な影響の連鎖があるということだ。ここで明確にすべきは，人間の発達が複雑であることである。それが第1章で気象学にたとえた理由である。私たちや他の小児期逆境の生物学的埋め込みを研究する人々は，非常に多くの点からこのプロセスを解明

しようとし始めたに過ぎない。

　第4点にして最後の，おそらく最も重要な点は，実際には本章の冒頭で述べたことの繰り返しであるので，読者には幼少期の生物学的埋め込み過程を明らかにした私たちの研究結果の潜在的な介入への含意を思い出してほしい。将来の調査によって，ここで検討中のプロセス（炎症，コルチゾール反応の抑制，テロメア崩壊）が本当に小児期の逆境を加齢性疾患に結びつける因果経路の一部として機能することが明らかになれば，介入の潜在的な生物学的標的が浮き彫りになり，私たちは基礎科学から応用科学へと移行することになる。不適切養育，社会的孤立，いじめ，抑うつ，その他多くの小児期の逆境にさらされた子どもたち，青年たち，さらには大人たちが，薬理学的，あるいは行動学的に小児期の逆境から生じた炎症を抑制されたり，コルチゾール反応の「弾力性」を回復されたり，あるいは，テロメア崩壊が鈍化あるいは回復されるなどの方法で治療される時代を想像する人もいるかもしれない。この章で提示されたようなメカニズム指向の発達研究は，それ自体が魅力的であるのにとどまらず，非常に重要である。そのひとつの理由は，潜在的に影響力のある介入の標的を明らかにすることが期待できることにある。換言すれば，本章で紹介した研究は象牙の塔で実施されているかもしれないが，そこにとどまらないことを私たちは願っている。

第

19

章

歳をとるのが速い人，遅い人
Aging Fast, Aging Slow

人生は面白いし，時間（の感覚）も面白い。子どものころ，大人になるのが待ち遠しかったことを覚えているだろうか？──学校に通えるようになること，夜遅くまで起きていられるようになること，車を運転できるようになること，大学に行くことなど。人生は早くは過ぎない。これらの節目──また，これに関連する出来事──が起こるまで，いつも永遠と思われる時間がかかるようであった。

　ここで，人生の後半に話を進めよう──まだ，読者のほうは準備できていないかもしれないが。30代後半，40代前半について話そう。現在の米国人における平均寿命は78歳である。誰が急いで歳をとろうとするであろうか？　しかし，私たちが年齢を重ねるほど，時間の流れは速くなると感じられるし，歳をとることも速く感じられる。「どうしてこんなに早く40歳，50歳，60歳になったんだろう？」「私は仕事を始めたばかりで，初めて転職して，子どもをもったばかりではなかったか？　どのように私の経歴はピークに達してしまったのだろうか？　私の子どもたちはどうやってそんなに早く親になったのだろうか？　ほんの少し前までは，子どもたちのスポーツイベントや発表会に参加していなかったか？」と，私たちの多くは不思議に思うだろう。

　そして，実際の年齢よりも老けていると感じる人もいれば，その逆のことを感じる人もいる。「あぁ，定年退職するのが待ちきれないな。いつも疲れているよ。お金を必要としない生活になればいいのにな」と考える50代の人がいる。しかし，一部の高齢者を含む別の人たちは定年退職さえも想像することができず，10代よりも活発で，機会があればスキーやハイキング，自転車に乗る生活を送っている。

　もちろん，同じ30歳，40歳，50歳であっても，同じ（実）年齢やもっと歳上の人と違って見えたり，実際，違う行動をしていたりする。なぜ，ある女性の目は

輝いていて，肌はすべすべで，髪はつやつやしているのに，同じ年齢の別の女性はずっと老けて見えるのだろうか？　この違いは，化粧や美容師の違いだろうか？　ダニーデン研究の参加者が成人する前から，そして成人後も，調査のために約5年ごとに研究ユニットに来訪するのを見ながら，このような観察と疑問を検討せずにはいられなかった。

研究フェーズ38が進行中していたある日，研究ユニットで私たちは強くこのことを痛感した。二人の研究参加者であるオリバーとマイケルはほぼ同時刻に来所し，私たちがほぼ40年間追跡してきた研究参加者個人に関する情報となる，インタビュー，体力と認知機能の検査，血液サンプルの採取，歯科検査，他の多様な検査を一日中受けていた。この二人が同じ38歳とは，すぐには信じられなかった。オリバーは目を輝かせ，口には輝く白い歯がたくさんあり，こめかみのまわりだけが白髪であったがふさふさの髪で，肩をまっすぐにして頭を高くして，きびきびと歩いていた。それとは対照的に，マイケルは青ざめ，歯は変色し，歯の一部はなく，ゆっくりした歩行で，肩は下がり，髪は白髪だらけだった。この中年の男性たちがほんの数週間違いで生まれたことを知らなかったら，マイケルはオリバーよりかなり年上だと思うのも当然のことだっただろう。

世界中の他の研究チームによって行われている研究と合致するように，このような観察結果は，一部の人に対して生物学的にも身体的にも加齢（老化）を速めるプロセスについて，私たちに好奇心を抱かせた。実際，こうした観察が，中年期の健康と関連する幼少期の起源についての，そして，本書で取り上げる最後の，発達をめぐる冒険につながった。私たち，中年の著者たちが，老化のプロセスと速度に関する話題に非常に興味をもつのは，おそらく驚くことではないだろう。ジェイ・ベルスキー（Jay Belsky）は，健康的に歳をとるため（食べたいものは何でも食べられるようにするため）に，40数年来，毎週1マイルを4〜6回泳いでいる。アヴシャロム・カスピ（Avshalom Caspi）は根，茎，葉，種子のさやだけを食べる厳しいダイエットを日々行っている。テリー・モフィット（Terrie Moffitt）はケーキを食べ，髪を赤く染め，古き良き時代のロールモデルとなった年配の人物が登場する文学小説を読んでいる。リッチー・ポールトン（Richie Poulton）は，ニュージーランドの複雑な政治と，ニュージーランドの有名なラグビーチームであるオールブラックスの試合を観戦し，心拍数を上げている！

以前，私たちが認識したように，ダニーデン研究は老化の速度に関する検証を行う上では適切な調査であると再認識した。老化のプロセスに関する他の研究と比較して，私たちの研究の大きな利点は，研究参加者が中年になるはるか以前に，個人

に関する質の高いデータを得ていたことにより，年齢を重ねる研究参加者に過去について
のインタビューを行うような後ろ向き研究に重点を置いていないことである。
もう一度述べるが，私たちは後ろ向きの回想に基づくデータは事実とは異なること
を繰り返し認識していたため，自分たちの研究では，後ろ向き測定で集めたデータ
が正確であると思い込む測定手法の落とし穴に陥るリスクは侵さなかった。第17
章で述べたように，成人の研究参加者が幼児期や青年期であったときのことを成人
になってから語った内容と，彼らが幼児期や青年期のときに収集したデータを比較
したところ，多くの人が思っているような一致は見られなかった。自分が経験して
きたストレスとなる出来事や嫌なことを忘れているような人もいたし，バラ色の眼
鏡を通して昔を思い出す人もいれば，過去の大部分を暗黒で覆うように灰色の眼鏡
をかけて過去を思い出す人もいた。

　老化の速さの多様性に関する原因と結果を検証しつつ，中年期までに，速く老化
する人もいれば，もっとゆっくりと老化する人がいることを実証することは，単な
る理論的，学問的な研究にとどまらない。実際，2050年までに世界の80歳以上の
人口は3倍以上になり，4億人に達すると予測されるため，本章で取り組む冒険は
非常に注目に値する。また，人口の高齢化に伴い，疾病や障害の負担が世界的に増
加している。50代以降，加齢は糖尿病，心臓病，認知症，肥満を含む，多くの慢
性疾患に関する負担の指数関数的な増加と関連している。疾患の負担を減らし，医
療費を抑制する最も効果的な方法は，寿命を延ばすのではなく，病気や障害のない
寿命として定義される健康寿命を延ばすことによって，慢性疾患の負担の増加を遅
らせることである。

　研究参加者が38歳の時点では，老化の速さと遅さの問題を調査する時期として
早すぎると考える人もいるかもしれない。しかし，健康寿命を延伸する鍵は，人が
まだ比較的若いときに加齢性疾患に至る進行を反転させたり遅らせたりする介入を
含め，老化そのものの問題に取り組むことである。人が38歳よりもはるかに高齢
になるまで待った上で，老化の速さにおける多様性の性質とその決定因子を研究す
ることは，老化に関する多くの研究では日常的であることだが，多くの人がすでに
加齢性疾患を発症している時点で，この問題に取り組むことになってしまう。以後
に論じるように，加齢に伴う生理機能のさまざまな変化は40歳前にはすでに蓄積
しており，多くの場合，その生理機能の変化は疾患が診断される何年も前から臓器
系に影響を及ぼしている。60代，70代，80代になるまで，老化に関する研究を待
つことは，機を逃す恐れがある。

　老化の多様性を理解するために，私たちは4段階で老化の速さに関する研究を行

った。最初の段階では，実年齢は同じであるが，**生物学的**には実年齢よりも高齢な研究参加者と実年齢よりも若い研究参加者を弁別するために，彼らが38歳のときに収集された多様な生理学的測定を利用した。第2段階では，26歳から38歳までの老化速度を検証するために，38歳以前の過去12年間に収集されたデータを用いた。この検証によって，同年齢の人と比べて，生物学的にはより高齢であると示された中年期の研究参加者が，少なくとも20代から生物学的に老化が速かったかどうかを検証することができた。私たちは実際にそのような結果になるだろうと予測した。第3段階では，生理学的状態を反映するバイオマーカー（生物学的指標）以外に，認知能力や運動技能など，老化に関するより日常的な指標として，どのような変数を考慮すべきかを検討する研究が計画された。この研究では，38歳という生物学的年齢に基づいて，これらの日常的指標が変動するかが検証された。言い換えれば，「バイオマーカーと心理的・行動的表現型は系統的に関連していたか？」ということである。私たちはこれもそのような結果になるだろうと推測した。最後に，私たちは老化の速さの多様性に関する幼少期の先行要因を検討した。その検討のために，発達学者である私たちは再度，健康をめぐる幼少期の起源の研究に立ち返ることになった。これによって，私たちは研究参加者の社会階級の起源，小児期逆境体験，健康，知能，自己コントロール，さらには祖父母の寿命を検討した。私たちが小児期の機能不全と逆境の経験の多さは老化の速度を速めると予測すると，本書をここまで読み進めた人ならば思うだろう。

中年期の老化の速さを数値にする

　最初の課題は中年期における生物学的老化に関する複合尺度を作成することであった。そのため，38歳までにすでに2型糖尿病，心筋梗塞および脳卒中を含む老化に関連した疾患の徴候を示していた11名の研究参加者を除外した。この除外を行った理由は，著しく健康不良である少数の人を研究対象とすることで，得られる結果が歪んでしまうと推測したためである。このような適切なサンプル修正とともに，各研究参加者の生物学的年齢の指標を作成するために，私たちは参加者が38歳時点で測定された10種類のバイオマーカーを組み合わせた。具体的には，血液中の糖（糖化ヘモグロビン），肺活量（努力呼気肺活量の1秒量，FEV 1），腎機能（クレアチニン），肝機能（尿素窒素，アルブミン，アルカリホスファターゼ），免疫能（サイトメガロウイルスIgG），炎症（C反応性蛋白），血圧（収縮期），およ

び総コレステロールである。老化の速さを研究している別のチームが行った研究において，実年齢に比べ，上述したいずれのバイオマーカーも単体で死亡率をより正確に予測できることが報告されていたため，私たちはこれらのバイオマーカーを採用した。

多くの科学者と同様に，私たちはこれまでの研究者の礎の上に立っていた。つまり，第12・13章で概説した，私たちの遺伝子研究の指針となる大規模なGWAS「発見」研究の結果に基づいていたことと同じように，再び，先行研究は私たちの研究に反映された。これがいかに適切であったかという点に関しては，英国の詩人ジョン・ダン（John Donne）の1624年の詩 "Devotions Upon Emergent Occasions"（いざというときの想い）を再び引用したい――「人はひとりで孤立している島ではない。すべての人間は大陸の一部分であり，全体の一部なのだ」。

各研究参加者が示す複合的なバイオマーカーの結果をプロットすると，その分布は美しいベル型の曲線を形づくった。これは，生物学的年齢に関する明らかな多様性を示す結果であった。老化が著しく速い，もしくは著しく遅い研究参加者はごくわずかであり，多くの参加者は予測される速度で年齢を重ねていた。本研究で得られた38歳時点のデータと，私たちが使用した生物学的年齢指数を開発した先行研究で得られたデータと比較することで，私たちはこの結果を見出した。その先行研究には，さまざまな年齢の人が多く含まれていた。そのため，その研究データを利用し，本研究の各参加者が示す生物学的年齢指数と，同一の生物学的年齢を示す指数で同じ得点であった先行研究の参加者の年齢と比較することで，本研究における38歳の各参加者の生物学的年齢を判定した。このようにして，オリバーは「身体の内部」（つまり，生物学的に言えば）は34歳と判定されたのに対し，マイケルのバイオマーカー得点によると，マイケルの身体の内部の年齢は典型的な47歳と同じであると判定された。一部の少数の参加者は生物学的に言えば30歳未満であり，数としてはもう少し多いが，他の参加者はマイケルのように生物学的には45歳以上であった。大部分の参加者は35歳から40歳の間の生物学的年齢を示した。

老化の速さ

中年期の生物学的年齢の多様性を論じたあとに示したが，老化の速さに関する研究の第2段階は，中年期において生物学的にはより高齢である研究参加者が，それ以前の人生において，他の人よりも早く老化したのかを検証することであったこ

とを思いだしてほしい。驚くことではないが，私たちはそのような結果になるだろうと予測した。この老化の速さに関する仮説を検証するために，18種類のバイオマーカーを利用して，生物学的な老化に関する別の複合指標を作成した。各マーカーは，ダニーデン研究のそれ以前の研究段階，つまり，研究参加者が26歳，32歳，38歳のときに測定された。それゆえ，私たちはこれらの3つの年齢時点で測定され，ダニーデン研究のデータとして記録されていたすべてのバイオマーカーを利用した。18種の複合マーカーのうちの7つのマーカーは，前述した38歳時の生物学的年齢の指数に含まれるものと同一であった（そのマーカーは，糖化ヘモグロビン，FEV，クレアチニン，尿素窒素，平均動脈圧，および総コレステロールである）。この7種のマーカーに，心肺適応能（VO 2 Max），ウエスト・ヒップ比，努力肺活量比（FEV 1/FVC），BMI，リポ蛋白（a），中性脂肪（トリグリセリド），歯周病，白血球数，高密度リポ蛋白（つまり「善玉」コレステロール）およびアポリポ蛋白B 100/A 1比を反映する10種類のバイオマーカーを加えた。老化の速さの指数を構成する最後のバイオマーカーとして，第18章で論じた白血球のテロメアの長さを加えた。これは，各染色体の末端のキャップの長さを反映するDNAの指標である。細胞が複製するたびにこのキャップの長さは短くなり，結果として，老化とともにキャップの長さが短くなることを思い出してほしい。

　38歳時における生物学的年齢に関する10種のバイオマーカー指数によって老化の速さを弁別できたように，3つの異なる時点での新しい複合バイオマーカーを利用することで，私たちはこの18種のバイオマーカー指標の経時的変化によって，老化がより速く，または遅く認められる研究参加者が弁別できるかどうかを検証できた。その結果は仮説と一致していた。つまり，複数の生物学的システムにわたって，老化が速いほど——つまり，26歳から32歳，26歳から38歳の間で指標が悪化しているほど——38歳時点における研究参加者の生物学的年齢は高かった。いうまでもないが，オリバーの老化の速さはマイケルよりも数十年遅いことが実証された。

　したがって，私たちの研究結果では，中年期での生物学的年齢に関する個人差の大部分は，少なくとも成人期早期から中年期の間に現れることが示された。この結果は，先に示したように，加齢とは単に年齢を重ねる現象ではないことを強調するものである。先のことを考えると，38歳時点で，実年齢が同じ人（例えば，オリバー）よりも，生物学的にはより高齢である人（例えば，マイケル）——または，26歳から38歳の間でより急速に老化した人——は，実年齢が上がるにつれて，生物学的な老化速度はさらに速くなるのではないかと考えざるをえない。もしそう

であるならば，結果として，このような人はより短い健康寿命と寿命を示すだろうか？　この問いを検証するために，私たちは老化の速さに関する研究の第3段階に進んだ。

バイオマーカー以外の老化の速さの指標

　中年期の老化に関する私たちの研究で検討した第三の問題は，生物学的には実年齢よりも高齢と判定された研究参加者が，過去12年間で生物学的システムが急激に老化し，そのゆえ，38歳の時点において，脳やその他の身体部分が加速度的に老化したかに関することであったことを思い出してほしい。この仮説を検証するために，私たちは，20年以上にわたる認知機能の低下と，階段を上ることや激しいスポーツを行うなどの身体能力を調べた。認知機能の低下に関しては，研究参加者が7歳，9歳，11歳，13歳，38歳のときに測定したIQ値を利用して検証した。また，38歳時に撮影された研究参加者の顔写真を参照し，生物学的にはより高齢だった参加者の顔写真が老化の速さを実証しうるかを検証した。加えて，私たちは研究参加者に自身の健康についてたずね，高度な検眼機器により，目の血管を検査した。

　これまでの検討結果を踏まえると，生物学的にはより高齢であった38歳の人と生物学的には若い38歳の人——彼らが実年齢はまったく同じであったことを覚えておいてほしい——の脳や他の身体部分に違いがあると実証されたことには驚かないだろう。この点と整合するエビデンスとして，38歳時点で生物学的にはより高齢であった研究参加者が，38歳時における身体機能に関する客観的な検査も不良な結果を示したことが挙げられる（図19.1）。生物学的により高齢であった参加者は，そうではない参加者と比べると，身体的なバランスが悪く，（ペグボードを使って検査された）微細運動能力は低く，握力も弱かった。これらの検査結果は，研究参加者自身が報告した身体的な衰えと一致していた。38歳時点で，生物学的により高齢であった研究参加者は，同じ年齢であるが生物学的にはより若い研究参加者よりも，階段を上がること，2/3マイル以上を歩くこと，激しいスポーツを行うことに困難を感じると報告した。特に，身体的衰えの報告に基づくこれらの結果は，研究参加者による身体的な健康に関する自己評価と一致していた。つまり，38歳時点で生物学的により高齢であった研究参加者は，同年齢だが生物学的にはより若い参加者よりも，自身の健康を悪く評価していた。

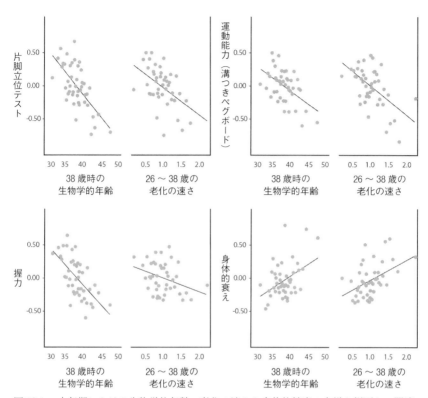

図 19.1. 中年期における生物学的年齢，老化の速さと身体的健康の多様な側面との関連。以下より改変。Belsky, D.W., Caspi, A., Houts, R., Cohen, H.J., Corcoran, D.L., Danese, A., Harrington, H., Israel, S., Levine, M.E., Schaefer, J.D., Sugden, K., Williams, B., Yashin, A.I., Poutlton, R., & Moffitt, T.E. (2015). Quantification of biological aging in young adults. *PNAS*, E4104-E4110, figure 5.

　生物学的により高齢であった 38 歳の研究参加者の機能が低下していたのは身体だけではなかった。38 歳時に行われた IQ テストでも，生物学的により高齢であった研究参加者は他の参加者よりも低い得点を示した。この結果は，38 歳ではあるが生物学的にはより高齢であった研究参加者は，生物学的にはより若かった参加者よりも，7 歳から 38 歳における認知機能の低下が大きかったためであった（図 19.2）。もちろん，研究参加者は若年のときからの知的能力や知識は維持していたが，老化速度が速かった参加者では，情報処理速度が顕著に低下していた。
　特殊な検眼機器を用いて撮影された網膜の血管の二次元写真は，図 19.2 の下の

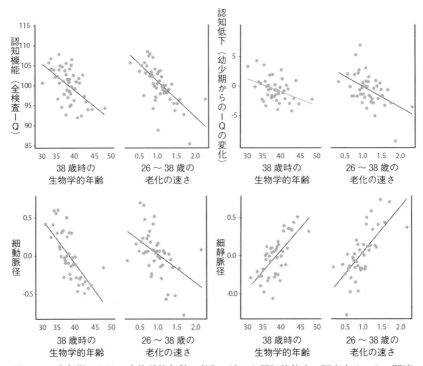

図 19.2. 中年期における生物学的年齢，老化の速さと認知的能力，脳卒中リスクの関連。以下より改変。Belsky, D.W., Caspi, A., Houts, R., Cohen, H.J., Corcoran, D.L., Danese, A., Harrington, H., Israel, S., Levine, M.E., Schaefer, J.D., Sugden, K., Williams, B., Yashin, A.I., Poutlton, R., & Moffitt, T.E. (2015). Quantification of biological aging in young adults. *PNAS*, E4104-E4110, figure 6.

2つのグラフに示されている知見と同様のことを示している。この知見を理解するには，より細い（酸素を豊富に含んだ血液を肺から眼に運ぶ）細動脈は脳卒中のリスクと関連し，幅の広い（酸素が欠乏した血液を眼から肺に運ぶ）細静脈は認知症のリスクと関連することを理解しておく必要がある。38歳だが生物学的により高齢の研究参加者の細動脈はより細く，細静脈はより広いため，生物学的により高齢であった人では，脳卒中と認知症のリスクが高いと思われる！

最後に，彼らの顔も同じ結果を示した。38歳時点で撮影された研究参加者の（笑っていない）顔写真を見たあとに，その参加者の実年齢を評価する課題を与えられた人は，38歳時点で生物学的により高齢であった研究参加者を38歳よりも高齢で

あると評価した。この知見を十分に理解するためには，次のことを明確にしておく
必要がある。写真のみで評価を行った，これらの訓練された評価者は，米国のデ
ューク大学の学部生であって，研究参加者の実年齢を含め，研究参加者についてま
ったく何も知らなかったのである。

老化の速さに関する幼少期の起源

　次に，寿命についての根本的な問いとして考えるべきことに目を向けよう。「幼
少期における発達や経験は老化の速さと関連するか？」という問いである。この問
いを検討するために，私たちは本書のこれまでの（ある1章を除いた）章で紹介
してきた測定に着目した。つまり，老化の速さの多様性を予測する上で，私たちは
幼少期における社会階級，経験，健康，IQ，自己コントロールに着目した。さらに，
私たちはこれまでに説明した発達的要素であるこの一連の測定に，研究参加者の祖
父母4人の中で最も長生きした人の寿命と操作的に定義される「祖父母の寿命」を
加えた。

　分析したところ，仮説に合致する結果であった。祖父母の寿命が短く，より社会
階級が低い家庭で育ち，小児期の逆境を多く経験し，IQテストで低い得点を示し，
自己コントロールが低い研究参加者ほど，20代および30代において，生物学的な
年齢が高かった（図19.3を参照）。また，これらの変数ひとつずつでも老化の速さ
は予測されただけではなく，これらの変数すべてを合成した老化の速度に関する累
積危険度の複合指標を利用する場合，老化の速さを予測する精度は高まった。

　幼少期における先行要因と老化の速さの関連を検証する2つ目の方法として，私
たちは研究参加者を3群に分けた。バイオマーカーに基づいて老化の速さが最も
遅いと評価された15%程度，最も速い15%程度，そして，平均的と評価された残
りの70%程度である。老化の速さが遅い群のほとんどの人は，家庭のSESの低さ，
IQの低さ，幼少期の健康不良など，老化の速さを説明する家族や幼少期に関する
リスク要因はひとつも示さなかった。一方で，老化の速さが速い群の40%以上の
人は家族や幼少期に関する複数のリスク要因を示した。このことから，小児期逆境
体験や乳幼児期の発達によって，老化の速さは確率論的に予測できると思われる。
ここで，私たちが「確率論的に」というのは，ここでいう予測は完璧とはいえない
ためである。つまり，幼少期の要因から老化が速いと予測された人でも，老化の加
速化を回避できる人もいる。同じように，人生での経験や体調から予測されるより

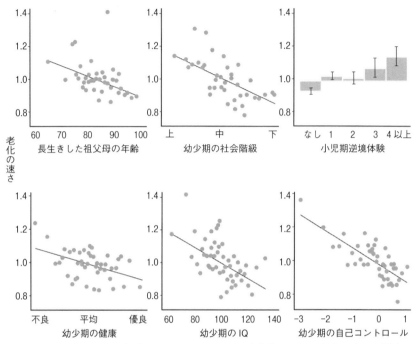

図 19.3. 幼少期の家族，経験，ウェルビーイングと中年期における老化の速さの関連。以下より改変。Belsky, D.W., Caspi, A., Cohen, H.J., Kraus, W.E., Ramrakha,S., Poulton, R., & Moffitt, T.E. (2017). Impact of early personal-history characteristic on the Pace of Aging, *Aging Cell*, 16 644–651, figure 2. CC-BY.

も，老化が速まる人もいる。このような私たちの研究結果や予測の例外事例がどのようなレジリエンス要因や脆弱要因によって説明できるかを検証することは，これからの課題である。先に示したように，原理上，ここでの考察は，私たちが検出したような，速まった生物学的老化を遅らせる，またはそれを反転させるための支援介入の開発に応用することができよう。

結論

私たちがこれまでに示してきたエビデンスは，老化は高齢者に限った現象ではないことを示している。米国人の平均寿命のおよそ半分にあたる 38 歳でさえ，ある

一部の人は同年齢の他の人よりも老けているのである。この理由は，中年期までには老化の速さの個人差が明確に示されるためである。そして，この個人差は遅くとも20代半ばから出現する。生物学的に高齢であることが多くの現実世界の限界や特徴と関連していることは，まさしく注目すべき点である。実年齢よりも生物学的に高齢な人は，身体能力が低く，知的機能の低下が速く，そして，そのままであるが，見た目にも老けている。そして，見た目の老化よりも厄介なことは，目の血管から示唆されることであるが，生物学的に高齢な人は，老化の速さがより遅い人に比べて，認知症や脳卒中リスクが高いことである。

　時間・エネルギー・金銭の面から考えても，個人・家族，もっと広くいえば，社会から考えても，この健康不良の状態への対処にはコストがかかる。老化の速さが公衆衛生上の大きな懸念である――少なくとも，そうあるべきである――理由は，ここにある。生物学的な老化が明らかになるはるか前に，生物学的な老化が速い人を同定しうるという，私たちの研究知見から得られた示唆によって，生物学的により高齢である人を同定して老化の速度を遅くできる可能性が開かれている。老化が速い人を同定し，その人を標的とすることによって，老化プロセスを遅らせる――または，可能であればその老化を取り戻す――支援介入につながるかの検証は，残された課題である。私たちの研究知見からすると，このような目標の達成は個人，愛する人，社会に利益をもたらすと思われる。

　発達に関する私たちの研究によって，38歳の時点で，老化が速い研究参加者と遅い参加者を弁別すること，20代と30代で得られた生物学的な測定結果に基づき，老化の多様性が老化速度と関連することに加えて，老化の速さには幼児期の先行要因があることが示された。健康と疾病の発達的起源に関して第17章で論じたことを踏まえれば，私たちの研究結果は驚くべきものではないことを認識しなければならない。しかし，それでもなお，子ども時代の健康不良やIQの低さといった，小児期の逆境以外の要因を検討することで，12年間（26歳から38歳）にわたる老化の速度が予測できることは注目に値する。人生におけるリスク要因と生物学的老化の関連は累積的であると論じたことを思い出してほしい。つまり，リスクの多さは老化の速度を速めるのである。

　私たちがこれまでに共有してきた，乳幼児期から始まり中年期まで続く（私たちは今後も続いてほしいが）学際的な前向き出生コホート研究で得られた知見は――私たち自身，共同研究者，資金提供者，そしてもちろん研究参加者による――多大な投資がなければ，得られなかったという事実を，ここであらためて明示することは正当なことであろう。例えば，老化の速さに関する後ろ向き研究では，

私たちの研究で示されたような老化の速さと関連する認知機能の衰えを示すことはできなかったであろう。知能や主観的健康などの伝統的な心理学的概念だけを測定し，実証的な成果が得られるはるか前から生物学的測定を評価していなければ，生物学的な年齢の加速が30代——または30代より前（第17章を参照）——に始まることを実証できなかったであろう。また，私たちが完全な出生コホートで研究を行うのでなく，参加することに非常に意欲的なボランティアの人や，非常に健全にまたは不健全に歳を重ねている人だけを調査対象として研究を行っていたら，研究知見をより多くの人に一般化する上で，私たちの研究は非常に弱い根拠にしかならなかったであろう。

　西欧の工業化社会における人口統計が今日の人口統計と非常に異なっていた1970年代初期には，単に老化の速さはそれほど問題ではなかったという理由であっても，何年も前にダニーデン研究を開始した研究者は私たちがここで示した知見——そして本書の他の章でもっと多く取り上げられている知見——を想像することはできなかっただろうという事実をあらためて強調しなければならない。また，私たちが用いた生物学的測定の多くは，当時は存在しなかった。私たち以前のダニーデン研究の研究者たちが木を切り倒し，土を耕し，種を蒔いたからこそ，私たちはこの研究の成果を収穫することができた。私たちは木に肥料を与え続け，収穫した果実を材料として使って，本書を通して届けた多くの食事を作ることができたのである。

第Ⅶ部

結語

第
20
章

眠りにつく前に進むべき道のりがある
Miles to Go Before We Sleep

20 世紀のアメリカの詩人，ロバート・フロスト（Robert Frost）のことをよ
く知っている人なら，本書の最終章のタイトルが，彼の最も有名な詩のひ
とつである"Stopping by Woods on a Snowy Evening"(雪の降る晩に森に立ち寄る)
の一節から，若干の修正を加えて使われていることに気づくだろう。この詩の語り
手は，長旅の途中で冬の景色の美しさに感動して立ち止まり，先に進むことを述べ
ている。私たちの考えでは，これは本書で私たちがやろうとしていることをみごと
に表現している。私たちは，揺りかごから墓場までの人間の発達を研究するという
数十年に及ぶ冒険の途中で立ち止まり，私たちがどのように研究を進めているかを
明らかにしながら，最も興味深いと思われる調査結果を振り返り，読者と共有する。

私たちが本書の中で**冒険**という言葉を選んだのは，私たちの研究プログラムがこ
れまでも，そしてこれからも，私たちにとっての冒険であり，そのような感覚を読
者の皆様に伝え，共有したかったからである。実際，序文で述べたように，当初は
『**人間の発達をめぐる冒険**』というタイトルにしようと考えていた。私たちが，ト
レジャーハンター，シェフ，果樹栽培者という隠喩を使用していたことを思い出し
てほしい。私たちは，自分がどこへ向かっているのか，何を見つけることができる
かを知っているにもかかわらず，特定の仮説を検証するのではなく，発展的な質問
を投げかけるような不確実性のある場合もあり，そのような場合には探検家という
隠喩を使っている。形式的な予測を検証しているかどうかにかかわらず，私たちが
最終的に研究することになったものと，発見したことと発見しなかったことの両方
によって私たちは研究活動の中で何度も驚かされてきた。前者に関しては，研究を
始めたずっと前に，女性の思春期の発達に対する家族の影響（第 7 章），中年期の
心血管疾患（第 17 章），成功の遺伝学（第 13 章）などを研究することになるとは，
誰も予想していなかっただろう。後者については，大麻を吸うことが肺機能の向上

につながること（第11章）や，多重被害を受けたことによるストレスがエピジェネティックなメチル化を変化させないこと（第16章）など，予想もしていなかった。

　私たちが調査し，本書で共有してきたテーマが多岐にわたることを考えると，私たちが最初から現在のような学際的な科学者であったわけではないことは注目に値する。心と行動の発達を理解するためには，自分たちのネットワークを広げ，発達心理学や臨床心理学といった本来の専門分野以外で発見されたものから学ばなければならないということを，私たちは自らの専門的な発展の過程で発見したのである。飛行機で隣の席に座った人，パーティーで出会った友人の友人，家族の集まりで出会った親戚などに，自分が何者で何をしているのかを聞かれても，簡単には答えられなくなっているのが，私たちの知的な旅の結果のひとつである。「心理学者」や「健康研究者」「発達科学者」のいずれにも当てはまらず，「人間の発達」を研究していると言うと，「それは何ですか？」と聞かれることがよくあり，たいていはその説明に多くの時間を要する。今では，「人はどのようにして今の自分になるのか」を研究していると簡単に示すようにしている。

　私たちの科学的冒険の中心となったのは，理論に導かれた探求と理論に基づかない経験主義の両方を包含する科学の指針となる哲学であった。つまり，私たちが検証した仮説は，理論的な主張から直接導き出されたものである場合もある。例えば，モフィット（Moffitt）の反社会的行動に関する理論を検証する試みでは，生涯持続型非行と青年期限局型非行の違いを明らかにした（第5章）。また，ベルスキー（Belsky）が進化論的観点から発達を捉え直したことは，小児期の逆境が思春期に与える影響に関する研究に導いた（第6章）。しかし，理論に基づかずに，自分が興味をもった発達上の疑問に答えようとした調査の冒険もあった。この点については，幼児期の気質がその後の発達にどのように関係しているか（第2章）や，保育所が子どもの発達にどのように影響するか（第8章）などが紹介されている。これらの問題に取り組むにあたっては，例えば，幼少期の気質とその後の発達は連続しているのか，それとも不連続なのかといった，一般的な概念的なアイデアはあったかもしれないが，特定の発達理論や心理学的理論に基づいて研究を行ったわけではない。先ほどの話の繰り返しになるが，検証可能な仮説を進めるための明確なロードマップがあるときは，何を探すかを知っているトレジャーハンターや，何を用意するかを知っているシェフのように機能するが，そうでないときは，何が出てきてもよいように準備はしているが，それが何なのかはほとんどわからないという，探検家のような冒険になった。

第 20 章　眠りにつく前に進むべき道のりがある　　355

　理論に基づく探求と理論に基づかない探求を区別する際には，かつて前者がもてはやされ，後者が貧しい親戚のように扱われていたことを思い出さずにはいられない。私たちのキャリアの過程で生じた興味深いことのひとつは，理論に基づかない探求がかつて「ダストボウル経験主義」（これは，この種の調査が高く評価されていたとされる米国中西部にちなんだものである）と蔑称されていたものから「再ブランディング」されてきたことである。しかし，何百万もの遺伝子多型のうち，どの多型がある表現型（例えば，喫煙依存症）と関係しているかを調べるようなビッグデータ科学の到来とともに，理論上は利用可能になったすべての情報を扱うことができない場合が多いことが広く認識されるようになった。そのため，「こういう仕組みになっているだろうから，検証してみよう」ではなく，「コンピュータに調べてもらおう」という戦略がとられるようになった。私たちは，幼少期の気質の発達的レガシーを調査する際に，この前者のアプローチを実際に実践した（第 2 章）。高度な多変量解析を用いて，子どもの行動に関する複数の測定値を処理し，子どものタイプを特定するように，コンピュータに要求しただけであることを思い出してほしい。他の研究者がそのような考えをもっていることは知っていたとしても，私たちは，どのような子どものタイプが明らかになるかという理論をもって始めたわけではない。

　また，私たちの科学哲学の中心には，冷静な調査への取り組みがある。これは，大麻が心理的・行動的な発達や身体的な健康に及ぼす否定的または肯定的な影響（第 11 章）などのように，ある特定の予測に強い根拠があったとしても，何かを「発見」することを目的としていなかったということである。むしろ，私たちは，発達がどのように作用するのかを明らかにすることに専念した。私たちは，結果がある方向に向かうだろうという仮説や希望をもっていたとしても，それが調査の偏りにならないように自分を律した。この野望の実現が 100％達成したとは確信できないが，知的な「汚染」を避けるための努力は惜しまなかった。その一番のエビデンスは，最初の調査結果が予想どおりのものであっても，それに挑戦する努力を繰り返したことだろう。結局のところ，私たちはこれまでも，そしてこれからも，根っからの経験主義者なのだ。チップがどこに落ちようとも，私たちもまたそこに着地するのだ。

　フロストの旅人のように，私たちは眠りにつく前に進むべき道のりがあるのだ。「NICHD による早期の子どものケアと若者の発達研究」は，政府から資金提供を受けて取り組んだ核心的な疑問に答えて，子どもたちが 15 歳のときに終了したが，ダニーデン研究と E-リスク研究は継続している。実際，第 1 章で述べたことの繰

り返しになるが，ごく最近，ダニーデン研究の参加者は2018年から2019年にかけて，MRI（磁気共鳴画像法）脳スキャナー検査を含む45歳時点での再評価が行われた。この文章を書いている間にも，E-リスク研究の参加者が20代半ばで再評価される準備をしている。私たちは，これらのデータ収集が研究の道の終わりであるとは決して考えていない。私たちは，資金と自分たちの能力が許すかぎり，両サンプルの追跡調査を続けたいと考えている。私たちの能力が及ばない場合は，何年も前に私たちがダニーデン研究の創設者から引き継いだように，他の人たちが私たちの残したものを引き継いでくれることを願っている。

　本書が示していると私たちが信じているように，本書で取り上げているような縦断的研究は，与え続けられる宝である。このような長期的な調査は，一度開始すると継続するのが非常に難しいものだが，元のデータが収集されたあとも，その科学的価値を証明し続けていることを，私たちは繰り返し指摘してきた。私たちを驚かせ魅了し続けたことは，例えば，第16章で報告されたエピジェネティックなメカニズムを調べるためのメチル化分析や，先日終了したダニーデン研究の45歳の研究参加者の脳画像など，新しい学問的課題や新しい測定技術の出現により，新しい課題に取り組むために幼少期のデータの一部が収集されたときには想像もできなかった問題を調べることができるようになったことである。

　このような研究の価値を高めているのは，新しい測定方法だけではない。人間がどのように成長し，変化していくのかを知りたいのであれば，長期間にわたって繰り返し測定できることが不可欠である。例えば，第18章を見てみると，26歳，32歳，38歳のバイオマーカーを繰り返し測定することで，老化のペースを調べたところ，老化が速い人と遅い人は，遅くとも30代の半ばまでにはすでに発達の道を歩んできていることがわかった。また，第11章では，大麻の持続使用の長期的な影響を明らかにするために，知能の反復測定を頼りにして，わずかな量であっても認知能力が低下している人とそうでない人を区別したことを思い出してほしい。

　私たちは多くの測定を繰り返すと同時に，技術の進歩や研究参加者の高齢化に伴う新たな評価を実施することで，今後，新たな発見があることを期待している。実際には，現時点では想像もつかないような問題に取り組むことで，新しい発見があるかもしれない。しかし，今はそこに行くのではなく，第1章で定めた本書に登場するテーマに立ち返って，これまでの歩みを振り返ってみたい。

子どもは大人の父である

　考慮すべき第一のテーマは，第II部で述べたように，人生早期に子どもがどのように考え，感じ，行動するかが，将来の成長を予見するという長年の考え方である。ここで学んだことを要約すると，生後10年以内の子どもの個人差が，数十年後の子どもの機能を予測できることは確かであり，何度も繰り返し確認されてきたが，子どものころの測定結果からのちの発達を予測する力は，つねにとは言えないが，多くの場合，限られているということである。これは，人生の最初の10年間が終わっても，成長は終わっていないからである。少なくともある人たちは，成長し，変化し続ける。

　早期の発達とその後の発達の間に強い連続性があるという主張をすべて認めるわけではないが，それでも，3歳時の気質がのちにどのように機能するかを予測するという私たちの発見を見失ってはいけない。私たちは，自己コントロールが欠如していたり，過剰だったりする子どもたちの多くが，年齢を重ねても早期の気質をもち続けていることを発見した（第2章を参照）。このことから，私たちは前者を「世界への反逆」，後者を「世界からの逃避」と表現した。これらの結果に関連して，人生の最初の10年間でさまざまな機能において低レベルまたは高レベルの自己コントロールを示した子どもたちは，数十年後にも，仕事，家庭，健康などの人生のさまざまな領域で同じような行動をとることがわかった（第3章を参照）。また，児童期にADHDと正式に診断されても，数十年後におけるADHDの臨床レベルを予測することはできなかったが（第4章を参照），ADHDと診断された子どもや青年は，児童期の状態と一致した行動をとり続けていることが明らかとなった。

児童期の家族内・家族外の体験の影響

　第III部と第IV部では，家族の中や外での発達経験や環境への暴露が，確かに子どもの発達に影響を与えているという発見について議論している。例えば，第5章では，子育ての世代間伝達に関するエビデンスを検討した。それによると，男の子ではなく女の子がどのように育てられたかによって，彼女らが自分の3歳の子どもとどのように関わるかが予測されることが示された。第8章では，質のよい保育が認知・言語発達を多少促進するように思われる一方で，数カ月から数年にわたって保育所で多くの時間を過ごすことで，少なくともある程度，米国の文脈では，幼少期

における攻撃性や反抗性と，思春期における危険な行為や衝動性が育まれるように思われることを述べた。第6章と第7章では，不利な家庭環境（例えば，対立した人間関係や一貫性のない子育て）が，特に神経心理学的欠陥や行動制限を抱えて人生を歩み始めた子どもたちの早期からの永続的な反社会的行動を促進し（第6章），さらには少女の性的成熟を早める（第7章）ことを指摘した。第11章では，通常，仲間のいるところで始められる大麻の持続的使用が，身体的健康にはほとんど悪影響を及ぼさないとしても，精神的健康に関しては明らかに違うことを明らかにした。第9章と第10章では，仲間からのいじめや，恵まれない環境で育ったことが，ウェルビーイング（幸福）度を低下させることを論じているが，実際は，後者の影響は，より裕福な家庭が近くにある場合に増幅される。

　これらやその他の観察結果の中には，しばしば常識的な主張と一致するとみなされるものもあれば（例えば，保育所には発達上のリスクがある），一致しないものもある（例えば，思春期の非行は単なる一過性のものである）。私たちの研究は，ある人の常識が他の人の常識とはかぎらないことを指摘するだけでなく（例えば，保育所は子どもに良い，保育所は子どもに悪い，思春期の非行は一過性のものかそうでないか），常識が間違っている場合もあることを明らかにした。例えば，思春期の非行は必ずしも一過性のものとはかぎらず（第6章），質のよい保育は，乳幼児期に始まって正式な学校教育が始まるまで続く多くの時間を保育所で過ごしたことの悪影響を弱めたり，ましてや改善したりはしない（第8章）。私たちが調査結果を発表すると，ある人は「それは常識だ」と主張し，ときには特定の結果をもたらした研究が時間，お金，労力の無駄であったことをほのめかすことがある。このような評論家の方々には，常識が発達の本質を正確に反映していないのはもちろんのこと，しばしば想定されるほど常識は一般的でない，つまり広く共有されていない場合があることを理解してもらいたい。これら2つの理由から，私たちは縦断的研究が非常に重要であると考えている。特に，本書で取り上げたようなテーマを理解することに関していえば，実験的に研究することや子ども，家族，そして社会が広く直面している現実的な問題や課題を扱うことは不可能ではないにしても，そのほとんどが困難である。

　さて，ここまで常識と思われることを述べてきたが，家族内外での体験や暴露の影響について，さらに2つのポイントを指摘しておく必要がある。1つ目は，ここで紹介した発達予測の力がどのようなものであっても，私たちが調査した結果（育児，保育，いじめ，近隣の剥奪）が，子どもの成長・発達を強力に決定するほどのものではなかったということである。これは，発達とは，天気と同じように，多く

の，しばしば相互作用する要因や力によって決定される継続的なプロセスであるという重要なポイントを，あらためて強調するための方法である。それが，決定論的ではなく確率論的である理由であり，本書で繰り返し取り上げられているテーマなのである。湿度や気圧だけを知っていても，正確な降水量を予測するのに必要な情報は得られないのと同じように，子どもがどのように育てられたか，子どもが住んでいた地域がどのようなものであったかなど，発達についてひとつのことを知っているだけでは，同じように限界があるのだ。これは，重要でないということではなく，ひとつの力や要因の予測力ではほとんどの場合，限界があるため，他の多くの力や要因を考慮する必要があるということである。

遺伝

　私たちが研究した家族内および家族外の発達への影響について，2つ目のポイントは，本書のもうひとつのテーマである遺伝の影響に直接つながるものである。私たちの観察研究では，まれな例外を除いて，遺伝子が結果に影響を与えている可能性を完全には否定できなかった。そのため，前のセクションや本書の中で，私たちが調査した発達経験や環境への暴露がもたらすと思われる影響について述べる際には，自分たちの主張を控えめにしている。ここで指摘しておきたいのは，遺伝的な影響を排除して環境的な影響を含む発達を研究するという考え方そのものに異議を唱える学者がいるかもしれないということである。生まれと育ちを分離することは不可能であり，馬鹿げていると主張する思慮深い評論家もいるだろう。結局のところ，化学者であれば，H の効果を制御して O の効果を明らかにすることによって水（H_2O）の性質を調べるだろうか？　このような見解に多少のメリットがあるとしても，行動・発達科学者は，遺伝と環境の相互作用に焦点を当てた第 14 章と第 15 章のように，生まれと育ちの影響を分離し，その相互作用を検証する努力に価値を見出していることは事実である。

　そのため，私たちは多くの章で，私たちが調査した環境要因（例えば，子育て，保育所，近所づきあいなど）が，環境への暴露と発達結果の両方に遺伝的影響を及ぼすことによって発達の側面を予測できた可能性について述べてきた。遺伝的な理由で反社会的な大人になることを運命づけられた少年たちが，実際には，彼らが受ける厳しいしつけを誘発している可能性があることを考えてみてほしい。それ自体が，厳しい両親が子孫に残した遺伝子の機能である。私たちは，自分たちの調査結果に何度も異議を唱え，なぜそのように判断したのかについての多くの代替的で常

識的な説明を割り引くことで，私たちが記録した環境的影響が単に遺伝の機能であるという可能性を減らしたのである。そうは言っても，特に，同じ家族の一卵性双生児で，いじめられた子どもとそうでない子ども（第10章），多重被害を経験した子どもとそうでない子ども（第16章）の成長を比較したとき，遺伝の影響をほぼ完全に排除できたのはごくまれであることをはっきりさせておきたい。そのため，第V部では遺伝に焦点を当てた研究を行った。

　私たちは何を学んだのだろうか？　まず，喫煙，人生の成功，反社会的行動，抑うつなど，私たちがターゲットにした発達現象を予測するGWAS由来の少数あるいは多数の遺伝子変異の力は，現実にあるものの限定的であることが証明されたが，これもまた重要でないと解釈すべきではない。繰り返しになるが，発達は次元的に決定され，確率論的なものである。遺伝と反社会的行動に焦点を当てた第14章や，遺伝と抑うつに焦点を当てた第15章で明らかになったように，発達を理解するためには，生まれと育ちの両方の観点から考えることが有効である。反社会的行動に対する不適切養育や，抑うつに対するストレスフルなライフイベントなど，養育の影響に関する知見は，自然によって「条件づけ」されていることを思い出してほしい。遺伝的に異なる研究参加者は，結果的に，私たちが調査した発達経験や環境暴露によって異なる影響を受けていた。したがって，児童虐待が攻撃性につながるというあまりにも一般的な考え方も，常識的な主張ではあるが検証が必要である。もちろん，ストレスの多いライフイベントが抑うつに悪影響を及ぼすことについても，同様のことがいえる。しかし，エピジェネティックな考え方に基づいて，さまざまな形の被害にさらされることで，遺伝子の発現が抑えられるかどうかを，エピゲノムや候補遺伝子レベルでDNAのメチル化を測定して調べたところ，この考えを裏付けるエビデンスはほとんど見つからなかった。

中年期に歳をとるということ

　第VI部では，精神的な健康だけでなく，身体的な健康も幼少期に根ざしているというテーマを取り上げ，中年期の人々の身体的な健康の違いを理解しようとする場合，発達的な視点が不可欠であることを明確に示した。最も注目すべき点は，子どもの成長の過程で有害な体験（例えば，不適切養育）や暴露（例えば，精神的な問題を抱える家族）が多いほど，38歳までの身体的な健康状態が悪くなることを発見したことである（第17章）。また，4つのケースのうち3つのケースでは，問題のある子ども時代が本来の生物学的埋め込みプロセスに影響を与え，それによって

「皮膚の下に入り込む」ことが検証されたことを思い出してほしい（第18章）。さらに，人生の半ばやそれ以前には，複数のバイオマーカーや顔写真に基づいて，ある人の老化は他の人よりも早いだけでなく，小児期や青年期の逆境がこの違いに寄与していることが明らかになった。

発達のメカニズム

　共有した多くの研究において，私たちは，子ども時代の体験や暴露と，その後の心理的，行動的，身体的な発達（身体的な健康も含む）との間の関連性を記録する以上のことをしようと努めてきた。私たちの発達に関する冒険の中心は，可能なかぎり，そのような影響が実現される発達のメカニズムを探ることであった。実際，第18章で生物学的埋め込みプロセスの可能性を調べようとしたのは，まさにこのためであった。

　繰り返し述べてきたように，人生早期における特定の機能のあり方（例えば，児童期のADHD；第4章を参照）や特定の経験（例えば，不適切養育；第14章を参照）が発達の特定の側面に影響を与えることを知ることと，そのような影響がどのようにして生じるかを理解することは別のことである。そのため，調査対象となる効果を媒介する社会的・行動的経験に焦点を当てることもあれば，媒介効果を正式に検証しないまでも，もっともらしい生物学的媒介因子を探索することもあった。前者については，学校での失敗，薬物，10代の妊娠などのような青年期の「罠」によって，早期に発症した反社会的行動が成人期の犯罪行為を含む問題行動と関連するようになったことを説明することができたという知見がある（第6章）。生物学的プロセスに関しては，小児期の逆境がテロメア崩壊や炎症，ストレス生理学に関係していることがわかった（第18章）。しかし，私たちは，小児期の逆境の影響を媒介することでこれらのプロセスが成人期の健康不良の一因になるという推論を行うことしかできなかった。なぜなら，研究参加者はまだ若く，これらの生物学的埋め込みのメカニズムが人生の後半の健康を損なうかどうかを検証することができないからである。しかし，第16章で，生物学的埋め込みのもうひとつのプロセスと考えられるエピジェネティックなメチル化を取り上げた際には，遺伝子が被害体験によって制御される従属変数として機能しているというエビデンスはほとんど検出されなかったことを思い出してほしい。

レジリエンス

　本書では，人間の発達を妨げる要因や力が，その黒魔術を働かせないようにできることを繰り返し見てきた。ここでは，私たちの発達をめぐる冒険から繰り返し出てくるレジリエンスというテーマについて言及している。家族間の対立が少女の性的成熟を加速させたとしても，乳幼児期の安定した愛着がこの発達の結果を緩衝し，実現させないようにできることを発見した（第7章）。また，身体的に成熟した少女は，より多くのリスクを冒すようなことをすることがわかったが，女子校に通っていた場合には，そのようなことは起こらないことも第7章でわかった。いじめられた子どもたちが，いじめによる他の厄介な結果に陥らないように，支持的な家族が守っていたことも思い出してほしい（第10章）。そして，社会的経験だけでなく，遺伝的要因もレジリエンスに影響を与えることがわかった。ダニーデン研究では，子どものころに不適切養育を受けたが，*MAOA* 遺伝子の高活性多型をもつ男性は，低活性多型の保有者に比べて，大人になってから反社会的になる可能性がはるかに低かった（第14章）。

できることは何か？

　多くの章で繰り返し述べてきたことは，レジリエンスの評価（特にそれを促進する要因を評価すること）と，幼少期の影響がのちの発達に及ぼす影響を具体化する発達メカニズムを理解することが，介入の対象を明らかにする可能性があるという点で，特に重要であるということである。これは，そもそも問題が発生するのを防ぐことが目的であっても，すでに発生した問題を改善することが目的であっても，あるいは，単に機能障害が現れていない人たちのウェルビーイングを促進することが目的であっても同じである。また，子どもや若者の幼少期の機能や人生経験を変えることができない状況について考えてみよう。のちの発達に影響するこれらの状況に影響を受けるメカニズムが明らかになれば，社会的，行動的，生物学的な媒介因子を修正することですでに確立された発達の軌道が修正される可能性を高める。これが，少なくとも原理的には，発達がオープンエンドのままである理由のひとつである。子どもが人生早期にどのように機能したか，あるいは成長の過程で何が起こったかによって，人生が完全に決定されるわけではない。水道会社から家庭への配管と浴槽の蛇口をつなぐ錆びたパイプの漏れた部分を交換したり，補修したりす

ることで家庭の水圧を上げることができるのと同様に，発達のパイプラインを理解することで人間の機能を高めることができるはずである。

しかし，そうは言っても，科学者のレトリックの多くがそうではないと示しているように見えるにもかかわらず（つまり，エビデンスが X を示しているので，私たちは Y をしなければならない），一部の例外を除いて，エビデンスから実践や政策への直接的なラインは通常存在しないことを明確にする必要があると感じている。何かが好ましい結果（例えば，学業成績）や好ましくない結果（例えば，認知機能の低下）を促進することがわかったからといって，たとえ取るべき行動が 1 つ以上あることを示しているとしても，それが自動的に取るべき行動につながるわけではない。その最たるものが，タバコの販売や喫煙を規制する法律であろう。タバコを吸うことは不健康であり，社会に何百万ドルもの健康被害をもたらしているという圧倒的なエビデンスがあるにもかかわらず，それを許している理由のひとつは——もちろん，それだけではないが——自由と個人の選択に価値を置いているからである。言い換えれば，信念や価値観はほとんどの場合，科学的エビデンスに対する反応を決定づける役割を果たす。道徳的な要請を伴う科学的発見もあるかもしれないが，決して日常的なことではない。

科学者は，ある特定の現象に対する科学的理解に基づいて政策提言を行うべきではないというわけではないが，科学者が政策提言の帽子をかぶるときには，純粋に科学者として活動しているとはいえないということである。科学的な理解だけでなく，彼らの態度や価値観が関係してくるが，悲しいことに，このことが十分に認識されず，評価されていないようである。現実には，科学者を含む心の広い人々は，同じエビデンスを見ても，何をすべきか，あるいは何をすべきでないかについて，反対の，あるいは少なくとも代替的な見解をもつことができる。これは通常，エビデンスに対する評価や価値観が異なるためである。

この点を理解してもらうために，次のような質問を考えてみたい。第 8 章で報告されたエビデンスによると，（米国で日常的に利用されているような）早期からの幅広い継続的な保育は，幼少期に攻撃性と反抗性のレベルをやや高め，思春期ではリスクを伴う行動と衝動性を促進するようだが，もしあるとすれば，どのような政策的な対応をすべきだろうか。ある人は，保育所の利用を減らし，家族休暇制度を拡大すべきだと結論づけるかもしれないが，他の人は違う見方をするだろう。後者は，このような一見ネガティブな効果は控えめであり，母親が働くことで得られる収入，キャリア形成，心理的ウェルビーイングなどのメリットは非常に大きいため，幼い乳児を含め，質の高い保育所の利用可能性と手頃な価格を拡大するためにあら

ゆる努力をすべきだと言うかもしれない。このような意見の違いは，閉鎖的な人はもちろんのこと，心の広い人であっても，子どもにとって，親にとって，家族にとって，さらには社会にとって何がベストなのか，異なる価値観や信念をもっていることを示している。

　特定の知見に対するサービスや政策の反応に好意的であったとしても——私たち著者の間でもつねに意見が一致しているわけではないが——だからといって，何をすべきかを決める際に，私たちの専門性が私たちに優位性を与えるわけではない。私たちは，人間の発達に関しては特別な専門知識をもっているかもしれないが，何が決定されるかを判断する（あるいは判断すべき，または判断しうる）多くのことに関しては，知識がない。結局のところ，私たちは経済学者でも哲学者でも歴史家でもなく，参考になりそうな3つの見解を挙げることしかできないのである。また，科学的な専門知識があるからといって，自分の信念や価値観が他の人のそれを凌駕するとは限らない。

今後の方向性

　最後に，本書の中核となるテーマとそれに関連するアイデアを確認した上で，私たちがすでに調査を計画していることや，将来的に取り組みたいと考えていることなど，将来に向けた抱負を述べたい。英国のE-リスク研究における1100組の双子ペアは，まもなく20代半ばの「成人形成期（emerging adulthood）」に入る。成人した双子たちは，社会的な経験が身体的・精神的な健康の発達に及ぼす影響をしっかりと検証する機会を提供してくれるため，私たちは20年以上もこの機会を待ち望んでいた。双子のペアは，幼児期には1台の2人乗りベビーカーでどこへでも出かけ，ひとつの視点で世界を見ていた。子どものころは，ほとんどの経験が同じであった。例えば，通常は同じ学校に通い，同じ教室にいることが多く，同じ先生や指導方法に触れていた。しかし，大人になると，別々の人生を歩み，パートナーとの経験や仕事での経験，そして間違いなく親になる時期も異なるだろう。一人は刑務所に入って，もう一人はそうならない双子もいる。一人はタバコを吸って，もう一人は吸わない双子もいる。一人はたくさんの友人関係を築いて，もう一人は社会的に孤立する双子もいる。そして，一人はベジタリアンで，もう一人は肉食の双子もいる。私たちは，家族や遺伝的背景を一定に保ちながら，このような多様な人生経験の影響を明らかにする機会を楽しみにしている。本書のテーマに沿って，私たちは，決して完璧ではないにせよ，幼少期からの連続性を期待している。また，

第 20 章　眠りにつく前に進むべき道のりがある　　　365

問題発生のリスクを抱えていた研究参加者の中には，レジリエンスのある人がいる
ことも予想している。このような発達上の問題が回避されたプロセスを理解するこ
とが私たちの仕事だが，順調に発達しているようにみえる E-リスク研究の子ども
たちの中にも，人生早期の発達上の約束を果たせずに終わってしまうケースがあり，
その理由を理解することも私たちの目的である。

　また，中年期に入った 1000 人のダニーデン研究の参加者には，魅力的な新しい
質問があり，私たち発達の探検家には魅力的な新しい冒険が待ち受けている。私た
ちの計画では，26 歳，32 歳，38 歳，45 歳のときに繰り返し測定した多くのバイオマー
カーを使って，50 代，60 代になった各研究参加者の個人的な老化のペースを引き
続き追跡することにしている。テロメアの長さとエピジェネティックなメチル化を
繰り返し測定することで，老化のペースの変化がゲノムシステムの変化に追随する
かどうかを調べることができる。また，幼少期のどのような要因が老化のスピード
を速めたり遅めたりするのか，生涯にわたって蓄積された精神疾患の履歴が老化の
スピードを速めることにつながるのかについても調査する。また，聴覚，味覚，視
覚などの感覚機能と同様に，体力や認知機能，MRI で評価した脳の構造と機能な
どの適応機能の変化と，個人の老化スピードがどのように関係しているかを評価す
ることができる。本書のテーマに沿って，私たちは幼少期からの継続性を期待して
いるが，同時に，最もレジリエンスがあり，ダニーデン研究の同世代の人たちと比
較して，体も心も明らかに若々しくあり続ける研究参加者の経験や特徴を探してい
きたいと考えている。すでに述べたように，眠りにつく前に進むべき道のりがある。

参考文献

第1章

NICHD Early Child Care Research Network (Ed.). (2005). *Child care and child development: Results of the NICHD Study of Early Child Care and Youth Development*. New York: Guilford Press.

Poulton, R., Moffitt, T. E., & Silva, P. A. (2015). The Dunedin Multidisciplinary Health and Development Study: Overview of the first 40 years, with an eye to the future. *Social Psychiatry and Psychiatric Epidemiology, 50,* 679–693.

第2章

Caspi, A. (2000). The child is father of the man: Personality continuities from childhood to adulthood. *Journal of Personality and Social Psychology, 78,* 158–172.

Caspi, A., & Silva, P. A. (1995). Temperamental qualities at age three predict personality traits in young adulthood: Longitudinal evidence from a birth cohort. *Child Development, 66,* 486–498.

Newman, D. L., Caspi, A., Silva, P. A., & Moffitt, T. E. (1997). Antecedents of adult interpersonal functioning: Effects of individual differences in age 3 temperament. *Developmental Psychology, 33,* 206–217.

Robins, R. W., John, O. P., Caspi, A., Moffitt, T. E., & Stouthamer-Loeber, M. (1996). Resilient, overcontrolled, and undercontrolled boys: Three replicable personality types. *Journal of Personality and Social Psychology, 70,* 157–171.

Slutske, W. S., Moffitt, T. E., Poulton, R., & Caspi, A. (2012). Undercontrolled temperament at age 3 predicts disordered gambling at age 32. *Psychological Science, 23,* 510–516.

第3章

Moffitt, T. E., Arseneault, L., Belsky, D., Dickson, N., Hancox, R. J., Harrington, H., Houts, R., Poulton, R., Roberts, B. W., Ross, S., Sears, M. R., Thomson,W. M., & Caspi, A. (2011). A gradient of childhood self-control predicts health, wealth, and public safety. *Proceedings of the National Academy of Sciences, 108,* 2693–2698.

Moffitt, T. E., Poulton, R., & Caspi, A. (2013). Lifelong impact of early self-control: Childhood self-discipline predicts adult quality of life. *American Scientist, 101,* 352–359.

第4章

Agnew-Blais, J. C., Polanczyk, G. V., Danese, A., Wertz, J., Moffitt, T. E., & Arseneault, L. (2016). Evaluation of the persistence, remission, and emergence of attention-deficit / hyperactivity disorder in young adulthood. *JAMA Psychiatry, 73,* 713–720.

Arseneault, L., Agnew-Blais, J., & Moffitt, T. E. (2017). Child vs adult onset attention-deficit / hyperactivity disorder-reply. *JAMA Psychiatry, 74,* 422–423.

Moffitt, T. E., Houts, R., Asherson, P., Belsky, D. W., Corcoran, D. L., Hammerle, M., Harrington, H., Hogan, S., Meier, M. H., Polanczyk, G. V., Poulton, R., Ramrakha, S., Sudgen, K., Williams, B., Rohde, L., & Caspi, A. (2015). Is adult ADHD a childhood-onset neurodevelopmental disorder? Evidence from a fourdecade longitudinal cohort study. *American Journal of Psychiatry, 172,* 967–977.

第5章

Belsky, J., Hancox, R. J., Sligo, J., & Poulton, R. (2012). Does being an older parent attenuate the intergenerational transmission of parenting? *Developmental Psychology, 48,* 1570–1574.

Belsky, J., Jaffee, S., Sligo, J., Woodward, L., & Silva, P. (2005). Intergenerational transmission of warm-sensitive-stimulating parenting: A prospective study of mothers and fathers of 3-year olds. *Child Development, 76,* 384–396.

Wertz, J., Moffitt, T. E., Agnew-Blais, J., Arseneault, L., Belsky, D. W., Corcoran, D. L., Houts, R., Matthews, T., Prinz, J. A., Richmond-Rakerd, L. S., Sugden, K., Williams, B., & Caspi, A. (in press). Using DNA from mothers and children to study parental investment in children's educational attainment. *Child Development.*

第6章

Moffitt, T. E. (2018). Male antisocial behavior in adolescence and beyond. *Nature Human Behaviour, 2,* 177–186.

Moffitt, T. E., & Caspi, A. (2001). Childhood predictors differentiate life-course persistent and adolescence-limited antisocial pathways in males and females. *Development and Psychopathology, 13*, 355–375.

Moffitt, T. E., Caspi, A., Dickson, N., Silva, P., & Stanton, W. (1996). Childhoodonset versus adolescent-onset antisocial conduct problems in males: Natural history from ages 3–18. *Development and Psychopathology, 8*, 399–424.

Moffitt, T. E., Caspi, A., Harrington, H., & Milne, B. J. (2002). Males on the life-course persistent and adolescence-limited antisocial pathways: Follow-up at age 26 years. *Development and Psychopathology, 14*, 179–207.

Odgers, C., Caspi, A., Broadbent, J. M., Dickson, N., Hancox, B., Harrington, H. L., Poulton, R., Sears, M. R., Thomson, M., & Moffitt, T. E. (2007). Conduct problem subtypes in males predict differential adult health burden. *Archives of General Psychiatry, 64*, 476–484.

Odgers, C. L., Moffitt, T. E., Broadbent, J. M., Dickson, N., Hancox, R. J., Harrington, H., Poulton, R., Sears, M. R., Thomson, W. M., & Caspi, A. (2008). Female and male antisocial trajectories: From childhood origins to adult outcomes. *Development and Psychopathology, 20*, 673–716.

第7章

Belsky, J., Steinberg, L., Houts, R., Friedman, S. L., DeHart, G., Cauffman, E., Roisman, G. I., Halpern-Felsher, B., Susman, E., & The NICHD Early Child Care Research Network. (2007). Family rearing antecedents of pubertal timing. *Child Development, 78*, 1302–1321.

Belsky, J., Steinberg, L., Houts, R. M., Halpern-Felsher, B. L., & The NICHD Early Child Care Research Network. (2010). The development of reproductive strategy in females: Early maternal harshness→earlier menarche→increased sexual risk taking. *Developmental Psychology, 46*, 120–128.

Caspi, A., Lynam, D., Moffitt, T. E., & Silva, P. (1993). Unraveling girls' delinquency: Biological, dispositional, and contextual contributions to adolescent misbehavior. *Developmental Psychology, 29*, 19–30.

Caspi, A., & Moffitt, T. E. (1991). Individual differences are accentuated during periods of social change: The sample case of girls at puberty. *Journal of Personality and Social Psychology, 61*, 157–168.

Moffitt, T., Caspi, A., Belsky, J., & Silva, P. (1992). Childhood experience and the onset of menarche: A test of a sociobiological model. *Child Development, 63*, 47–58.

Ramrakha, S., Paul, C., Bell, M. L., Dickson, N., Moffitt, T. E., & Caspi, A. (2013).

The relationship between multiple sex partners and anxiety, depression, and substance dependence disorders: A cohort study. *Archives of Sexual Behavior, 42,* 863–872.

Sung, S., Simpson, J. A., Griskevicius, V., Kuo, S. I., Schlomer, G. L., & Belsky, J. (2016). Secure infant-mother attachment buffers the effect of early-life stress on age of menarche. *Psychological Science, 27,* 667–674.

第8章

Belsky, J., Vandell, D., Burchinal, M., Clarke-Stewart, K. A., McCartney, K., Owen, M., & The NICHD Early Child Care Research Network. (2007). Are there long-term effects of early child care? *Child Development, 78,* 681–701.

McCartney, K., Burchinal, M., Clarke-Stewart, A., Bub, K. L., Owen, M. T., Belsky, J., and the NICHD Early Child Care Research Network. (2010). Testing a series of causal propositions relating time in child care to children's externalizing behavior. *Developmental Psychology, 46,* 1–17.

NICHD Early Child Care Research Network. (1997). The effects of infant child care on infant-mother attachment security: Results of the NICHD Study of Early Child Care. *Child Development, 68,* 860–879.

NICHD Early Child Care Research Network. (1998). Early child care and selfcontrol, compliance and problem behavior at 24 and 36 months. *Child Development, 69,* 1145–1170.

NICHD Early Child Care Research Network. (1999). Child care and mother-child interaction in the first three years of life. *Developmental Psychology, 35,* 1399–1413.

NICHD Early Child Care Research Network. (2000). The relation of child care to cognitive and language development. *Child Development, 71,* 958–978.

NICHD Early Child Care Research Network. (2001). Child care and family predictors of preschool attachment and stability from infancy. *Developmental Psychology, 37,* 847–862.

NICHD Early Child Care Research Network. (2002). Child care and children's development prior to school entry. *American Education Research Journal, 39,* 133–164.

NICHD Early Child Care Research Network. (2003). Families matter: Even for kids in child care. *Journal of Developmental and Behavioral Pediatrics, 24,* 58–62.

NICHD Early Child Care Research Network. (2003). Does amount of time spent in child care predict socioemotional adjustment during the transition to kindergarten? *Child Development, 74,* 976–1005.

NICHD Early Child Care Research Network. (2003). Early child care and mother-child interaction from 36 months through first grade. *Infant Behavior and Development, 26,* 345–370.

NICHD Early Child Care Research Network (Ed.). (2005). *Child care and child development: Results of the NICHD Study of Early Child Care and Youth Development.* New York: Guilford Press.

NICHD Early Child Care Research Network. (2005). Early child care and children's development in the primary grades: Follow-up results from the NICHD Study of Early Child Care. *American Educational Research Journal, 43,* 537–570.

Vandell, D. L., Belsky, J., Burchinal, M., Steinberg, L., Vandergrift, N., & the NICHD Early Child Care Research Network. (2010). Do effects of early child care extend to age 15 years? *Child Development, 81,* 737–756.

第9章

Jaffee, S. R., Caspi, A., Moffitt, T. E., Polo-Tomas, M., & Taylor, A. (2007). Individual, family, and neighborhood factors distinguish resilient from non-resilient maltreated children: A cumulative stressors model. *Child Abuse and Neglect, 31,* 231–253.

Odgers, C. L., Caspi, A., Russell, M. A., Sampson, R. J., Arseneault, L., & Moffitt, T. (2012). Supportive parenting mediates neighborhood socioeconomic disparities in children's antisocial behavior from ages 5 to 12. *Development and Psychopathology, 24,* 705–721.

Odgers, C. L., Donley, S., Caspi, A., Bates, C. J., & Moffitt, T. E. (2015). Living alongside more affluent neighbors predicts greater involvement in antisocial behavior among low income boys. *Journal of Child Psychology and Psychiatry, 56,* 1055–1064.

Odgers, C. L., Moffitt, T. E., Tach, L. M., Sampson, R. J., Taylor, A., Matthews, C. L., & Caspi, A. (2009). The protective effects of neighborhood collective efficacy on British children growing up in deprivation: A developmental analysis. *Developmental Psychology, 45,* 942–957.

第10章

Baldwin, J. R., Arseneault, L., Odgers, C., Belsky, D. W., Matthews, T., Ambler, A., Caspi, A., Moffitt, T. E., & Danese, A. (2016). Childhood bullying victimization and overweight in young adulthood: A cohort study. *Psychosomatic Medicine,*

78, 1094-1103.

Bowes, L., Maughan, B., Caspi, A., Moffitt, T. E., & Arseneault, L. (2010). Families promote emotional and behavioural resilience to bullying: Evidence of an environmental effect. *Journal of Child Psychology and Psychiatry, 51*, 809-817.

Fisher, H. L., Moffitt, T. E., Houts, R. M., Belsky, D. W., Arseneault, L., & Caspi, A. (2012). Bullying victimization and risk of self harm in early adolescence. *BMJ, 344*, e2683.

第11章

Arseneault, L., Cannon, M., Poulton, R., Murray, R., Caspi, A., & Moffitt, T. E. (2002). Cannabis use in adolescence and risk for adult psychosis: Longitudinal prospective study. *BMJ, 23*, 1212-1213.

Caspi, A., Moffitt, T. E., Cannon, M., McClay, J., Murray, R., Harrington, H., Taylor, A., Arseneault, L., Williams, B., Braithwaite, A., Poulton, R., & Craig, I. W. (2005). Moderation of the effect of adolescent-onset cannabis use on adult psychosis by a functional polymorphism in the catechol-O-methyltranserase gene: Longitudinal evidence of a gene X environment interaction. *Biological Psychiatry, 57*, 1117-1127.

Cerda, M., Moffitt, T. E., Meier, M. H., Harrington, H., Houts, R., Ramrakha, S., Hogan, S., Poulton, R., & Caspi, A. (2016). Persistent cannabis dependence and alcohol dependence represent risks for midlife economic and social problems: A longitudinal cohort study. *Clinical Psychological Science, 4*, 1028-1046.

Hancox, R. J., Poulton, R., Ely, M., Welch, D., Taylor, D. R., McLachlan, C. R., Greene, J. M., Moffitt, T. E., Caspi, A., & Sears, M. R. (2010). Effects of cannabis on lung function: A population-based cohort study. *European Respiratory Journal, 35*, 42-47.

Hancox, R. J., Shin, H. H., Gray, A. R., Poulton, R., & Sears, M. R. (2015). Effects of quitting cannabis on respiratory symptoms. *European Respiratory Journal, 46*, 80-87.

Meier, M., Moffitt, T. E., Cerda, M., Hancox, R., Harrington, H. L., Houts, R., Poulton, R., Ramrakha, S., Thomson, M., & Caspi, A. (2016). Physical health problems associated with persistent cannabis versus tobacco use at midlife: A population-representative longitudinal study. *JAMA Psychiatry, 3, 731-740.*

Meier, M. H., Caspi, A., Ambler, A., Harrington, H., Houts, R., Keefe, R. S. E., McDonald, D., Ward, A., Poulton, R., & Moffitt, T. E. (2012). Persistent cannabis users show neurospsychological decline from childhood to midlife. *Proceed-*

ings of the National Academy of Sciences, 109, E2657–E2664.

Meier, M. H., Caspi, A., Cerda, M., Hancox, R. J., Harrington, H., Houts, R., Poulton, R., Ramrakha, S., Thomson, W. M., & Moffitt, T. E. (2016). Associations between cannabis use and physical health problems in early midlife: A longitudinal comparison of persistent cannabis vs tobacco users. *JAMA Psychiatry, 73,* 731–740.

Taylor, D. R., Fergusson, D. M., Milne, B. J., Horwood, L. J., Moffitt, T. E., Sears, M. R., & Poulton, R. (2002). A longitudinal study of the effects of tobacco and cannabis exposure on lung function in young adults. *Addiction, 97,* 1055–1061.

第12章

Belsky, D. W., Moffitt, T. E., Baker, T. B., Biddle, A. K., Evans, J. P., Harrington, H., Houts, R., Meier, M., Sugden, K., Williams, B., Poulton, R., & Caspi, A. (2013). Polygenic risk and the developmental progression to heavy, persistent smoking and nicotine dependence. *JAMA Psychiatry, 70,* 534–542.

第13章

Belsky, D. W., Moffitt, T. E., Corcoran, D. L., Comingue, B., Harrington, H., Hogan, S., Williams, B. S., Poulton, R., & Caspi, A. (2016). The genetics of success: How single-nucleotide polymorphisms associated with educational attainment relate to life-course development. *Psychological Science, 27,* 957–972.

第14章

Caspi, A., McClay, J., Moffitt, T. E., Mill, J., Martin, J., Craig, I. W., Taylor, A., & Poulton, R. (2002). Role of genotype in the cycle of violence in maltreated children. *Science, 297,* 851–854.

第15章

Caspi, A., Holmes, A., Uher, R., Hariri, A., and Moffitt, T. E. (2010). Genetic sensitivity to the environment: The case of the serotonin transporter gene (*5-HTT*), and its implications for studying complex diseases and traits. *American Journal of Psychiatry, 167,* 509–527.

Caspi, A., Sugden, K., Moffitt, T. E., Taylor, A., Craig, I. W., Harrington, H., McClay, J., Mill, J., Martin, J., Braithwaite, A., & Poulton, R. (2003). Influence of life stress on depression: Moderation by a polymorphism in the 5-HTT gene.

Science, 301, 386–389.

第16章

Marzi, S. J., Sugden, K., Arseneault, L., Belsky, D. W., Burrage, J., Corcoran, D., Danese, A., Fisher, H. L., Hannon, E., Moffitt, T. E., Odgers, C. L., Pariante, C., Poulton, R., Williams, B. S., Wong, C. C. Y., Mill, J., & Caspi, A. (2018). Analysis of DNA methylation in young people reveals limited evidence for an association between victimization stress and epigenetic variation in blood. *American Journal of Psychiatry, 175,* 517–529.

Schaefer, J. D., Moffitt, T. E., Arseneault, L., Danese, A., Fisher, H. L., Houts, R., Sheridan, M. A., Wertz, J., & Caspi, A. (2018). Adolescent victimization and early-adult psychopathology: Approaching causal inference using a longitudinal twin study to rule out alternative non-causal explanations. *Clinical Psychological Science, 6,* 352–371.

第17章

Danese, A., Moffitt, T. E., Harrington, H., Milne, B. J., Polanczyk, G., Pariante, C. M., Poulton, R., & Caspi, A. (2009). Adverse childhood experiences and adult risk of factors for age-related disease. *Archives of Pediatric and Adolescent Medicine, 163,* 1135–1143.

Melchior, M., Moffitt, T. E., Milne, B. J., Poulton, R., & Caspi, A. (2007). Why do children from socioeconomically disadvantaged families suffer from poor health when they reach adulthood? A life-course study. *American Journal of Epidemiology, 166,* 966–974.

Ouellet-Morin, I., Danese, A., Bowes, L., Shakoor, S., Ambler, A., Pariante, C. M., Papadopoulos, A. S., Caspi, A., Moffitt, T. E., & Arseneault, L. (2011). A discordant monozygotic twin design shows blunted cortisol reactivity among bullied children. *Journal of the American Academy of Child & Adolescent Psychiatry, 50,* 574–582.

Poulton, R., Caspi, A., Milne, B. J., Thomson, W. M., Taylor, A., Sears, M. R., & Moffitt, T. E. (2002). Association between children's experience of socioeconomic disadvantage and adult health: A life-course study. *The Lancet, 360,* 1640–1645.

Reuben, A., Moffitt, T. E., Caspi, A., Belsky, D. W., Harrington, H., Schroeder, F., Hogan, S., Ramrakha, S., Poulton, R., & Danese, A. (2016). Lest we forget: Comparing retrospective and prospective assessments of adverse childhood experiences in the prediction of adult health. *Journal of Child Psychology and Psychiatry, 57,* 1103–1112.

Shalev, I., Moffitt, T. E., Sugden, K., Williams, B., Houts, R. M., Danese, A., Mill, J., Arseneault, L., & Caspi, A. (2013). Exposure to violence during childhood is associated with telomere erosion from 5 to 10 years of age: A longitudinal study. *Molecular Psychiatry, 18,* 576–581.

第18章

Belsky, D. W., Caspi, A., Houts, R., Cohen, H. J., Corcoran, D. L., Danese, A., Harrington, H., Israel, S., Levine, M. E., Schaefer, J. D., Sugden, K., Williams, B., Yashin, A. I., Poulton, R., & Moffitt, T. E. (2015). Quantification of biological aging in young adults. *Proceedings of the National Academy of Sciences,112,* E4104–E4110.

Caspi, A., Harrington, H. L., Moffitt, T. E., Milne, B., & Poulton, R. (2006). Socially isolated children 20 years later: Risk for cardiovascular disease. *Archives of Pediatric and Adolescent Medicine, 160,* 805–811.

Danese, A., Caspi, A., Williams, B., Ambler, A., Sugden, K., Mika, J., Werts, H., Freeman, J., Pariante, C. M., Moffitt, T. E., & Arseneault, L. (2011). Biological embedding of stress through inflammation processes in childhood. *Molecular Psychiatry, 16,* 244–246.

Danese, A., Moffitt, T. E., Harrington, H., Milne, B. J., Polanczyk, G., Pariante, C. M., Poulton, R., & Caspi, A. (2009). Adverse childhood experiences and adult risk of factors for age-related disease. *Archives of Pediatric and Adolescent Medicine, 163,* 1135–1143.

Danese, A., Pariante, C. M., Caspi, A., Taylor, A., & Poulton, R. (2007). Childhood maltreatment predicts adult inflammation in a life-course study. *Proceedings of the National Academy of Sciences, 104,* 1319–1324.

Ouellet-Morin, I., Danese, A., Bowes, L., Shakoor, S., Ambler, A., Pariante, C. M., Papadopoulos, A. S., Caspi, A., Moffitt, T. E., & Arseneault, L. (2011). A discordant monozygotic twin design shows blunted cortisol reactivity among bullied children. *Journal of the American Academy of Child & Adolescent Psychiatry, 50,* 574–582.

Rasmussen, L. J. H., Moffitt, T. E., Arseneault, L., Danese, A., Eugen-Olsen, J., Fisher, H., Harrington, H., Houts, R., Matthews, T., Sugden, K., Williams, B., & Caspi, A. (in press). Improving the measurement of stress-related inflammatory burden in young people: A longitudinal cohort study. *JAMA Pediatrics.*

Rasmussen, L. J. H., Moffitt, T. E., Eugen-Olsen, J., Belsky, D. W., Danese, A., Harrington, H., Houts, R. M., Poulton, R., Sugden, K., Williams, B., & Caspi, A. (2018). Cumulative childhood risk is associated with a new measure of chronic inflammation in adulthood. *Journal of Child Psychology and Psychiatry, 60,* 199–208.

Shalev, I., Moffitt, T. E., Sugden, K., Williams, B., Houts, R. M., Danese, A., Mill, J., Arseneault, L., & Caspi, A. (2019). Exposure to violence during childhood is associated with telomere erosion from 5 to 10 years of age: A longitudinal study. *Molecular Psychiatry, 18,* 576–581.

第19章

Belsky, D. W., Caspi, A., Cohen, H. J., Kraus, W. E., Ramrakha, S., Poulton, R., & Moffitt, T. E. (2017). Impact of early personal-history characteristics on the pace of aging: Implications for clinical trials of therapies to slow aging and extend healthspan. *Aging Cell, 16,* 644–651.

Belsky, D. W., Caspi, A., Houts, R., Cohen, H. J., Corcoran, D. L., Danese, A., Harrington, H., Israel, S., Levine, M. E., Schaefer, J. D., Sugden, K., Williams, B., Yashin, A. I., Poulton, R., & Moffitt, T. E. (2015). Quantification of biological aging in young adults. *Proceedings of the National Academy of Sciences,112,* E4104–E4110.

Belsky, D. W., Moffitt, T. E., Cohen, A. A., Corcoran, D. L., Levine, M. E., Prinz, J. A., Schaefer, J., Sudgen, K., Williams, B., Poulton, R., & Caspi, A. (2018). Eleven telomere, epigenetic clock, and biomarker-composite quantifications of biological aging: Do they measure the same thing? *American Journal of Epidemiology, 187,* 1220–1230.

監訳者あとがき

　本書『「あなた」の起源』（原題名：*The Origins of You,* 2020）は，世界的に著名なニュージーランドのオタゴ大学を中心とした40年以上にわたるダニーデン研究（Dunedin Multidisciplinary Health and Development Study）の成果をまとめたものである。ダニーデン研究については，20年目までの経過を，『ダニーディン　子どもの健康と発達に関する長期追跡研究——ニュージーランドの1000人・20年にわたる調査から』(2010)（原題名：*From Child to Adult: The Dunedin Multidisciplinary Health and Development Study,* 1997）において，研究メンバーの Phil A. Silva 先生らが取りまとめており，大学院の講義で読んでいたこともあり，本書が刊行され次第，日本での出版を願ったところである。本書は，著者らが関わってきた，ダニーデン研究を中心に，米国立児童保健発達研究所（National Institute of Child Health and Human Development: NICHD）と共同で実施された「NICHDによる早期の子どものケアと若者の発達研究」（NICHD Study of Early Child Care and Youth Development: NICHD 研究），英国 Medical Research Council (MRC) による生後20年間で1000組以上の英国の双生児を追跡した環境リスク研究（Environmental-Risk［E-Risk］Study Longitudinal Twin Study: E-リスク研究）の3つのコホートの成果を取りまとめたものである。著者らがとても慎重な記述の仕方で，丁寧に発達の姿を描いているので，学術論文のような結果だけを読み取りたい方には不要な説明に思える部分を含む可能性はあるが，発達の冒険が非常に複雑で，こうした大規模なコホート研究を運営していくことに大きな困難が多くつきまとう現状からくるものであることを理解していただければと思う。巻末に示されている各章の参考文献にある学術論文を，各章を読み進めながら参照していただけると，より理解が進むものと考える。

　今回の日本語版の監訳者たちは，浜松医科大学子どものこころの発達研究センターが立ち上がるときに，ともに子どものこころの研究に取り組んだ仲間である。子どものこころの発達研究センターは，発達障害（特に自閉症スペクトラム）の児童精神医学研究を生物学的な研究から臨床までを一連のものとして，アスペ・エルデの会の当事者やご家族の皆様とともに取り組んできた。その一方で，わが国では初めての出生コホート（浜松バースコホート研究）を土屋が立ち上げることができ，さらに，学校コホートとして辻井が都市型での15歳までの子どもを見守りつつ把握していく取り組み（大府コホート）をしており，2つのコホート研究が今も続けられている。監訳者の一人の中村はその後，弘前大学子どものこころの発達研究セ

377

ンターにおいて弘前コホートをスタートしている。今回，子どものこころの研究セ
ンターで共同研究をしてきた仲間に加え，その後，監訳者たちのもとでコホート研
究に取り組みだした若手研究者も加わって翻訳作業を行った。こうしたわが国にお
けるコホート研究の成果はすでに学術誌等で報告されているが，追って，本書のよ
うな形で一般の皆様にお示ししていく予定である。

　私たち監訳者たちにとっては，コホート研究をわが国で取り組んでいく上では，
ダニーデン研究はモデルであるとともに，憧れであり，その成果を日本国内で紹介
できることは非常に光栄なことである。本書においては，幼児期や児童期における
さまざまな知見が成人期以降，中年期においてどのような影響を与えているのかを
科学的に明らかにするものである。本書でも取り上げられているいじめや抑うつな
ど，子どもたちにもみられる重要なテーマに関して，偏った経験から評論家や臨床
家が語る（科学的検証が皆無の）一方的な主張ばかりが流布してしまうのを防ぐた
めには，研究者は科学的に検証されたエビデンスを示していく必要があり，そうし
た地道な取り組みによって，重要な人間の発達の姿が描かれていく。なお，研究
の最新状況に関して，ダニーデン研究（Dunedin Multidisciplinary Health and De-
velopment Study）については〈https://dunedinstudy.otago.ac.nz/〉，E-Risk 研究に
ついては〈https://eriskstudy.com/〉，NICHD 研究については〈https://www.nichd.
nih.gov/〉を参照いただくことで知ることができるであろう。

　子どもに関わるすべての領域の支援者の方たちに，本書を手に取ってもらい，人
間の発達の冒険にともに進んでいただきたい。わが国においても，地道な研究の積
み上げの中で，日本の子どもの発達に関するさまざまな知見が出てきており，継続
的に子どもを見守り，追い続けるなかで，子どものこころの発達を明らかにする取
り組みが進められることを願っている。

　本書の表紙の絵は，辻井の恩師の森岡完介氏によるものである。ニュージーラン
ドのダニーデン研究の成果の翻訳であることを伝えたところから着想し制作してい
ただいた力みなぎるオリジナル作品である。森岡先生に感謝を伝える。

　最後に，本書に，日本語版の序文を寄せてくださった Jay Belsky 先生に心より
の感謝を伝える。さらに，本書の監訳者たちが集える機会を作ってくださった，森
則夫先生と杉山登志郎先生に心よりの感謝を伝える。そして，本書の刊行を決断し
てくださった金子書房の皆様，特に，編集者の天満さんに感謝を伝える。

　　2024 年 10 月

　　　　　　　　　　　　　　　　　　　　監訳者を代表して　辻井正次

著者紹介

ジェイ・ベルスキー（Jay Belsky）
カリフォルニア大学デービス校ロバート・M・アンド・ナタリー・リード・ドーン
人間発達学教授。米国における「NICHD による早期の子どものケアと若者の発達
研究」および英国における「シュア・スタート全国評価」の創設研究者。

アヴシャロム・カスピ（Avshalom Caspi）
デューク大学エドワード・M・アーネット 心理・神経科学教授，およびキングス・
カレッジ・ロンドン パーソナリティ発達学教授。

テリー・E・モフィット（Terrie E. Moffitt）
デューク大学ナンネル・O・ケオハーン特別教授，およびキングス・カレッジ・ロ
ンドン 社会行動・発達学教授。

リッチー・ポールトン（Richie Poulton）
ニュージーランド オタゴ大学名誉教授，学際的健康と発達研究ユニットディレク
ター。国立ライフコース研究センター共同ディレクター。

監訳者紹介

辻井正次（つじい まさつぐ）

中京大学現代社会学部教授，および浜松医科大学子どものこころの発達研究センター客員教授，金沢大学客員教授，NPO 法人アスペ・エルデの会 CEO・統括ディレクター。日本 DCD 学会代表理事，日本小児精神神経学会理事，日本発達障害ネットワーク理事。1992 年に発達障害児者のための生涯発達支援システム「アスペ・エルデの会」を設立。発達障害児者の発達支援システムや発達支援技法の開発，専門家養成などに取り組んでいる。

主な著訳書として『発達障害支援者のための標準テキスト：幼児期から成人のアセスメントと支援のポイント』（監修／金剛出版），『不器用・運動が苦手な子の理解と支援のガイドブック』（編著／金子書房），『発達障害支援に生かす 適応行動アセスメント』（監訳／金子書房），『発達性協調運動障害［DCD］』『発達障害児者支援とアセスメントのガイドライン』（監修／金子書房）ほか多数。『PNPS 肯定的・否定的養育行動尺度』（金子書房），『Vineland-Ⅱ適応行動尺度 日本版』『SP 感覚プロファイル 日本版』（日本文化科学社）の監修に携わる。

鈴木勝昭（すずき かつあき）

宮城県子ども総合センター附属診療所精神科医師。一般社団法人福島県子どもの発達支援協会理事，親と子のサポートセンターふくしま副所長，および，福島学院大学客員教授を兼任。日本精神神経学会精神科専門医，同指導医。専門分野は臨床精神医学，神経化学，および，精神疾患・発達障害の脳画像学。こどものメンタルクリニックでの診療の傍ら，福島県浜通り地区の小中学校支援に取り組んでいる。

著訳書に『子どもが楽しく元気になるための ADHD 支援ガイドブック』（監訳／金剛出版），『発達障害支援者のための標準テキスト：幼児期から成人のアセスメントと支援のポイント』（分担執筆／金剛出版），『発達障害のある子の自立に向けた支援』（分担執筆／金子書房），『臨床家のための DSM-5 虎の巻』（分担執筆／日本評論社）がある。

土屋賢治（つちや けんじ）

浜松医科大学子どものこころの発達研究センター，および大阪大学大学院 大阪大学・金沢大学・浜松医科大学・千葉大学・福井大学連合小児発達学研究科特任教授。精神保健指定医，日本精神神経学会精神科専門医，同指導医。専門分野は精神医学，疫学，子どもの神経発達。『ADI-R 日本語版マニュアル』（金子書房）の監修に携わる。

中村和彦（なかむら かずひこ）

弘前大学大学院医学研究科神経精神医学講座教授。日本精神神経学会専門医・指導医，日本児童青年精神医学会認定医，子どものこころの専門医。日本児童精神医学会理事，日本精神神経学会代議員，日本生物学的精神医学会評議員，日本脳科学会理事。専門分野は児童青年期精神医学，分子精神医学，精神疾患の臨床遺伝学的解析と血清解析，精神疾患の脳画像解析，精神疾患モデル動物解析，発達障害の疫学研究，学校コホート疫学研究。

著書に『子どものこころの医学』『子どもの精神医学』（ともに編著／金芳堂），『大人の ADHD 臨床』（編著／金子書房），『児童・青年期精神疾患の薬物治療ガイドライン』（編著／じほう），『CAARS 日本語版』『CAADID 日本語版』（ともに監修／金子書房）。

訳者一覧

土屋賢治　監訳者　／序文・第1章

大森侑香　浜松医科大学 子どものこころの発達研究センター　／第1章

加藤健生　相模女子大学人間社会学部人間心理学科　／第1章

田井中華恵　浜松医科大学医学部総合人間科学講座（心理学）　／第1章

岩渕俊樹　浜松医科大学 子どものこころの発達研究センター　／第2章

原田妙子　浜松医科大学 子どものこころの発達研究センター　／第3章

西村倫子　浜松医科大学 子どものこころの発達研究センター　／第4章

奥村明美　浜松医科大学 子どものこころの発達研究センター　／第5章

上宮　愛　金沢大学人間社会研究域　／第6章

松本かおり　学校法人 稲置学園　／第7章

髙柳伸哉　愛知教育大学心理講座　／第8章

鈴木香苗　浜松医科大学児童青年期精神医学講座　／第9章

明翫光宜　中京大学心理学部　／第10章

浜田　恵　中京大学心理学部　／第11章

照井　藍　弘前大学大学院医学研究科神経精神医学講座　／第12章

坂本由唯　弘前大学医学部附属病院神経科精神科　／第13章

新川広樹　弘前大学教育学部　／第14章

森　裕幸　埼玉学園大学人間学部心理学科　／第15章

小野靖樹　社会医療法人 智徳会 未来の風せいわ病院　／第16章

伊藤大幸　お茶の水女子大学基幹研究院人間科学系　／第17章

鈴木勝昭　監訳者　／第18章

村山恭朗　金沢大学人間社会研究域／子どものこころの発達研究センター　／第19章

杉山文乃　特定非営利活動法人 アスペ・エルデの会　／第20章

（所属は 2024 年 12 月現在）

「あなた」の起源
子ども時代はその後の人生をどう形づくるか

2024 年 12 月 11 日　初版第 1 刷発行　　　　　　　　　　〔検印省略〕

著　者　ジェイ・ベルスキー／アヴシャロム・カスピ
　　　　テリー・E・モフィット／リッチー・ポールトン
監訳者　辻井正次・鈴木勝昭・土屋賢治・中村和彦
発行者　金子 紀子
発行所　株式会社 金子書房
　　　　〒112-0012　東京都文京区大塚 3－3－7
　　　　TEL 03（3941）0111（代）
　　　　FAX 03（3941）0163
　　　　https://www.kanekoshobo.co.jp
　　　　振替 00180-9-103376

装　画　森岡完介
装　幀　小松秀司
組　版　有限会社 閏月社
印　刷　藤原印刷株式会社　　製　本　有限会社 井上製本所

©Kanekoshobo, 2024　Printed in Japan
ISBN 978-4-7608-2191-4　C3011